# 敦煌石窟全集

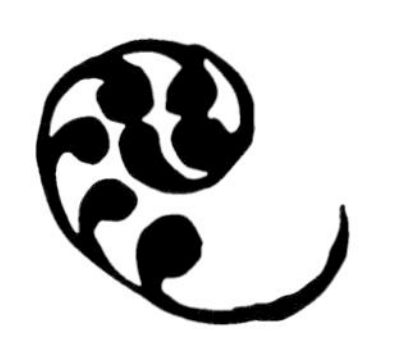

# 敦煌石窟全集 12

敦煌研究院 主編

# 佛教東傳故事畫卷

本卷主編 孫修身

商務印書館

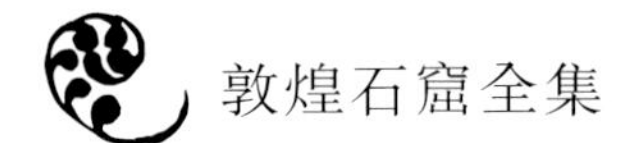
敦煌石窟全集



# 佛教東傳故事畫卷

主　　編 ………………… 孫修身

攝　　影 ………………… 宋利良
線　　圖 ………………… 吳曉慧
地　　圖 ………………… 劉偉堂　張艷梅

出 版 人 ………………… 陳萬雄
策　　劃 ………………… 張倩儀
責任編輯 ………………… 吳偉鴻
設　　計 ………………… 呂敬人
出　　版 ………………… 商務印書館（香港）有限公司
香港筲箕灣耀興道3號東滙廣場8樓
http://www.commercialpress.com.hk
製　　版 ………………… 中華商務分色製版公司
香港新界大埔汀麗路36號中華商務印刷大廈三字樓
印　　刷 ………………… 中華商務彩色印刷有限公司
香港新界大埔汀麗路36號中華商務印刷大廈
版　　次 ………………… 1999年9月第1版第1次印刷

ISBN 962 07 5273 2



All inquiries should be directed to:
The Commercial Press (Hong Kong) Ltd.
8/F., Eastern Central Plaza, No.3 Yiu Hing Road, Shau Kei Wan, Hong Kong

# 前　言

## 佛教東傳歷史的圖像記錄

佛教是世界三大宗教之一，二千年來大盛於東亞和南亞，對當地哲學、宗教和藝術發展影響深遠，至今東亞仍有一個佛教文化圈。佛教自公元前六世紀在印度興起後不久，即傳播四周，東傳入中國中原、蒙古、西藏、朝鮮半島和日本；南傳入斯里蘭卡、緬甸、泰國、老撾、柬埔寨、越南和印尼。東傳其中一條路綫是經中亞入新疆（即古代之西域），至敦煌，再經河西走廊入中原。

敦煌位處中國甘肅省河西走廊西端，自絲綢之路開通以來，就是中原與西域的交接點，也是東西文化交流的窗戶。敦煌莫高窟現存壁畫四萬五千平方米，精美彩塑三千三百九十餘身，成為世界聞名的佛教藝術寶庫。本卷根據敦煌的佛教歷史故事壁畫，探索佛教自印度傳入中國的歷史圖像，藉此明瞭佛教如何在中國植根和佛教中國化的過程。

佛教歷史故事畫是傳教的方法之一，門類頗多，曾有不同稱呼，如感應故事畫、史迹畫等，本卷暫稱以較易理解的"佛教歷史故事畫"，大抵包括感應化現的傳說、高僧事迹與佛教有關的歷史人物故事、瑞像圖等。它是佛教藝術內容的一大類，但鮮有學者研究，有待研究的課題還很多。莫高窟南區四百九十二個洞窟中，有歷史故事畫的四十八個，近十分之一，經考證確認的題材多達數十種。相對於構圖宏偉、氣勢磅礴的經變畫和佛陀生平的故事畫，佛教歷史故事畫既不在主要洞窟、不佔主要壁面，畫面也未必特別精美。然而，它涵蓋佛教在中國發展的重要內容，歷史價值絕不在經變畫之下。佛教歷史畫是從佛教徒的觀點着墨，等於紀錄佛教徒眼中的佛教東傳過程，雖零星片斷，但經過重組後，顯露出中國與印度、中亞文化交流的歷史和佛教中國化的過程。

從前研究佛教和佛教藝術有"內學"和"外學"之分，內學重視佛教義理及其內涵，外學則注重佛教藝術；兩類研究雖各有碩果，但彼此脫節，難免各有障目之葉，不能作全方位的綜合研究，使許多重大的佛教問題朦朧不清。研究佛教歷史故事畫則必須集內、外學，結合佛教經籍和古代歷史文獻，去看這些佛教藝術圖像，重組二千年佛教東傳長途的歷程。這些故事畫的內容，散見於古代漢文及藏文、于闐文和梵文等文獻，後者部分有漢譯本。敦煌遺書有《諸佛瑞像記》，實是繪畫瑞像圖的文字紀錄，亦可見敦煌石窟藝術與出土文獻之為一體，不可分割。

## 敦煌佛教歷史畫的發展

佛教成功的因素，其中就有極大的適應性和包容力——深諳入鄉隨俗和尊重當地傳統文化之理，每傳到一地都作相應的調整改變，把教義與當地文化緊密結合，故深受當地人尊信，最終使佛教受惠。佛教傳入中國後，改變的內容更多，因此研究佛教發展絕對不能忽視佛教中國化的現象。敦煌的佛教歷史故事畫，可說是佛教中國化過程的縮影。

佛教歷史故事畫始於隋代，敦煌地區有這內容的洞窟現存僅三個，以彩塑（莫高窟第203窟主龕的涼州瑞像）和繪畫（說法圖形式，如降龍入鉢和白耳蛇故事等）來表現，繪畫在佈局上未跟其他壁畫分開。彩塑只流行於隋至盛唐，佛教歷史故事多以繪畫表現，由隋流行至西夏。

現存有佛教歷史畫的初唐洞窟只有兩個，但題材新畫面大：莫高窟第323窟南北壁畫史詩式的佛教歷史故事畫，題材由西漢至隋，包括張騫使西域、康僧會在江南傳教以及隋文帝迎曇延入朝等。中唐時期留下的相關洞窟十一個。以瑞像圖為主要形式，排列在石窟主室佛龕的四坡。這種首創的形式流行到北宋。此外，每坡的邊角處也有少量為填補空白而繪的故事畫，如于闐毗沙門天王決海等。中唐出現五台山圖，中國佛教聖地五台山成了此時佛教畫的重要題材，這是佛教已經中國化的形象記錄。晚唐時，繪畫佛教歷史畫的洞窟減少，但圖像的位置和構圖卻發生了巨大變化，原繪在佛龕的瑞像圖走到甬道頂或甬道兩壁的上端，有的繪出故事情節，畫面隨之增大。另外值得注意的是五台山圖由簡而繁的發展，特別是五台山信仰的中心神祇“新樣文殊”的出現。

五代、北宋至西夏，敦煌佛教歷史故事畫的工藝水平和數量都臻於高峰，洞窟多至四十餘個。瑞像圖除保存以前各期的主要形式外，又有多種新發展。例如不再是並排多個瑞像，而以單幅繪在甬道頂部；從前零星繪畫的故事畫也趨於一體，形成經變式故事畫，繪在洞窟主室的牆壁，與其他經變畫平起平坐，甚至佔據主要壁面，進而形成莫高窟第61窟的鉅製五台山圖。還有以大畫面系統表現中國高僧事迹的變相圖。同時期的敦煌遺書也有類似的情況，將中國僧侶與釋迦牟尼並列，如稱劉薩訶為劉師佛，說何僧伽和尚是釋迦化身，並都是釋迦牟尼的老師，又稱為釋迦文佛等，凡此種種都是佛教中國化的進一步表現。

晚唐以還，敦煌整體藝術水平滑落，能有優美的佛教歷史故事畫，得力於當時敦煌歸義軍府衙內專門的繪畫機構伎術院和畫院，其中有專門創作中國高僧故事的畫家，“勾當畫院都料”的董保德便以繪畫佛像和劉薩訶因緣變相而馳名。從元代開始，敦煌西陲地區尊奉西藏佛教和伊斯蘭教，漢地佛教集中在中原，敦煌的佛教歷史故事畫終成絕響。

## 佛教故事畫的歷史價值

### 一 展現佛教和佛像藝術的東傳

佛教立教初期只有佛足迹石、曬衣石、阿育王拜塔等故事，揭示了早期佛教傳到印度以外許多國家和地區，但自立教至公元前三世紀阿育王時期尚無佛像製作和偶像崇拜。佛像的出現受希臘文化影響。佛像出現後，沿着絲綢之路向東傳。敦煌開窟造像的方法源自印度，並深受犍陀羅文化傳至西域的各種技法影響。將敦煌的佛教圖像與印度、于闐對照，再引證文獻，不難考定佛像崇拜及其藝術風格是由印度經于闐再傳播到中國的中原。

## 二　展示佛教和佛教藝術中國化的進程

敦煌早期佛教歷史故事畫和中唐瑞像圖多是印度故事，自公元848年歸義軍時期，莫高窟故事畫的題材、繪畫位置、表現形式、佛教地位發生巨變，題材多為中國佛教聖迹故事。漢地瑞像圖一時湧現，如濮州鐵彌勒瑞像、河西張掖佛影瑞像、酒泉釋迦瑞像、涼州瑞像、中原劉薩訶和何僧伽（泗州和尚）變相等。這是佛教中國化的痕迹：以中國佛教故事為內容的中國式佛教藝術。這些材料的史學價值實非文獻可比。

## 三　研究中印比較文學的重要材料

佛教歷史故事畫常有中印兩個版本，許多原是印度或西域諸國的佛教歷史故事，被中國佛教徒改編成中國的聖迹故事：如印度烏仗那國（今巴基斯坦西北部）檀特山的毛驢送糧入山故事改成中國五台山玉華寺的故事，摩揭陀國（今印度北部）摩訶菩提寺的瑞像故事變為中國的鴿聖故事，僧伽羅國（今斯里蘭卡）的釋迦施寶瑞像中的貧士附會為中國高僧劉薩訶和尚的前世故事等。當五台山文殊信仰確立後，文殊便取代于闐決海故事中的毗沙門天王，成為到泥婆羅國決開湖岸放出積水的主人翁。凡此都說明印度佛教故事和中國佛教故事間的演變關係。

## 四 復原中國來往中亞的道路

許多中國高僧和使者，如法顯、宋雲、惠生、玄奘、王玄策等，曾遠涉西域和印度古國古城，將佛教故事帶回中土。敦煌佛教歷史故事畫涉及印度摩揭陀國、罽賓國（今喀什米爾）、犍陀羅（今巴基斯坦東北部）、加畢試、烏仗那、泥婆羅（今尼泊爾）、于闐（今新疆和闐）、打彌國、龜茲（今新疆庫車）、末城（今新疆和闐東面），以及河西的酒泉、張掖、涼州（今甘肅武威）等地。據故事畫所提供的資料，結合法顯、宋雲、玄奘、王玄策等人所記之情況，可知大致公元七至十世紀來往中印地區的三條主要道路，此可補中西交通史研究與考證之不足。

第一道從中國往印度。自敦煌起行，分南北路：北路即唐玄奘遊學印度之路，經高昌（今新疆吐魯番）西出新疆，南下巴基斯坦，入印度西部的烏仗那國和犍陀羅；南路經鄯善（今新疆若羌）、于闐至印度。第二道從印度西北入中國。唐朝敕使王玄策、李義表和高僧智弘律師沿此道往還中印兩國。先從犍陀羅出發，經迦濕彌羅（今喀什米爾），逆信度河北上至於大勃律國（今喀什米爾北部），經小羊同國（今西藏西南與尼泊爾西北接壤處），再沿雅魯藏布江東行，至今西藏阿里地區吉隆縣，經泥婆羅國進入中國。第三道從摩揭陀國入中國。唐代玄照和王玄策第二次出使印度即經此道返回中國。北行出泥婆羅國，抵今西藏阿里地區吉隆縣，再到吐蕃首府羅些（今拉薩），向北沿唐蕃古道直達長安（今西安）和洛陽。

## 佛教東傳路綫圖

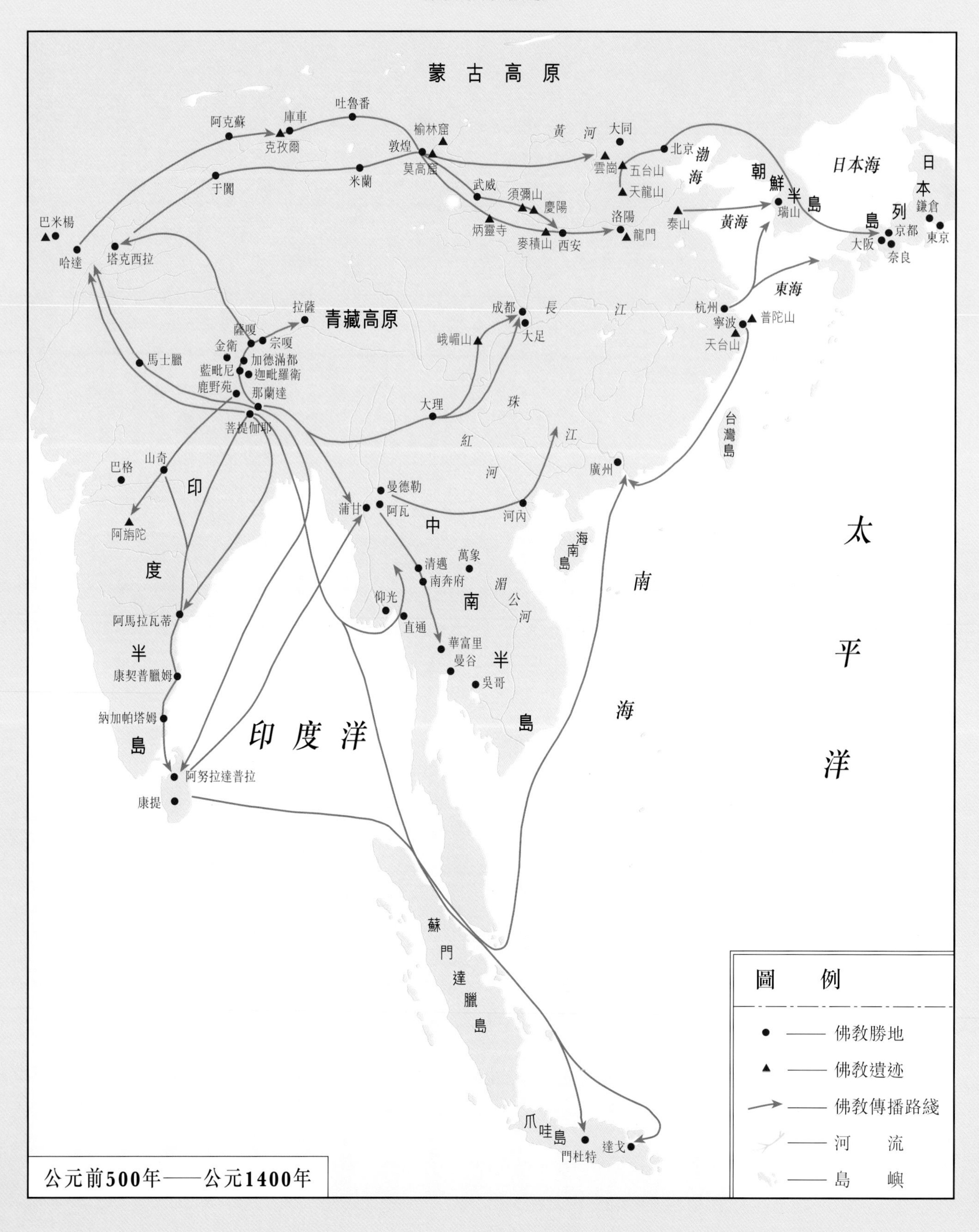

蒙古高原
阿克蘇
庫車
吐魯番
克孜爾
敦煌
榆林窟
莫高窟
于闐
米蘭
黃河
大同
雲崗
五台山
天龍山
北京
渤海
朝鮮半島
日本海
日本列島
武威
須彌山
慶陽
炳靈寺
麥積山
西安
洛陽
龍門
泰山
黃海
瑞山
鎌倉
京都
東京
大阪
奈良
巴米楊
哈達
塔克西拉
東海
拉薩
青藏高原
成都
長江
大足
杭州
寧波
普陀山
天台山
薩嘎
宗嘎
金衛
加德滿都
藍毗尼
迦毗羅衛
馬土臘
鹿野苑
那蘭達
峨嵋山
菩提伽耶
大理
珠江
台灣島
紅河
巴格
山奇
印度半島
阿旃陀
廣州
曼德勒
蒲甘
阿瓦
河內
中南半島
海南島
清邁
萬象
南奔府
湄公河
南海
太平洋
仰光
直通
阿馬拉瓦蒂
華富里
曼谷
吳哥
康契普臘姆
納加帕塔姆
印度洋
阿努拉達普拉
康提
蘇門達臘島
爪哇島
門杜特
達戈
公元前500年——公元1400年
圖例
佛教勝地
佛教遺迹
佛教傳播路綫
河流
島嶼

# 目　錄

# 印度佛教故事

印度是佛教起源的國家，曾有許多佛教聖迹和傳説，是敦煌佛教藝術的重要題材。這些故事有一部分被繪畫成情節簡單的畫面，有些則按傳説的內容繪成佛陀、菩薩等尊像或瑞像圖。由於畫面比較簡單，只能從其造型特徵、動作、持物、衣飾以至周圍畫面，結合文獻考訂其內容。這些故事，許多記載於唐玄奘和王玄策的著作中。畫面雖然簡單，但是能反映出印度佛教傳入中國的實況。

## 第一節 佛陀行化聖迹

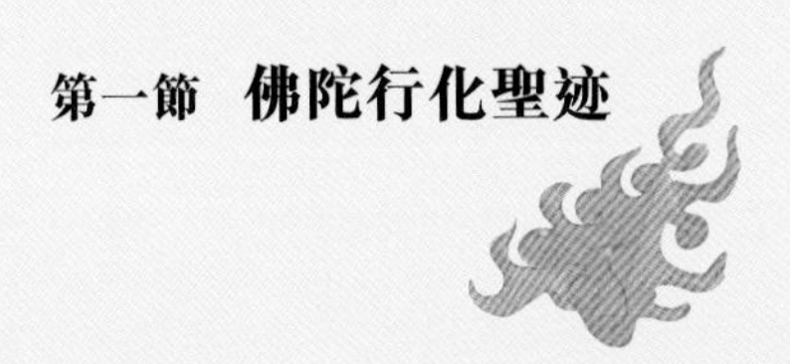

佛陀釋迦牟尼，公元前六世紀生於迦畢羅衛國（今尼泊爾境內），原是淨飯王的太子，有感於人生生老病死諸苦，毅然放棄安逸的生活，為眾生尋求解脱苦難的方法，終於在菩提樹下覺悟成道。敦煌洞窟裏有不少描述佛陀一生的壁畫，故事完整，本套叢書中的《佛傳故事畫卷》專門論述。此處收錄的，並非完整的佛傳故事畫，而是個別的故事畫、瑞像和聖地。

### 佛陀正覺之地——摩訶菩提寺高廣大塔

摩訶菩提寺又稱菩提道場。佛陀出家苦修六年後於此寺內菩提樹下成正覺，因此摩訶菩提寺就成為古印度摩揭陀國的著名寺院，位於印度比哈爾南部伽耶市的布達葛亞，面對恆河的支流尼連禪河（今名法爾古河）。菩提寺在中印文化交流方面曾發揮過極為重要的作用，許多中國高僧曾經來此學習，法顯、玄奘、王玄策等曾至該地巡禮，也是印度王接見中國唐朝敕使的地方。佛寺還派出製造石蜜（蔗糖）的工匠到中國傳技，因而敦煌遺書中有製糖法遺文。佛陀涅槃後，歷代教徒紛紛在他降生、成道、初次説法及涅槃之處建佛塔，合稱“八大靈塔”。摩訶菩提寺內建的塔，包括僧伽羅國國王修建的高廣大塔。

菩提寺高廣大塔是晚唐至宋代莫高窟壁畫常見的題材，例如晚唐的第9和第45窟甬道頂繪畫一座樓閣式的大塔，階前有一個幞頭長衣的人，可能是王玄策。第45窟畫面的右上方榜題説明是菩提寺的高廣大塔。

### 第一尊佛像禮迎釋迦真身和佛像東傳

最早的佛像傳説與兩位和釋迦同時代的國王優填王、波斯匿王有關。優填王統治北印度跋蹉國（國都為憍賞彌城），波斯匿王統治憍薩羅國（今印度納格普爾以南，錢達及其東康克爾地區）。優填王和波斯匿王由於思念釋迦，分別用檀木和金製造釋迦像。

優填王造釋迦佛像記載於《增一阿含經》、《法顯傳》和《大唐西域記》：故事發生在憍焰（賞）彌城，即今日柯桑襯。佛陀上昇至三十三天（“天”是眾生生活的世界，此世界分為三界，每一界各有若干種天）為母親説法，沒有向優填王告辭，優填王思念釋迦而憂苦成疾。羣臣為救王命，請釋迦的弟子沒特伽羅子（大目犍連）用神力接引工匠上天見釋迦，以牛頭旃檀木依真容刻成像，讓優填王禮像即如禮佛，因而痊癒。釋迦自天上歸來，此檀木像起立禮迎，釋迦指示弟子阿難尊者借鑑此法，以雕像弘揚佛法。

臨摹優填王雕刻的釋迦像而成的瑞像，敦煌莫高窟繪畫在中唐第231、237諸窟。第231窟的釋迦旃壇瑞像，身着袈裟，端立於蓮花座上，榜題“中天竺橋焰彌國寶檀刻瑞像”，敦煌遺書《諸佛瑞像記》中有此像的條目，可作壁畫的註腳。

旃壇木像禮迎釋迦的情節描繪在中唐第231、237窟龕頂，晚唐第9窟和宋代第454窟。第454窟的，更繪出此故事的一些情節，在最後佛陀向阿難表示，今後弘揚佛教就以佛像為傳教的依據。

另據河北省邯鄲北響堂山傳說：釋迦自天上為母親說法歸來後，見自己的座位被他佛所佔，出於慈悲心，站在山門之外。坐像是旃檀木雕的釋迦佛像，立像才是釋迦真身。此傳說與龍門石窟釋迦像題銘相同。

上天為優填王造佛像的故事還有另一個版本，說羅漢背負工匠上天所造的是彌勒像。優填王造佛像的故事發生在釋迦在世時。造彌勒像的故事是唐玄奘在烏仗那國聽到的，故事發生在釋迦涅槃不久。這兩個相似的故事都和佛像傳入中國的傳說有關，唐玄奘認為彌勒像東傳是佛教東傳的開端。

釋迦佛像傳入中國首見於南齊《冥祥記》：東漢明帝派遣使者到西域求法，帶回釋迦牟尼像，明帝派畫匠摹寫供養。以往多懷疑此記載的真實性，但近年雲南、四川等地墓葬出土很多東漢佛像，證明這時期中國民間的確有很多佛像。其中雲南省昭通出土的成組佛教樂舞俑，有東漢桓帝年號，可確定佛像在東漢已傳入中國。更有相傳三國時期（公元220-265年），優填王的釋迦像模製品已傳入日本，今日本嵯峨清涼寺的旃檀木刻釋迦瑞像，就是最好的證明。從考古發現可確定佛教傳入中國有兩條路綫，除“北道”絲綢之路外，還有“南道”，從緬甸、雲南、四川而入中土。

彌勒像的東傳記載於《大唐西域記》：在烏仗那國（今巴基斯坦西北部和阿富汗東北部）的首都達麗羅川城有一身金色的木刻彌勒菩薩像，傳說是末田底迦帶工匠上天，依彌勒菩薩真容雕刻的。綜合《阿育王經》和《阿育王傳》的記載，釋迦佛囑咐阿難，派弟子末田底迦到烏仗那國傳教，又派末田底迦的弟子商那和修到中國傳教。玄奘因此說“自有此像，法流東派”，即佛教從此以後向東流傳。河南省安陽市靈泉寺有阿難傳法予末田底、他再傳給弟子的石浮雕，這是根據《阿育王經》刻製的，也證明中國內地亦有同樣的見解。

### 降龍入鉢

釋迦成道至入滅涅槃的四十五年間，經常率領弟子在恒河流域化緣說法。有一年佛陀到優樓頻螺去，感化迦葉三兄弟皈依佛法。《佛本行集經》記迦葉的一段故事：迦葉的弟子患病，在草堂休養，遭人逼走，怨恨而死，化成毒龍在草堂傷害人畜。迦葉請火神來鎮伏，但火神之法力不及毒龍。適逢佛陀暫居草堂，毒龍吐火，佛陀即時通身出火，所坐之處卻安然無損，毒龍被懾服，遂縱身入佛鉢，向佛陀懺悔。

這是敦煌最早的佛教歷史故事畫之一，僅見於莫高窟隋代第380和第381窟，以說法圖形式表現：繪一佛二弟子，佛拿一鉢，鉢中有龍。在第454窟甬道頂繪釋迦度迦葉兄弟的故事，其中一幅繪武士，身上烈火熊熊，可能是迦葉兄弟崇拜的火神，但榜題未能讀通。

降龍入鉢故事深入中國人心，後來並改編成中國的故事，主角變成晉代僧涉公，他應苻堅之請，降服毒龍收入鉢中，瞬間降雨解救久旱之苦。

### 迦葉兄弟救“溺水”釋迦

迦葉兄弟有神通，許多人甚為信服。佛陀為了引導迷徒，令下大雨，但佛的四周卻沒有水。迦葉見這場豪雨，擔心佛陀溺水，便泛舟去營救，卻見佛陀履水如地，河水分為兩半，露出河床，迦葉心服而退。

此故事見於晚唐莫高窟第 9 窟和宋代第454窟的甬道頂。第9窟繪一撐起大傘的小艇，艇上有船夫、舵手和下跪的佛陀弟子，傘下畫成藍色的佛就是釋迦牟尼。第 454 窟畫釋迦牟尼跣足踩雙蓮花，浮行於碧波上，旁繪迦葉正襟危坐在小木船上，疾馳到佛陀之前。畫上沒有榜題，據人物活動，推定為迦葉救佛陀的故事。

### 佛陀袈裟紋留在曬衣石

這是印度另一個較早傳入中國的故事，《法顯傳》、《洛陽伽藍記》和《大唐西域記》都有佛陀曬衣的記載：龍王不喜歡釋迦傳揚佛教，大興風雨阻攔，佛僧迦梨表裏盡濕。以法力停止大雨後，佛陀在石上清洗和曬乾袈裟，於是石上留下袈裟衣紋。雖時間久遠，但衣紋痕迹仍新，後人在佛陀坐處及曬衣地方修建了一個塔作紀念。

此故事畫在敦煌莫高窟僅見於初唐第323窟的北壁中部，用中國式的連環畫繪成：第一個畫面繪一佛，榜題說洗衣石在波羅奈國，是佛陀曬衣服的地方。榜題側有天女自天空飄飄而降，準備替佛陀蘸水清洗方石，旁有榜題說忉利天王（欲界六天王之一）知道佛陀要洗衣服，便將此地變為水池。第二個畫面畫一方石，石上有一朵烏雲，雲中雷神正鳴雷。方石旁有一個不信佛教的外道婆羅門，赤袒上身，光着腳，跳踩和弄污方石，石旁再畫婆羅門被雷電殛斃。方石另一側有兩位天女正在蘸水洗石，榜題解釋這塊方石是專給佛陀曬衣服用的天造之作，石上十三條紋，至今仍存，神龍在此保護方石，讓菩薩可常來清潔。

### 顯靈救海難的商主

唐玄奘的《大唐西域記 · 摩揭陀國》、支謙譯《撰集百緣經》及《雜譬喻經》等有此記載：漕矩吒國（今阿富汗首都喀布爾南面）有位輕蔑佛法的商人，泛舟南海經商，因風迷路三年。糧食耗盡之際，突然見前面有大山峻嶺及發光物體，正當商人們以為是房屋，慶賀抵達陸地之際，其中有一商主卻說這是海中巨大的摩羯魚，山是鰭背，發光處是牠的炯炯雙目。剎那間，摩羯魚使商船顛簸不已。於是那位商主向眾人說：“聽聞觀世音菩薩能救人於危難之中，請大家一起稱念觀音之名。”果然，崇山立即消失，不久有和尚列隊而至，拯救商人們回國。自此輕蔑佛法的商人對佛信心貞固，建窣堵波，並率領信眾四處躬禮聖迹。

此故事畫以莫高窟宋初第454窟保存得最好：一艘大帆船隨風前行，船上有人牽帆、合十、搖槳划船，後有舵手掌舵。船中部有一身着袈裟的立佛，船兩側掛佛幡數口，隨風舞動，船後另繪一佛立於蓮花座上。大木船的左下側有怪物，頭頂長角，雙目圓睜，目光炯炯，正張開大口要吞噬帆船。海上有放光的摩尼寶珠。榜題曰："釋迦牟尼游化時"。值得注意的是《大唐西域記》説商人所念為觀音菩薩名號，可是榜題説是釋迦牟尼，所以按榜題放在這裏。

### 搗地出水解商旅之渴

此故事記載於《大唐西域記．摩揭陀國》：印度東北部摩揭陀國城內有一口大井，其開鑿與佛陀有關。據説一羣商旅因熱渴所逼，向佛陀求助，佛陀指向地下，商人依指示用車軸搗地，水泉即湧出，各人飲後皆得覺悟。

在晚唐莫高窟第126窟甬道頂部緊靠內口的南角處，繪畫這故事：地下湧出的泉水像一座崢嶸的山峰，拔地而起，這形象化的創作，表示用車軸鑿地，大量泉水湧出地面的那一刹情景。

### 佛陀留身影和足迹感化毒龍

這故事與一條叫瞿波羅的毒龍有關，中國很多書都有此龍故事的記錄：龍原是那揭羅曷國的牧牛人，供應乳酪給國王，因犯錯失被譴責，懷恨在心，於是發願要化為惡龍滅國弒王，然後跳崖自盡。死後果然化成毒龍，住在石窟中。正要出石窟害人，剛起這一念頭，釋迦牟尼已知，他憐憫這國的人，運用神力自中印度飛到石窟，毒龍見釋迦後，平息惡念，誓不殺生，矢志維護佛法，並邀請釋迦到窟中居住，受他供養。釋迦説自己快將寂滅，願在石窟留下身影，在石窟門外一塊石頭上還留下足迹，説每見留影，再起毒心便可息滅，並派遣五位羅漢接受毒龍供養。那揭羅曷國是譯名，還有多種譯法，地應在今阿富汗賈拉拉巴德。

此故事以尊像圖的形式表現，見於晚唐、五代和宋代的敦煌洞窟中，其中以五代第98窟所見保存最好，畫面繪佛陀結跏坐於須彌座上，示意佛留的身影，座前繪有兩隻大腳印，即佛足迹石，把兩個情節畫在一起。

佛教最初沒有佛像崇拜，信眾對他的崇敬之情，都是通過供養他的遺物例如佛鉢，活動遺迹例如曬衣石，以至遺骸如舍利等來表達的。佛足迹石是供養的對象之一，並隨着佛教發展而傳到其他地方。除了鎮服毒龍時曾留下佛足迹外，佛還曾在許多地方留下佛足迹。佛足迹石的崇拜可能在南北朝時傳入中國。在中國現已發現自唐至明的佛足迹石多處，計有陝西耀縣藥王山、河南鞏義市慈雲禪寺等，總計七塊刻石。

### 護國佑民白耳蛇

《法顯傳．僧伽施國》記載佛陀上昇

三十三天，為因誕下他而難產早逝的母親說法，帝釋天（護法天王之一，是三十三天之主）為迎接釋迦從天上歸來人間而造三道寶階。三百多年後阿育王欲瞭解寶階的基礎狀況，派人發掘，但掘到黃泉還沒掘出基礎，阿育王因此更篤信佛教，並立即在寶階上修建精舍。在精舍的僧尼住處有一條白耳龍，神力能令農稼豐熟，雨澤依時，化除各種災害，使人民安居樂業。僧眾感謝白耳龍的恩惠，為牠作龍舍和敷置坐處，設食供養。每年夏季，龍就化作兩側雪白的白耳小蛇，讓僧眾將牠放在盛酪的銅盂中，從僧尼上座傳至下座，傳遍之後便會化回龍形而去。故事繪在莫高窟隋代第305窟主室西壁佛龕南側的佛陀說法圖，佛陀兩手捧持佛鉢，鉢中有一條盤曲仰首的白蛇。

### 烏仗那國石塔

烏仗那國譯名很多，有烏萇、烏場、烏萇那、鄔荼等，意為"花園"。該國物產豐富，人口眾多，北魏的宋雲、惠生曾到過烏仗那國，將它與中國繁華大城市臨淄和咸陽相提並論。他們在該國得到國王熱情接待，當他們介紹中國情況後，國王仰慕不已說:"我當命終，願生彼國"。公元720年(唐開元八年)，中國派遣大使冊立烏仗那國國王。

烏仗那國和中國關係密切，故在中國文獻中有許多此國的記載，有關佛教遺迹的尤多。在敦煌壁畫有地踴石塔故事畫，故事詳載於唐代道宣律師《釋迦方志》和玄奘法師《大唐西域記》等書，其中玄奘記載："在昔如來為諸人天說法開導，如來去後，從地踴出(石塔)，黎庶崇敬，香花不替"。敦煌遺書《諸佛瑞像記》亦有此故事條目:"北天竺烏仗(那）國石塔，高四十（三）尺，佛為天人說法，其塔從地踊出，至今見在。"

此故事畫見於北宋莫高窟第454窟甬道外口的北側，畫面簡單，僅繪有一多面體石柱，基座為覆盆形蓮花座，頂部有輪相等，所繪石塔和五代第98窟所見的阿育王石柱造型相近，但殘留榜題："……石塔高四十三尺……"。

### 純陀鑿井供養佛陀

佛陀在涅槃前，最後接受拘尸國工巧師之子純陀的供養。據《長阿含經》《涅槃經疏》等，佛陀涅槃前的晚上自行乞食到純陀家，純陀取井水和食物招待佛陀晚膳，飯後，佛陀為說法。當天半夜，佛陀入滅。

晚唐至宋代，凡繪佛教歷史故事的必有此故事。莫高窟五代第98窟甬道頂部的壁畫保存最好，畫面極簡單，僅繪一方形井檻，旁有一人(即純陀)汲水。宋代第146窟有榜題寫："（拘）尸……中，純陀故宅，為佛……"。

過去研究認為，凡是持鉢的佛，都定為藥師佛，但弄清純陀故事後，或疑是表現佛陀獨自入市乞食至純陀宅的景狀。如陝西省黃龍縣石空寺石窟的持鉢大佛及石刻，即不似藥師佛情狀。

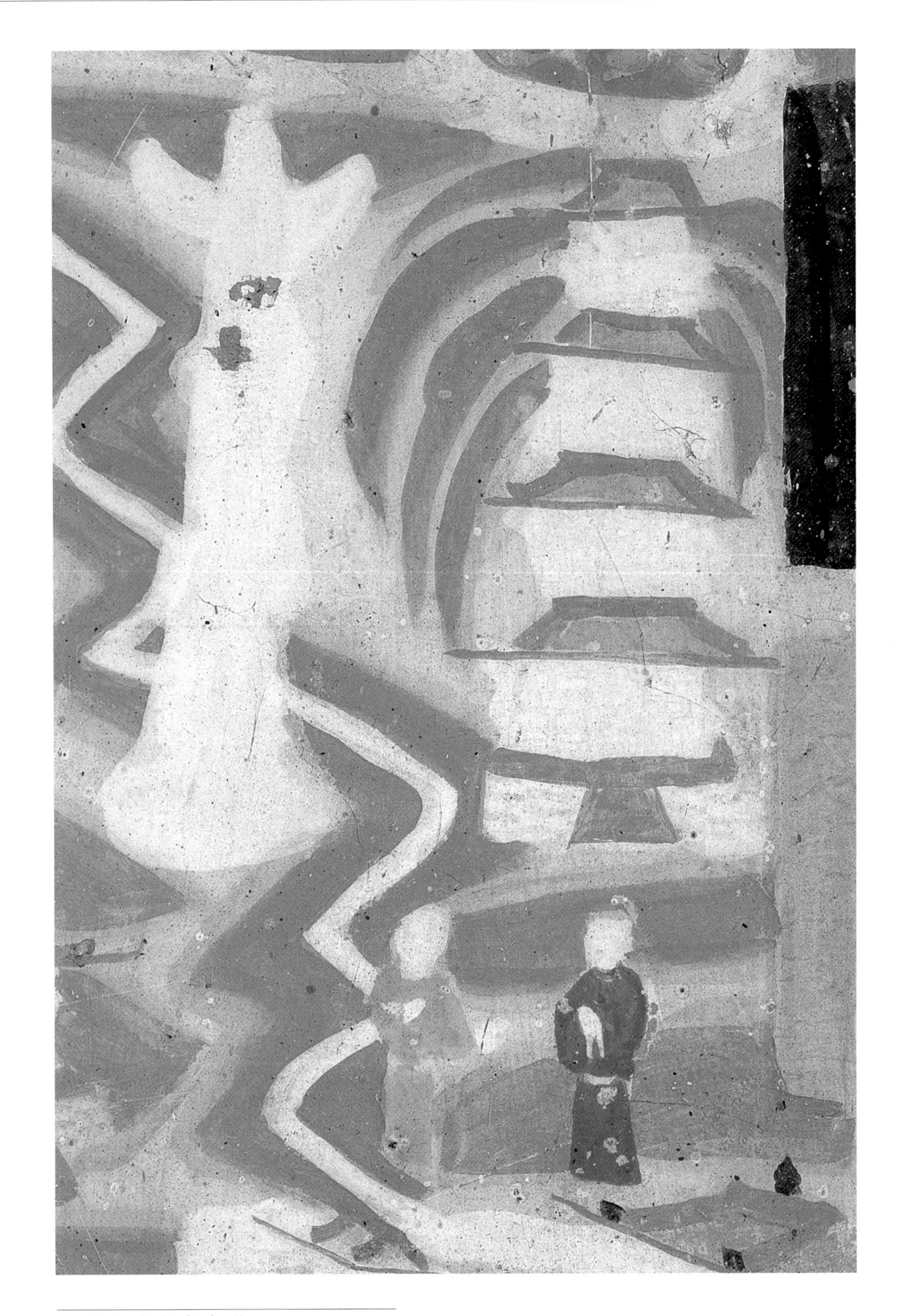

**1 菩提寺高廣大塔**

菩提寺是佛陀成正覺和涅槃的地方，佛教徒在此建塔紀念，其中有高廣大塔。此故事畫在敦煌莫高窟有很多，但只有這幅有榜題，內容與敦煌遺書《諸佛瑞像記》的條目相同。

晚唐 莫9 甬道頂

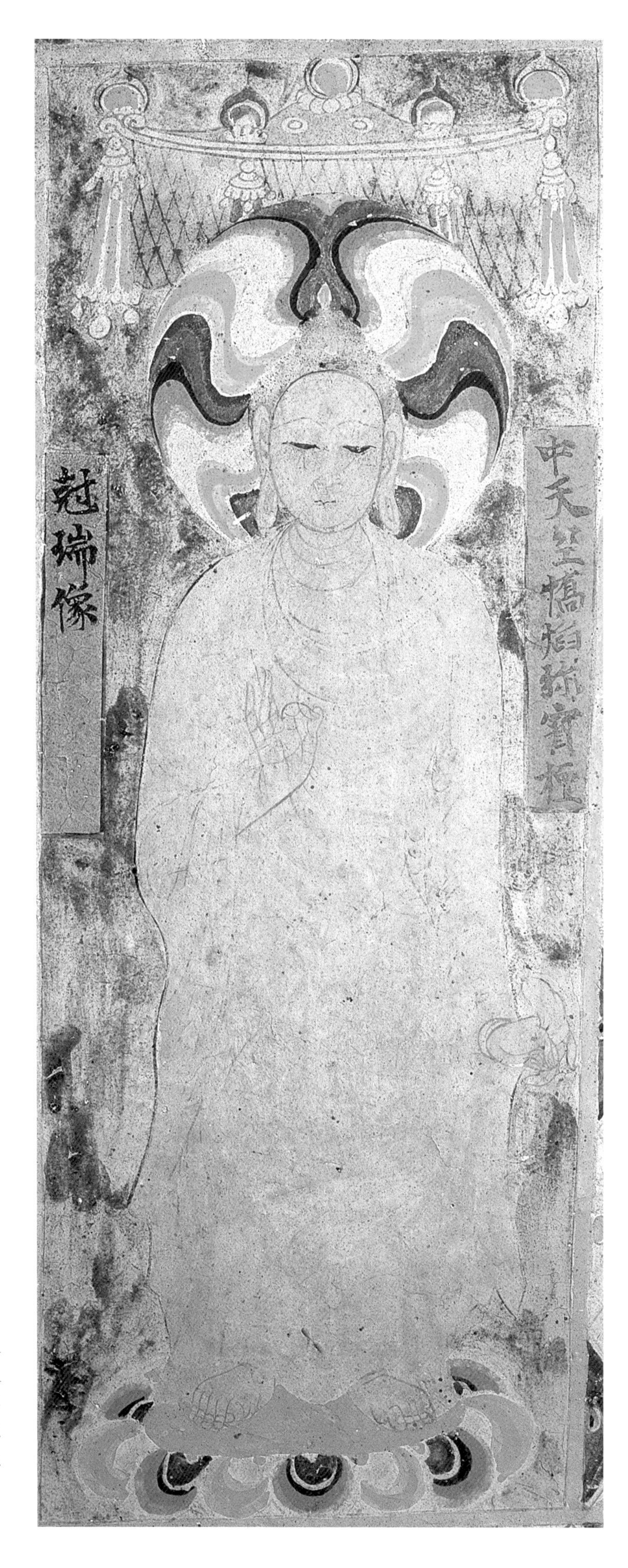

## 2 旃檀木釋迦像

釋迦上天為母親說法，優填王依釋迦真容，用旃檀木刻成的佛像，佛教認為此像是佛教藝術中第一個出現的佛像。此像端坐，右手作說法印。

中唐 莫 231 西壁佛龕頂

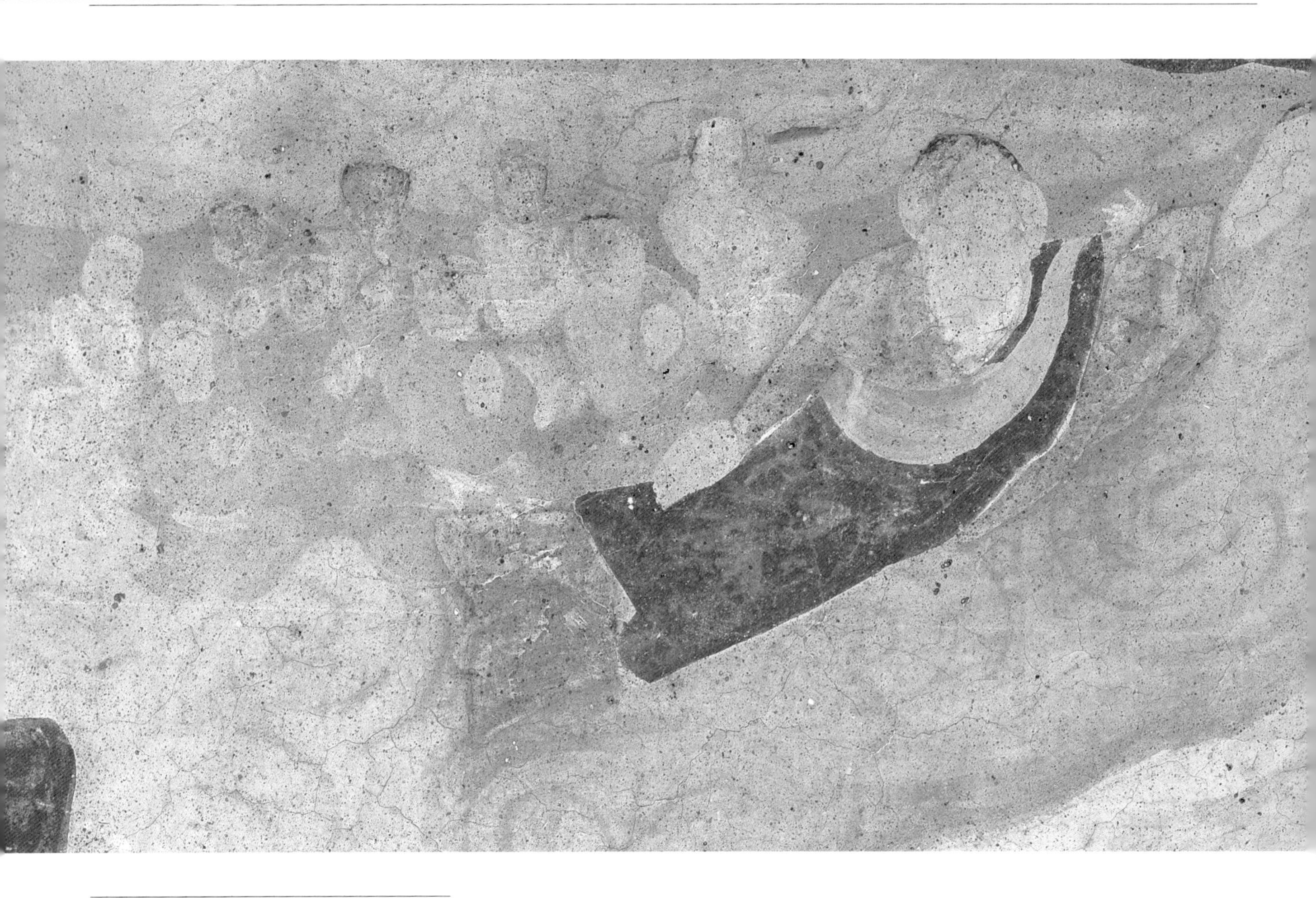

### 3 沒特加羅子上天依釋迦真容造像

沒特加羅子當是釋迦的弟子大目犍連。釋迦上天為母親說法，優填王派沒特加羅子背負三十多人上天，各依釋迦真容雕刻旃檀木像。這是他們飛上天的情形。

宋 莫454 甬道頂

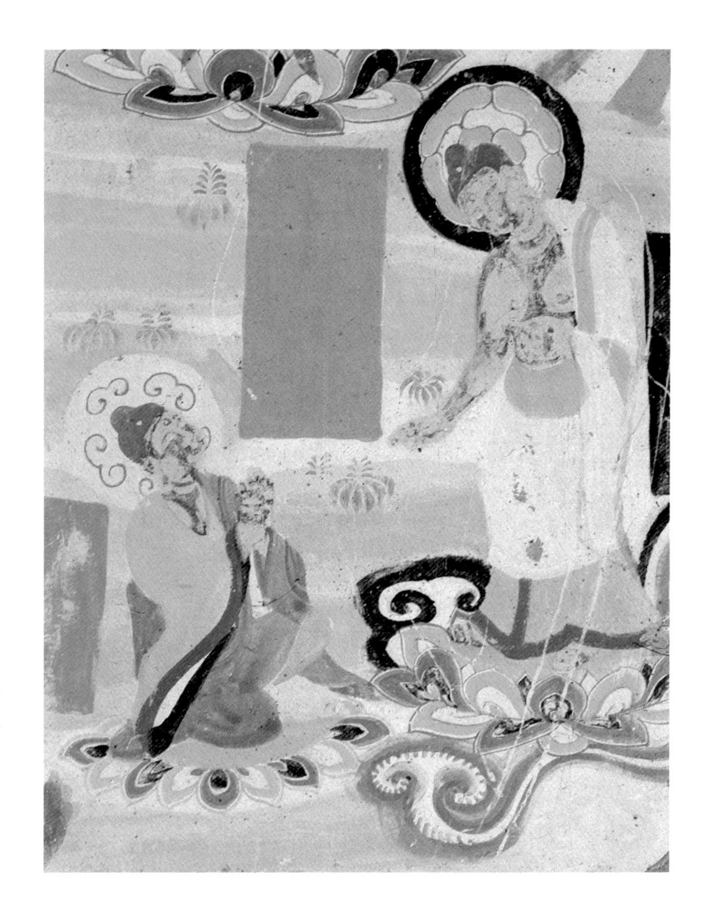

### 4 旃檀木像跪迎釋迦

釋迦從天上回來時，檀木釋迦像跪迎釋迦歸來，釋迦向檀木像說以後使用佛像傳教。

晚唐 莫9 甬道頂

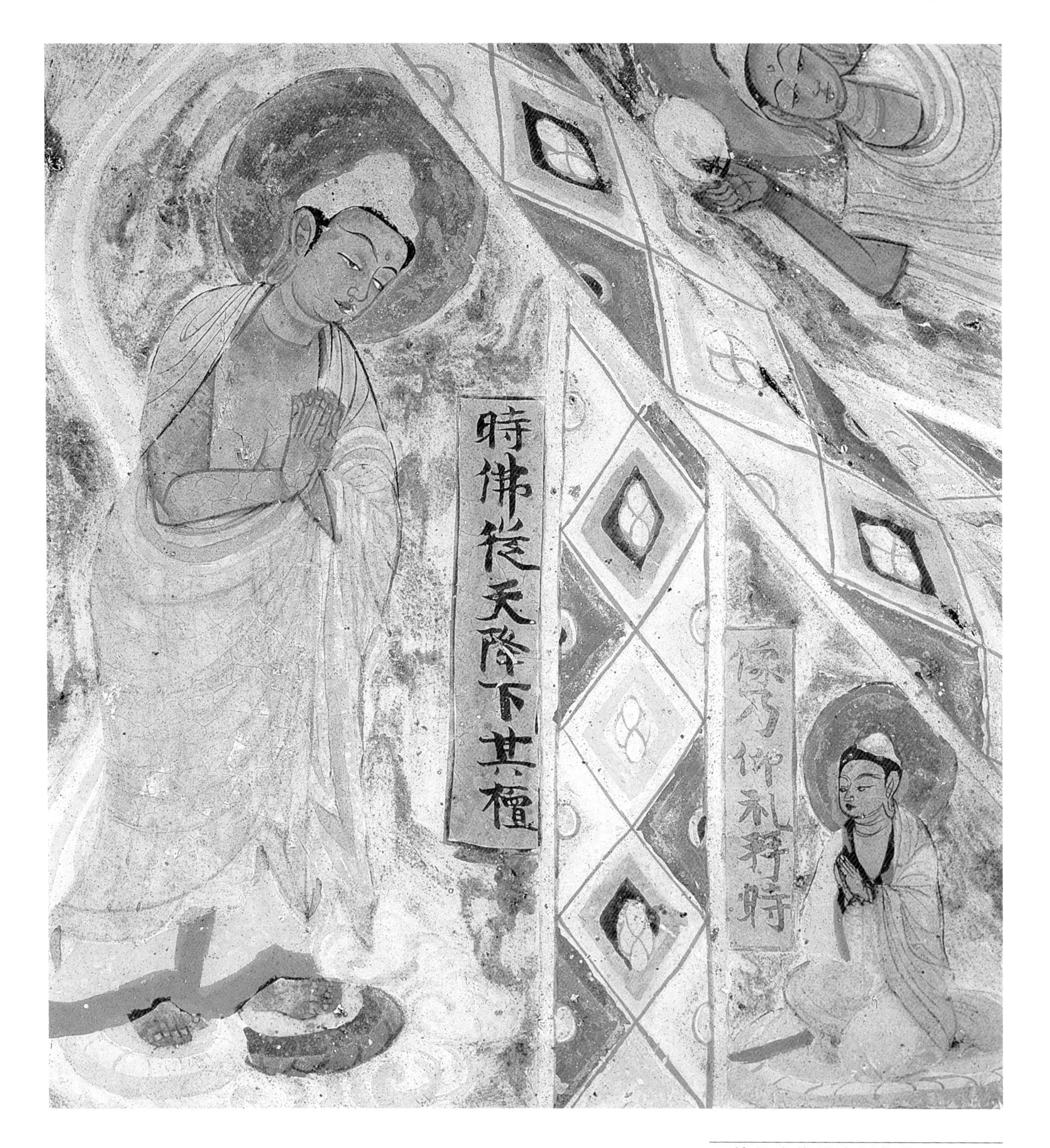


**5 旃檀木像禮迎釋迦佛**

釋迦為母親說法完畢，自天上歸來，優填王所造的旃檀木釋迦像，下跪合十迎接釋迦。

中唐 莫 231 西壁佛龕內西坡

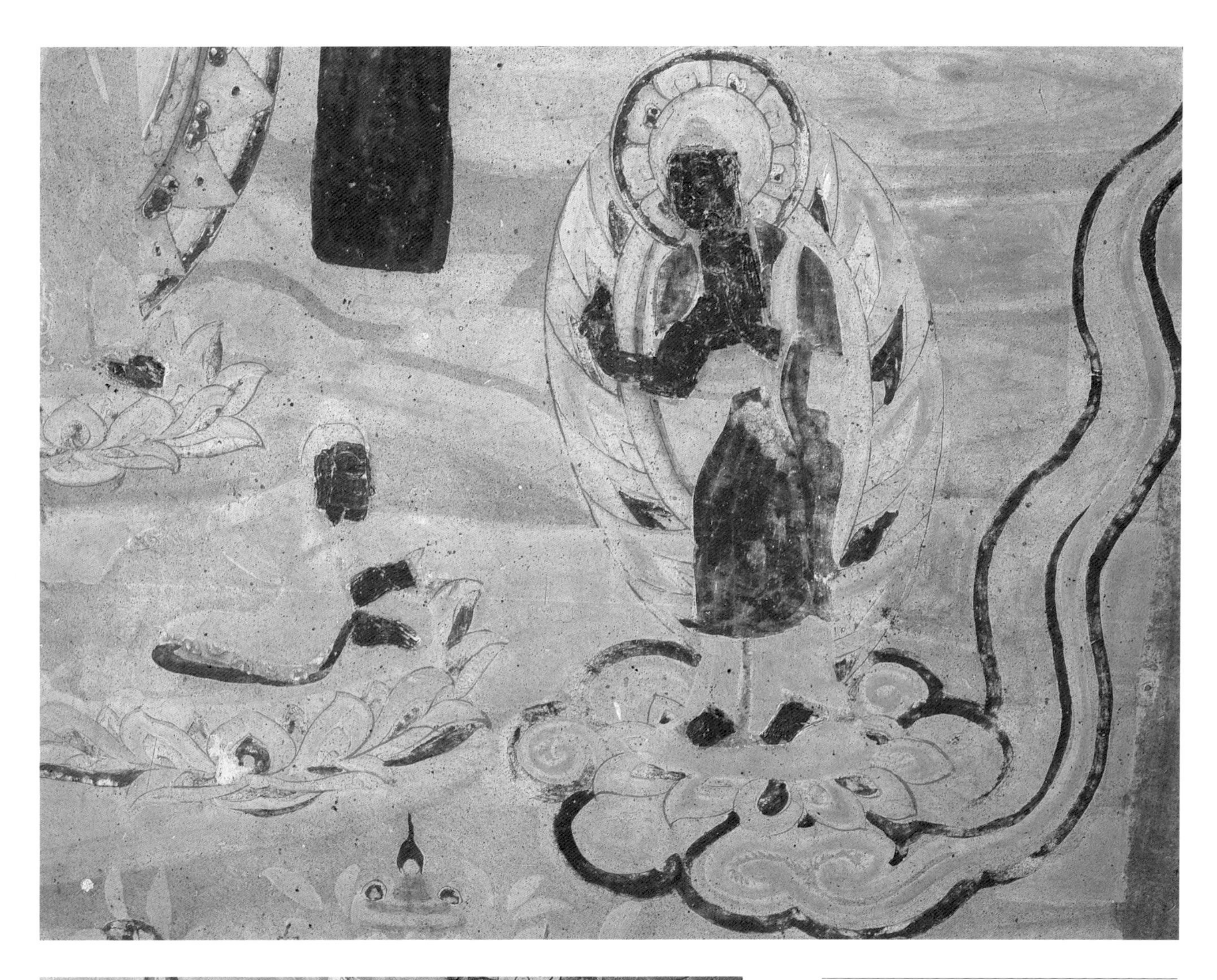

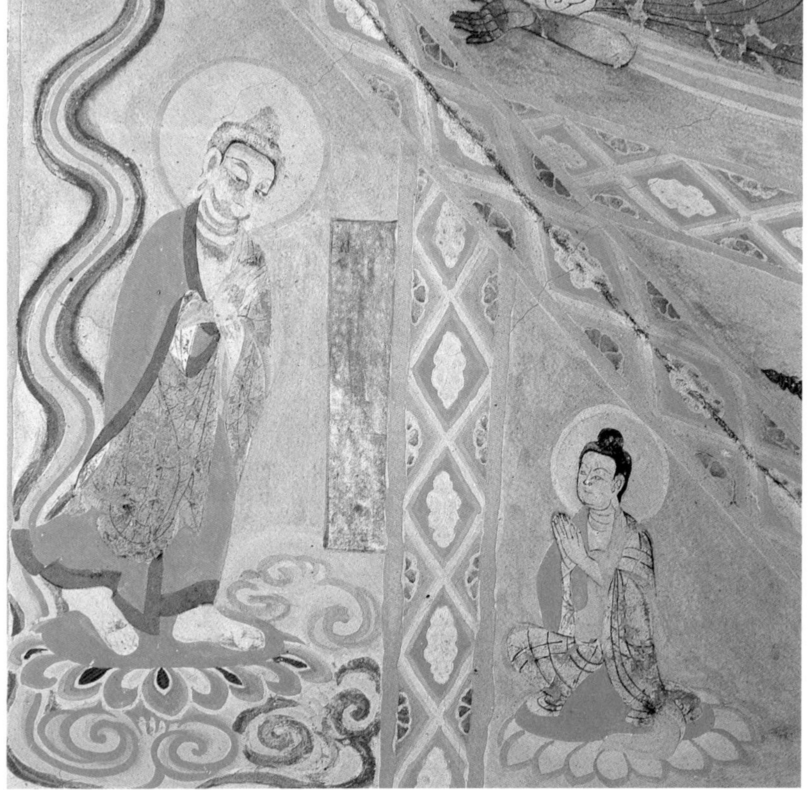

6 旃檀木像跪迎釋迦

宋 莫454 甬道頂

7 旃檀木像跪迎釋迦

中唐 莫237 西坡北角

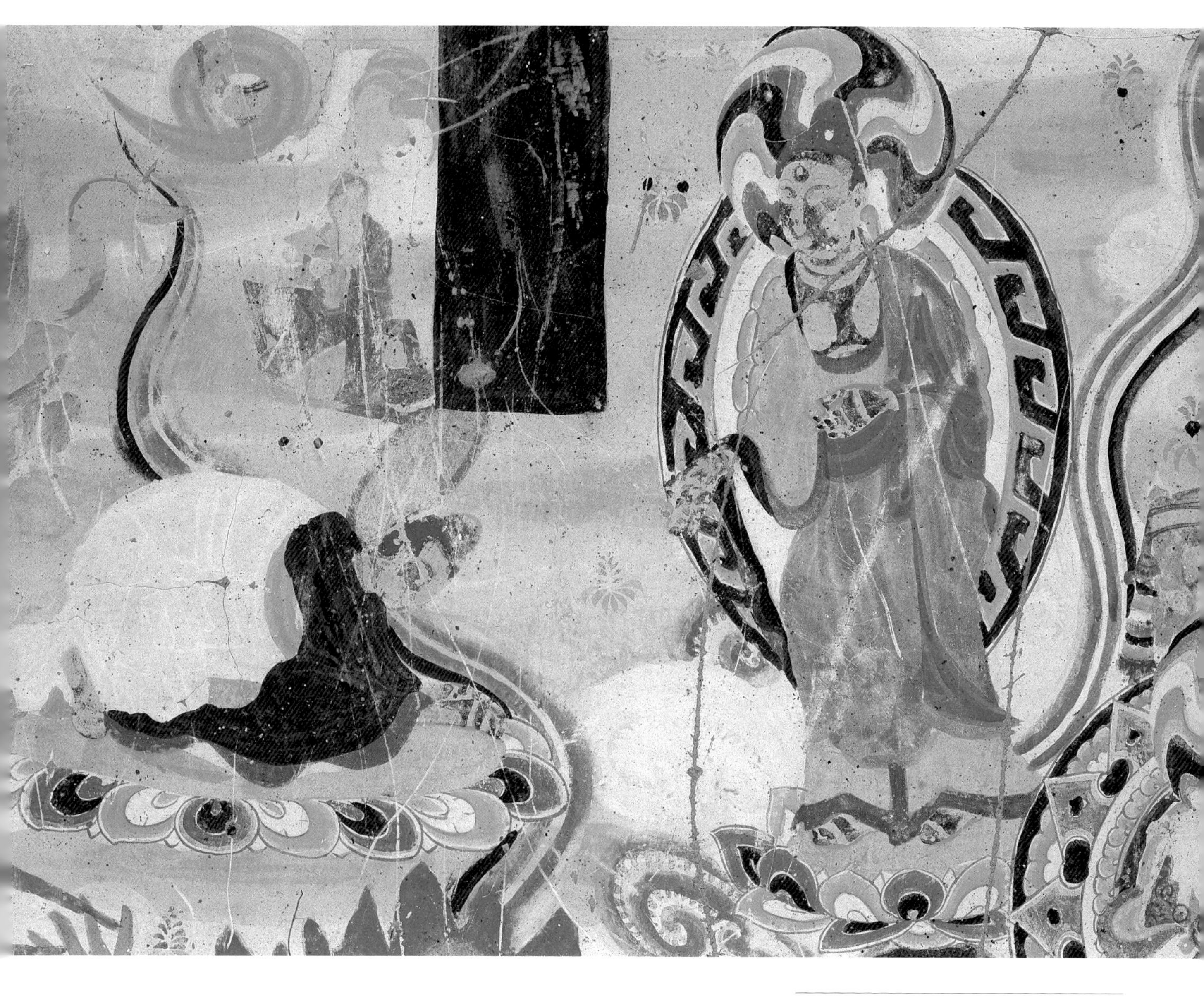

8 **旃檀木像跪迎釋迦**

晚唐 莫9 甬道頂

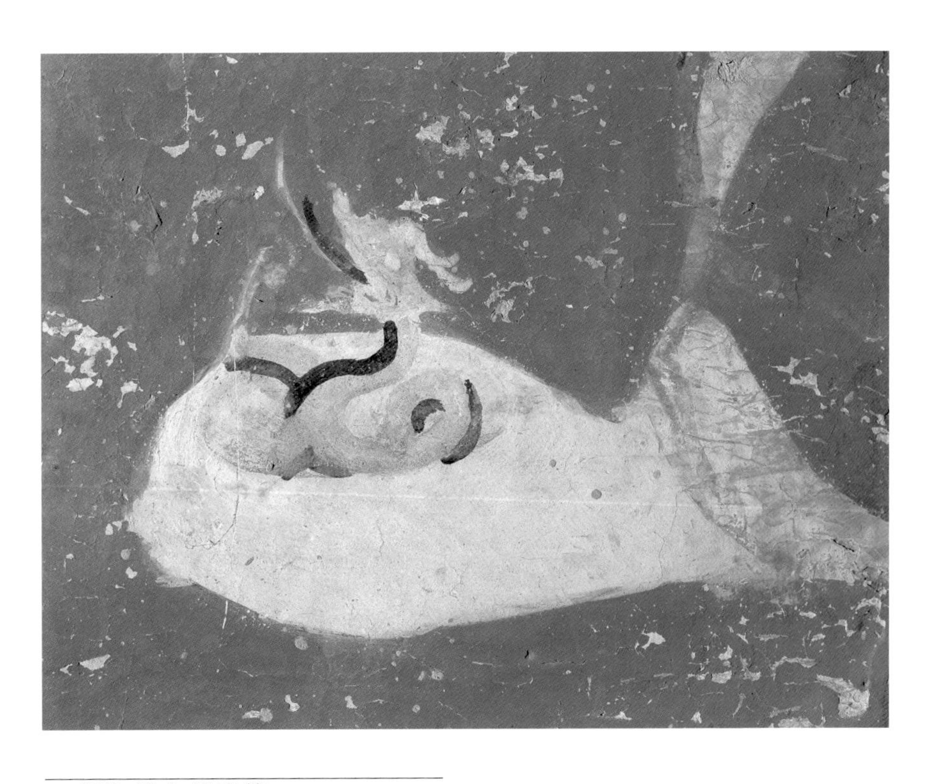

9 **釋迦鉢中的降龍**

隋 莫380 北壁

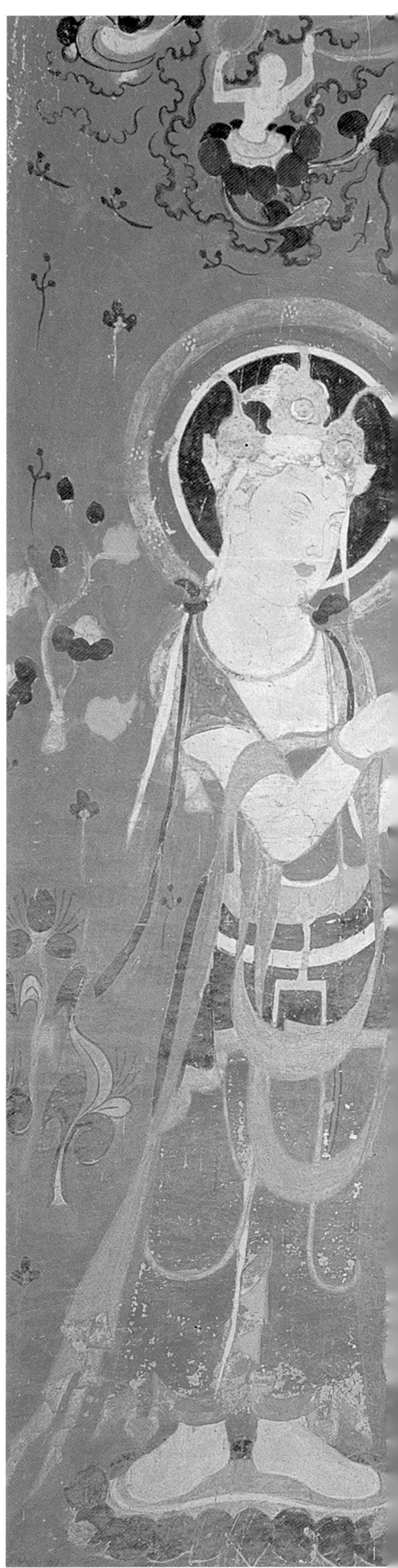

10 **降龍人鉢**

此故事以說法圖繪成，佛陀居中，右手捧鉢，鉢中有龍，兩弟子和兩菩薩分立左右。

隋 莫380 北壁

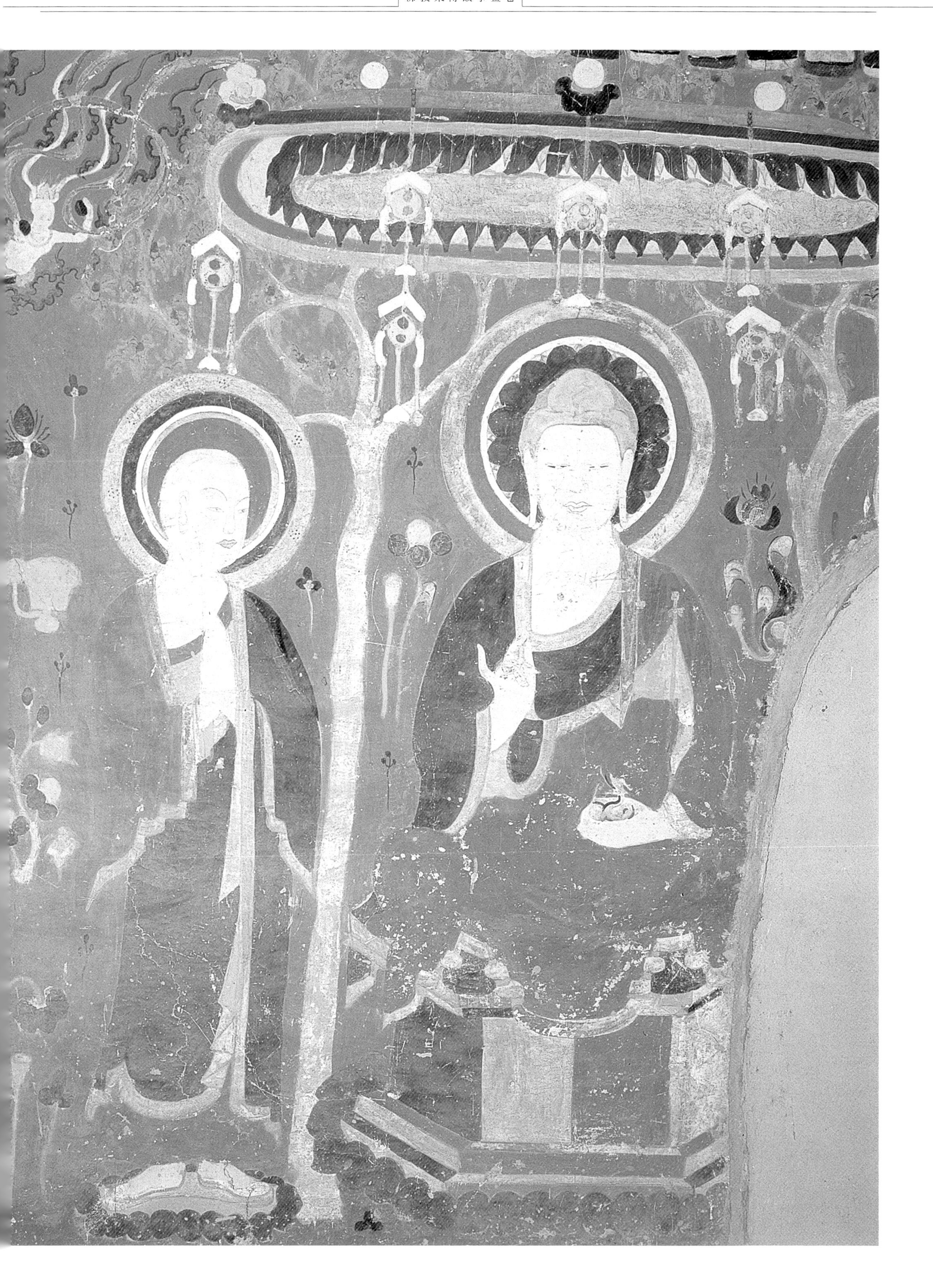

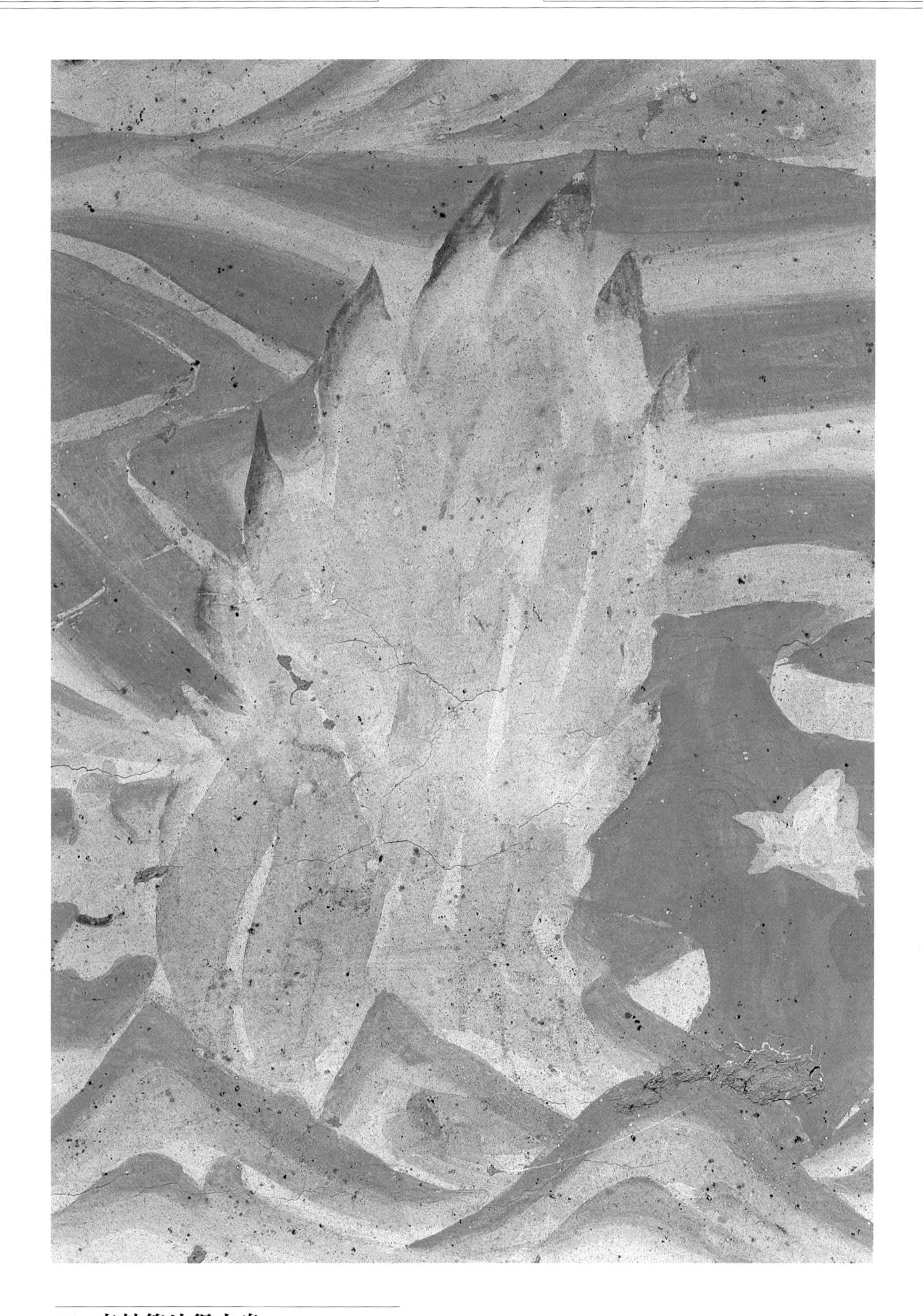

**11 車軸築地得水泉**

一羣商旅途中因缺水而向釋迦求救，釋迦指示一個地點，商人用車軸向地下搗之，立即湧出泉水。

晚唐 莫126 甬道頂

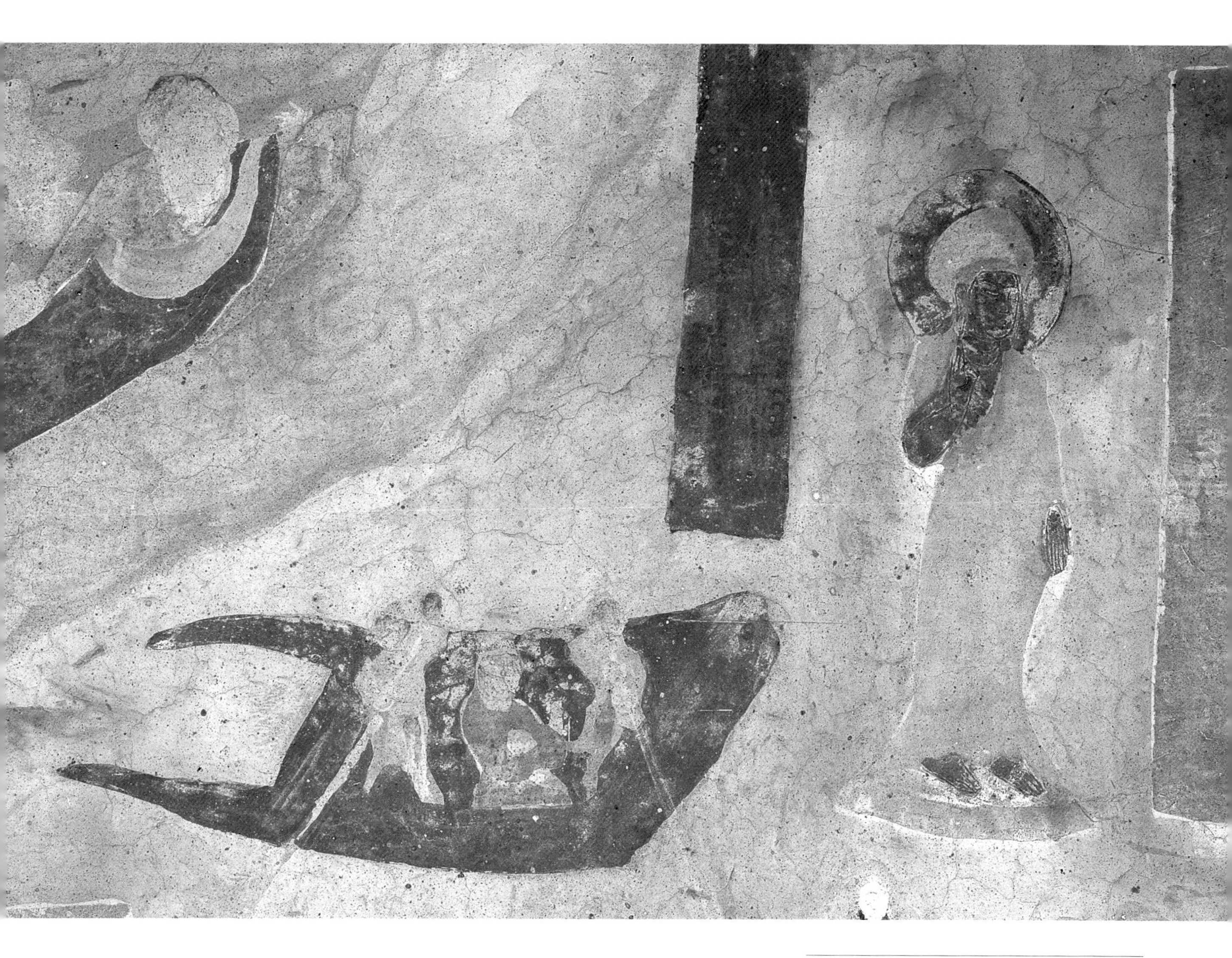

12 **迦葉救釋迦溺水**

迦葉聽説釋迦遇溺，請人駕船前去拯救，卻見釋迦立於水中，沒有遇險。圖的左上方是沒特加羅子上天為釋迦造像的故事。

宋 莫454 甬道頂

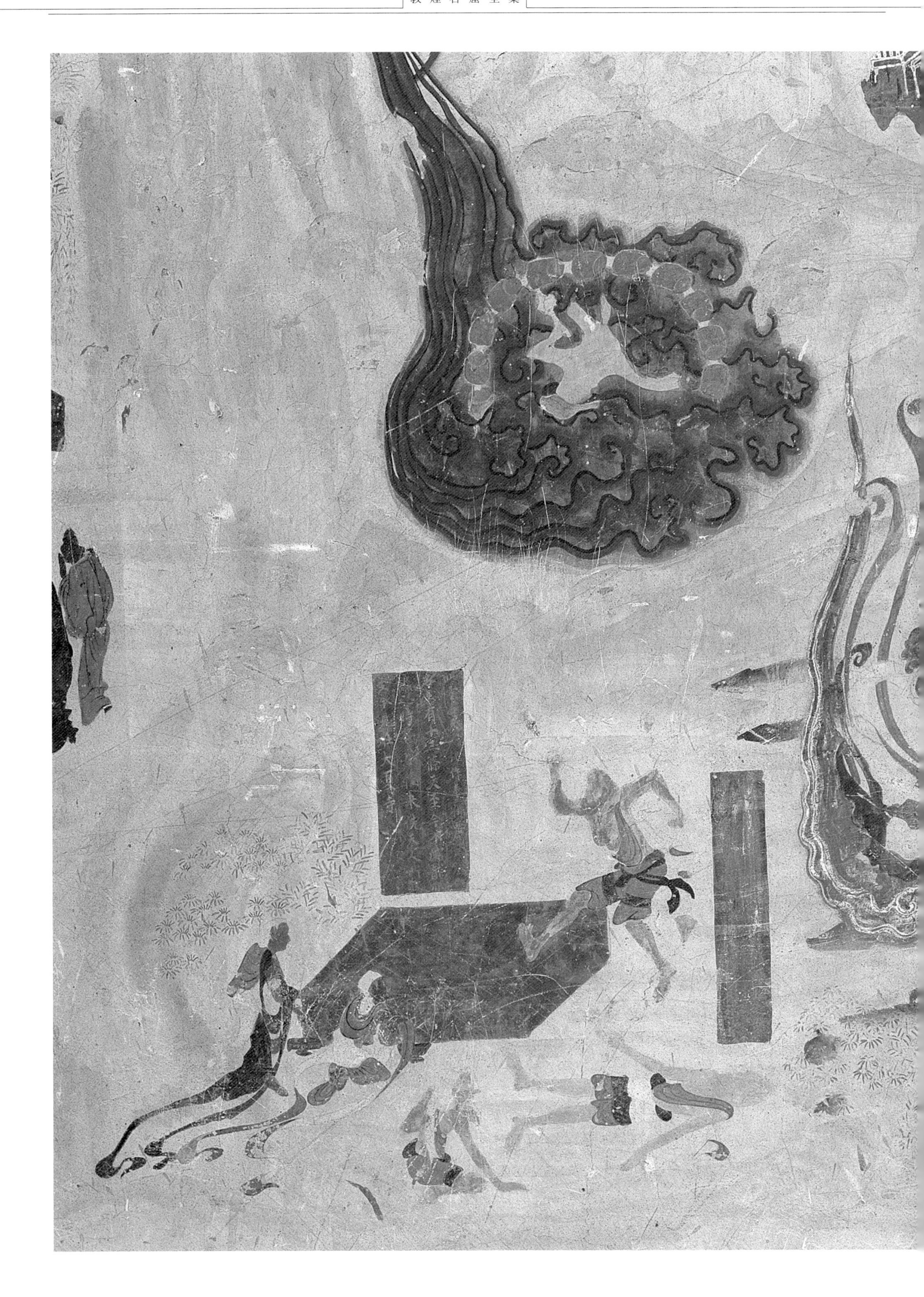

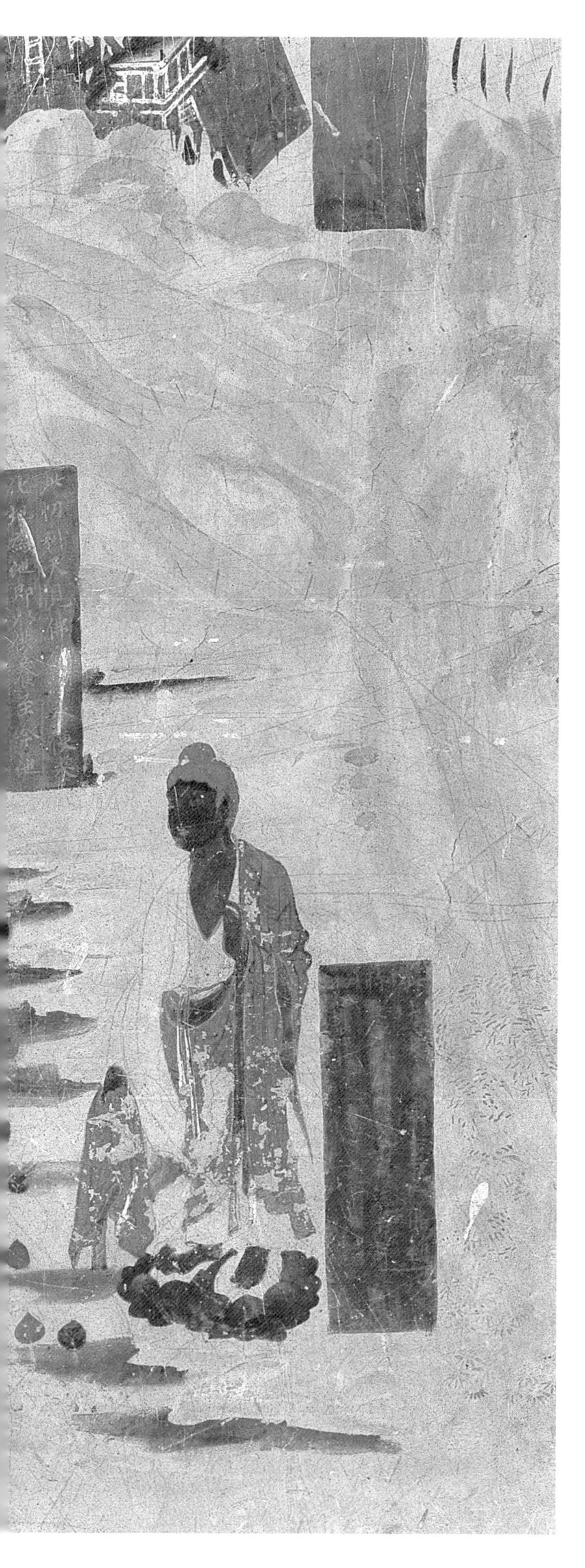

13　**佛陀曬衣石故事圖**

初唐　莫323　北壁

**第323窟佛陀曬衣石故事示意圖**

本圖用連環組畫方式繪畫曬衣石故事的各個情節，圖14是佛陀到處說法，引起龍王不滿，下雨阻止佛陀說法。圖15是兩位天女為佛陀清潔曬衣的方石。圖16是不信佛教的外道，用腳踩污曬衣石，不給佛陀曬袈裟，因此圖17雷神打雷，圖18外道被壓斃。

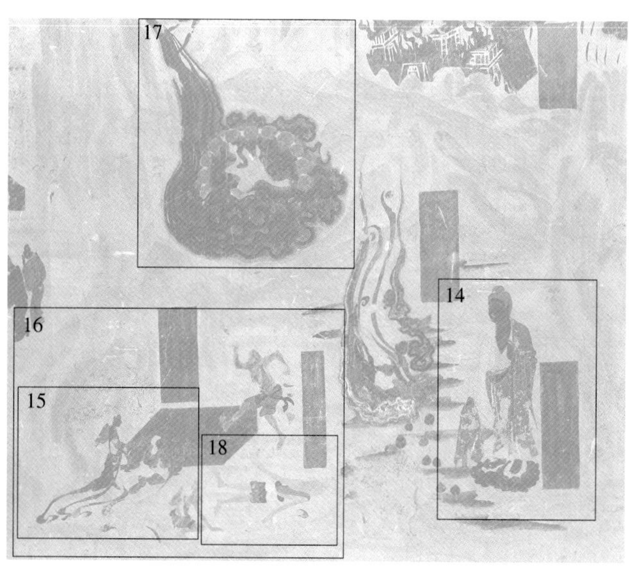

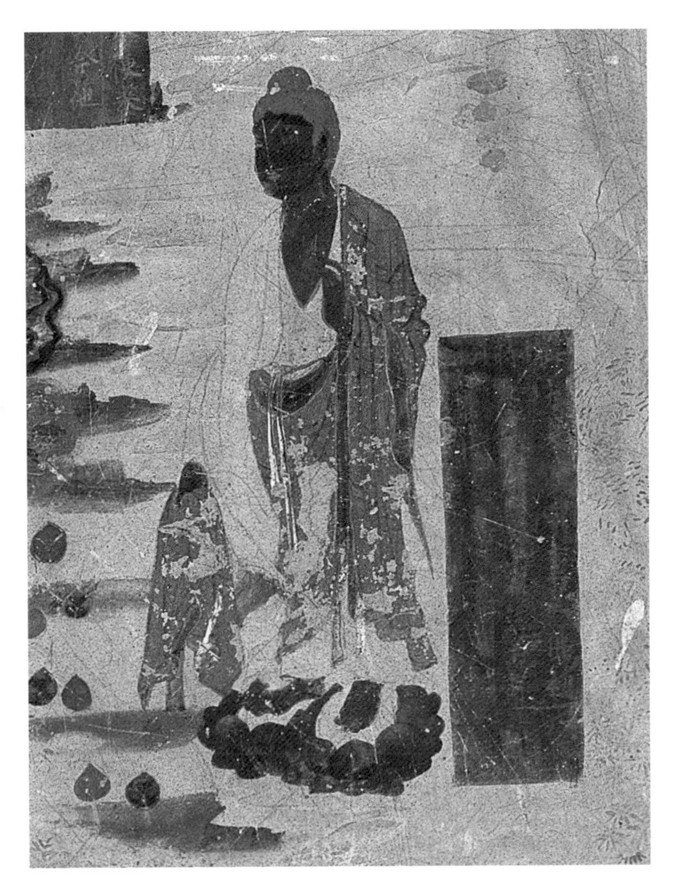

14 **釋迦說法**

釋迦到處傳教，觸怒龍王，龍王下大雨阻止釋迦說法。

初唐 莫323 北壁

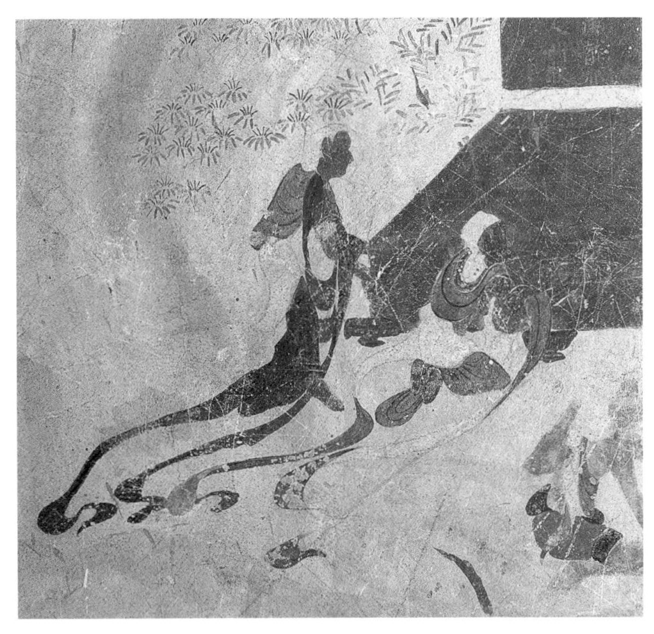

15 **天女潔淨曬衣石**

自天降的天女用清水為釋迦佛清潔曬衣石。

初唐 莫323 北壁

16 **外道踩污曬衣石**

外道婆羅門正在跳踩曬衣石，方石旁有兩天女洗曬衣石。

初唐 莫323 北壁

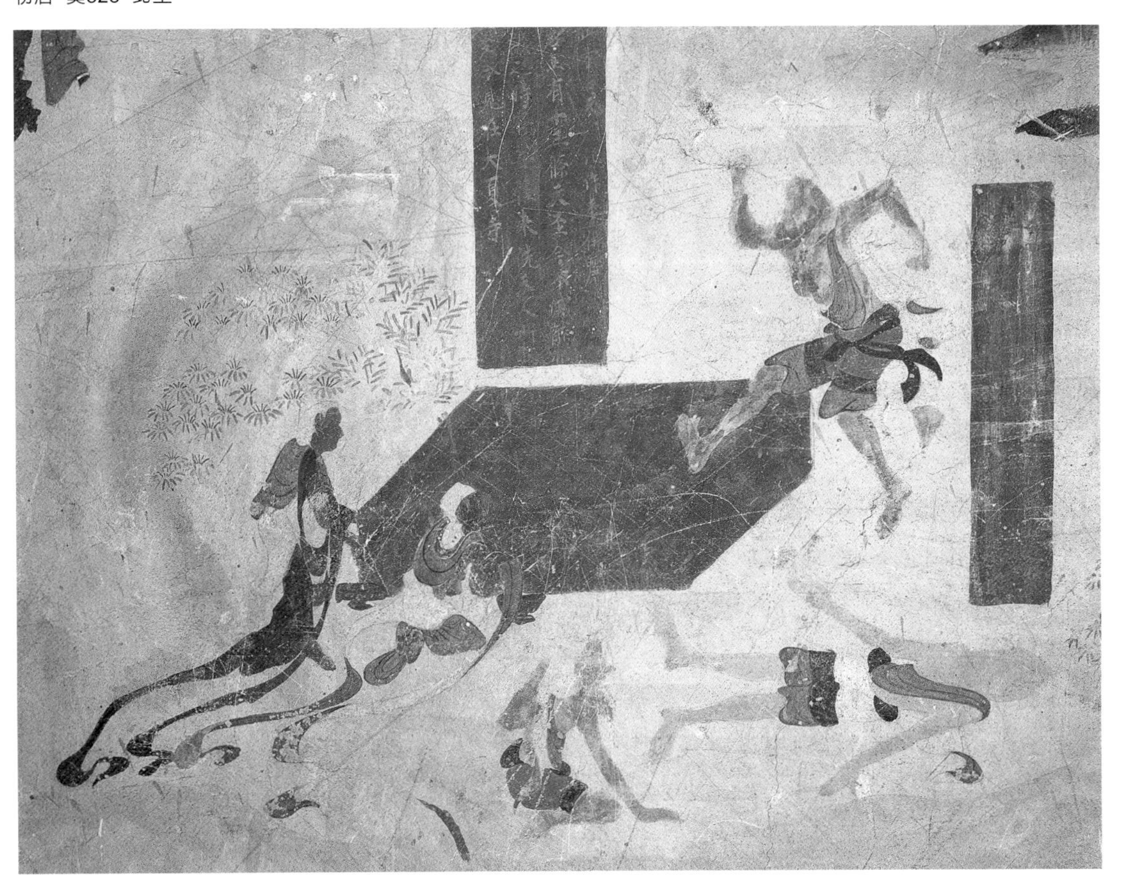

17 **雷神打雷**

外道弄污了釋迦的曬衣石，雷神不高興，手持大槌，打擊成雷，務要懲罰外道。

初唐 莫323 北壁

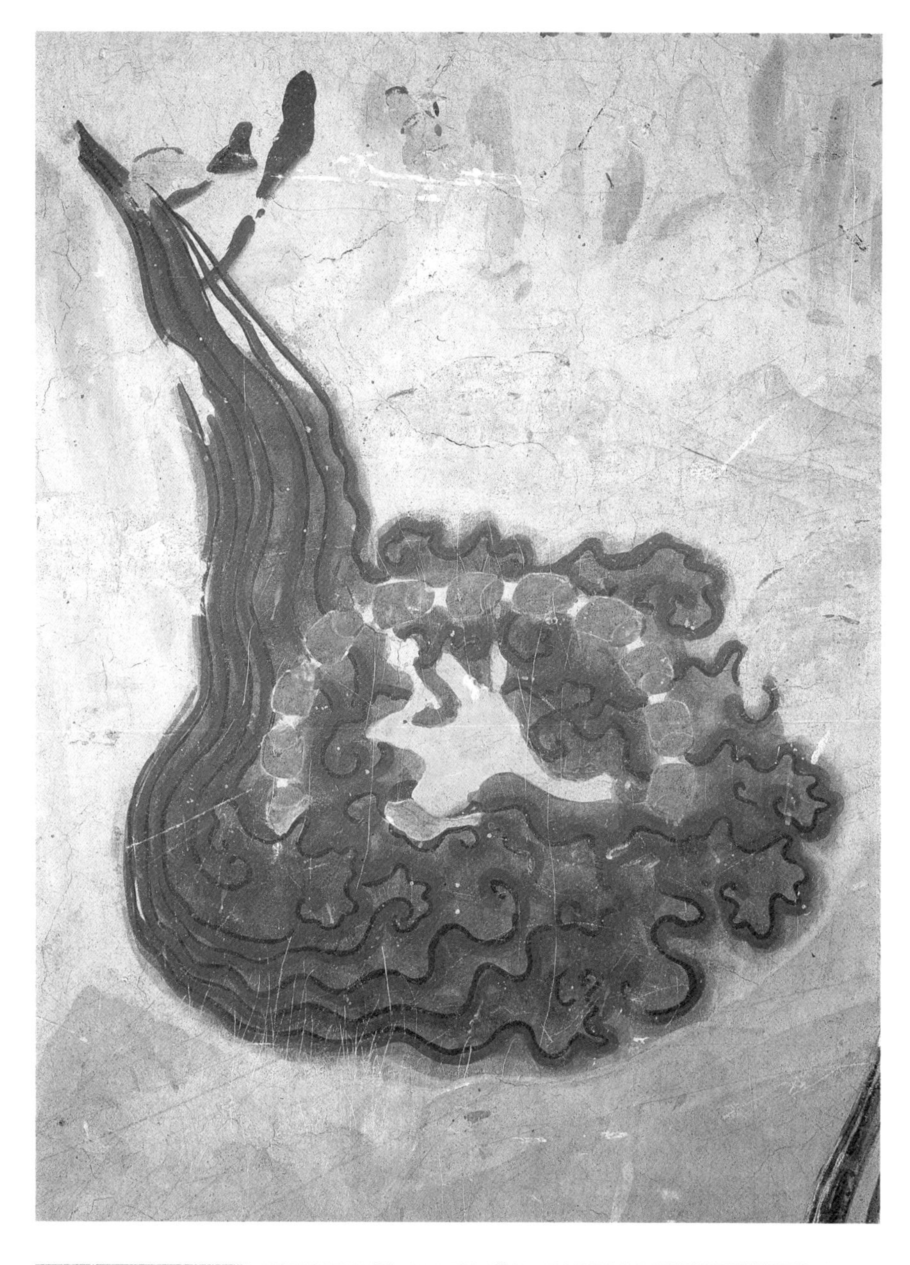

18 **殛斃外道**

弄污釋迦曬衣石的外道被雷神擊斃。

初唐 莫323 北壁

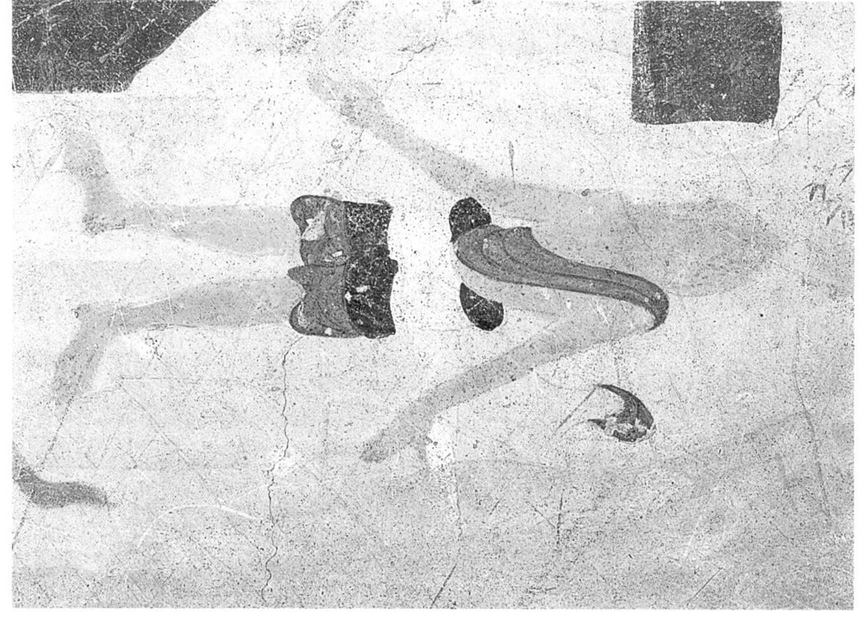

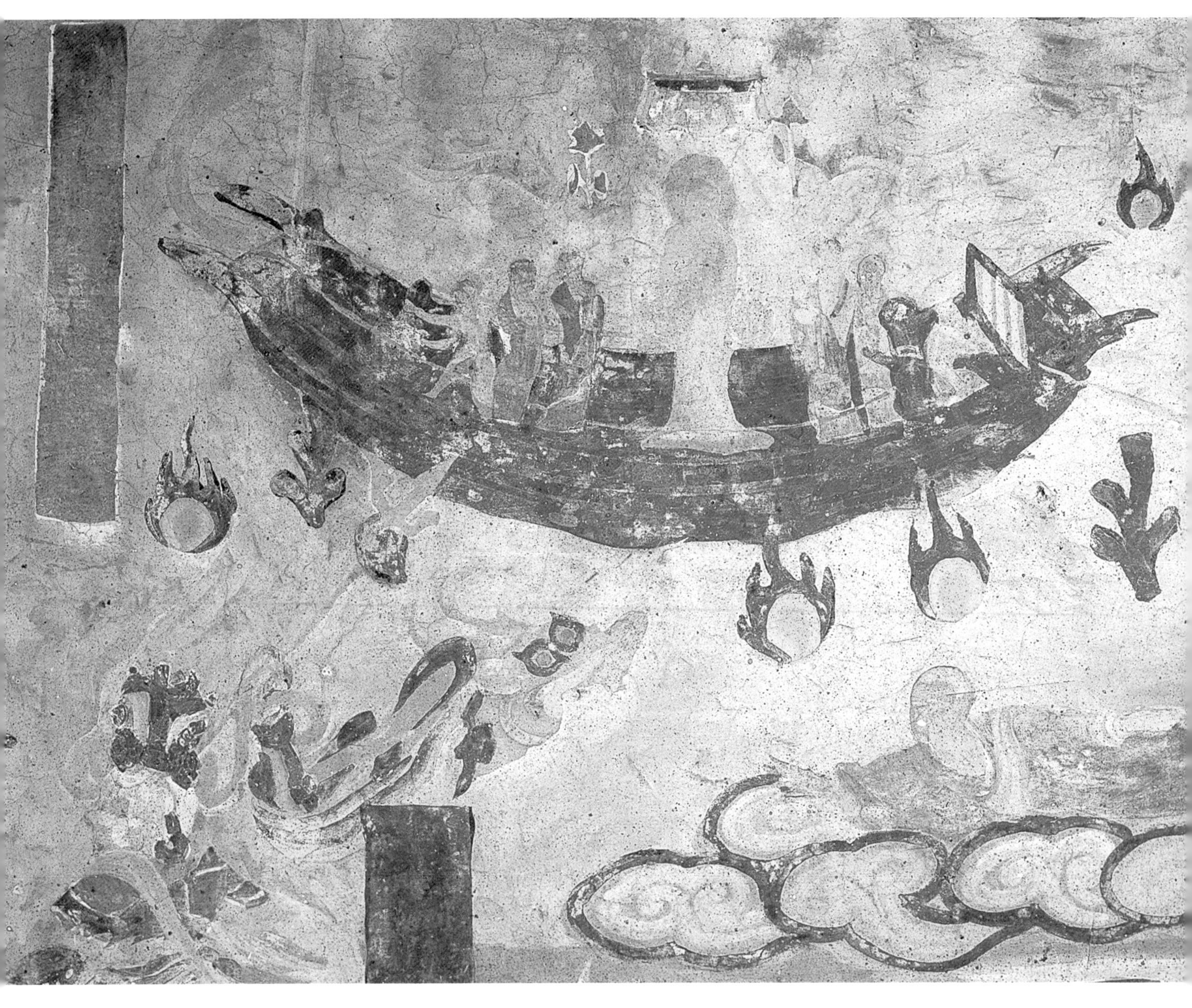

**19 釋迦救商主**

畫面繪有一艘大帆船，佛陀站在船中部，身着袈裟，船後另有一佛站在蓮花座上。船的左下側有怪物，頭頂長角，雙目圓睜，正張開大口要吞噬帆船。海上還有放光的摩尼寶珠。船上的人或牽帆、划船，或合十。榜題寫“釋迦牟尼游化時”。

宋 莫454 甬道頂

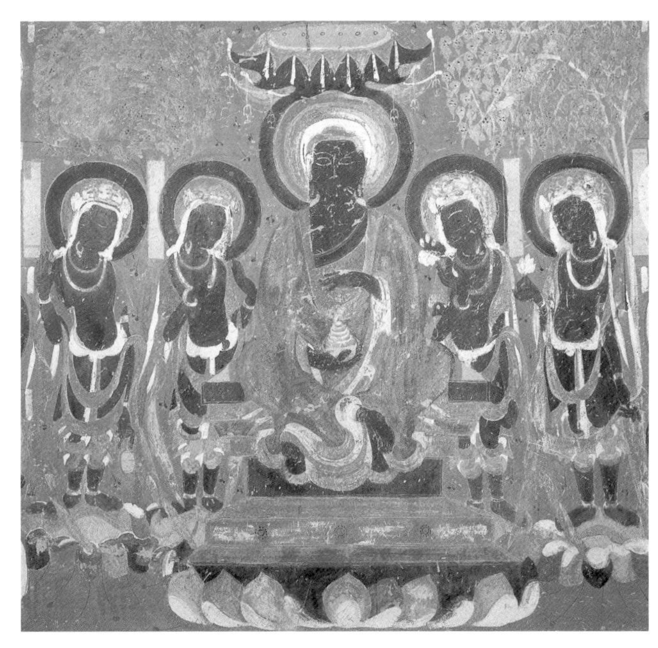

**20 釋迦鉢中白耳蛇**

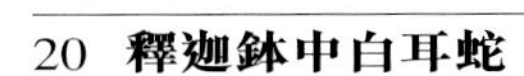

隋 莫305 西壁佛龕外南側

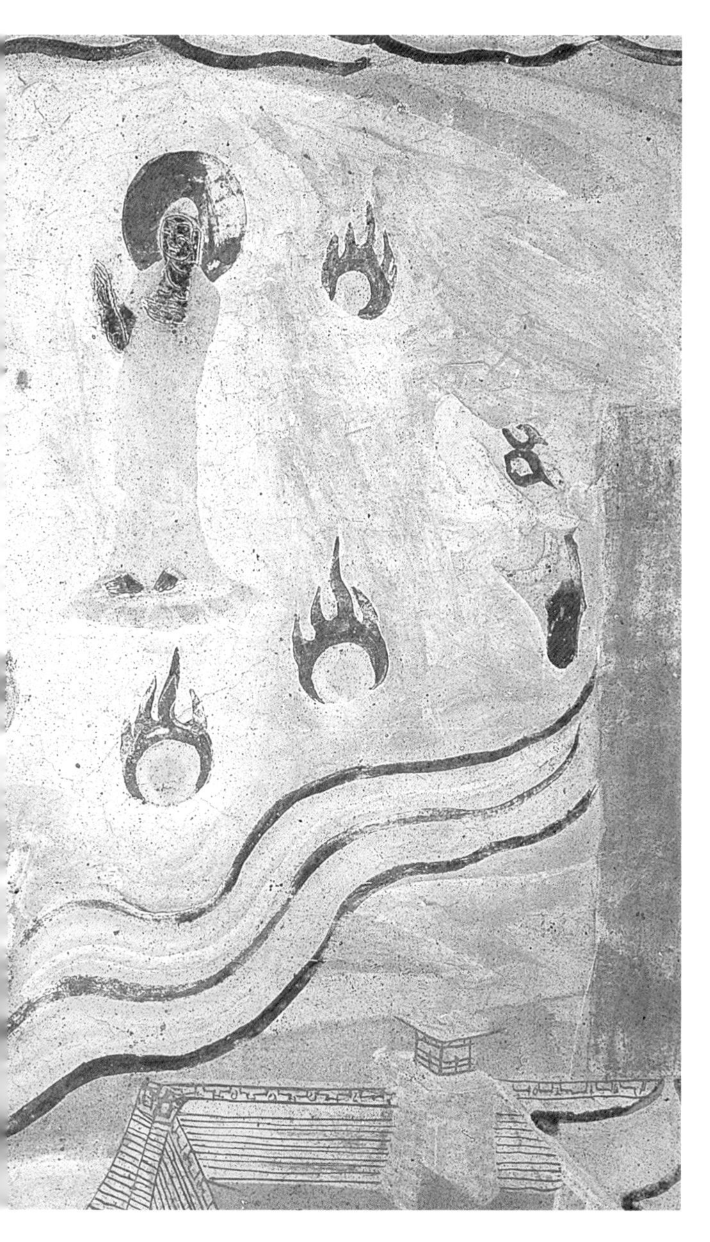

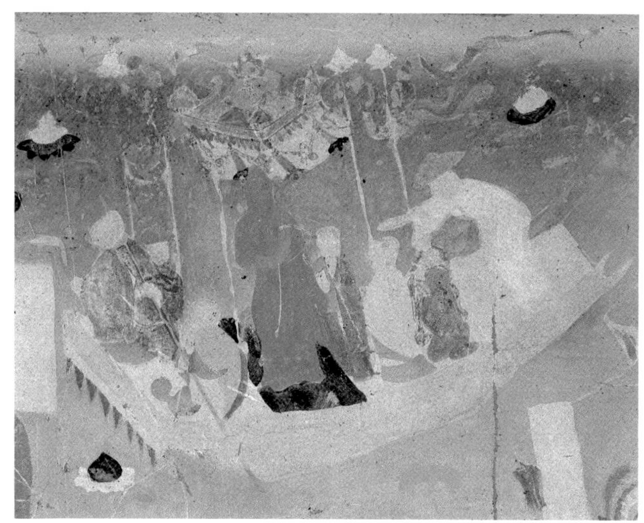

21 **釋迦救商主於海難**

晚唐 莫9 甬道頂

22 **佛陀足迹**

佛陀坐於須彌座上，示意佛留的身影，座前繪有大足印，即佛足迹石。

五代 莫98 甬道頂

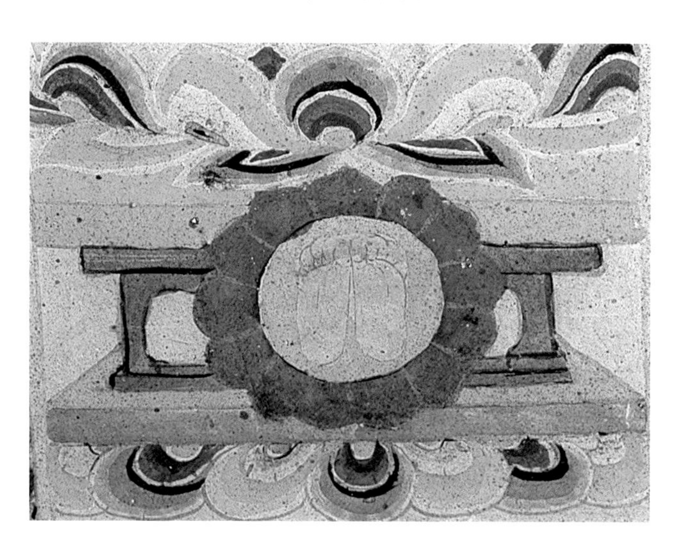

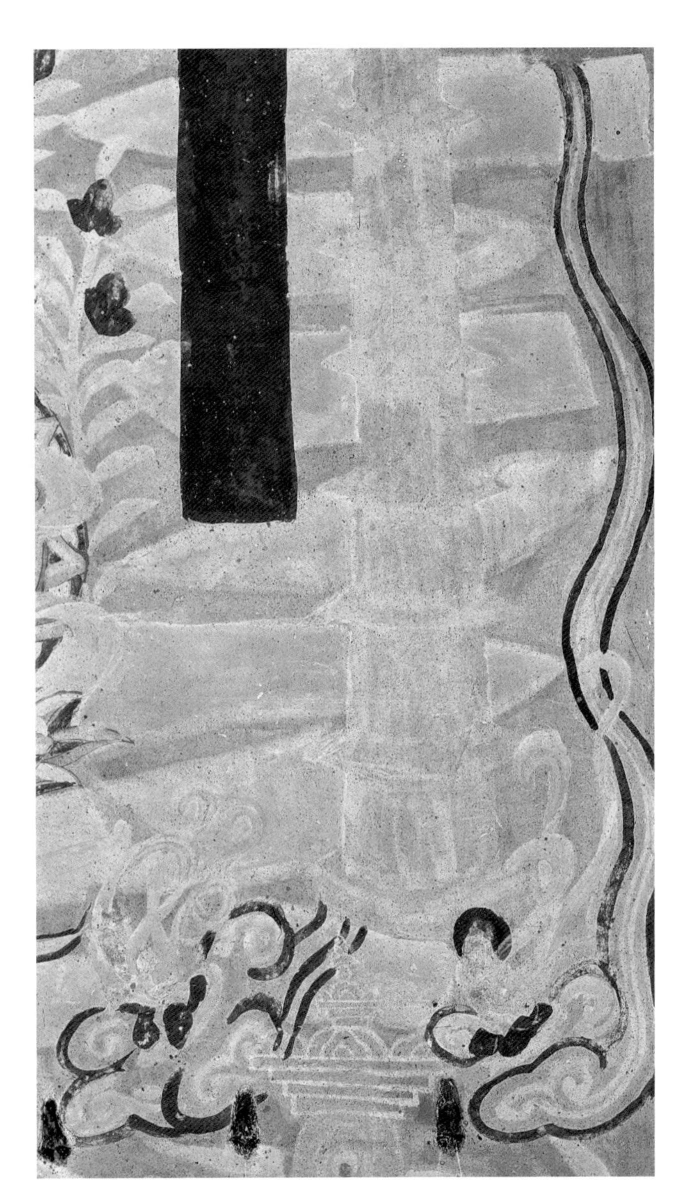

## 23 烏仗那國石塔

宋 莫454 甬道頂

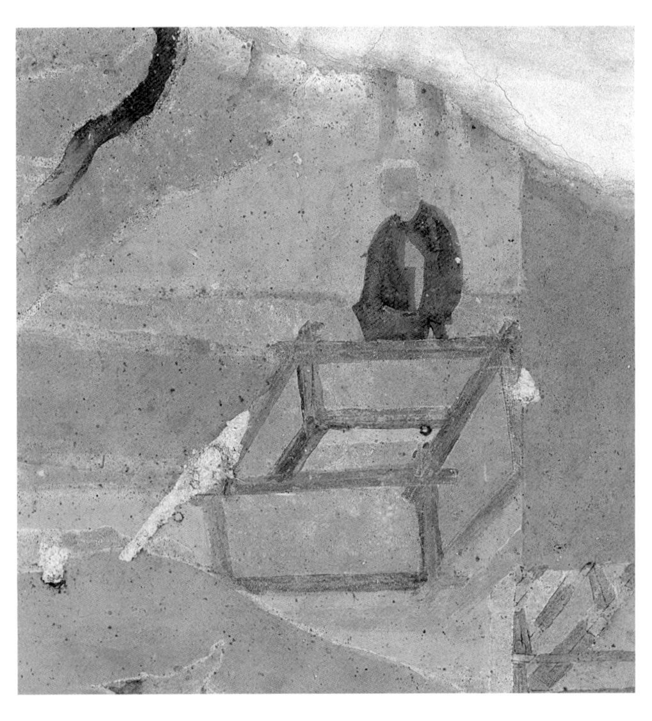

## 24 純陀最後供養釋迦的水井

圖中方形的是水井外緣，旁邊站立的是純陀。

五代 莫98 甬道頂

## 第二節　阿育王弘揚佛教

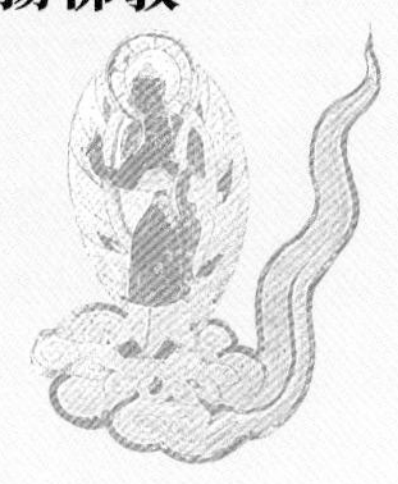

著名的印度阿育王，又稱無憂王，是公元前三世紀中印度摩揭陀國王。阿育王弒兄篡位，誅殺朝臣，大興牢獄，殘害無辜。後來皈依佛法，覺悟前非，繼而大修佛塔，豎立石柱，將有關佛法的誥文刻於石柱之上，在首府華氏城舉行第三次佛典結集大會。更以國王之尊，親自禮拜佛陀聖迹和塔廟，又派僧侶四處弘教，把原來僅限於印度部分地區的佛教，傳遍全國和印度以外的地方。中國佛教文獻中更說阿育王曾派十八人來華弘教。

阿育王弘揚佛教的故事在敦煌壁畫有五種表現：建首都波吒釐子城、建八萬四千塔、建神變多能塔、巡拜佛塔和豎立石柱。

### 首都波吒釐子城

“波吒釐子”梵文意譯為“子”。波吒釐子城又稱華氏城，在佛教東傳歷史上甚為重要，它象徵佛教向四周傳播的開始。此城位於恆河下游數河交匯之處，是交通要道。公元前450年建城，毀於公元六世紀厭達人的侵略。阿育王曾由此城出兵併吞羯陵伽，虜殺二十五萬餘眾。經過一輪慘烈殺戮，他頓悟戰爭不能服人，皈依佛法才是唯一正途。阿育王登基第十七年，在此城舉行第三次佛典結集大會，議決派僧人到各地弘揚佛教，東有今緬甸、泰國交界的地區，南有斯里蘭卡，西有中亞各希臘化國家，北有尼泊爾。此城因此成為阿育王弘教的轉捩點，也是佛教向四周傳播的肇始，故此成為敦煌佛教歷史故事畫題材之一。

新都城名為“波吒釐子”，乃源於一則神奇故事。玄奘《大唐西域記》有記載：摩揭陀國有一位婆羅門，博學高才，門生數千。同學每多相約從遊，其中一位書生因學無所成，為應邀頗猶豫。同學為使書生高興，戲稱為他聘娶新娘，於是扮作新郎和新娘的父母，坐在“波吒釐樹”下，稱波吒釐樹為女婿樹。書生開心極了，日暮之時，仍不肯歸家。黑夜來臨，書生只見林中廣設帷帳，燭光遍野，管弦並奏。不久有老翁向書生指着女兒說是他的妻子，並為書生宴樂酣歌，七日不休。另一方面，同學和親友入樹林尋找書生，卻見他獨坐樹蔭，行動像招待賓客。這時老翁再出現，親自招待眾人。一年後，書生夫婦生了一個兒子。書生既想歸家，又不忍心與妻兒離別，老翁便驅使鬼神修建新城，讓書生安心留下。由於先有孩子而後築城，故稱此城為“波吒釐子城”。

莫高窟宋代第454窟甬道頂繪畫此故事，是敦煌莫高窟裏絕無僅有的一幅，極富社會情趣。畫面為龐大的建築羣，有四面圍牆，各開一門，隔路繪一正在施工的場地，房屋的框架已經建好，當就是老翁為其書生女婿建設新宅時的景狀。

### 建造八萬四千塔

阿育王皈依佛教後，最有名的，是他到處建立寺塔供奉佛陀舍利及供養僧眾。阿育王統領有八萬四千小國，故敕令建八萬四千佛塔，每塔均有佛舍利。傳說中國境內亦有分佈，第61窟五台山圖中，繪有阿育王瑞現塔，並有榜題。據唐時來五台山的日本僧圓仁的記載，當時認為是八萬四千塔之一。在中國效法阿育王建塔之事更多，如吳越王錢俶、隋文帝、唐武則天等，可見他建塔的故事在中國影響既深且廣。

敦煌壁畫繪阿育王建塔故事很多，最早見於莫高窟第231及237窟。繪在231洞窟主室佛龕四坡邊角處的，是瑞像的附屬圖。畫面極簡單，僅一座佛塔，旁有巨掌遮擋着太陽，指縫間放出霞光數道，光芒之中繪有佛塔數座，代表阿育王伸手遮擋太陽，揚言陽光所及之處當建八萬四千座佛塔，顯示他弘陽佛教的雄心壯志。宋代第454窟甬道頂部遺留還有清晰的題記：“阿育王建八萬四千塔”。

### 建造神變多能塔

《大唐西域記》及《大慈恩寺三藏法師傳》等記載阿育王修建供養佛牙的神變多能塔，每當月圓之時，佛牙放出神光，故稱神變多能塔。此題材在敦煌莫高窟晚唐、五代和宋時頗多，都繪在洞窟甬道的頂部。其中以五代第108窟保存最完好，至今還保留清晰的墨書榜題。畫中有一座四層樓閣式的大塔，各層正面設有一門，塔頂有輪相、寶瓶等飾物，塔的下層正前方有僧俗數人，正在觀賞或對談，神態各異。

### 巡禮拜塔

阿育王為推廣佛教和以佛法治國，常以身作則到處巡禮和供養佛塔。在莫高窟初唐第323窟北壁中下方，就有一幅“阿育王拜塔”的故事畫：阿育王及隨行臣僚多人，向數座塔跪拜。榜題進一步解釋：其塔不是佛塔而是尼乾子塔，阿育王誤加禮拜後，這個塔立即倒塌。阿育王感謝佛之大德。故事寓有佛教當昌、外道當滅的暗示。

### 毀地獄和遍立石柱

阿育王信佛後，在印度各地豎立刻銘佛法誥文的石柱，中國東晉高僧法顯、唐玄奘均曾提及。在莫高窟自晚唐至宋初的佛教歷史故事畫中多有石柱，但都沒有榜題。

立柱的因緣或可結合《大唐西域記》的兩則記載，亦可由《諸佛瑞像記》推明。阿育王登位初期，倒行逆施，設立地獄治國中犯人，聲言入獄者死，在地獄門前經過的人也成為階下囚。一次一沙門經過，被抓入獄，屢受刑而不死。獄主上報，阿育王來獄中察看。獄主說阿育王違反自己頒佈的律令：入獄者死。阿育王遂殺獄主，廢除地獄，從此減輕刑罰。《諸佛瑞像記》有毀地獄建造佛寺的條目，和《大唐西域記》有關記載相同。《大唐西域記》同一卷又有石柱的記載，石柱上銘題阿育王布施四方僧人。

考古亦有發現阿育王時代的大、小摩崖、石柱和有銘刻的石窟及石板，刻石時間約在公元前250年，其中石柱高7.7至13米，銘文大多用佉盧文和梵文刻成，內容導民尊敬僧人和禁止破壞佛寺，還有阿育王巡禮佛迹的記載。

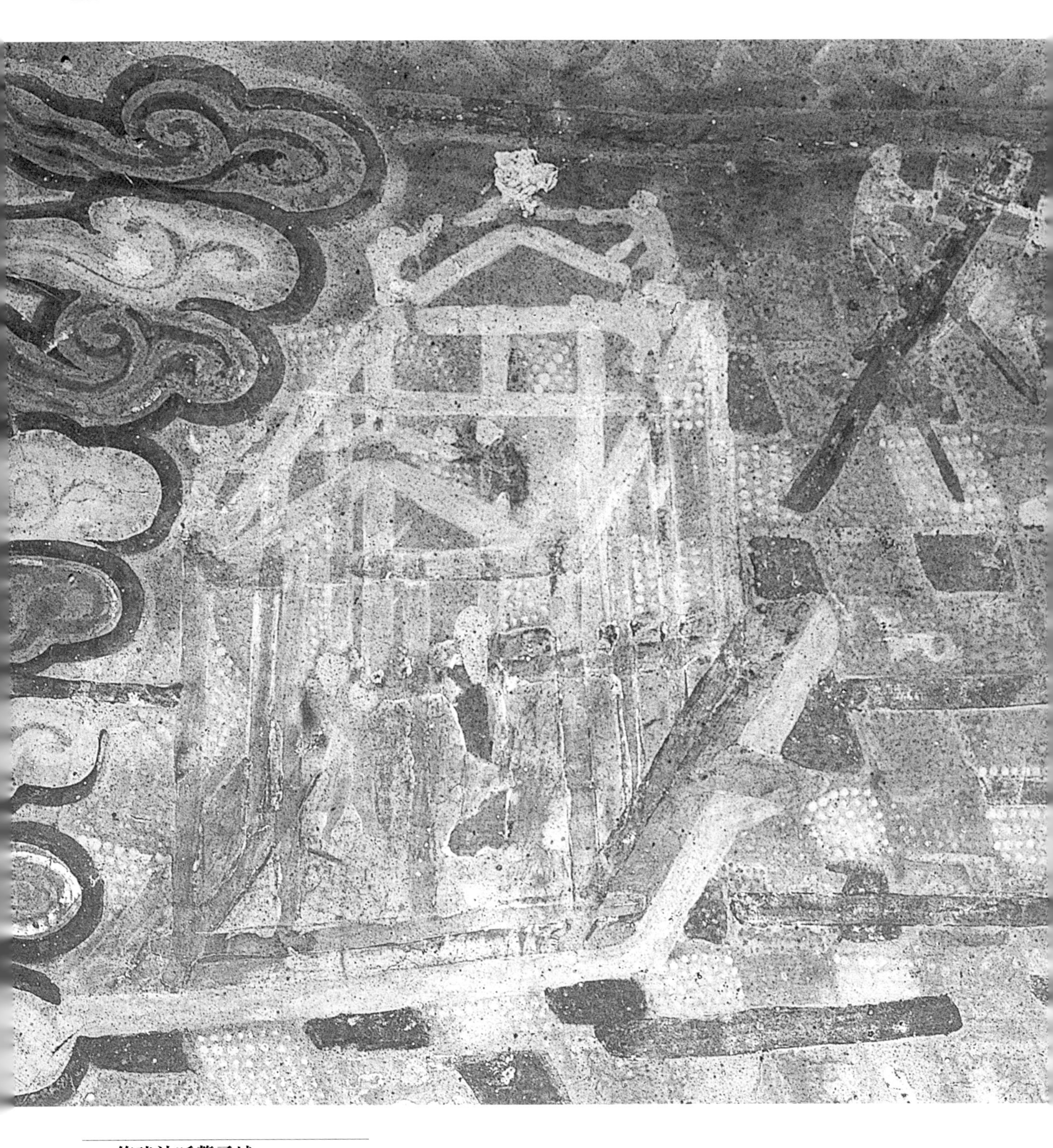

25 **修建波吒釐子城**

畫面所見的龐大建築羣代表波吒釐子城，是阿育王的首都。城門外有一僧人舉手指劃，隔路有施工場地，房屋的框架已經架好，工匠數人在屋架內和屋架頂工作，空地有工人鋸木和刨木。

五代 莫454 甬道頂東端

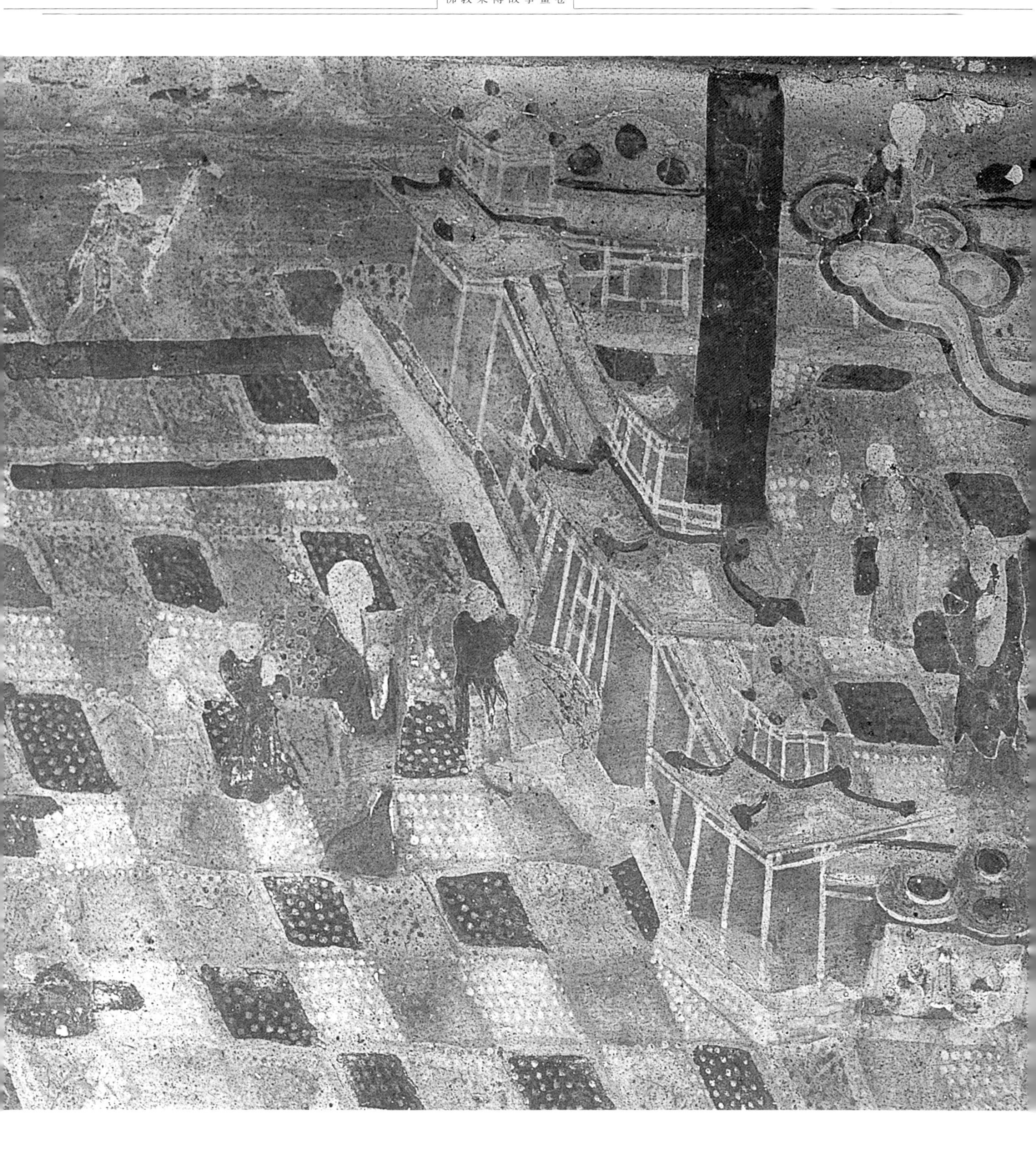

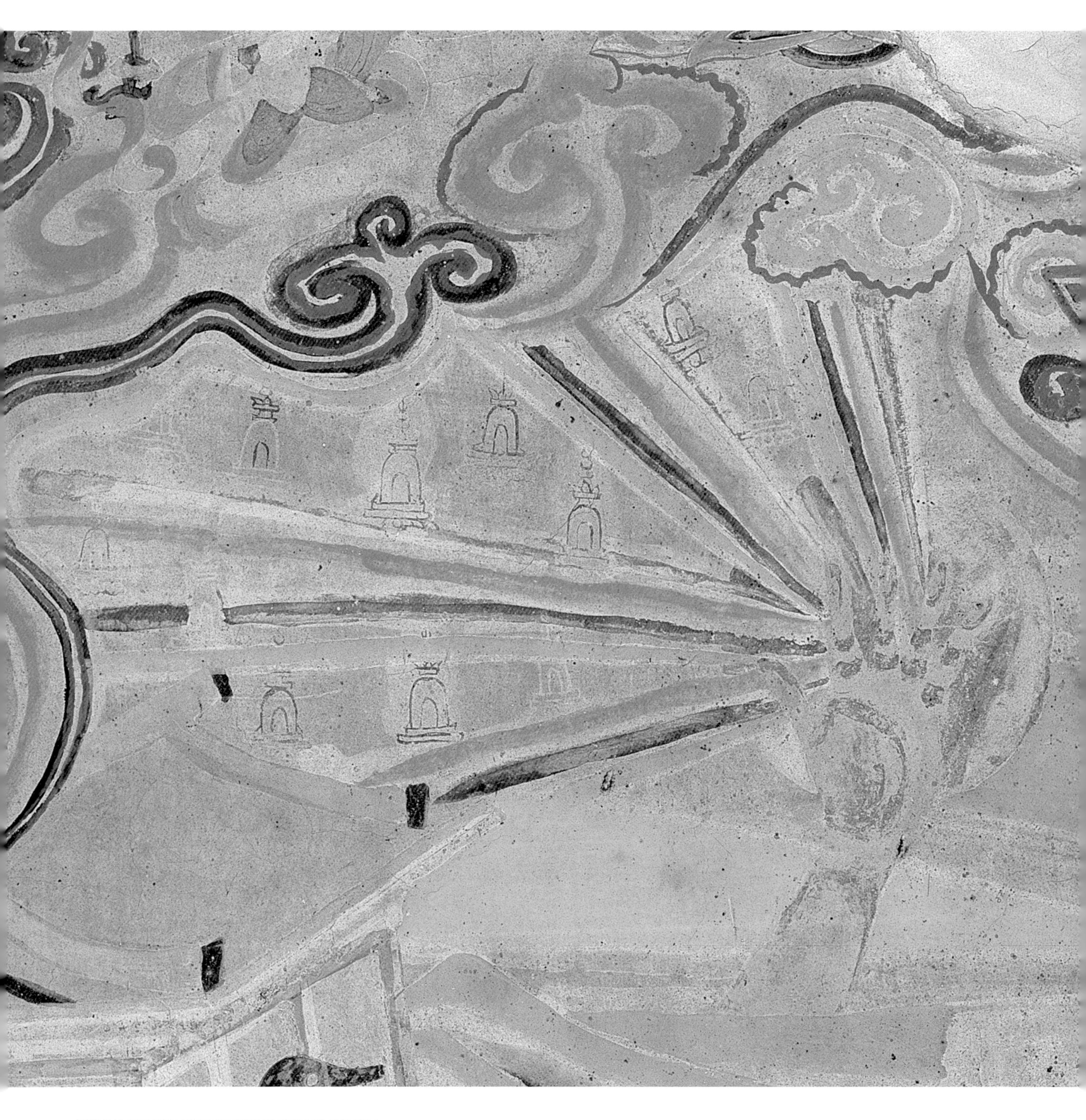

**26 阿育王一手遮天**

畫面繪巨手，指縫間放出霞光，光芒之中有佛塔數座，代表阿育王決心凡陽光所照的地方，必需修建佛塔。

宋 莫454 甬道頂

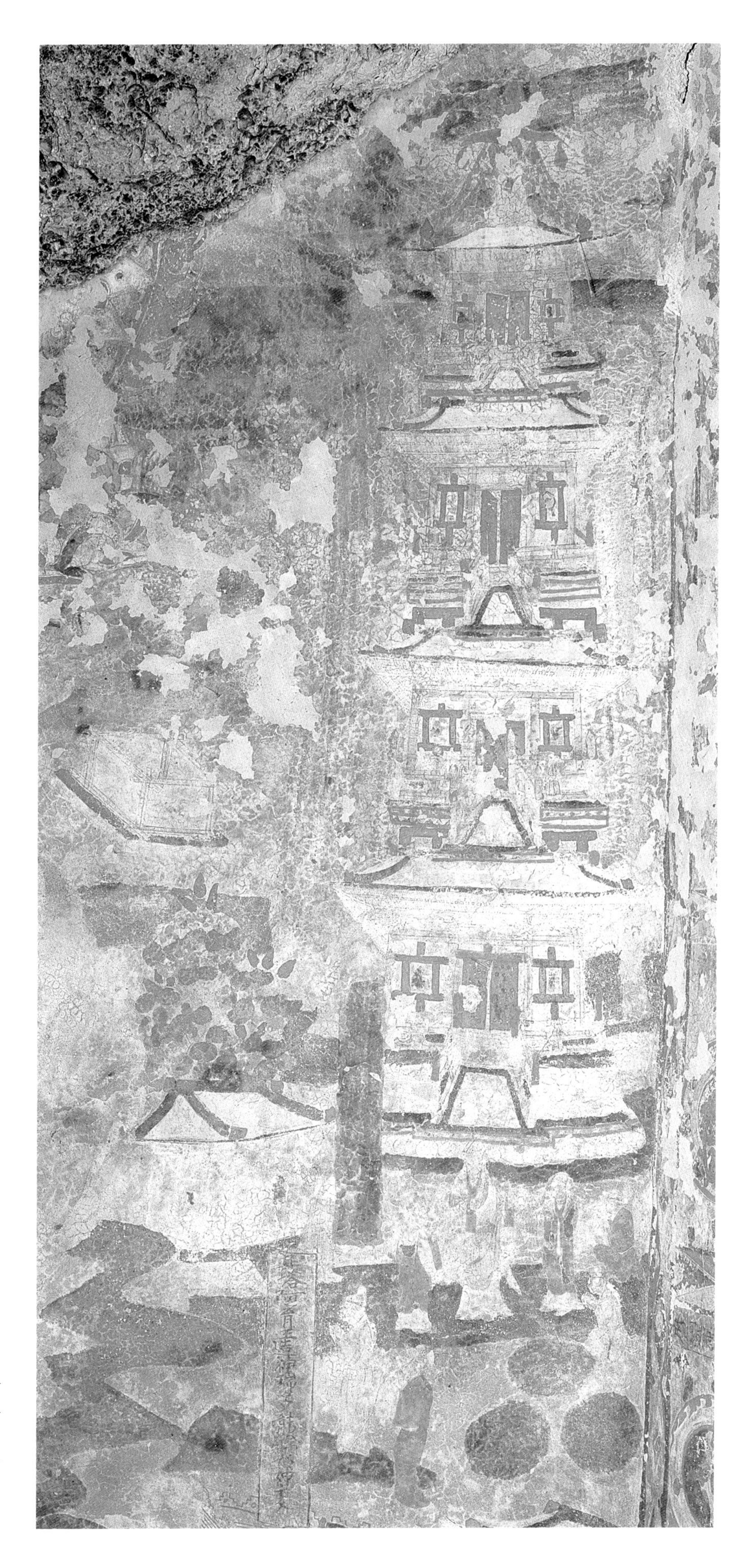

**27 阿育王造神變多能塔**

這是阿育王為安奉佛牙而修建的神變多能塔，是四層的中國式的塔，塔前有一羣僧俗，左下方有榜題。

五代 莫108 甬道頂

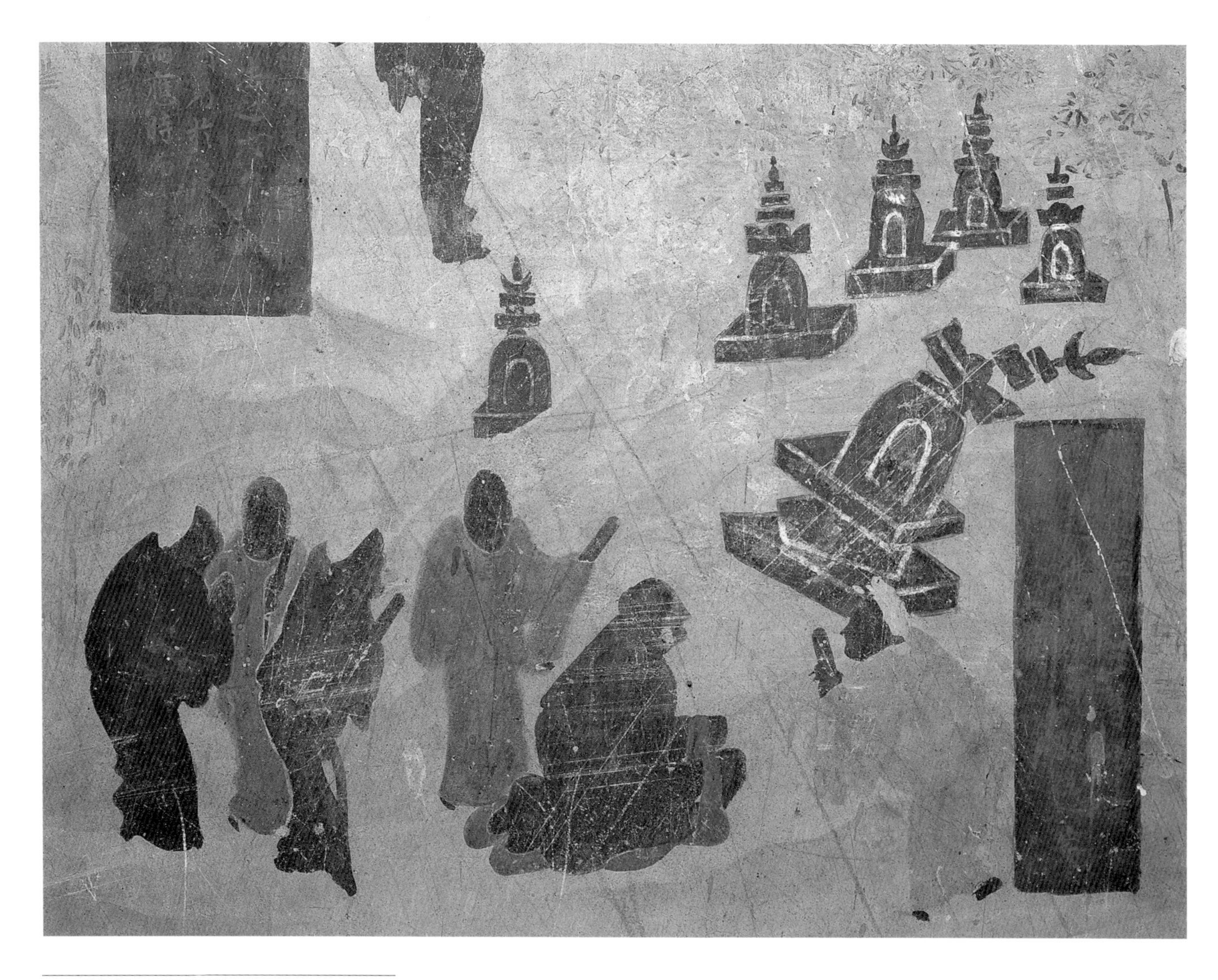

**28 阿育王拜佛塔**

下跪者是阿育王，其隨行臣僚多人。其塔不是佛塔，受不起信佛的阿育王一拜，登時崩解。榜題文字斑駁，可辨讀為："此外道尼乾子塔，育王見，謂是佛塔便禮，塔遂崩壞，□（阿）育王感德。"

中唐 莫323 北壁

**29 阿育王石柱**

阿育王廢除毒害生民的地獄，到處豎起刻有佛經和尊敬僧人的告示。這畫面極為簡單，僅有一多面體、覆鉢式柱座的藍青色石柱。

五代 莫98 甬道頂

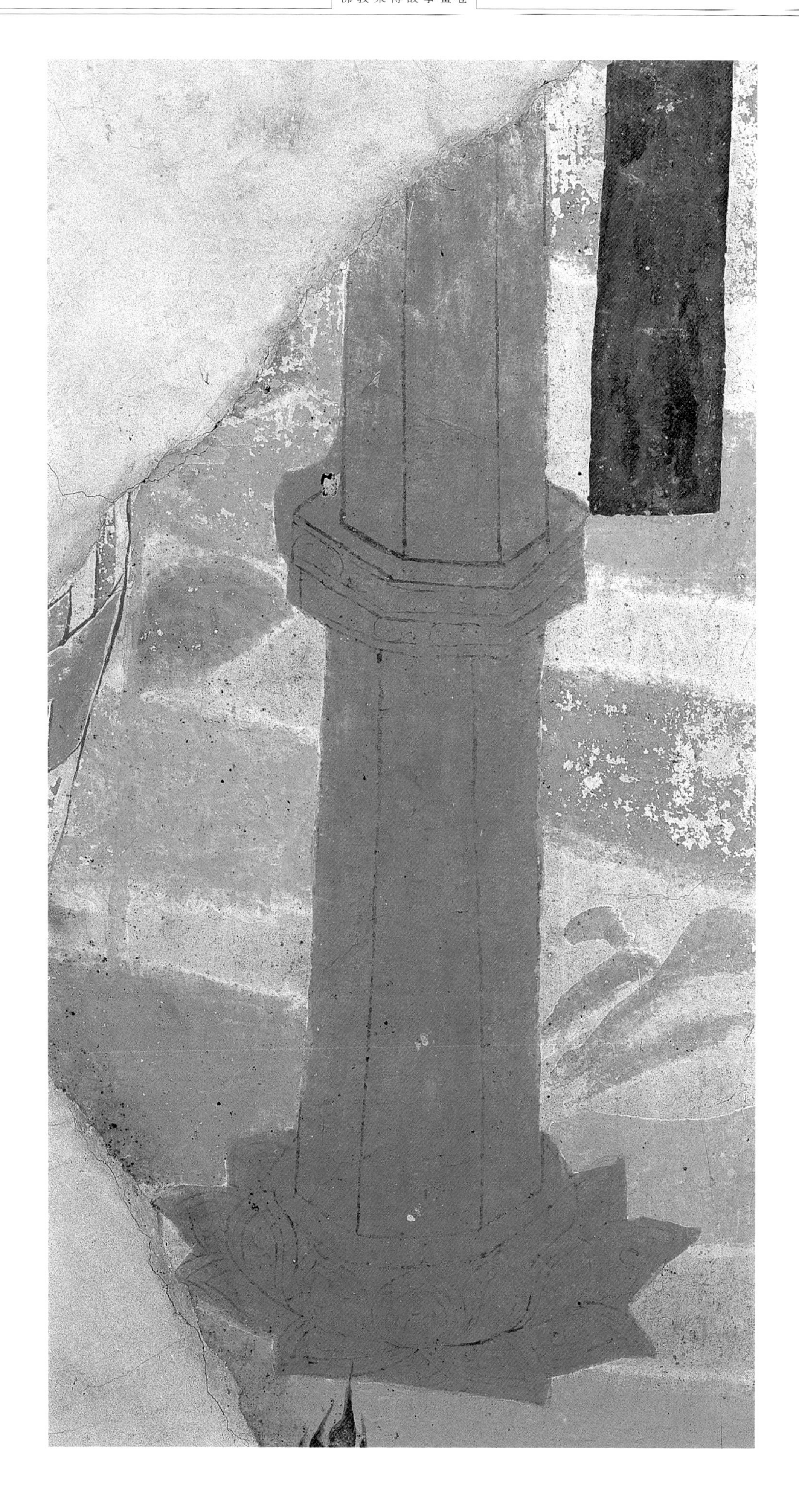

## 第三節　印度諸國瑞像

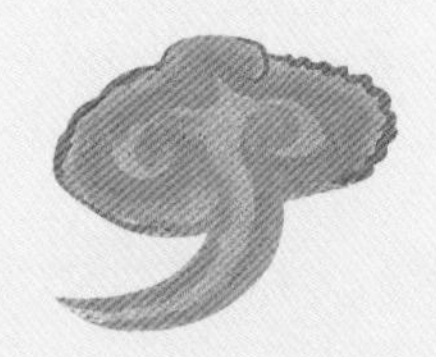

瑞像是佛教圖像和造像中一種非常獨特類型，雖為數不多，但別具用途——所有瑞像都是受人崇拜的，與其他佛教造像及故事畫的性質很不同。瑞像是釋迦的真容摹寫，或是與釋迦、菩薩、神祇或聖者的靈迹（包括顯靈、放光、飛來等）有關，小部分是感應故事，例如阿育王造塔也列為瑞像。本章收錄在敦煌所見的印度諸國瑞像。

在敦煌佛教藝術作品中，瑞像所佔比例不多。若不靠榜題和敦煌遺書《諸佛瑞像記》文字輔助，瑞像外觀不易與一般佛像和造像區別。最早的瑞像就是摹寫印度優填王和波斯匿王所做第一尊釋迦像而產生的，再經多次摹寫和仿造，流傳極廣。優填王所做釋迦像的仿製品傳入中國時，正式被稱為瑞像，隋末至初唐，敦煌開始出現瑞像。自此成為敦煌佛教藝術的重要題材之一。瑞像中以釋迦最多，其次是保護于闐國的神王。瑞像傳入中國後，產生了漢地的瑞像，這是標誌佛教中國化的其中一步進程。

### 釋迦佛瑞像

#### 一　摩揭陀國釋迦正覺放光瑞像

中印度摩揭陀國（又名摩伽陀國）摩訶菩提寺的菩提樹是釋迦正覺成道之所，別具象徵意義；《大唐西域記·摩揭陀國》和《法苑珠林》提到僧伽羅國捐錢給印度摩揭陀國修建摩訶菩提寺，寺中有釋迦尊像和舍利子，但沒有記述此釋迦像的形態。摩訶菩提寺釋迦瑞像首見於莫高窟第231、237諸窟佛龕的放光瑞像和成道坐像，今由瑞像所見，佛頭有高肉髻，眉宇之間繪有白毫，身着袈裟，端立在蓮花座説法，榜題："中天竺摩訶菩提寺瑞像"。四川省廣元市千佛崖石窟中的雕刻，亦與莫高窟瑞像形姿全同，旁邊還有唐代王玄策出使印度的題記和《法苑珠林》卷二十九的一段文字，是考證第231和237窟摩訶菩提寺釋迦瑞像的根據。

與此寺有關的故事見於《大唐西域記·摩揭陀國》：在菩提樹西面不遠有一大精舍，內有玉石佛像。釋迦初成正覺後，國王在此建七寶堂，帝釋天（護法天王之首，統領諸天王）建七寶座，讓釋迦在塔中思維七日，結跏坐於金剛座説法，放出異光，照明菩提樹。佛陀涅槃後，印度諸國君王用兩軀觀音像作為菩提樹精舍南北地界的標誌。當地傳説如果觀音像沒入地下，佛教便會衰亡；七世紀玄奘到此地時，兩觀音像已隱沒至胸，表明佛教滅亡之時不遠。這就是第231窟放光坐像和237窟成道坐像的金剛座之前分作兩欄，欄內各畫一僅及胸際的菩薩頭像之故。

#### 二　波羅奈國釋迦初轉法輪瑞像

鹿野苑是釋迦成道後初轉法輪（首次説法）的聖地，位於古印度波羅奈國（又名婆羅那斯，在印度恒河支流的阿拉哈巴德河下游的瓦臘納西）。這裏有一座石雕釋迦真容像，以紀念初轉法輪的盛事，《大唐西域記》特別説這石像是"量等如來（釋迦）身，作轉法輪勢"。此瑞像在敦煌莫高窟首見於中唐第231、237諸窟佛龕中，第231窟瑞像眉間有白毫，結跏趺坐說法，座前繪有法輪和佛足迹，象徵初轉法輪。《大唐西域記》另有記阿育王曾在此地修建佛塔和寺院。宋代莫高窟第76窟東壁繪畫紀念佛陀的轉法輪塔。

三　毗耶離城釋迦說法瑞像

釋迦多次在毗耶離（吠舍離）巡城說法，留下許多聖迹，討論佛教教義和戒律的第二結集大會也是在此舉行。

與釋迦在毗耶離城說法有關的瑞像見於莫高窟第231窟主室佛龕頂南坡東南角。畫中有二佛，並行於碧波綠水之中，俱着袈裟，足踩蓮花，榜題："佛在毗耶離巡城行化紫檀瑞像。"第237窟的瑞像和榜題同231窟相同。《諸佛瑞像記》有此瑞像的條目，文字和榜題全同，而且加注："其像在海內行"。可能是《大唐西域記》記釋迦化渡漁人及摩羯大魚的故事。

四　僧伽羅國釋迦施寶瑞像

施寶瑞像故事發生在僧伽羅國，七世紀初由玄奘從印度帶回中國，自中唐至宋代成為莫高窟佛教壁畫的題材之一。《大唐西域記．僧伽羅國》和《諸佛瑞像記》記載這一故事：僧伽羅國的佛牙精舍有釋迦佛金像，頭上肉髻用珠寶裝飾。有一盜賊鑿通牆壁潛入精舍，爬上釋迦像偷肉髻上的珠寶，怎知越爬越高，總是不能得手，無奈唯有放棄，並嘆謂："釋迦昔日修菩薩行時曾誓願不顧自己的生命，為悲憫四生作出奉獻。如今釋迦遺像卻何以吝寶？真不明白釋迦從前怎樣修菩薩行。"說畢，釋迦像竟然俯首向賊，讓他取去頭上珠寶。賊人變賣珠寶時被捕，押送到國王前審判。國王問珠寶來歷？盜賊說是釋迦所給，不是偷竊得來的，但國王不信，派人到精舍查驗，果然見釋迦像俯首折腰。國王得知釋迦顯靈，便不加罪於賊，更出重金贖回珠寶，重置肉髻之上，釋迦像俯首至今不變。

施寶瑞像故事在莫高窟總是以瑞像圖出現，並有兩個畫面不同的版本，一說賊人爬像而上，一說爬梯而上，這是前述兩畫記載內容稍有不同的原因。五代末的第72窟佛龕西坡，畫一立佛像，左手作與願印，俯首向一俗夫（即賊人），俗夫舉手伸向佛頭摘髻珠，榜題："中印度境，佛額上寶珠。時有貧士，既見寶珠，乃生盜心。像便曲，既躬，授珠與賊"；有一些洞窟壁畫，如莫高窟晚唐第9窟甬道南壁就把賊人繪作沿梯而上，伸手摘珠。

隨着佛教的中國化，這個故事的賊人變成中國高僧劉薩訶。莫高窟第72窟南壁"劉薩訶和尚因緣變相"（詳見第三章）有盜髻珠的場面，榜題："蕃人無慚愧，盜佛寶珠撲落而死時"，敦煌遺書說此蕃人是劉薩訶的前生，更言之鑿鑿說劉薩訶死後下地獄，觀世音菩薩歷數他的罪狀，其中一條是前生盜髻珠。這是印度盜髻珠故事和中國高僧故事結合的例子，堪稱佛教中國化的典型表現。

五 犍陀羅國釋迦雙頭瑞像

雙頭瑞像的故事發生在犍陀羅國(梵語音譯，又作乾陀羅，意譯香遍國，即國中多生香花）。犍陀羅國在公元前四世紀被亞歷山大大帝率軍侵略，深受希臘文明的影響；公元前三世紀時，印度阿育王將佛教弘揚至此，產生與希臘藝術結合的犍陀羅佛教藝術；佛教再經犍陀羅北傳到中亞和中國新疆。東晉法顯、唐代玄奘和慧超都經此地到印度。

故事記在《諸佛瑞像記》和《大唐西域記·犍陀羅國》：有一位貧士努力賺錢，誓願造釋迦如來佛像，並到大窣堵波所，請畫工繪如來妙相。畫工為他至誠感動，答應不計較工錢多少。後來又有一人，同樣拿一點點金錢，求畫師畫釋迦妙相。畫工收了兩人的錢，但只畫得一像。畫成之日，兩人俱來禮敬。畫師為兩人指示釋迦像說："這是你們要的佛像。"兩人相視懷疑，畫師對他們說："為甚麼考慮這麼久? 我的工藝絲毫不差的。假如我沒有說錯，如來佛像必有神變。"果然如來像現出雙頭，使三個人目瞪口呆，嘆為觀止。《大唐西域記》記錄此瑞像的原樣在犍陀羅國的大窣堵波石陛南面，像高一丈六尺。《諸佛瑞像記》還記瑞像衣飾、冠髻和坐立特點，當是敦煌壁畫畫師作畫的腳本。

此故事畫在敦煌莫高窟始見於吐蕃(今西藏）統治的中唐時期，一般以瑞像圖出現，畫面極為簡單，晚唐至宋代都有繪製，前後綿延了數百年。中唐時期莫高窟第231窟主室佛龕所見，畫面繪一兩頭四手的佛像，其中兩手屈置於胸前合十，兩側各有一幅巾纏首、身着吐蕃服裝的俗夫仰視佛像。榜題："分身像者，胸上分現，胸下合體，其像遂形神變"。晚唐第237窟亦有此瑞像及榜題。五代末年第72窟佛龕西坡的雙頭釋迦像，兩側的施主身分改為幞頭長衣的漢人，這就標明兩窟繪畫時代不同。

甘肅省安西縣東千佛洞的第5窟，是西夏末年至元代初年開成，亦有此瑞像畫。施寶瑞像旁邊的施主，變成身着圓領窄袖長衣，雙手合十，腰中繫寶帶，掛三尺寶劍，雙膝跪地的武士。這和莫高窟所畫有明顯差異，由老百姓變成戰士，證明作畫當時戰雲密佈，極可能是蒙古人滅西夏後，不願歸降的西夏人在此開窟隱居所作的畫像。可見東千佛洞雖與敦煌為鄰，藝術風格卻迥異不同。

## 彌勒佛瑞像

彌勒是梵語音譯，意譯為慈悲，所以又稱為慈氏佛。出生於印度，與釋迦同時，隨佛祖出家後寫出了一部佛經，在釋迦涅槃前圓寂。在天上的兜率天為諸天王說法，直至釋迦涅槃後五十六億七千萬年再降生人間，故是繼釋迦佛之後的未來佛。

把彌勒佛真容刻成佛像的故事見於《大唐西域記》：在印度烏杖那國有一大伽藍(佛寺)，其木刻的彌勒佛像，由一羅漢以神力使工匠升天三次，親睹彌勒佛真容而刻成，後來這個彌勒像東傳中國。這則羅漢造彌勒像故事，繪於宋代莫高窟第454窟的甬道頂。壁畫不是單獨繪的，而是和其他佛教歷史故事畫糾合在一起，繪成連環故事畫。

一　彌勒隨釋迦現瑞像

故事記載於《婆娑論》中：底沙（或補沙）佛有兩個弟子：釋迦牟尼和彌勒。底沙佛觀察兩人的根（即衍生各種感覺和認識的能力），見彌勒的根先熟；再觀察兩人所化度的二十個有情（即人），誰先根熟，卻是釋迦所化度的人最先根熟。據此排定釋迦比彌勒先成佛的次序，釋迦比彌勒快九劫（劫是時間的單位）覺悟成道。

此瑞像畫見於五代末年莫高窟第72窟佛龕中，彌勒瑞像作佛形結跏坐於獅子座上，座前設有壼門，內繪有雄獅，左邊有榜題：“彌勒佛隨釋迦牟尼佛現”。

二　摩揭陀國白銀彌勒瑞像

印度摩揭陀國有一尊白銀鑄造的彌勒像，據《大唐西域記．摩揭陀國》所載：釋迦成道的菩提樹旁有精舍，每層的佛龕皆有金像。精舍門牖用金銀雕鏤裝飾，珠玉間錯其中。外門左右各有龕室，右為觀自在菩薩像，左為高十多尺的白銀彌勒菩薩像。莫高窟第231窟西壁佛龕頂其中一尊白銀彌勒瑞像作佛形坐像，高肉髻，着袈裟，坐須彌座說法，左有榜題：“天竺白銀彌勒瑞像”。同窟另一尊白銀彌勒瑞像為菩薩形，袒上身，戴花冠，下着羊腸大裙，旁邊的榜題寫着：“摩竭（陀）國，須彌座釋迦並銀菩薩瑞像”。《諸佛瑞像記》中同樣有此條目：“摩竭陀國須彌座釋（迦並銀菩薩瑞像）”。

三　犍陀羅國白石彌勒瑞像

白石彌勒像，高一丈八尺，豎立在犍陀羅國大窣堵波西南百餘步之處，曾多次顯靈和放出異光。故事記載於《大唐西域記．犍陀羅國》：有一羣盜賊正在偷竊，白石像顯靈動身迎賊，賊黨怖慄而逃，從此改過自新。此瑞像見於五代末年第72窟佛龕頂。瑞像為立像、佛形、高肉髻。榜題寫道：“□天竺國彌勒白佛像”。

## 觀世音菩薩瑞像

觀世音省稱觀音，亦稱觀自在。為甚麼叫“觀世音”？《法華經》有清楚的解釋：苦惱的眾生，只要一心稱念觀世音的名字，觀世音菩薩立即觀聞眾生，為他們解除苦難，所以稱為觀世音。

一　犍陀羅國釋迦授記觀音成道瑞像

觀世音修道成菩薩的故事記載於《觀世音菩薩授記經》和《觀音三昧經》：釋迦佛在犍陀羅國鹿野苑為華德藏菩薩說法結束，觀音和勢至兩位菩薩來到，釋迦為他們授記成佛（授記是佛授予發心成佛者的記號）。此瑞像見於72窟佛龕頂。瑞像作菩薩形，戴花冠，着袈裟，自右掩搭於左肩上。這是罕見身着袈裟的觀世音，而且沒有楊柳枝及淨水瓶諸觀音標誌物，是甚為特殊的觀音像，榜題"觀世音菩薩瑞像記"，卻沒有說明此瑞像原在地點，極可能描繪佛陀授記觀音成道的故事。

二　秣羅矩吒國觀音成道放光瑞像

觀音淨土在印度南部海濱秣羅矩吒國的補陀落山（蒲特山），故又稱之為"南海觀音"。當佛教中國化之後，中國人將觀音道場由印度移到中國浙江省普陀山，故有"普陀觀音"之稱，這是佛教中國化的標誌。

此觀音瑞像首見於中唐第231、237諸窟佛龕，231窟的觀音瑞像為立像，作菩薩形，首戴花冠，項飾瓔珞，袒上身而披巾，左臂下垂，下身着羊腸大裙，跣足端立於蓮花座上，榜題為："觀世音菩薩於蒲特山放光成道瑞像"。《諸佛瑞像記》有此瑞像的條目，文字和榜題相同，應是作畫的文字依據。

三　如意輪觀世音

如意輪觀音是佛教密宗代表理性的六個觀音之一。如意輪觀音有六臂，其中兩手分別持如意寶珠和法輪，故名如意輪。《觀世音菩薩如意摩尼陀羅尼經》和《觀自在如意輪菩薩瑜伽》說如意輪觀音為金色身和有六臂，頭上結寶頂髻，戴莊嚴冠。此瑞像首見於中唐第237主室佛龕之頂，作菩薩形，上有花蓋，戴花冠，袒上身，四臂，兩臂向上各執日月，一臂向下執淨瓶，榜題"如意輪菩薩瑞像"。《諸佛瑞像記》有此瑞像的條目："如意輪菩薩手托日月"。可是這個觀音只有四臂，不是六臂，或因觀音可以根據需要，作各種化身。

四　摩揭陀國救苦觀音瑞像

救苦觀音的出處記載於《大唐西域記·摩揭陀國》：摩揭陀國鞮羅擇迦伽藍，僧徒千數習大乘佛學。救苦觀音瑞像首見於中唐的第231窟佛龕之中，作菩薩形，戴花冠，（有頭光，赤袒上身，頸掛瓔珞，披巾自腋繞肩，下身着羊腸大裙）。此觀音同樣有四臂，兩手向上，各托日月，左下手提淨瓶。榜題："天竺摩伽（陀）國觀世音廾"（按：廾為敦煌俗字，即菩薩二字的縮寫）"。

## 其他瑞像

一　老王莊佛瑞像

此瑞像最先出現在中唐第231和237諸窟。瑞像作佛形，高肉髻，着袈裟，榜題："老王莊（？）北，佛在地中，馬足掐出"。《諸佛瑞像記》有此瑞像條目，其中有些和榜題相同，但是時至今天，尚未查到此瑞像的故事。

二　南無寶境如來瑞像

此瑞像見於第72窟的佛龕中，瑞像作佛形手作轉法輪印，榜題："南無寶境如來"。南無是梵語的音譯，意義是敬禮和救我，是眾生向佛皈依之語。如來指得真理的人。此佛名號奇特，至今仍未查到此瑞像的名字和故事，可能是誤書之名。

三　高浮放光佛瑞像

高浮應該是“高附”，是月支國五翎侯之一的首府，在今塔吉克斯坦西部的瓦赫什河流域。七世紀時此地曾經是中國的領土，公元661年（唐龍朔元年）中國在此地設置行政機關“高附都督府”，修建骨咄施沃沙城，管理附近五個州。八世紀此地併入大食國（今伊朗、阿富汗一帶）。玄奘記載這個地區佛教不普及，佛教徒修習不認真，寺院比較少。

此瑞像見於莫高窟中唐第231、237諸窟主室佛龕的西坡上。第231窟此瑞像作佛形，頭有高肉髻，兩耳垂肩，有花蓋、頭光，身着袈裟說法，跣足端立於蓮花座上，榜題分左右兩半，寫道：“高浮圖寺放光佛，其光如火”。《諸佛瑞像記》有此瑞像條目：“高浮圖寺放光佛，其光聲如爆（後注有，其像兩手口）”，與畫面榜題文字基本相同，是畫工作畫時的文字底稿，説明此瑞像原樣在中亞高浮城的佛寺。此瑞像出現在敦煌，表明佛教東傳路綫之一是必需經過中亞傳入新疆，最後到達中國內地。

四　指日月瑞像

這個瑞像是羅睺羅，他是釋迦的長子，出家後證阿羅漢果，信奉小乘，只知獨善其身，後來在釋迦講經的法華會上，羅睺羅明白了大乘普渡眾生之理，《法華經．無學人記品》記載釋迦授記羅睺羅來世將會成佛，稱號是蹈七寶如來。“羅睺羅”的名字意義是手執太陽和月亮為眾生摒除黑暗。敦煌遺書和榜題中所見的“指日月像”，當是指羅睺羅。此莫高窟瑞像，是表現釋迦為兒子授記未來成為“蹈七寶蓮花如來”。

此瑞像首見於中唐第231、237諸窟佛龕之中，及後晚唐至宋代亦有繪畫。不管甚麼時代，此瑞像在洞窟的位置，都是繪在佛龕四坡的邊角處。莫高窟第72窟此瑞像作佛形，頭頂有高肉髻，有花蓋、頭光，身着赭紅色袈裟，端立於蓮花座上。右臂高舉，五指伸張，托金烏太陽，左臂下垂，五指直伸向下指向月亮，月內有鮮花和大樹。在第231窟中，此畫沒有榜題，第237窟的榜題寫在鄰格之中，在五代第72窟，圖像和榜題一起出現在一格中，這樣可以知道它們的關係和斷定此瑞像故事的內容。

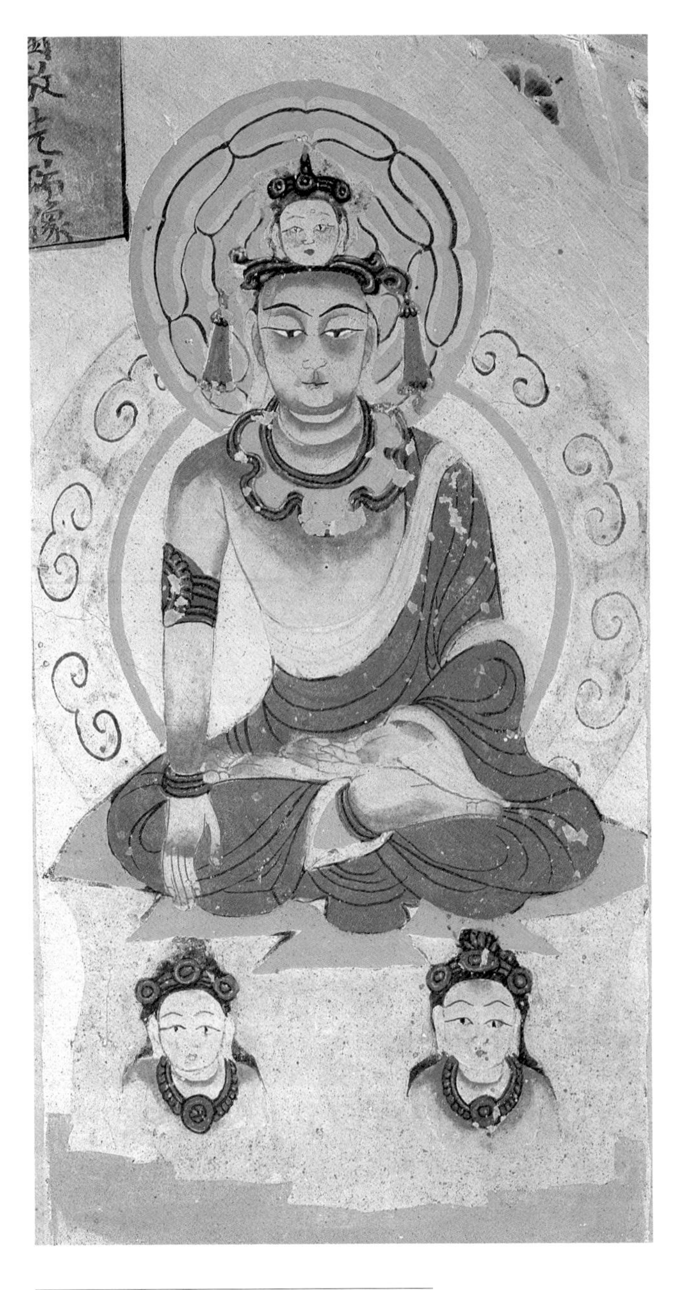

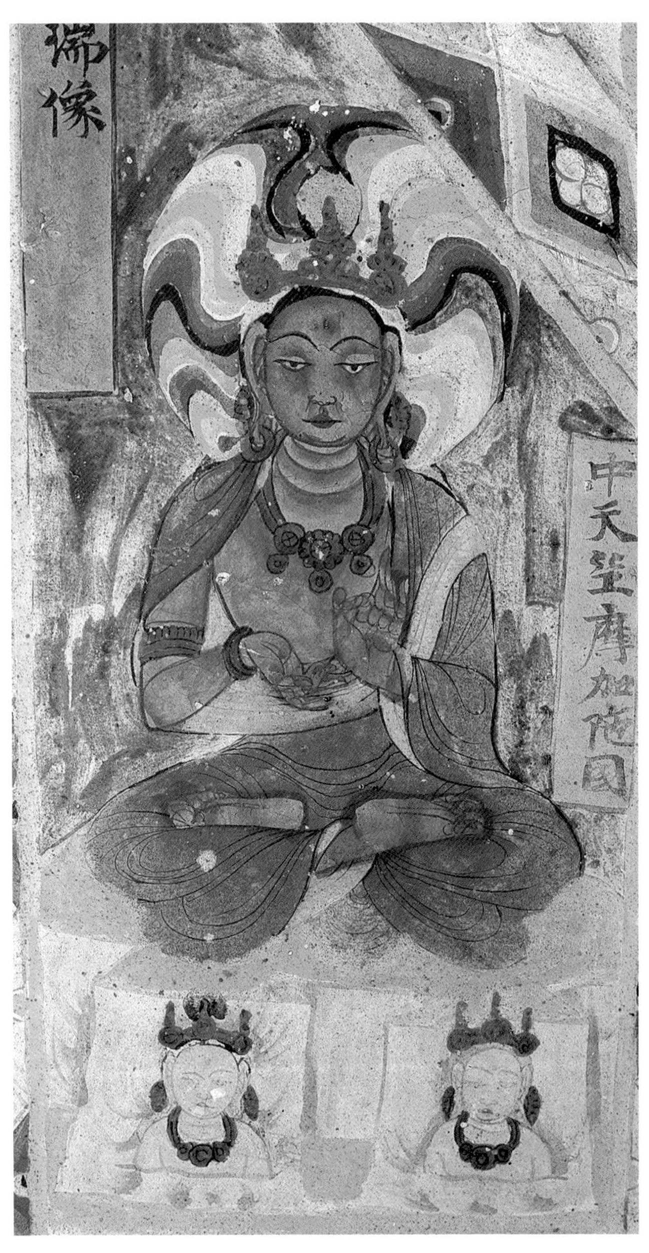


**30 摩揭陀國釋迦放光瑞像**

釋迦座前兩個觀音像已沒及胸，表示佛教已從代表開始的正法時代和代表發展的象法時代，轉而進入衰落的"末法"時期。

中唐 莫237 西壁佛龕東坡

**31 摩揭陀國釋迦正覺放光瑞像**

釋迦在他三十五歲生日當天，證得無上正覺而成佛，他成佛的地點在摩訶菩提寺的菩提樹下，這是描繪釋迦成佛時的真容，左手作説法手印，右手作與願印。

中唐 莫231 西壁佛龕頂

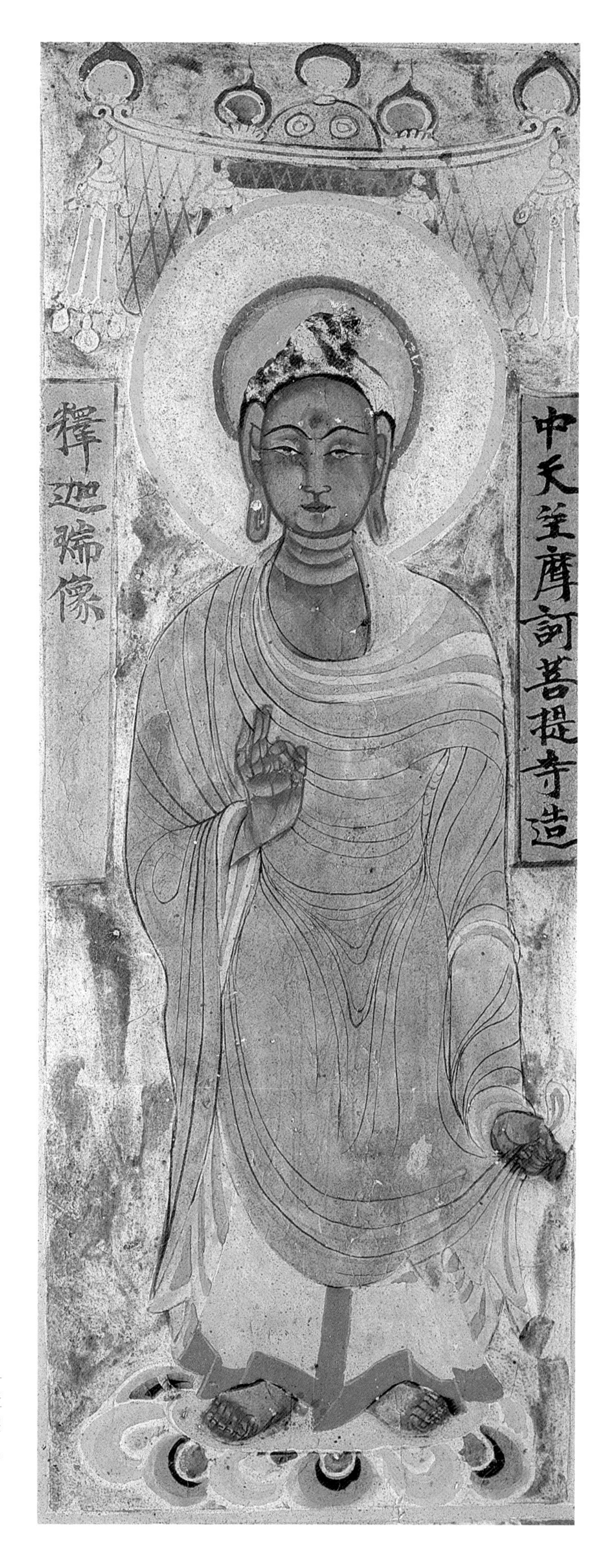


**32 摩揭陀國摩訶菩提寺釋迦瑞像**

釋迦在菩提樹下成佛，後人在此修建摩訶菩提寺，寺中有一尊釋迦佛像，成為敦煌壁畫瑞像的摹寫對象。

中唐 莫231 西壁佛龕頂

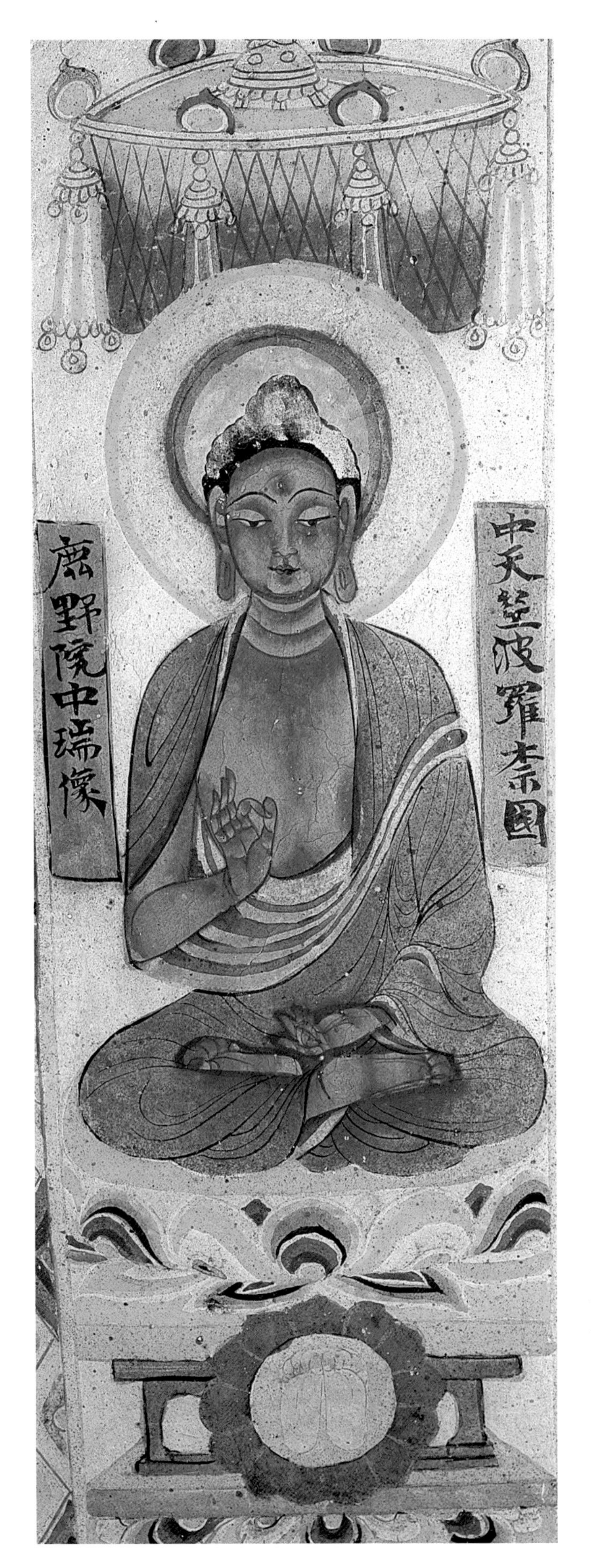


**33 波羅奈國釋迦初轉法輪瑞像**

釋迦成道後，首次說法的地方就在波羅奈國的鹿野苑，稱為“初轉法輪”，右手作說法手印，座前有一個法輪，中央有一雙腳板，是釋迦牟尼的足迹。佛陀的臉、頸、胸、手、足和衣紋，均以深淺表示立體，是中國藝術中鮮有的人物繪畫法。

中唐 莫231 西壁佛龕內

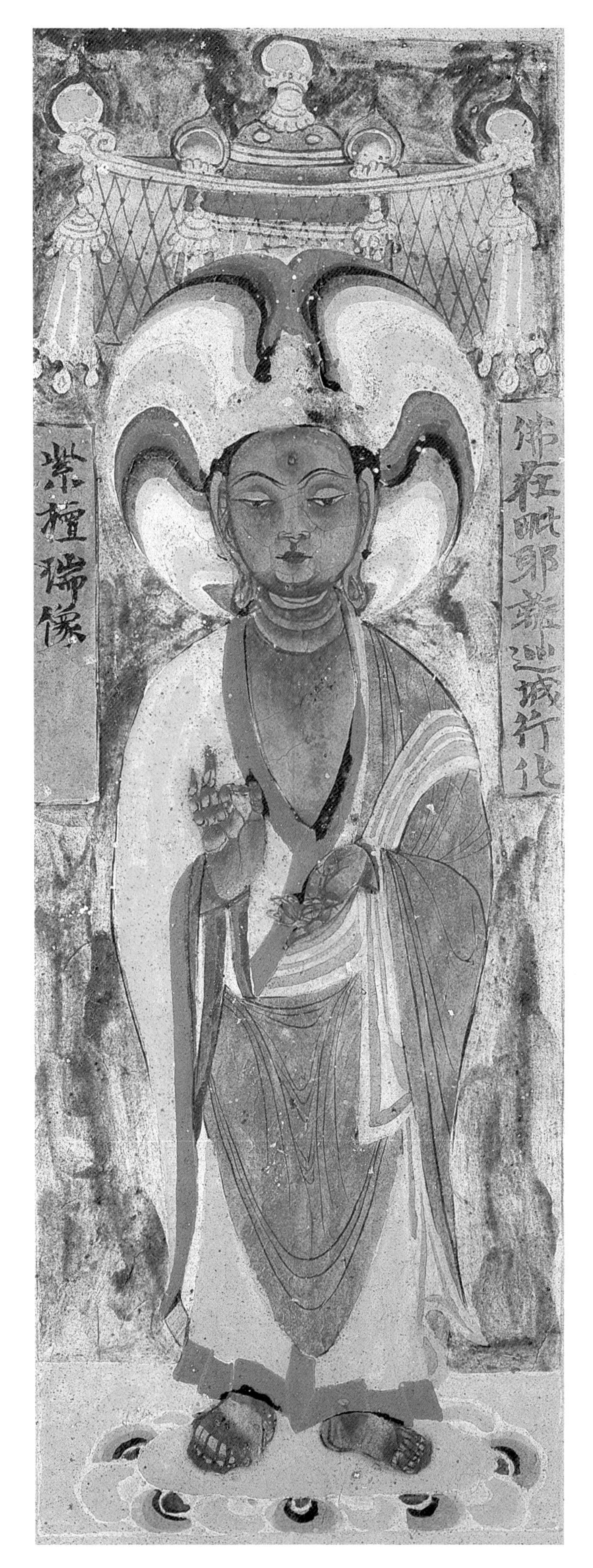


**34 毗耶離城釋迦巡行瑞像**

毗耶離城是釋迦多次說法的地方，這是釋迦的檀木像在城中四出說法的畫像。

中唐 莫231 西壁佛龕頂

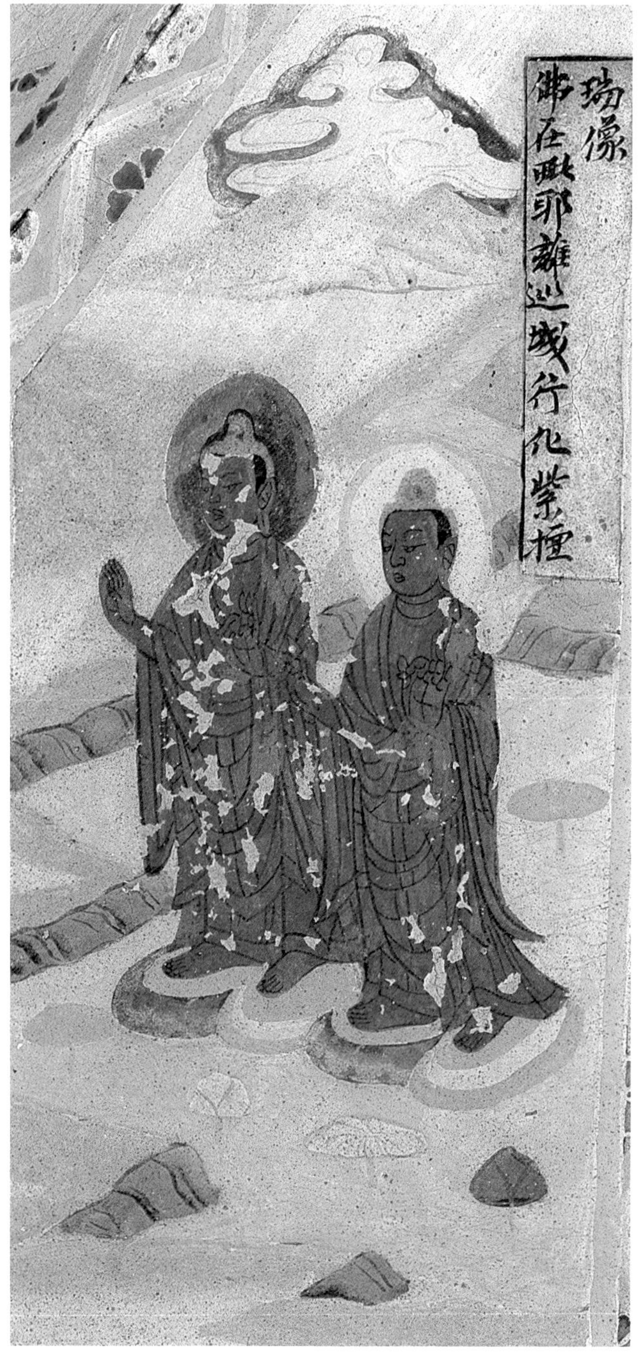


**35 毗耶離城釋迦巡行瑞像**

這一圖有兩佛像，一高一矮，榜題說明佛陀在毗耶離城巡行說法，而且注明其中一個是旃檀木像，因此可見，一為釋迦真身，另一是檀木刻像。

中唐 莫237 西壁佛龕頂

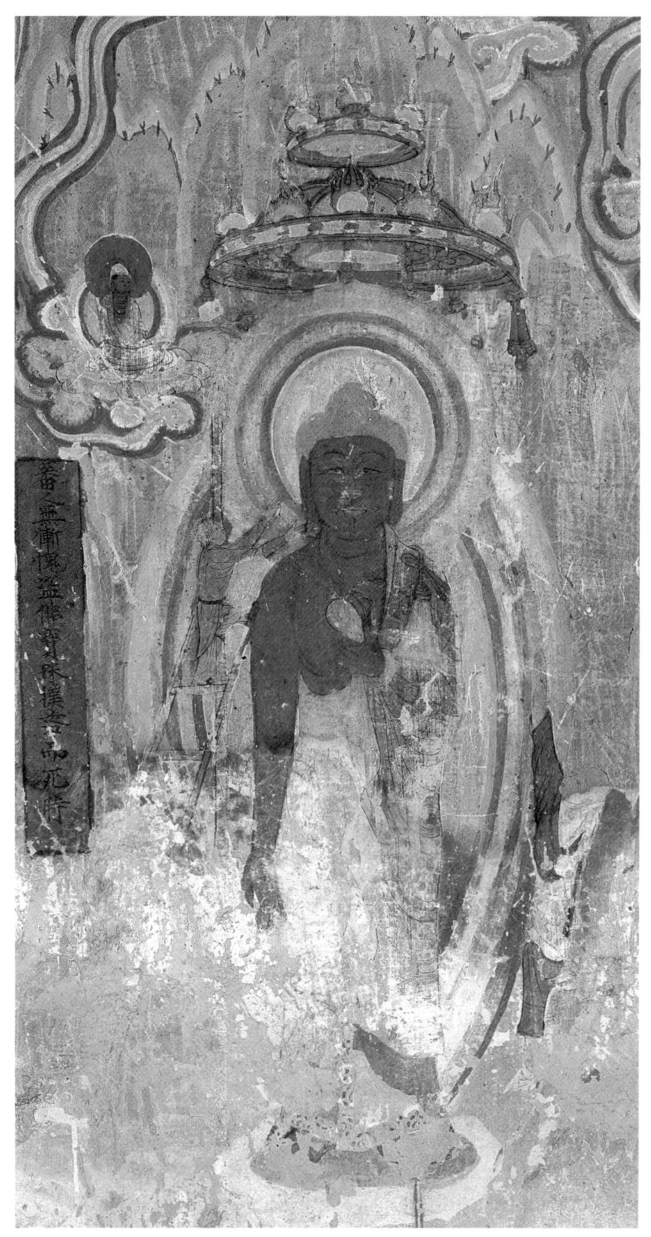


## 36 僧伽羅國釋迦施寶瑞像

有一個盜賊，潛入佛寺偷釋迦佛像頭上的寶珠，賊人越向上爬，佛像就越高，沒有辦法偷走寶珠，賊人說佛陀愛惜寶珠如生命，又如何捨生普渡眾生？佛陀像聽後立即俯身讓賊人盜取寶珠。

晚唐 莫9 甬道頂南坡

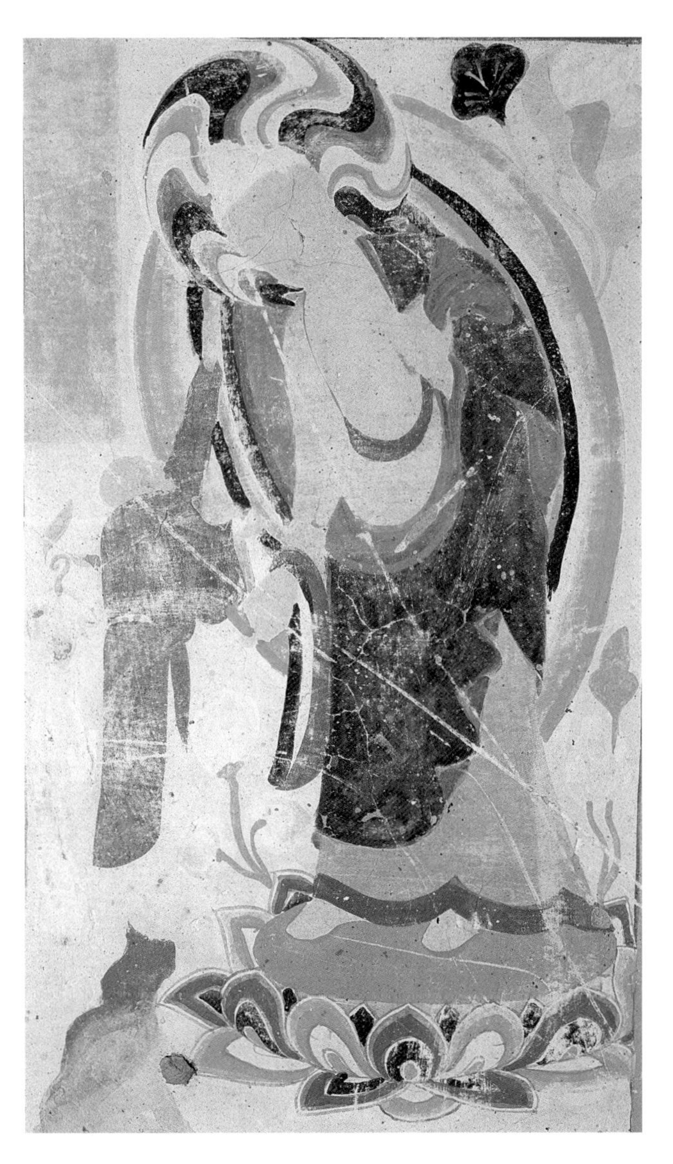

## 37 蕃人盜釋迦像珠寶

此圖是劉薩訶因緣變相圖的一個部分，盜取佛陀頭上寶珠的人是“蕃人”，據說此蕃人是劉薩訶和尚的前生。榜題說：不慚愧的蕃人，因偷佛陀像寶珠而跌死。

五代 莫72 南壁

## 38 僧伽羅國釋迦施寶瑞像

釋迦左手伸向其旁邊的貧士，貧士舉手取珠，榜題說：在中（南）印度的一尊佛陀像，頭上有寶珠，有一位貧士見寶珠而起盜寶之念，佛陀像於是折腰，親手將寶珠交給貧士。

五代 莫72 南壁

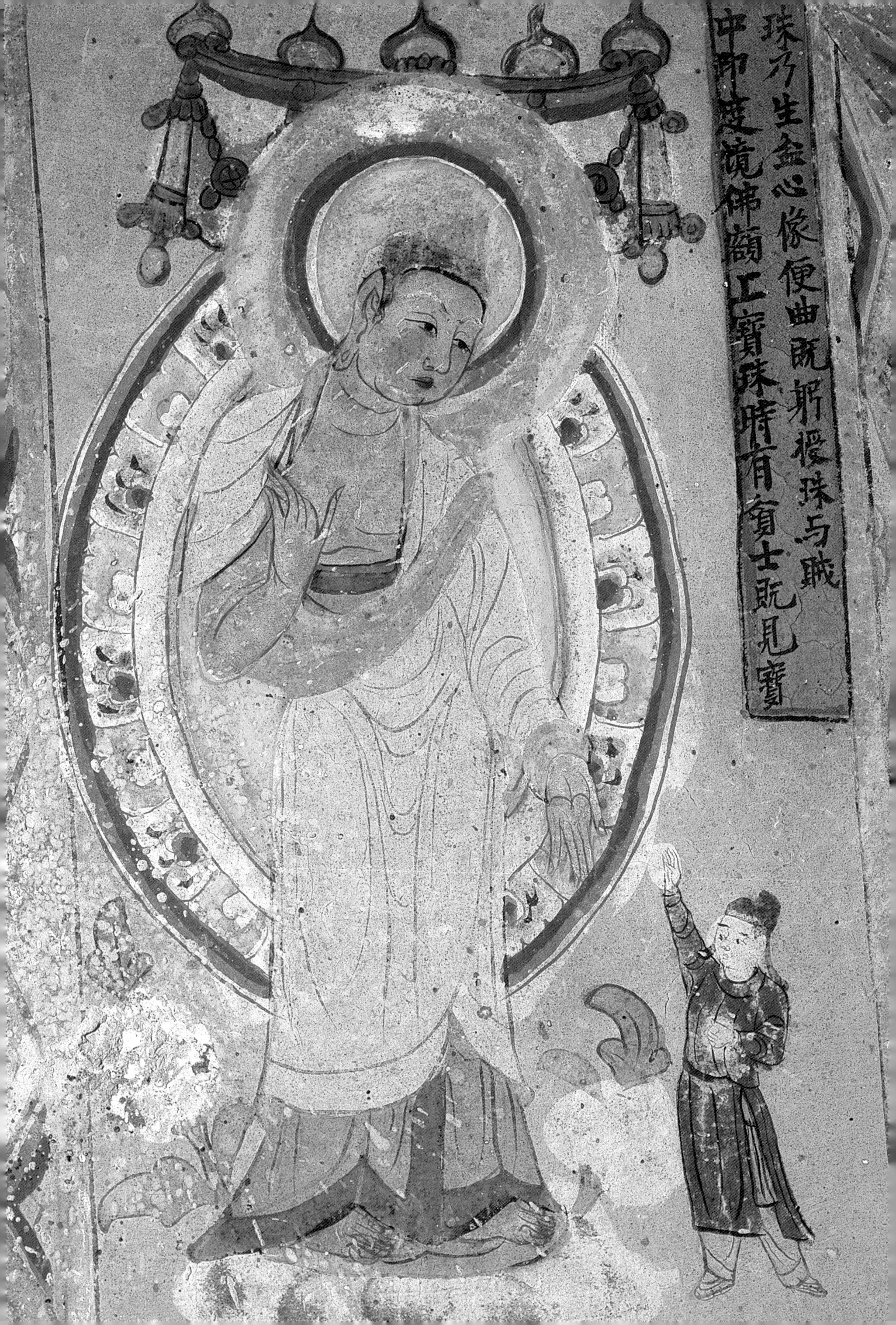
中印度境佛窟工寶珠時有貧士既見寶
珠乃生金心像便曲既躬授珠与賊

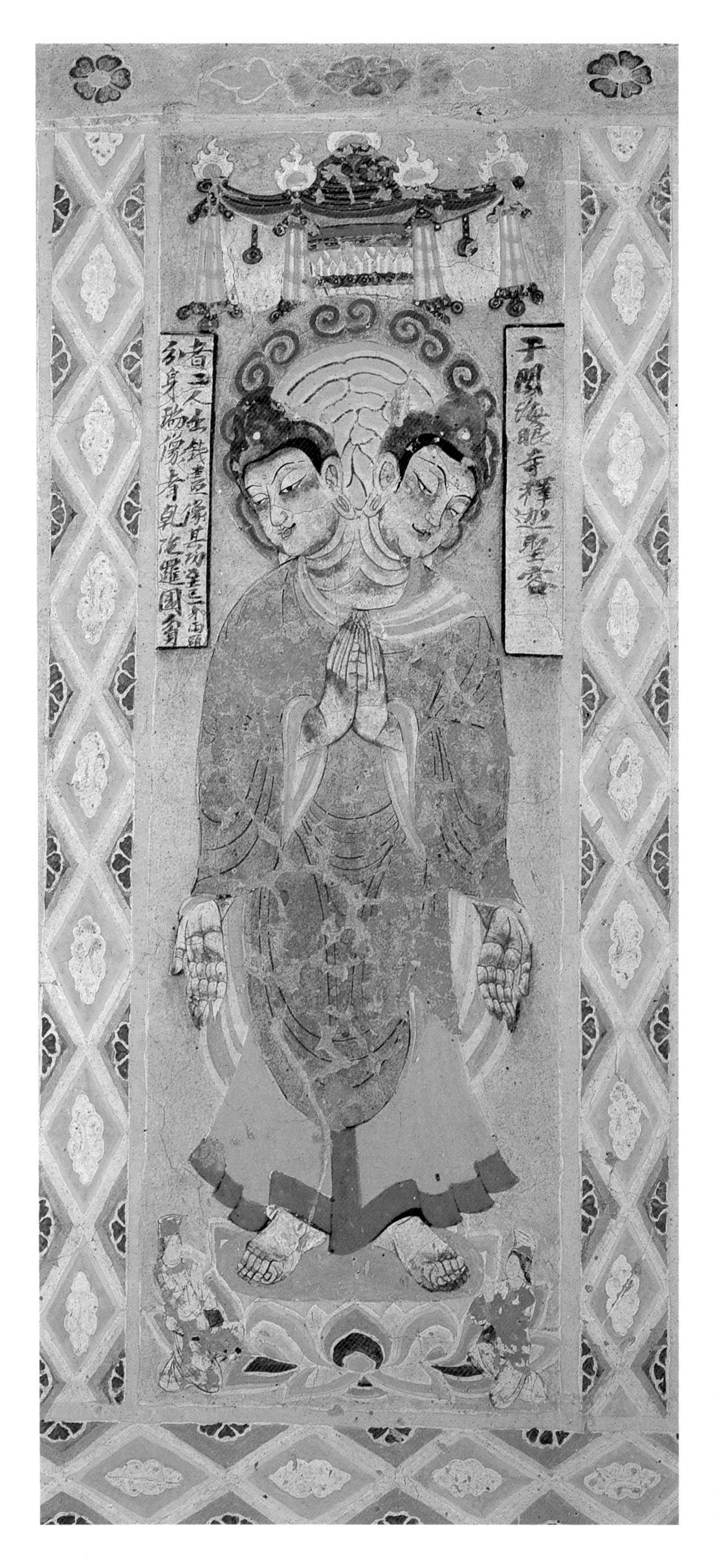

**39 犍陀羅國釋迦雙頭瑞像**

有兩位貧士，出錢造一個釋迦像，因兩人金錢不足，不能分造兩尊，於是佛陀以其神力，為兩位有心人各顯一個頭。

中唐 莫237 西龕內西坡

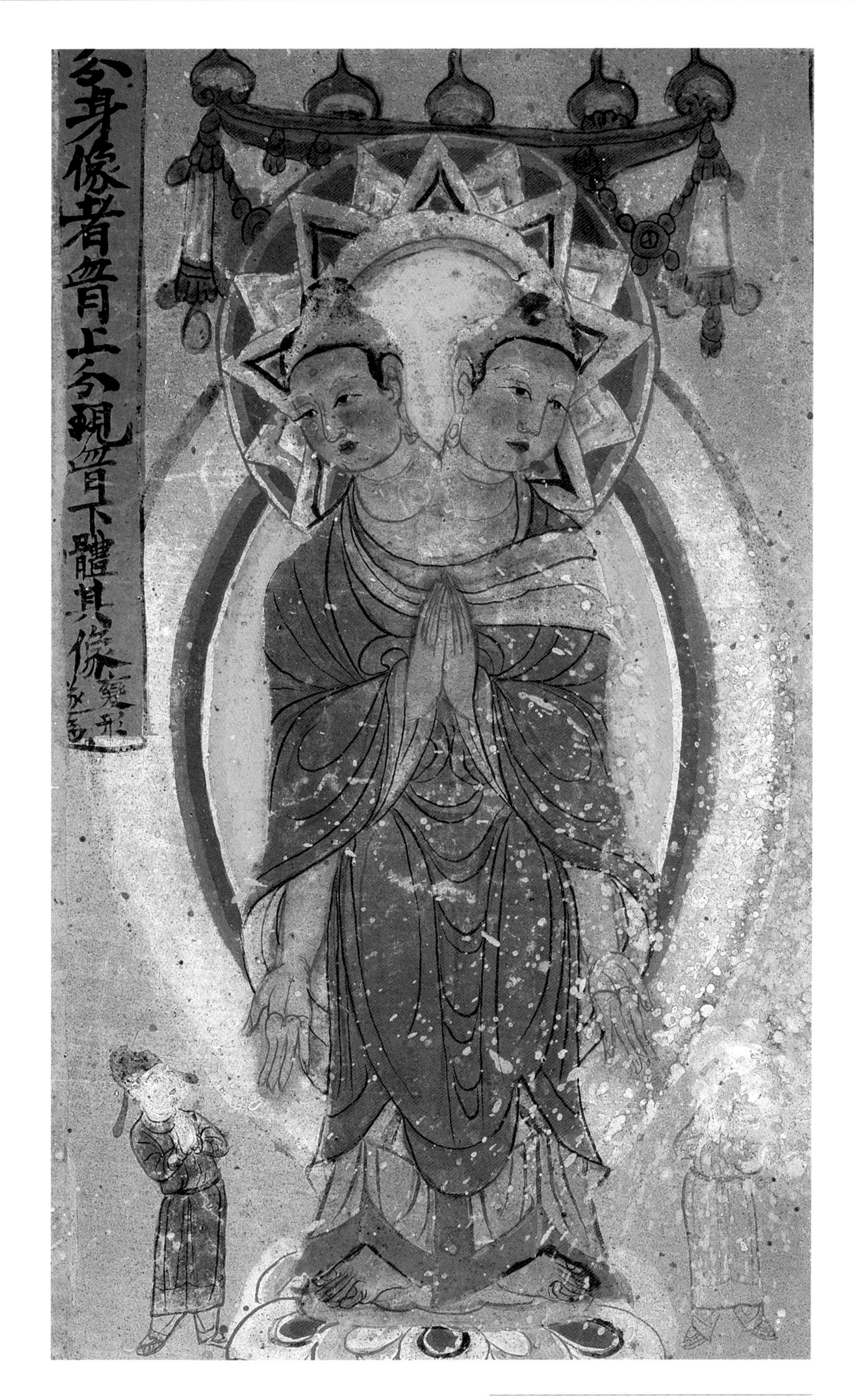


**40　犍陀羅國釋迦雙頭瑞像**

此圖的榜題寫道：分身像，胸膛之上分現，胸膛之下合體。釋迦佛像兩側各畫一個合十的貧士。

五代　莫72　西壁佛龕西坡

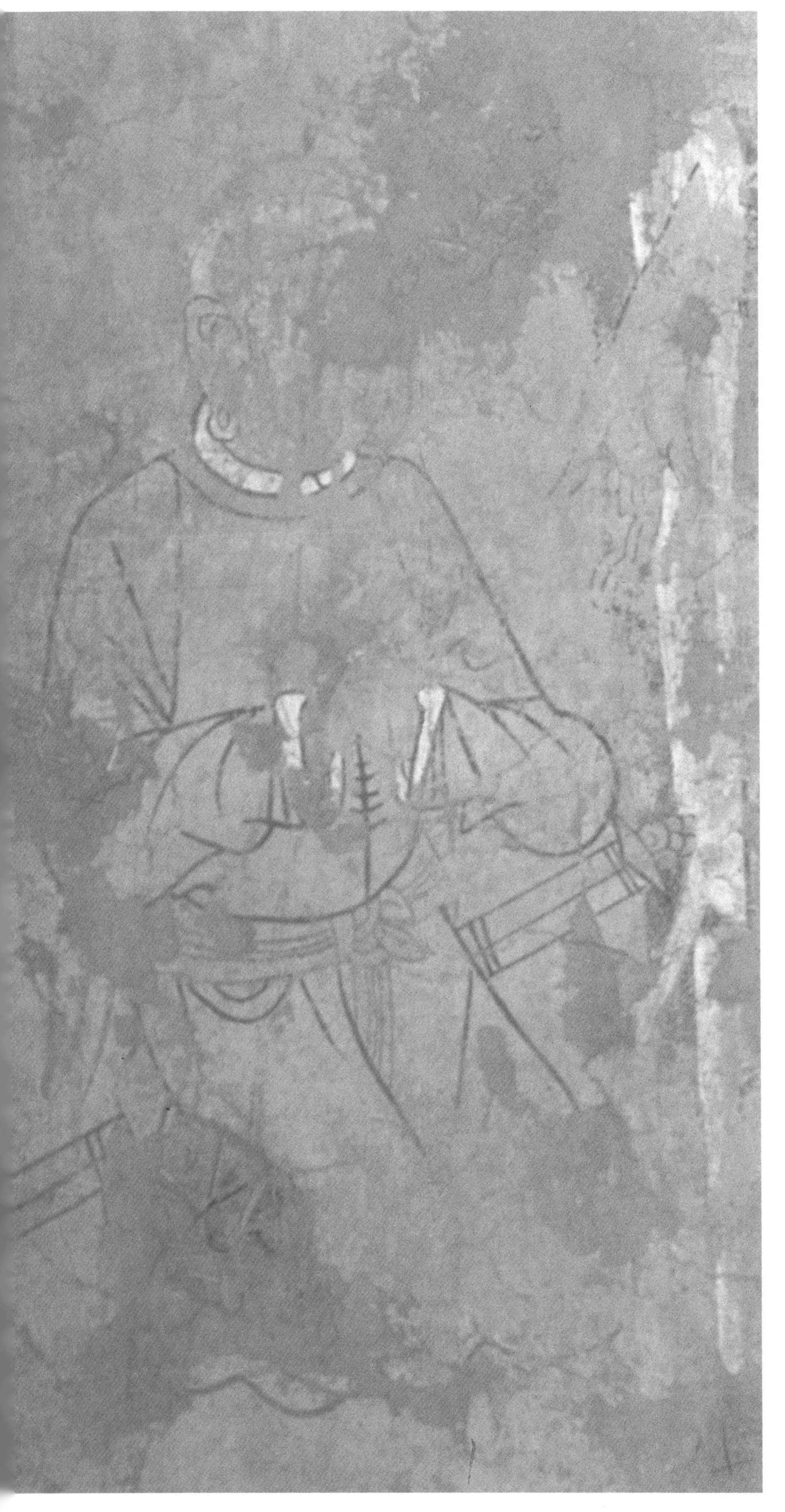

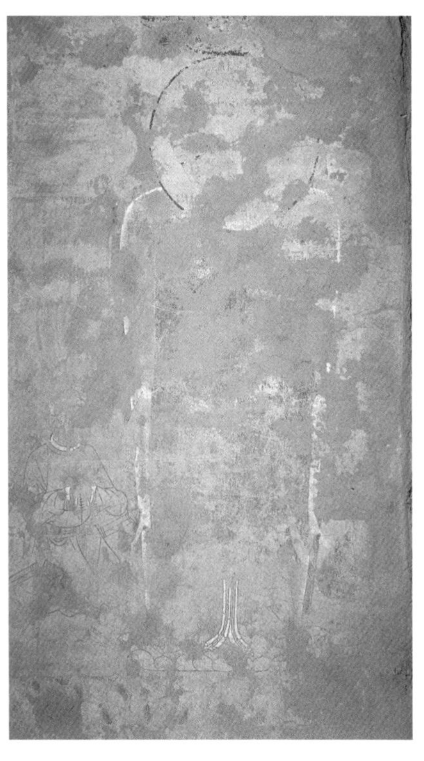

42 **釋迦雙頭瑞像**

西夏 東5 西壁北側

41 **禮拜釋迦雙頭瑞像的西夏武士**

在釋迦像的右邊是一個下跪合十，腰繫寶劍的戰士，反映西夏時代戰事頻頻。

西夏 東5 西壁北側

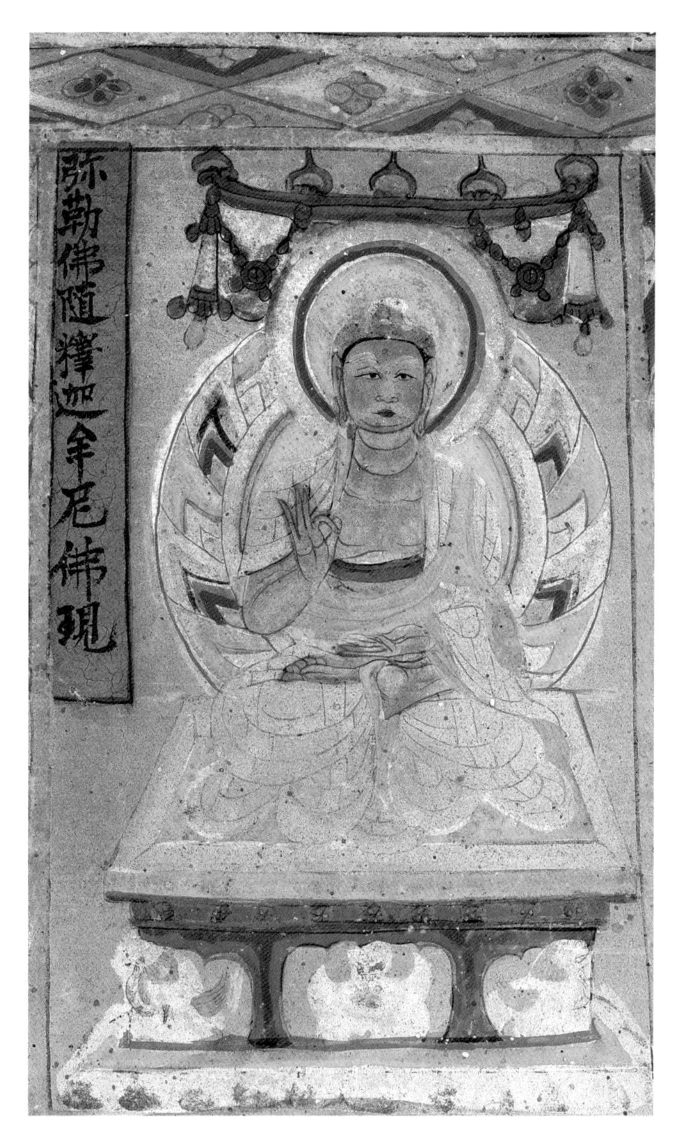


**43 彌勒隨釋迦現瑞像**

釋迦和彌勒同是底沙佛的弟子，因為釋迦化渡的人比彌勒多，因此，釋迦比彌勒先成佛，這是在釋迦成佛後，彌勒成佛時的真容。榜題寫道：彌勒隨釋迦佛之後現身為佛。

五代 莫72 西壁佛龕頂

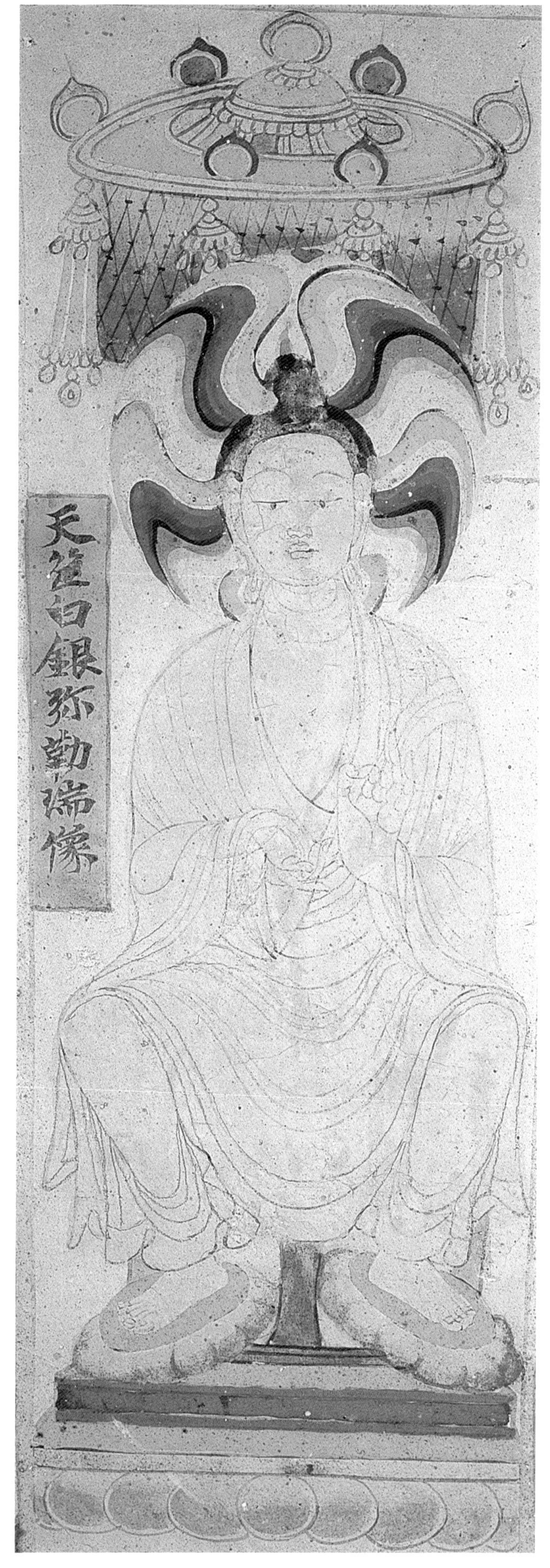


**44 摩揭陀國白銀彌勒瑞像**

此窟有兩個白銀彌勒瑞像並列在一起。其中一尊榜題寫明這是天竺的白銀彌勒瑞像，供奉在印度摩訶菩提寺的菩提樹東面的精舍。

中唐 莫231 西壁佛龕頂

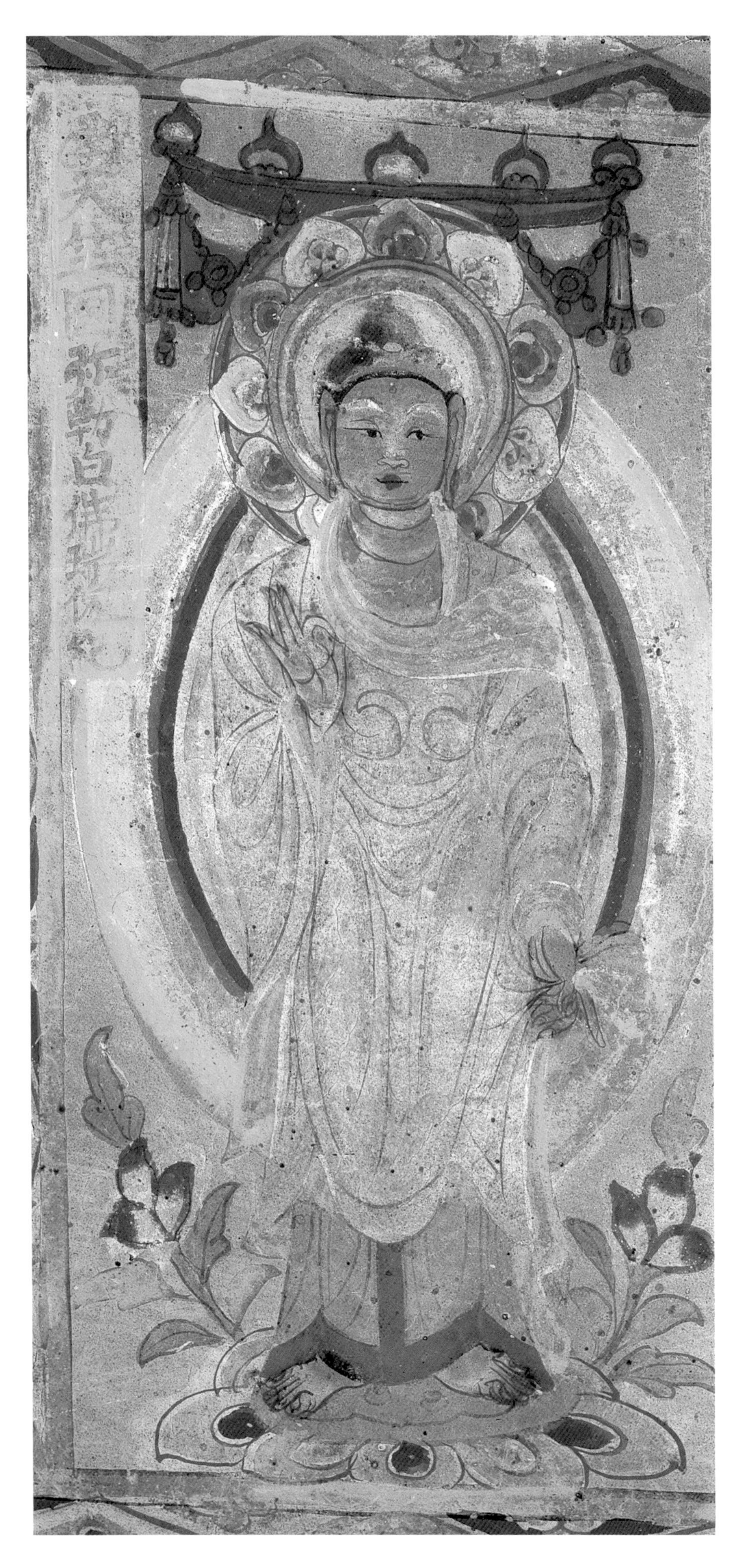

**45 犍陀羅國白石彌勒瑞像**

這個的原様是一尊豎立在天竺國的瑞像，高十八尺的白石質的彌勒像，因為此石像曾經顯靈擊走盜賊，具有靈力，成為古代敦煌人信仰的對象。榜題寫明這是天竺的白石質彌勒像。

中唐 莫 231 西壁佛龕頂

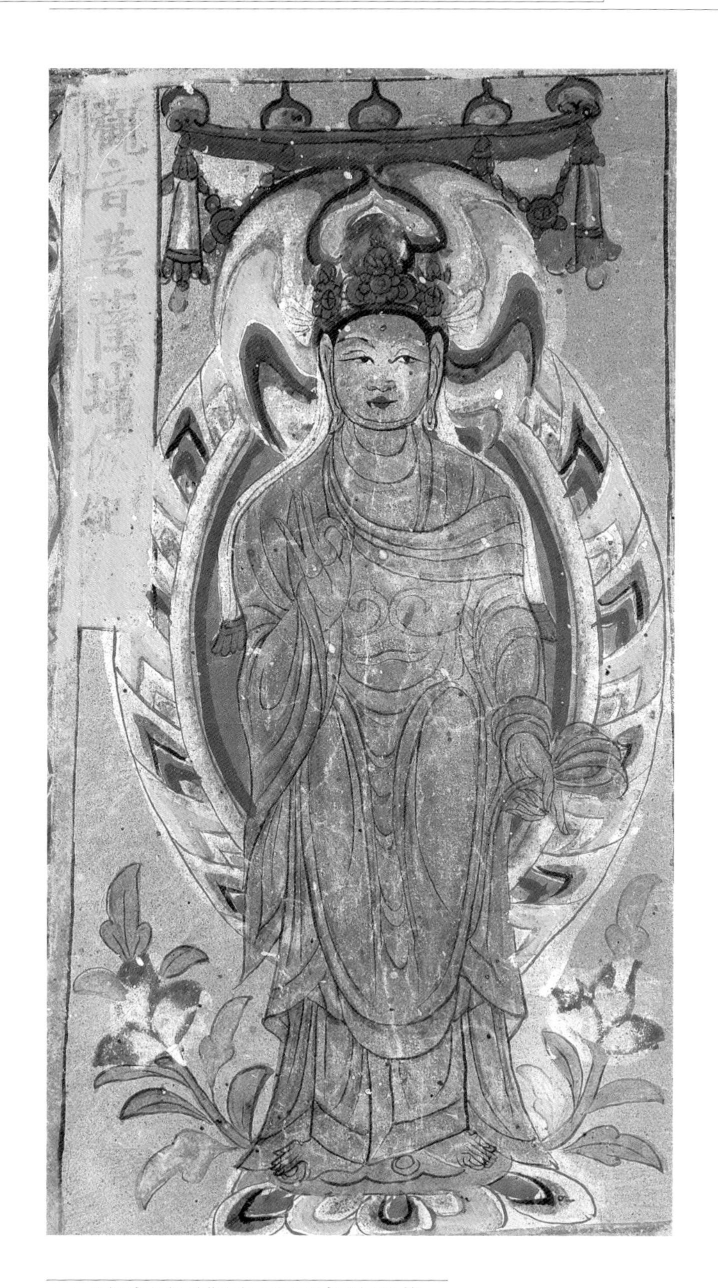


## 46 犍陀羅國觀音受記成道瑞像

此可能是佛陀授記觀音成道圖，所以這個觀音像身穿袈裟，左手中沒有淨瓶，右手作說法印，是少見的觀音造形。榜題只寫觀音善薩瑞像。

五代 莫72 西壁佛龕頂

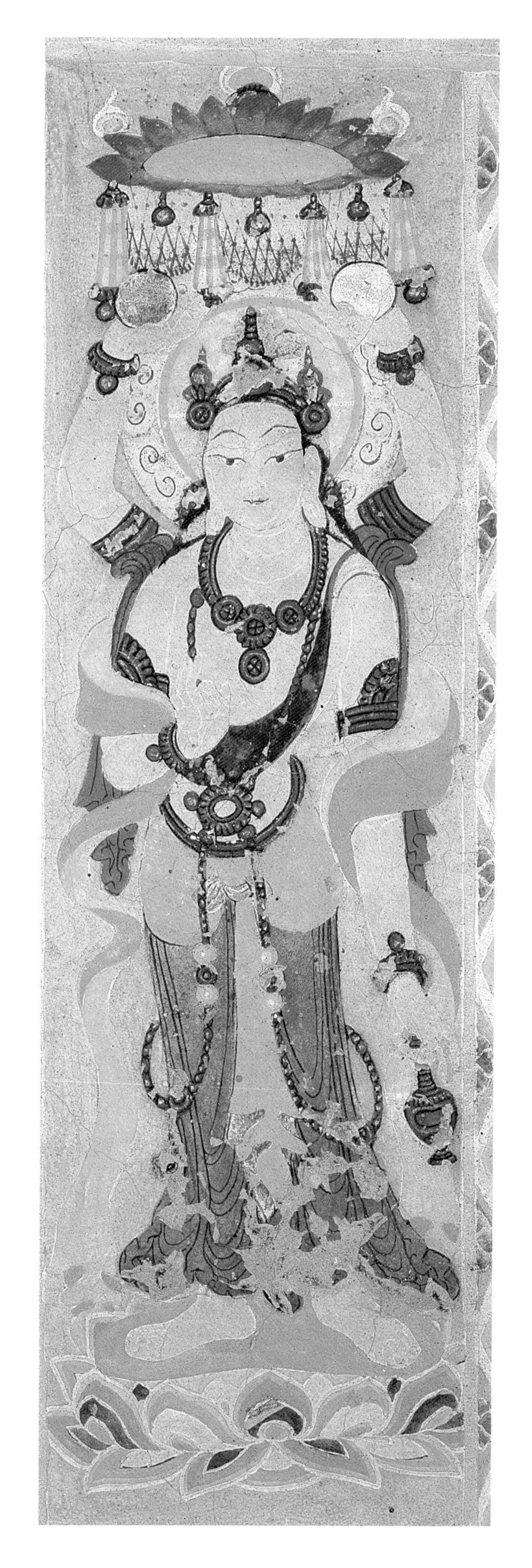

## 47 秣羅矩吒國觀音成道放光瑞像

蒲特山位於南印度海濱，這是"南海觀音"名號的緣起。此圖畫的是觀音剛剛成道剎那之間的真容。榜題的內容為觀音在蒲特山成道時，放出祥光，內容和敦煌遺書的記錄相同。

中唐 莫231 西壁佛龕頂

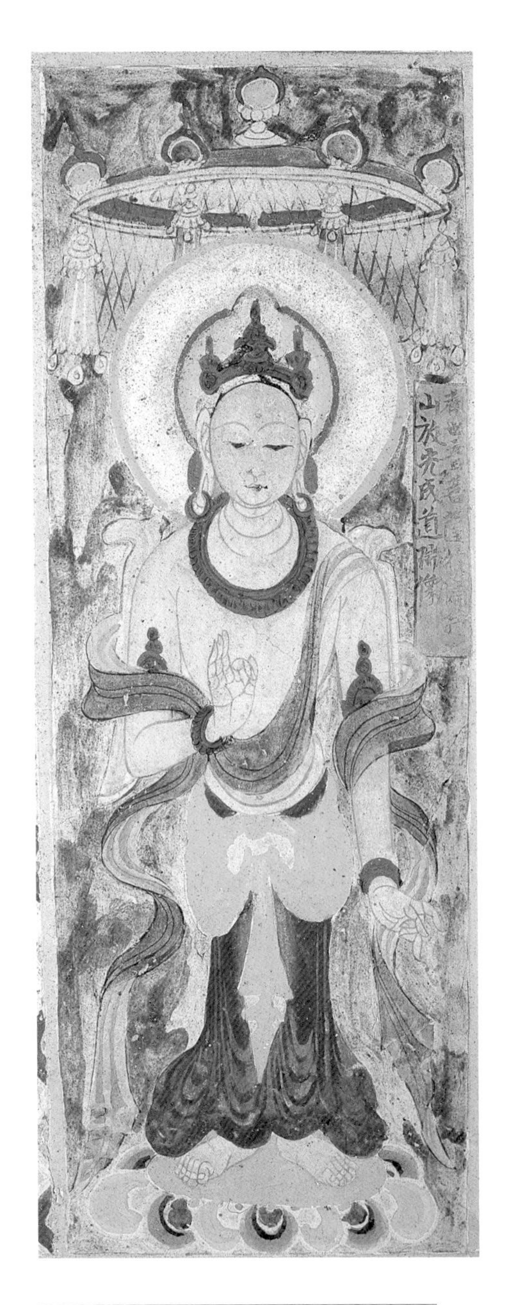

48 **如意輪觀音瑞像**

如意輪觀音是密宗的觀音，有六臂、如意和法輪。此瑞像只有四臂，兩手向上各托日月。因觀音根據眾生的需要有不同的化身，所以此像只有四臂。

中唐 莫237 西壁佛龕頂

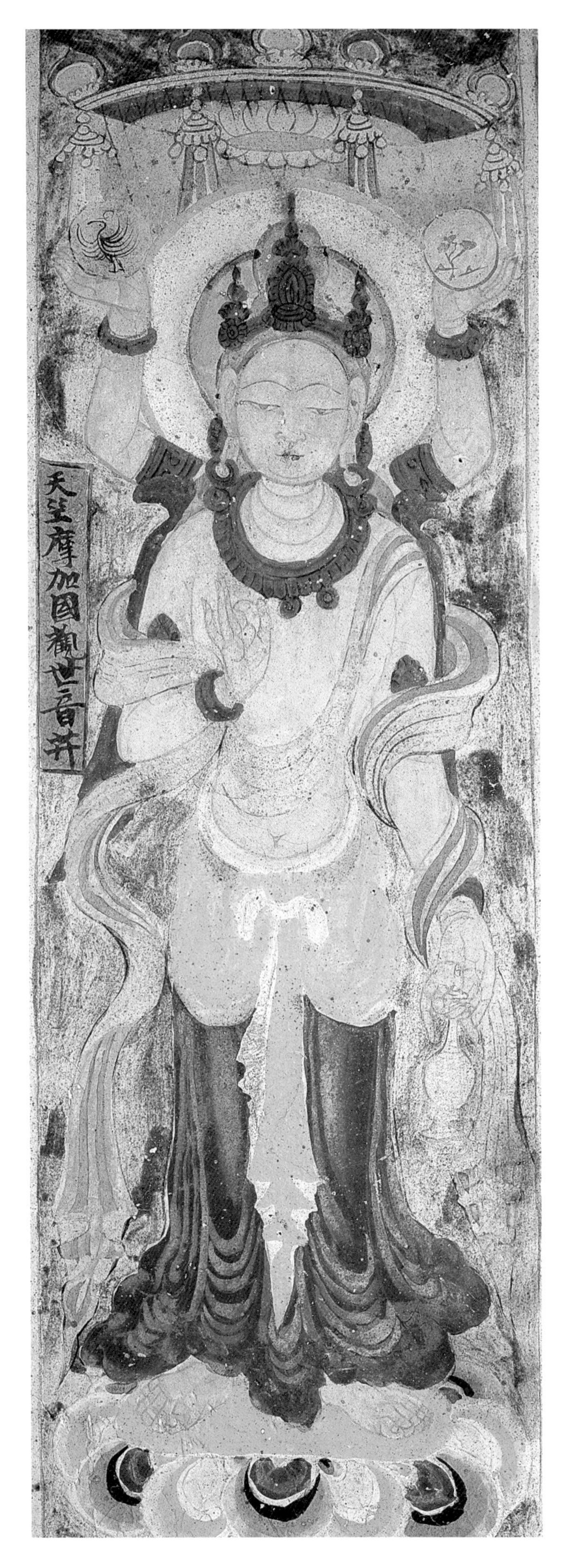


49 **摩揭陀國救苦觀音瑞像**

此觀音有四臂，其中兩臂各托日和月，太陽以金烏為代表，月亮以桂樹為代表，一手作説法印，另一手執淨瓶，榜題寫天竺國摩伽（陀）國觀音菩薩。

中唐 莫237 西壁佛龕頂

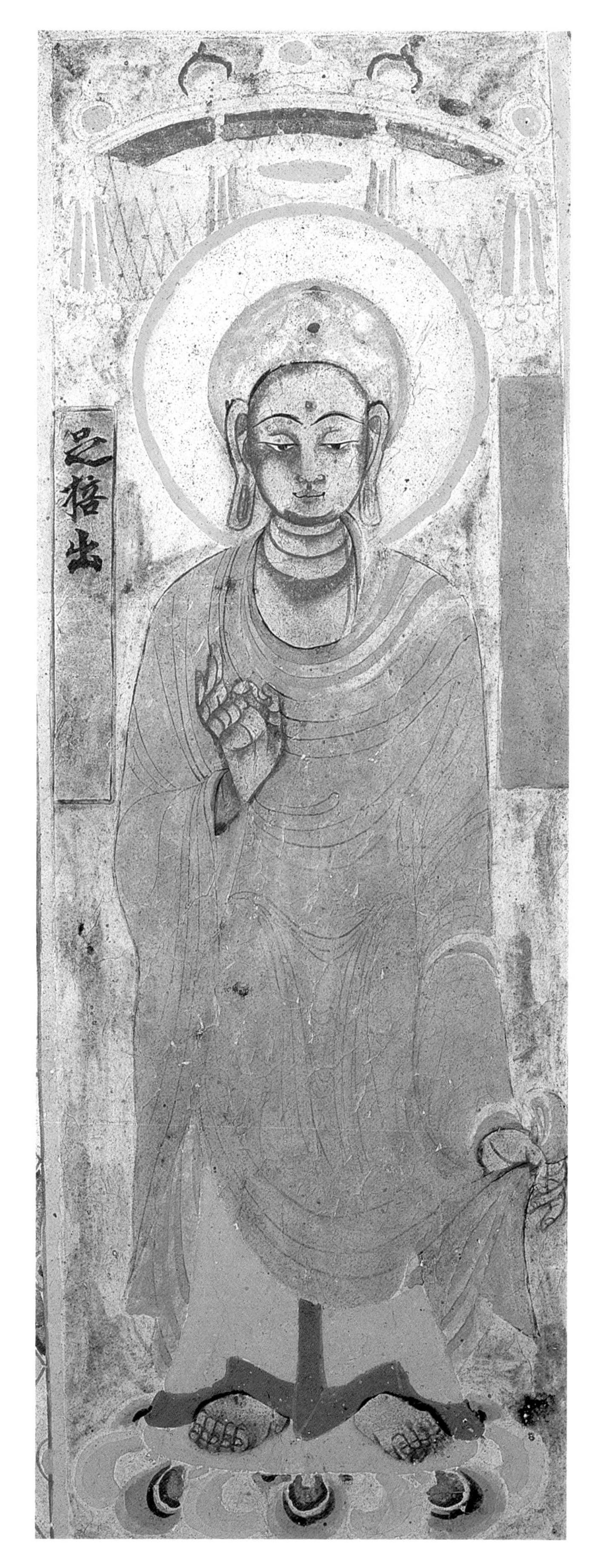

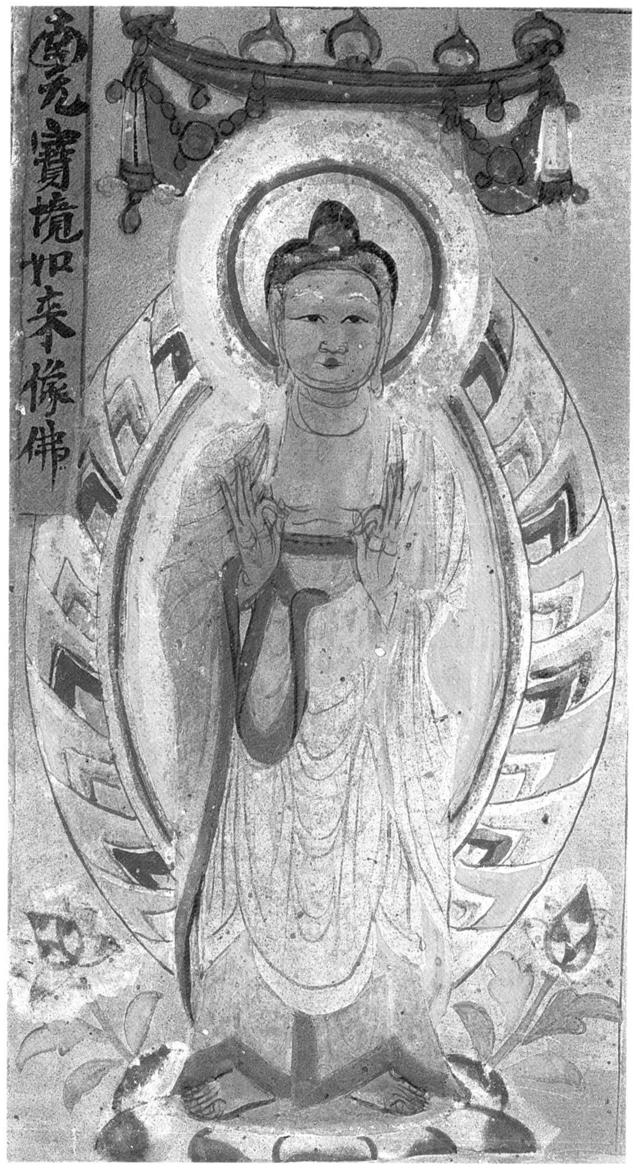

**51 南無寶境如來瑞像**

五代 莫72 西壁佛龕頂

**50 老王莊瑞像**

此瑞像至今仍未查出是甚麼佛或菩薩。

中唐 莫231 西壁佛龕頂

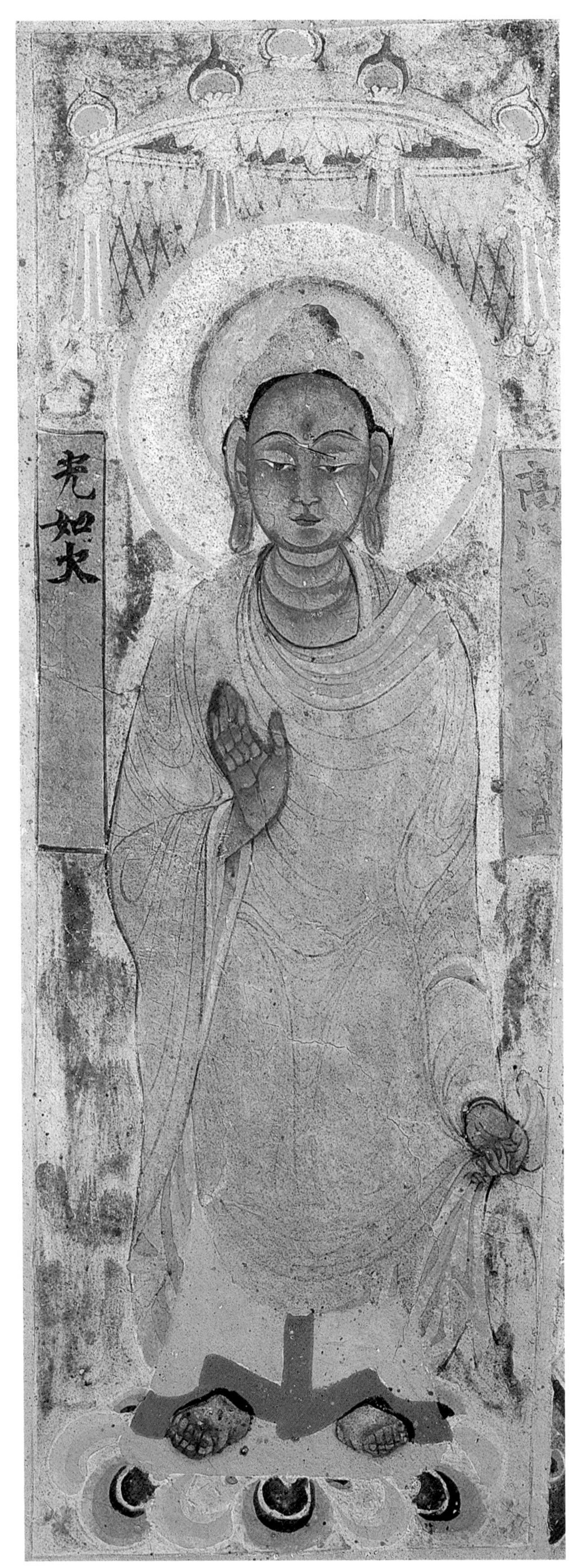

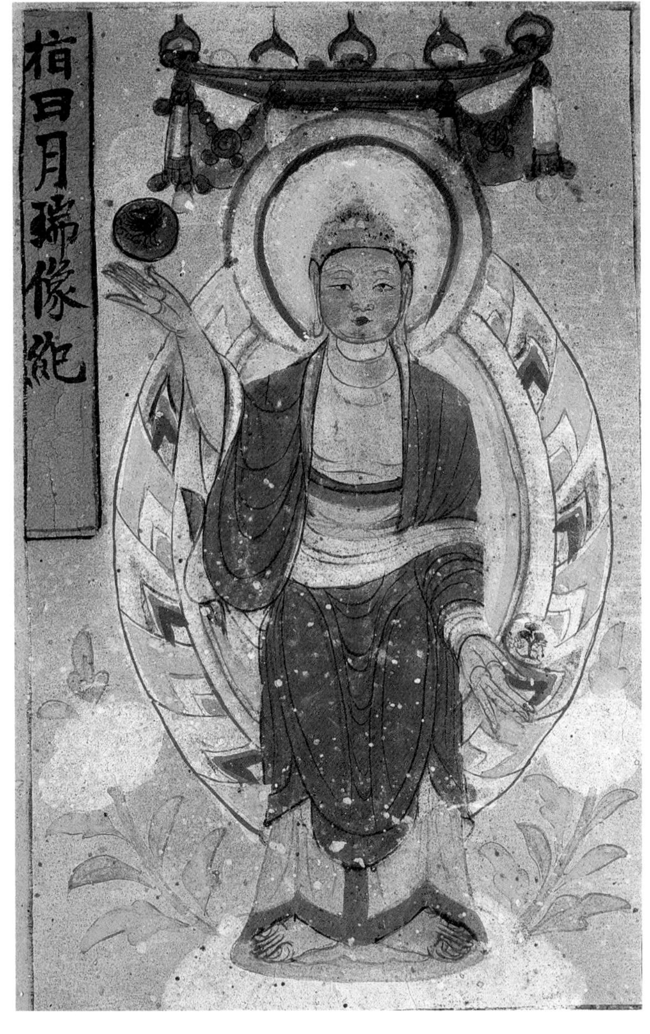


### 53 指日月瑞像

“指日月”是指手托太陽和月亮，為眾生消滅黑暗，羅睺羅的名字，即是為世人摒除黑暗的意思。羅睺羅是釋迦的長子，原是小乘佛教徒，後來跟從父親轉入大乘佛教。榜題標明是指日月瑞像，太陽以金烏作代表，桂樹則代表月亮。

五代 莫72 西壁佛龕頂

### 52 高浮放光瑞像

高浮位於今天的阿富汗喀布爾附近，壁畫中的瑞像是高浮的一個佛像。高浮瑞像出現在敦煌，說明佛教東傳其中一條路綫是經過中亞進入新疆的。

中唐 莫231 西壁佛龕頂

# 于闐的歷史和傳説

于闐是西域重要的古國，在“絲綢之路”南道上，地當今日新疆西南部的和闐附近。

于闐是西域著名的佛教國家。據藏文《于闐國授記》記載，于闐建國於佛涅槃後234年，亦即大約在公元前266至256年間。建國後一百六十五年，亦即公元前一世紀左右，佛教傳入于闐。佛教是否這樣早就傳入于闐，頗受懷疑，至少漢代沒有于闐信佛教的記載。但到魏晉時，大乘佛教流行，自此不少高僧到于闐取經，或經于闐再到印度，于闐亦常舉行佛教結集，得到佛教研究和翻譯方面的名聲。大抵自晉至唐，于闐對中土傳受的佛教影響頗大，《賢愚經》、《華嚴經》即是在于闐集成或全譯成為漢文。中國西行取經的高僧法顯和玄奘，都在其遊記中記載于闐佛教盛況。于闐與唐朝維持緊密的關係，唐朝在西域的勢力衰落後，于闐與敦煌一樣，一度為吐蕃所據，吐蕃勢衰之後，于闐與統治敦煌的歸義軍關係更加密切。公元1006年（北宋景德三年）于闐被信奉伊斯蘭教的喀喇汗王朝所滅。

于闐在敦煌留下不少佛教歷史故事畫，大部分繪於歸義軍統治時期（公元848-1036年），當時兩地交往頻繁，後期的歸義軍節度使曹氏家族還與于闐王族結為姻親，所以許多于闐的佛教傳說——上自陸地出現，下至建國傳奇和風土民情，一一出現在敦煌佛教藝術中。

## 第一節 海陸變化及黃沙為害

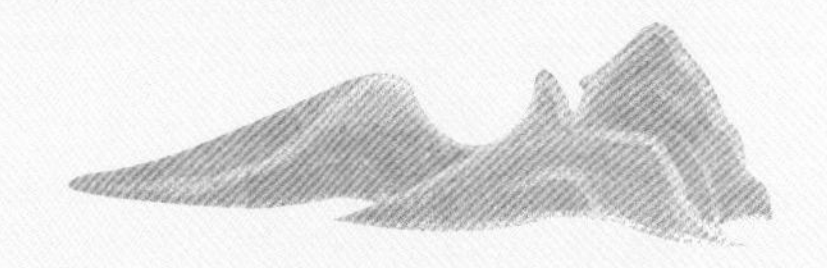

唐代初年，玄奘赴印度求法，道經于闐，把目睹的一切記錄下來：該地範圍四千多里，大半是沙漠礫石，很少土壤。居民也種植穀物，且當地水果出產豐富。

據地質學研究，于闐原是大片汪洋，因喜瑪拉雅山造山運動，使海洋變成陸地；此外，于闐位於戈壁沙漠的西南邊，風沙為害，掩埋了不少城市。這些大自然變幻無常的現象，在佛教傳入于闐後被編成動聽的毗沙門天王決海故事，而風沙埋城的威脅，還涉及佛像東傳于闐的問題，見本章第四節。

### 變海為陸的舍利弗和毗沙門天王

毗沙門決海故事僅見於藏經洞發現的唐代藏文《于闐教法史》。傳說在迦葉佛時代（釋迦佛前生）之前，于闐居民得到龍神護佑，農稼豐收，每年每家以斗穀供養龍神。迦葉佛出世後，在這裏傳授佛法，深得人心。信佛的人不再供奉龍神，龍神大怒，將此地變為大湖，使人民陷於苦難深淵。

釋迦牟尼佛出世，不忍人民受苦受難，便率領弟子來到于闐，命舍利弗和毗沙門天王決開湖岸，放出積水，使于闐再成為適宜人居的地方，佛教也再次在于闐傳播。這種變海為陸地的故事，非于闐所獨有，在喜瑪拉雅山附近地區，如罽賓、迦濕彌羅（兩地均在今喀什米爾）和泥婆羅諸國流傳同樣故事，但後期泥婆羅決海的主角，不再是印度的舍利弗和毗沙門，變為來自中國五台山的文殊菩薩。這是中國佛教已超越印度，成為另一個世界性佛教中心後出現的。

這個決海的故事最早出現於中唐的莫高窟第231和第237窟主室佛龕一角，是瑞像故事的補白。畫面很簡單，一般是在簡單背景前有二人持杖戟相交，代表決開海水。從中唐至北宋兩百餘年中，敦煌不斷繪畫毗沙門決海故事畫，畫面情狀和上述相類，而且與其他歷史故事糾合，繪於洞窟甬道頂部，形成巨如經變的大畫面，典型例子有宋代開鑿的第454窟。

### 釋迦佛像預告風沙埋城

自古以來，大風沙一直是河西和新疆的天然災害，古代許多西域邦國的消失，大概與此有關。人力對風沙莫之奈何，只好求佛保佑平安。有一則風沙故事與第一個釋迦佛像傳入于闐有關。據玄奘《大唐西域記》記載：于闐國東面二百多里有媲摩城，城內有一尊旃檀木雕成的釋迦佛立像，高二丈多，十分靈驗，曾經顯靈預告風沙來臨的時間，深受當地人信仰。這個像原是印度優填王所做，在釋迦佛涅槃後先飛到于闐的曷勞落迦城（今中國新疆和闐東北的烏村落弟村），當時這裏的居民不認識這個佛像，當然也不會禮拜。後來有一位羅漢來禮拜這尊釋迦佛像，驚動了不信佛教的于闐王，竟然下令活埋羅漢。有一個人可憐羅漢，暗中給他食物，羅漢臨去前說七日後，一定有大風沙掩埋曷勞落迦城。這個有心人入城遍告親友，但沒人相信。果然七日後刮起大風沙，掩蓋此城，無一倖免。刮大風沙前，此人先作防風之備，後逃至媲摩城，佛像也跟着飛到媲摩城。故事傳開後，媲摩城人人崇拜此像，祈求平安。

此媲摩城瑞像最早出現於中唐時期，其後一直延續到曹氏歸義軍政權滅亡的兩百多年裏，敦煌壁畫仍不斷出現這個故事。

今天和闐仍時常有大風沙為患，古代文獻記載大風沙亦多，如唐代高僧義淨記載黃沙埋沒城鎮和村落的故事。在和闐以北一百三十公里的沙漠中有丹丹烏里克遺址，發現了十二座佛寺，可見此城當日如何輝煌，而今盡入土中，足以證明大風沙毀滅城市的厲害。

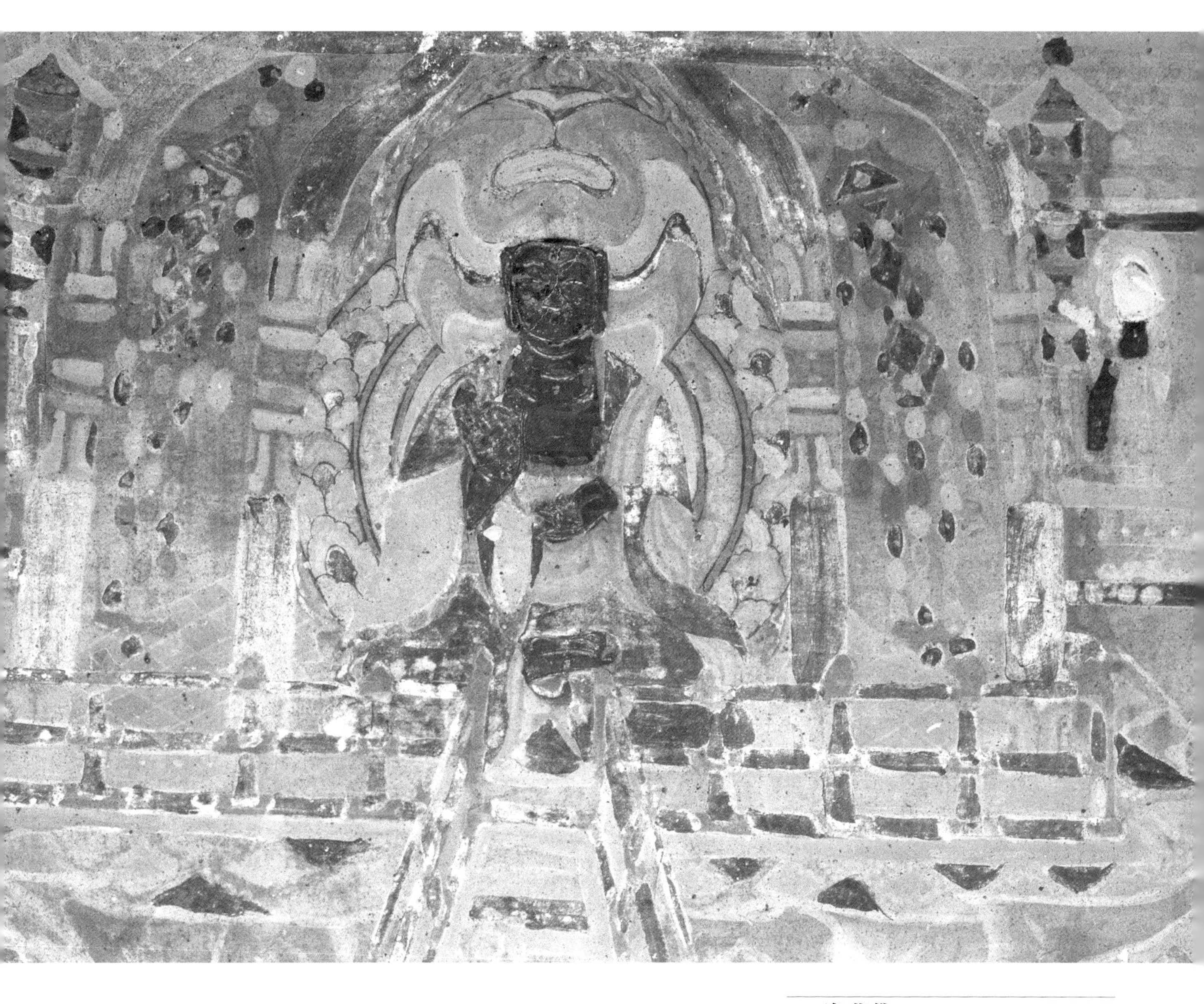

54 **迦葉佛**

迦葉佛為釋迦之前世，到于闐傳揚佛教，使于闐人不再信仰龍神，改信佛教，龍神因而大怒，使洪水淹沒于闐。

晚唐 莫454 甬道頂

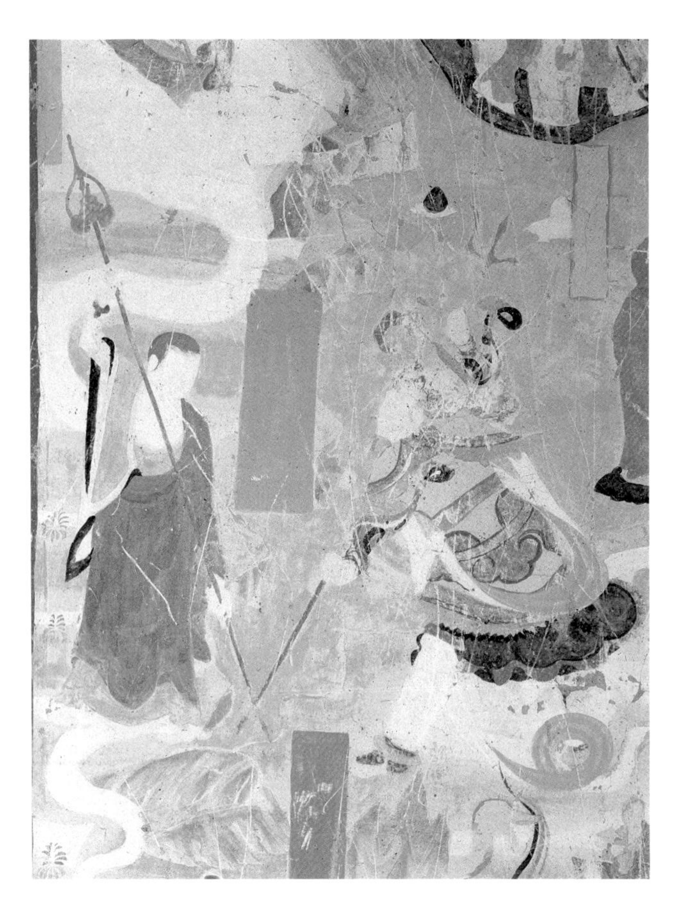

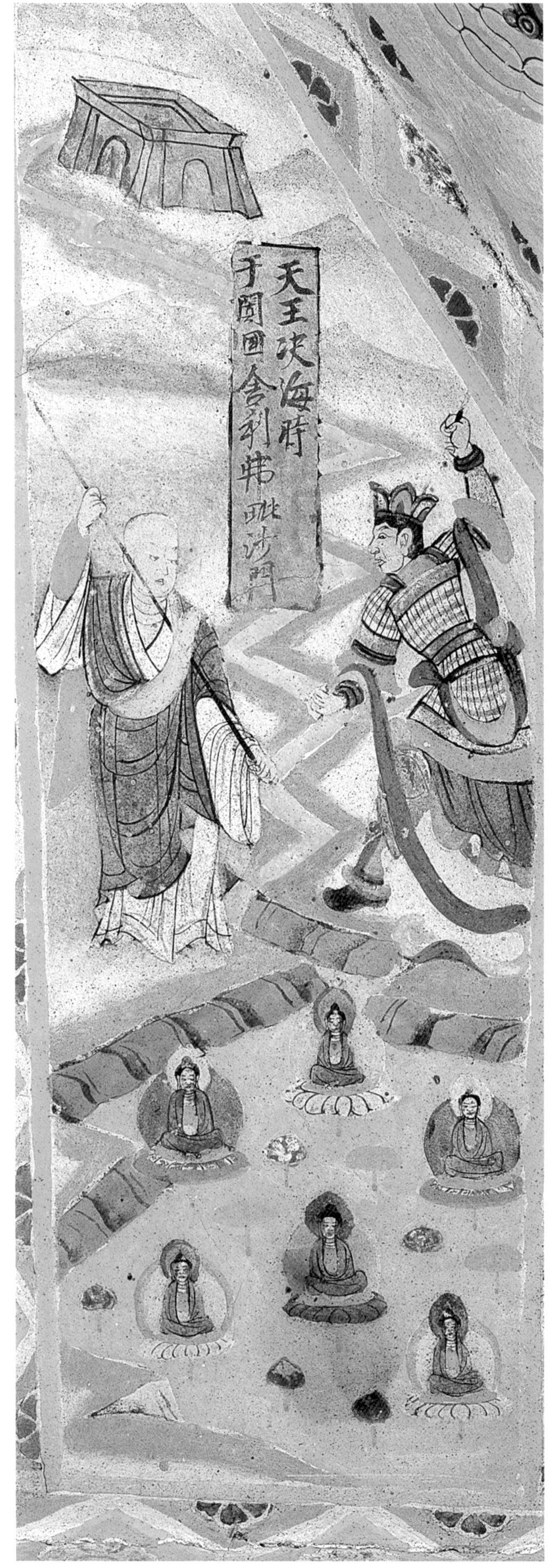


## 55 舍利弗及毗沙門決海

釋迦佛出世後，派兩個弟子為于闐放出洪水。一座城前河流曲折，注入湖中，湖上浮着六個佛。湖的一邊是穿鎧甲的毗沙門，另一邊是穿袈裟的舍利弗，各拿禪杖和長戟打開湖口，放出湖水，湖上浮着六個佛。榜題寫“于闐國舍利弗、毗沙門天王決海時”。毗沙門天王是佛教四大護法天王之一，專職守護北方。

中唐 莫231 西壁佛龕頂

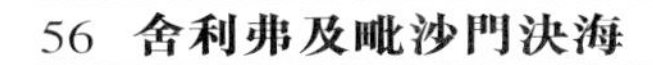

## 56 舍利弗及毗沙門決海

左為舍利弗，右為毗沙門，各持杖戟為于闐決海放洪水。只見出現一條河流，流過代表于闐的一座城。數佛浮在湖水之上。

晚唐 莫9 甬道頂

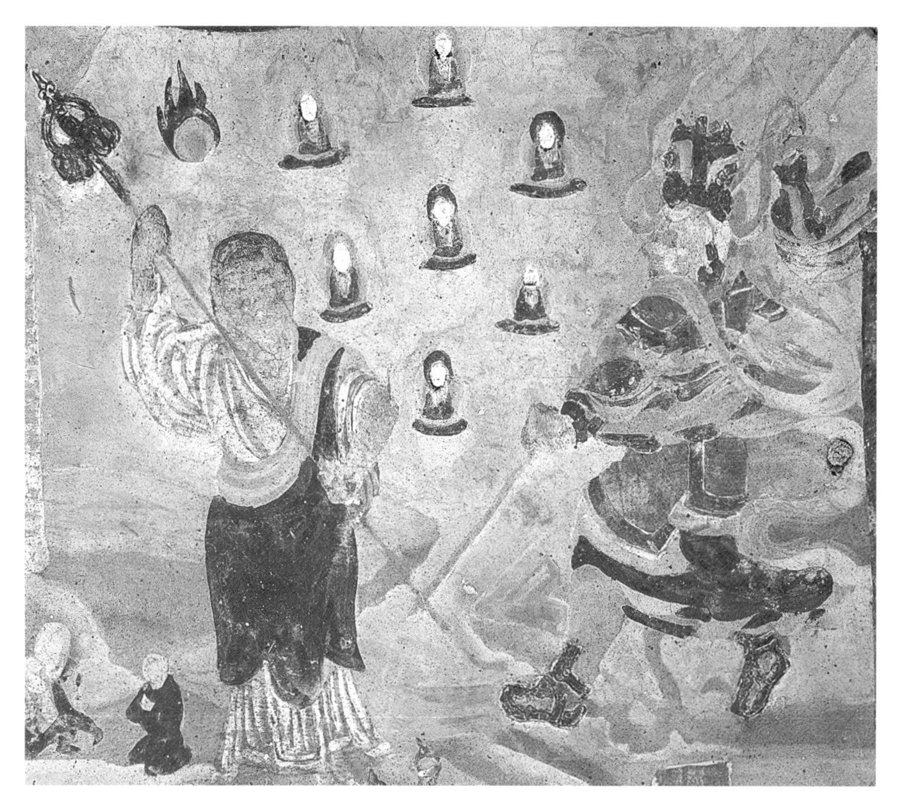

**57 舍利弗及毗沙門決海**

決海故事與其他故事繪在一起。上方的船是釋迦行化的故事，舍利弗旁邊的兩個人和大蛇則是高僧安世高的故事。

宋 莫454 甬道頂

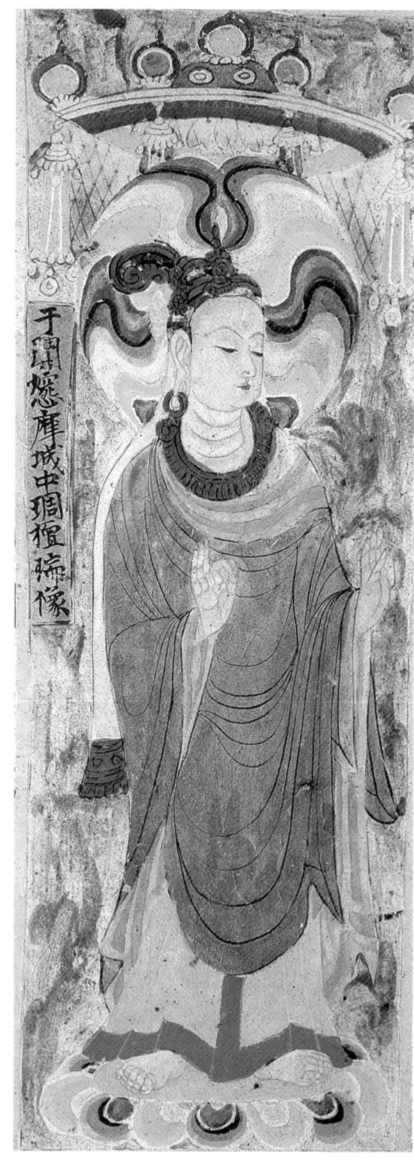


**59 于闐媲摩城檀木釋迦瑞像**

傳說此像在于闐曷勞落迦城時，曾預告刮大風沙的時間，後來飛到媲摩城，更深得當地人信仰。按佛像東傳中土的傳說，媲摩城釋迦瑞像是摹寫釋迦佛像第三期仿製品而成的。

晚唐 莫231 西壁佛龕頂

**58 舍利弗及毗沙門決海**

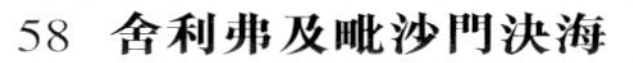

五代 榆32 甬道南壁

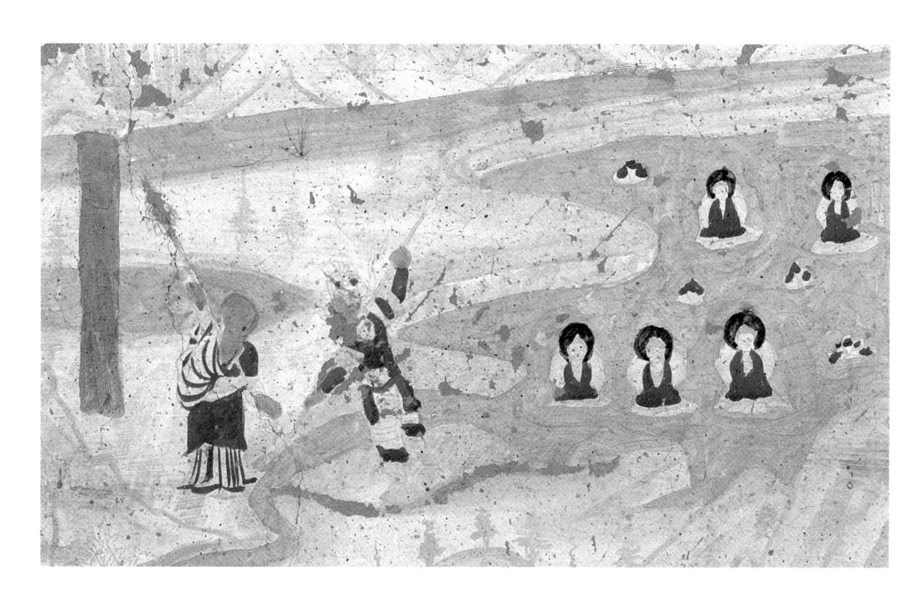

## 第二節 護國神佑于闐建國

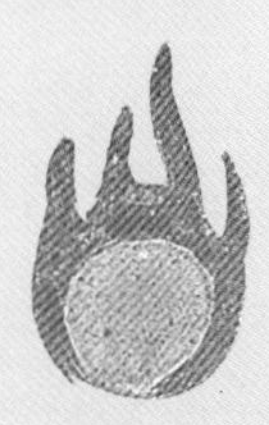

于闐建國故事與佛教關係極大，尤以毗沙門天王最有特色。于闐的護國神王應有八個，壁畫所見亦有八個，《諸佛瑞像記》卻有九個神王：東方持國天王（提頭賴吒）、西方廣目天王（毗樓博差）、北方多聞天王（毗沙門）、摩訶迦羅、阿婆羅質多神、阿闍隅天女、悉他那天女、莎耶末利和迦迦耶莎利。

于闐護國神王信仰因安史之亂，更擴及大唐王朝。傳說在唐和吐蕃兵作戰時，毗沙門天王出兵助唐，使唐軍獲得勝利。亂平之後，唐肅宗下詔城門門樓各繪四天王，在四川諸地，信者尤甚，借以祈求國泰民安。在歸義軍曹氏家族統治敦煌時（公元914-1036年），曹家和于闐尉遲王族結為姻親，因此于闐護國神王畫像遂大量湧現於敦煌佛教藝術之中。晚唐第9窟甬道北坡繪畫了八個于闐的護國神王，歸義軍節度使曹議金開鑿的"功德窟"，即莫高窟第98窟，其甬道南北兩壁上端內入口處亦保存完好的于闐"八大神王"壁畫等，都和于闐建國的故事有關。

### 毗沙門天王和觀音阻居民決鬥及于闐居民的由來

于闐國的居民是由漢地和印度來的移民。唐玄奘《大唐西域記》、《阿育王經》和《阿育王傳》都有這個說法。此三本書也記載了印度移民的故事：印度阿育王患病，王后暫時執政。王后向太子求歡被拒，憤而假傳聖旨，挖去太子雙眼。阿育王發現後，怒譴太子的輔臣（一說是阿育王宰相），驅逐到雪山之北，大臣輾轉來到于闐西面建國為王，印度移民便成為于闐居民的重要來源之一。于闐最早可能有東西兩個國家，關於西國的建立，另有一個故事：于闐東面的國王有九百九十九個兒子，為了湊足千子之數，收養了一個義子。一日兄弟玩耍間，揭露了義子身世。義子向父王請得兵馬，出走至于闐之西自立為王。

于闐東西居民因風俗習慣不同，一次兩王因獵，相遇荒澤，相互爭長終於爆發戰爭，東部居民大勝，斬下西土王的首級。玄奘更記載東土國王併吞西土後，在東西之間建都城。藏文文獻則記載，東西居民剛交鋒時，觀音和于闐國的護國神王之一毗沙門天王出現，勸雙方釋兵，並指定東主為王，西主為相，共同建國。這些傳說都可旁證于闐國早期居民是中、印的移民。

上述故事的壁畫，僅見於中唐吐蕃統治于闐和敦煌時所開鑿的第154窟南壁"金光明經變"西側的條幅上，應是根據藏文《于闐國授記》等文獻繪畫的。此壁畫分成上下兩組，上組畫毗沙門天王右手托塔，左手執槍，他對面是觀音，表示他們正在阻止東西居民互相殘殺；下組畫毗沙門對面有紅巾頭飾天女端立米堆旁，應是《諸佛端像記》的“恭御陀天女”，或是于闐的其他護國女神，表示毗沙門和天女保祐建國後的于闐五穀豐登。

### 護國神王和地乳——于闐王族自命毗沙門天王之後的因由

于闐有許多別名，玄奘稱為“瞿薩旦那國”，應是梵文，意譯是“地乳”，此名和于闐王族來源有關。

漢、藏文獻同時記載第一代于闐王英勇神武，敬重佛法。當他建國後，苦無子嗣，央求毗沙門天王賜給兒子。毗沙門天王遂從額中剖出嬰兒賜給于闐王。但嬰兒只是哭啼，不肯吃奶，于闐王只好再到神祠祈禱。當其時，神壇前土地忽然隆起，流出乳汁，小王子就喝這奶長大，後來智勇雙全，更為毗沙門天王立祠。故歷代于闐國王皆自稱毗沙門天王之後，毗沙門天王自然也成為于闐的重要護國神之一。

### 沙彌袈裟止干戈——于闐王前世出家之謎

于闐建國後，國勢強盛，常因開疆拓土，與鄰國廝拼。《大唐西域記》有一則故事，講于闐王出征時知道自己前世是出家人的經過。

于闐都城西面三百多里有勃伽夷城（今中國新疆皮山縣藏桂雅村北側），城中有高十尺多的佛像，此像來自迦濕彌羅國（今喀什米爾），來源和于闐王西征有關。迦濕彌羅國一個羅漢的沙彌弟子臨終，想吃酢米餅，羅漢用天眼看到于闐有酢米餅，用神通力取來給弟子吃。沙彌吃過後，説來世願生在于闐國。于闐王後來生下太子。太子繼位後，攻打迦濕彌羅國，兩軍交鋒時，羅漢出現，向于闐王展示沙彌衣服，道出太子前世的故事，于闐王頓得宿命智慧，向迦濕彌羅國王釋兵而回。于闐王還從迦濕彌羅國帶自己前生所供奉的佛像回國。途經勃伽夷城時，佛像竟再不能移動。于闐王就地修建伽藍，廣招僧侶，供養佛像，甚至將自己的王冠放在佛像頭上。

這故事只見於晚唐莫高窟第 126 窟的甬道頂部，畫面很簡單，只繪兩人對談，正是羅漢道出于闐王前世因緣，勸其息兵的情狀。此畫風格不同於其他洞窟，應是民間或外地畫工所畫，可惜此畫風瞬即湮滅，這是唯一保留下來的一幅。

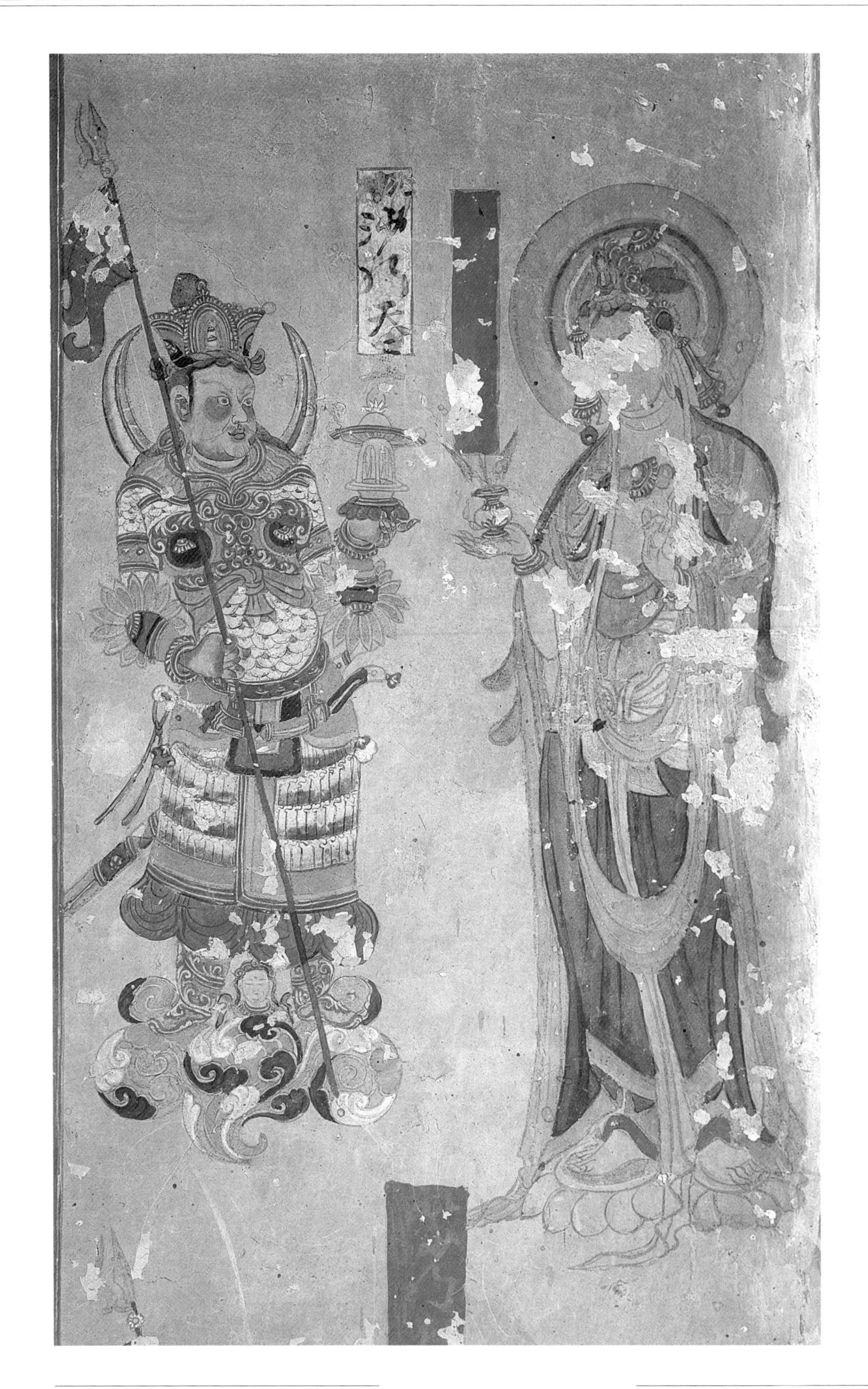

**60 毗沙門天王與觀世音**

于闐東西兩地的居民發生衝突時，毗沙門天王和觀音現身調解，指定東主為王，西主為相，共同立國。榜題兩個，一為草書毗沙門天王，另一不可辨讀。

中唐 莫154 南壁西側上部

**61 毗沙門天王與恭御陀天女**

于闐建國後，御恭陀天女掌管莊稼，在她腳下繪畫一堆穀物象徵五穀豐登。榜題草書只有毗沙門天王之名，無天女名號。

中唐 莫154 南壁西側下部

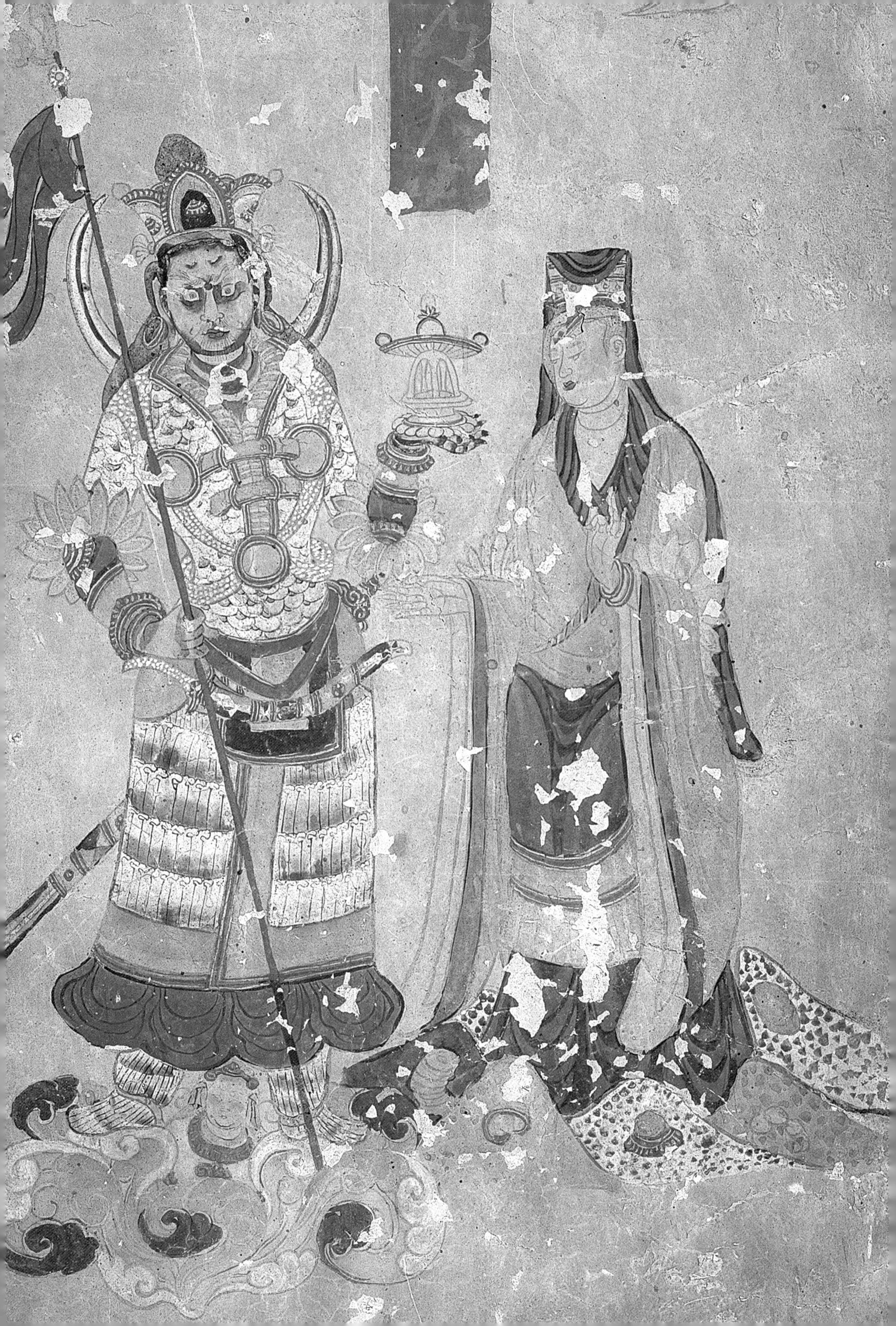

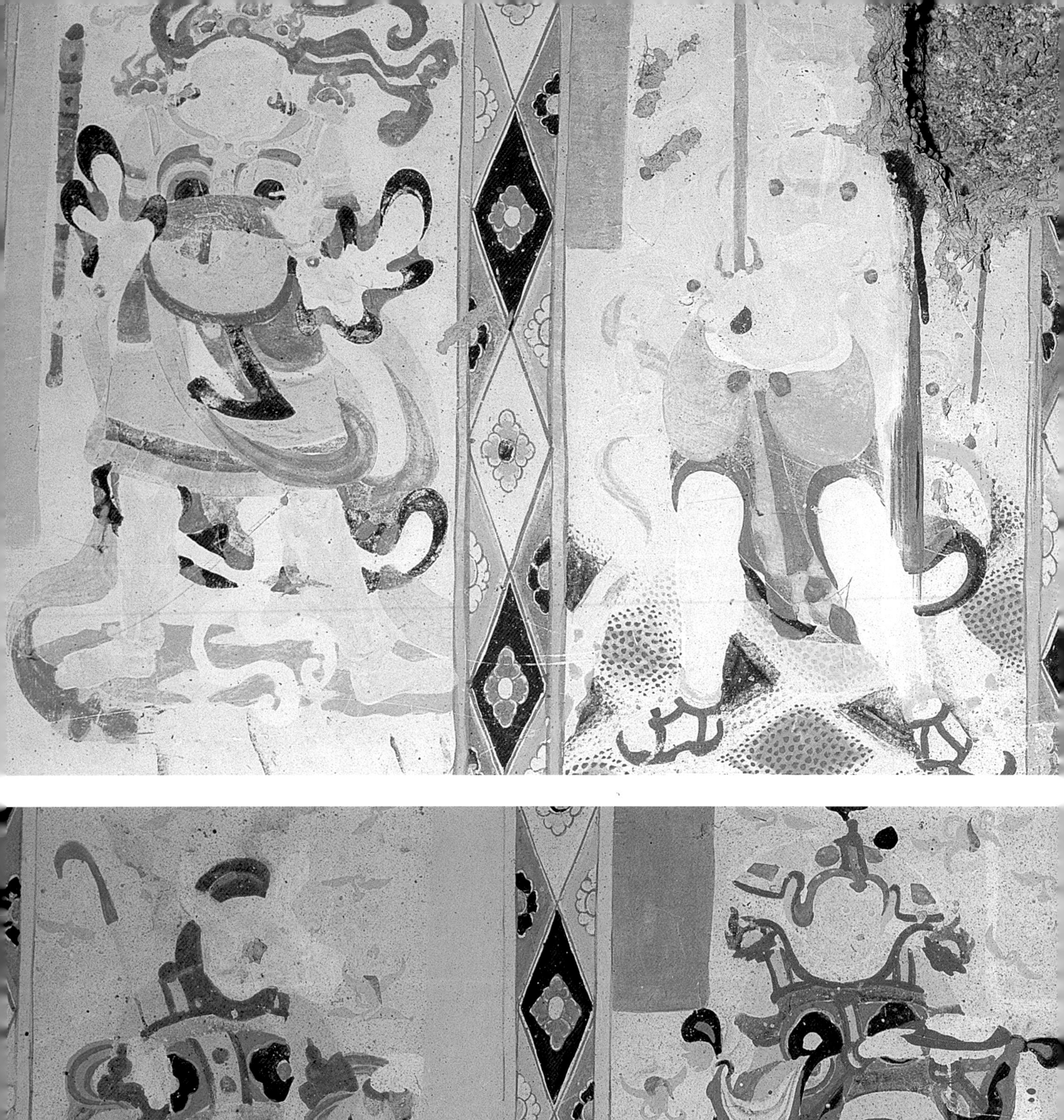

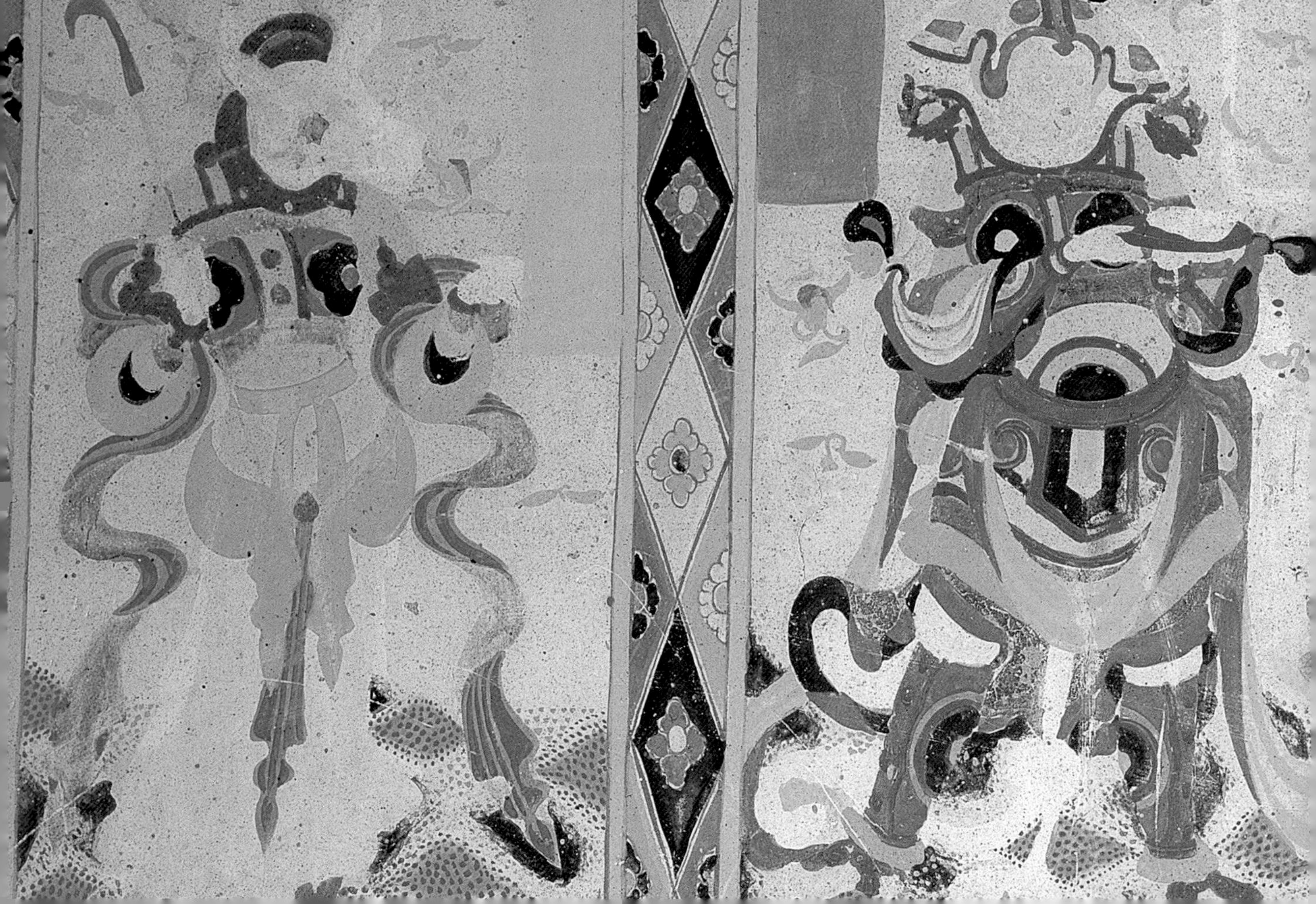

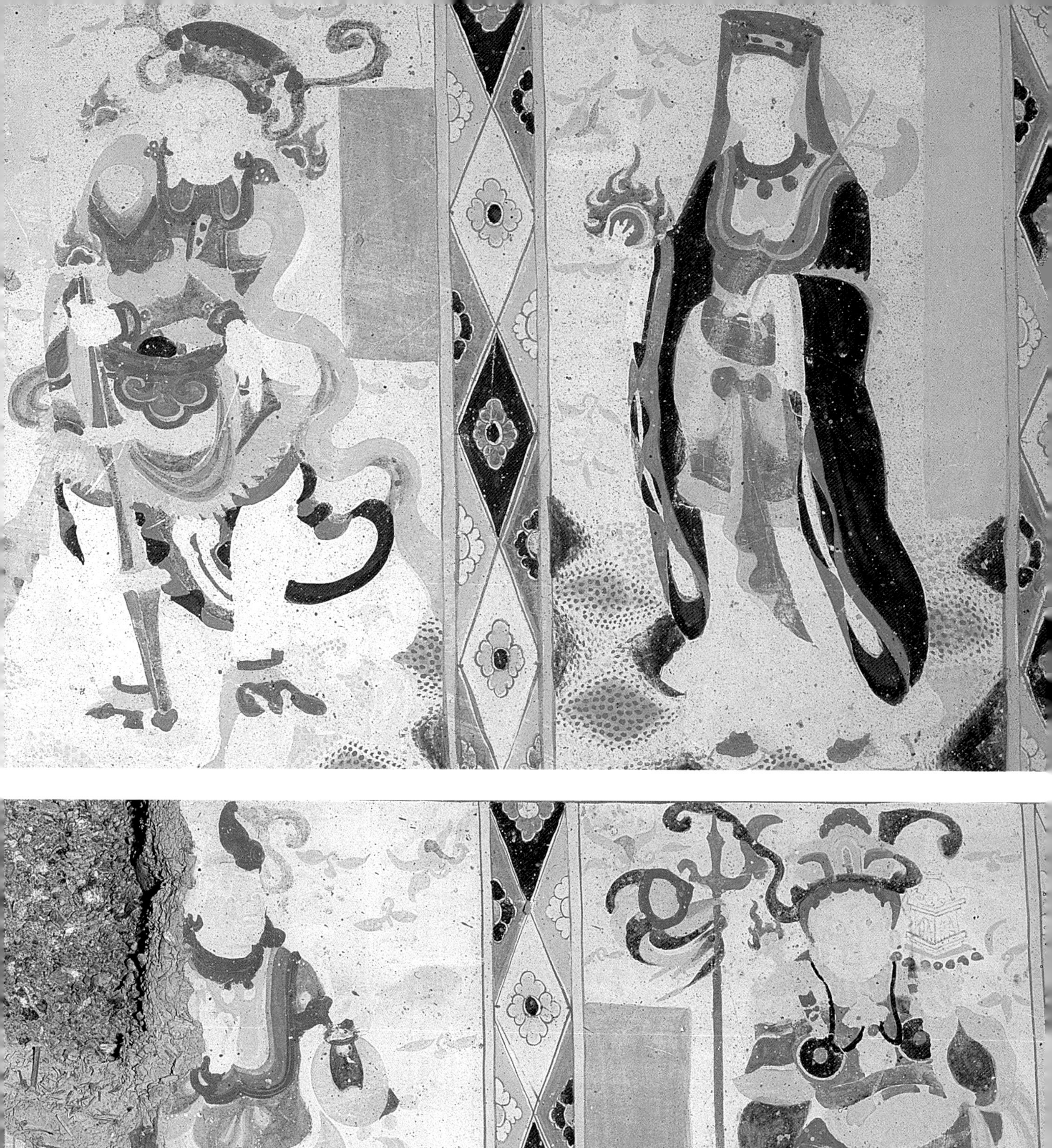
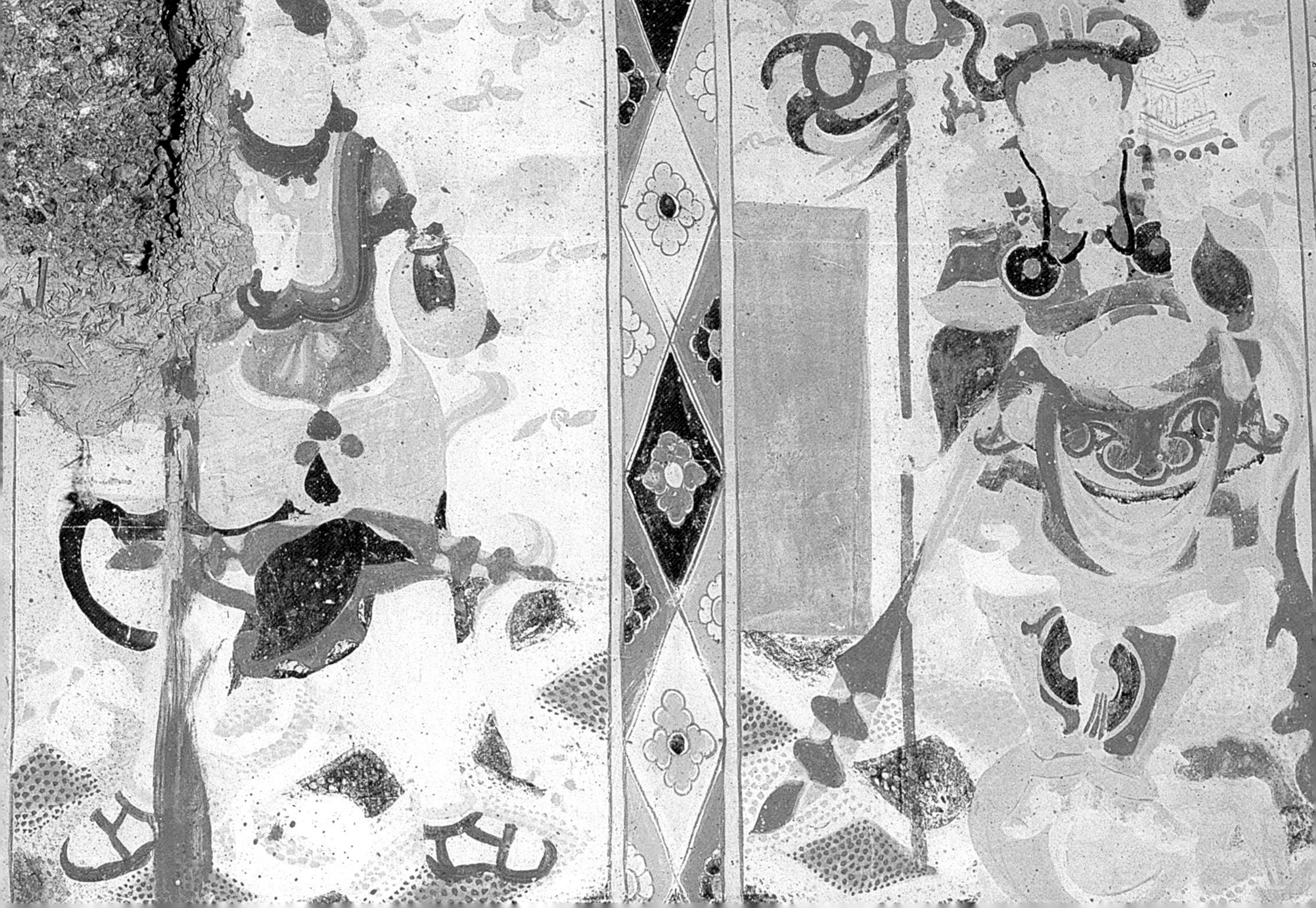

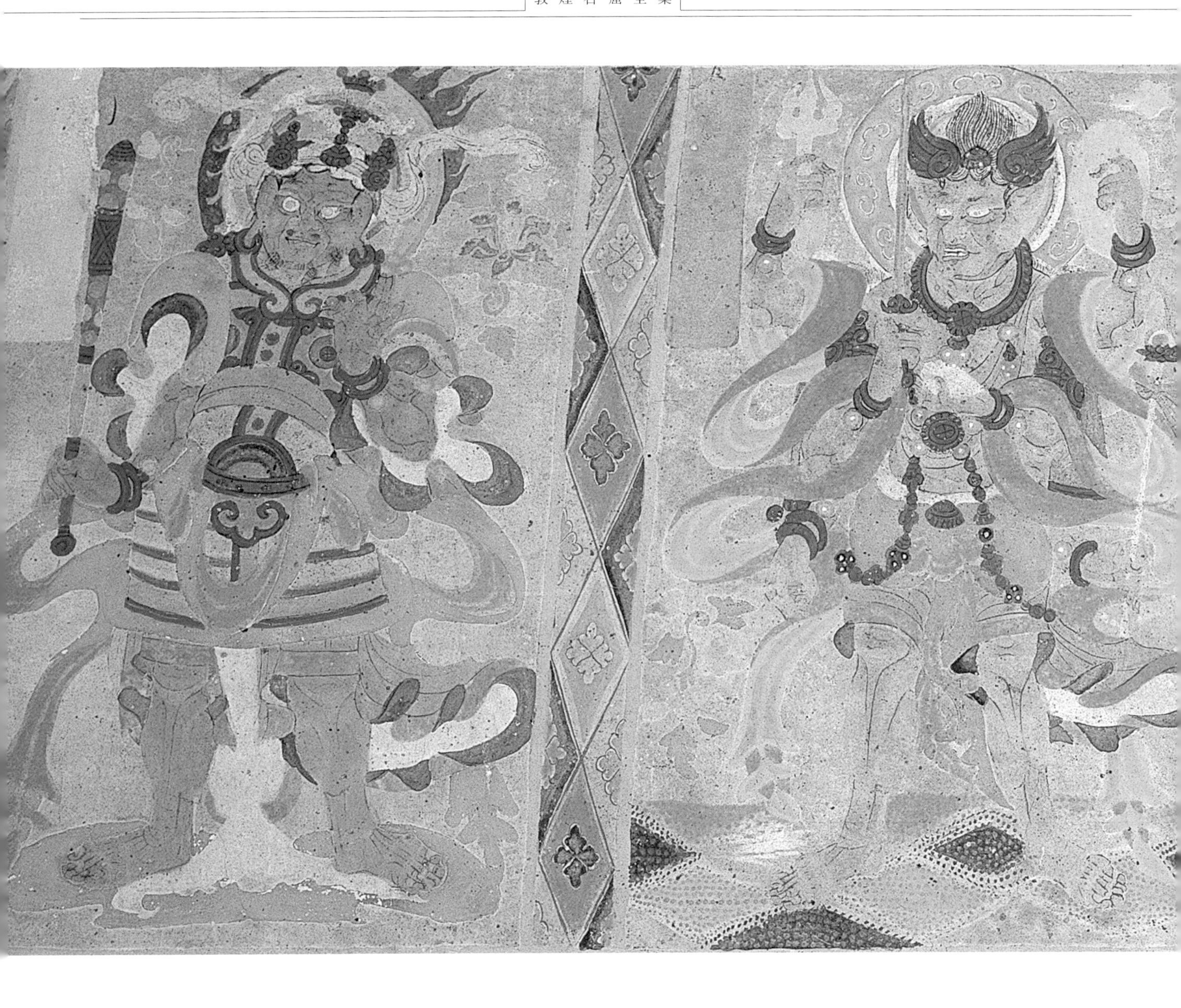

## 62 于闐護國天王和天女四身

◀ 見上頁

于闐共有八個護國神王，但名號有不同的說法。右一托塔的是毗沙門天王。由於沒有榜題，又不詳八大神王的特徵，故其他無法辨別。

晚唐 莫9 甬道頂

## 63 于闐護國天王四身

◀ 見上頁

晚唐 莫9 甬道頂

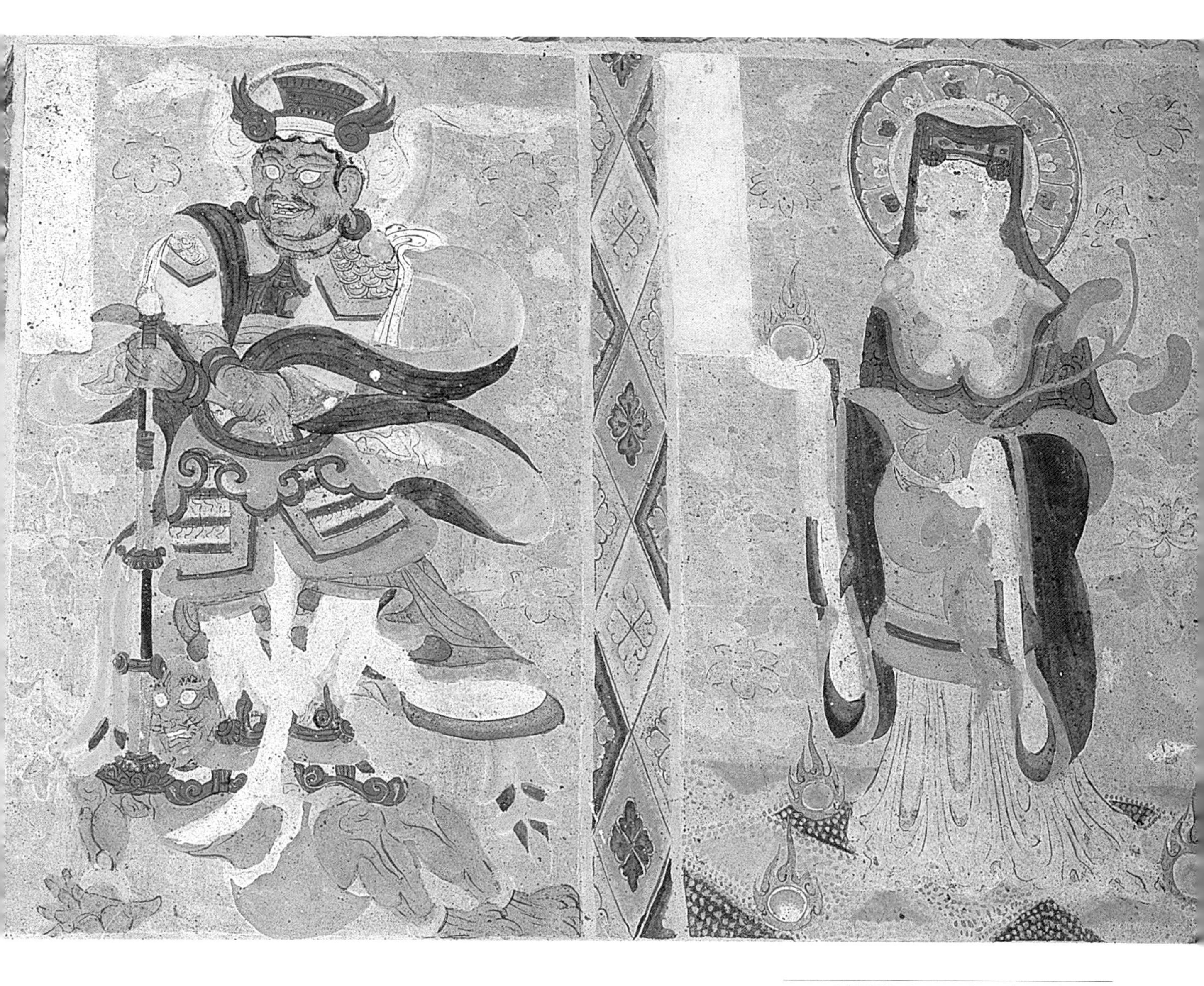

**64　于闐護國天王及天女四身**

右邊手托明珠的是恭御陀天女，其他的神王名號不詳。

五代　莫98　甬道頂

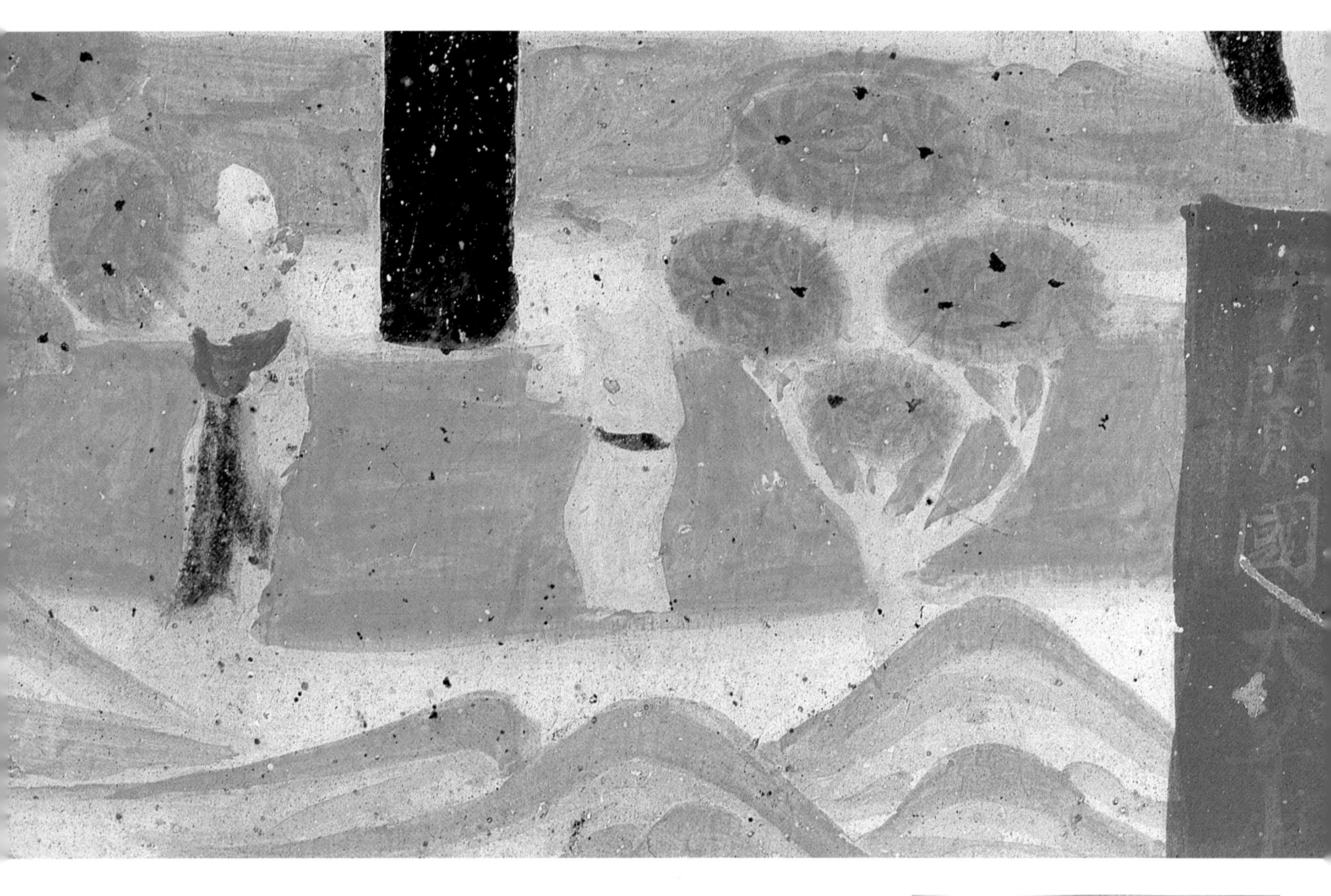

## 65 于闐太子出家

畫面非常簡單，只畫二人對談，其中一人有腰帶，可能是于闐王，另一人可能是羅漢，告訴于闐王前世曾為沙門的故事，並勸他班師回國，不可征討。

盛唐 莫126 甬道頂

## 第三節 佛教聖地牛頭山

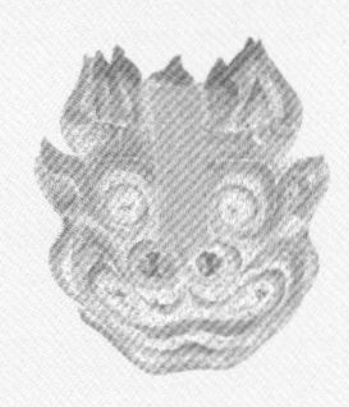

于闐有許多著名佛教聖地和寺廟，其中最著名的是牛頭山。此山原名瞿室餕伽山，又稱牛角山。

唐玄奘記載牛頭山在于闐王城西南二十多里，佛寺建於山谷之間。歷來中外學者研究牛頭山的位置，有不同的説法：英國學者斯坦因説佛寺遺址在姚頭岡西南十一英里，即今天和闐綠州的西南端喀拉喀什河岸的Kohmar山上；中國學者黃文弼認為牛頭山在什斯比古城二十里處。根據Kohmar山中部現存兩個殘石龕、當地山勢和由石窟通往山頂暗室的情狀與敦煌壁畫中所見的相同，斯坦因的説法比較符合實際。

牛頭山和其他于闐佛教故事一樣，隨着佛教東傳，加上統治瓜州和沙州（今敦煌和安西縣一帶）的曹氏家族與于闐尉遲王族結為姻親後，成為敦煌佛教藝術的重要題材之一。

### 牛頭山瑞像及大型聖迹圖

牛頭山相傳是釋迦佛為諸天略説法要之處，預言此地以後將會建一個敬崇佛法、遵習大乘的國家——于闐。中唐開始，敦煌有牛頭山的釋迦瑞像。

在曹氏歸義軍時期（公元914-1036年），牛頭山故事不再只繪瑞像，而是與其他佛教歷史故事畫結合成聖迹圖，以大幅畫面出現於洞窟甬道頂部。瑞像則退居到這一聖迹圖的周側。牛頭山圖集中、印、于闐的故事，是印度佛教興起後，經于闐傳入中土的整個歷程的縮影。圖中央繪畫的牛頭，代表牛頭山，牛頭上有迦葉佛和釋迦佛。迦葉佛首先到于闐傳播佛教，釋迦佛使于闐海變為陸（事見第一節）。牛頭山圖中的兩個主要佛像都與于闐佛教有關，彰顯繪畫牛頭山圖的中心是于闐。

牛頭山圖在歸義軍統治的兩百年中，分別以四種形式表現。

一 牛頭在下，其上有大量故事畫

這是牛頭山圖最早的表現方式。第9窟的牛頭在畫的底部，牛鼻樑為一榜題所蓋，其上有許多印度、于闐和中土的佛教故事，如釋迦溺水、釋迦救商主、旃檀木像迎釋迦歸來、阿育王一手遮天、阿育王神能多變塔、維摩方丈、那爛陀寺、舍利弗與毗沙門決海、牛頭山釋迦瑞像、文殊、普賢、迦葉佛、安世高化渡湖神、曇延法師和王玄策在泥婆羅所見的水火油池等。牛頭山壁畫的內容基本已成定式，都不超過這些故事的範圍。第98窟在類似湖海的地方，畫巨大的牛頭，五官用圓和長方形繪畫，鼻樑作榜題牌使用，頭上有天梯，表示登牛頭山巔必需爬天梯而上。第146窟的畫面和98窟相同，還有榜題：“釋迦牟尼騰空至於于闐國”。

二 以牛頭為界，將畫面切割為上下兩個部分，上下都是故事畫莫高窟第454窟甬道頂的牛頭山圖，壁畫中央橫列牛頭山，它像一度地界，其上代表西面的印度，其下代表東面的中土，于闐剛剛在兩者之間。故事內容和上述相同，如第454窟將牛頭五官一一畫出，鼻樑用長方形表示，直通於額際，作榜題牌使用。牛口大開，天梯直通牛頭上的佛塔，塔中坐着最早在于闐傳揚佛教的迦葉佛，改變當地人的信仰。佛塔上的立佛是釋迦，左右為文殊和普賢。牛頭山下部是一組佛教歷史故事畫，如阿育王一手遮天、龍神淹沒于闐和于闐國都城等故事。兩側迴廊建築，各柱之間繪畫佛像各一尊。迴廊之上有城池及有許多佛和菩薩的畫像。

三　經變式牛頭山圖

五代和北宋初出現，如安西縣榆林窟第33窟南壁。牛頭山圖的位置由甬道頂轉到洞窟主室壁上，全圖以牛頭山為中心，四周圍繞諸故事，組成大形經變畫形式，和其他的佛經變相處於平等的位置，所以稱為佛教歷史故事變相圖。這時原位於甬道南北壁上方的瑞像圖，亦改變位置，繪於牛頭山變相圖的下方。第33窟的牛頭山和它上面的佛殿佔據全畫的中央部位，宏偉的殿堂內有迦葉佛坐像，左右各有脅侍菩薩，殿堂之上的立佛是釋迦。壁畫的故事畫都是前述的故事。

四　普賢取代牛頭山在壁畫中央的位置

五代的牛頭山圖的主角變為普賢菩薩，前後有其聖眾，牛頭移至圖的左下角。榆林第32窟東壁北側上部的牛頭山聖迹圖是變化最後階段。騎白象的普賢居壁畫正中，四周繪畫構成牛頭山圖的各種故事，如毗沙門天王和舍利弗決海、道明和尚塔等故事。這些故事只見於佛教東傳後所出現的傳説和中國高僧傳記中，但不見於佛經，這是佛教東傳和中國化後的現象。這畫面既可稱為佛教歷史故事變相圖，亦可稱為佛經變相。此壁畫畫面和華嚴三聖圖（毗盧遮那佛、文殊和普賢）中的“普賢變相”幾乎無異，位置變化反映于闐佛教故事在中國佛教藝術中越來越重要，一躍成為敦煌的佛教徒傳教時的重要題材。

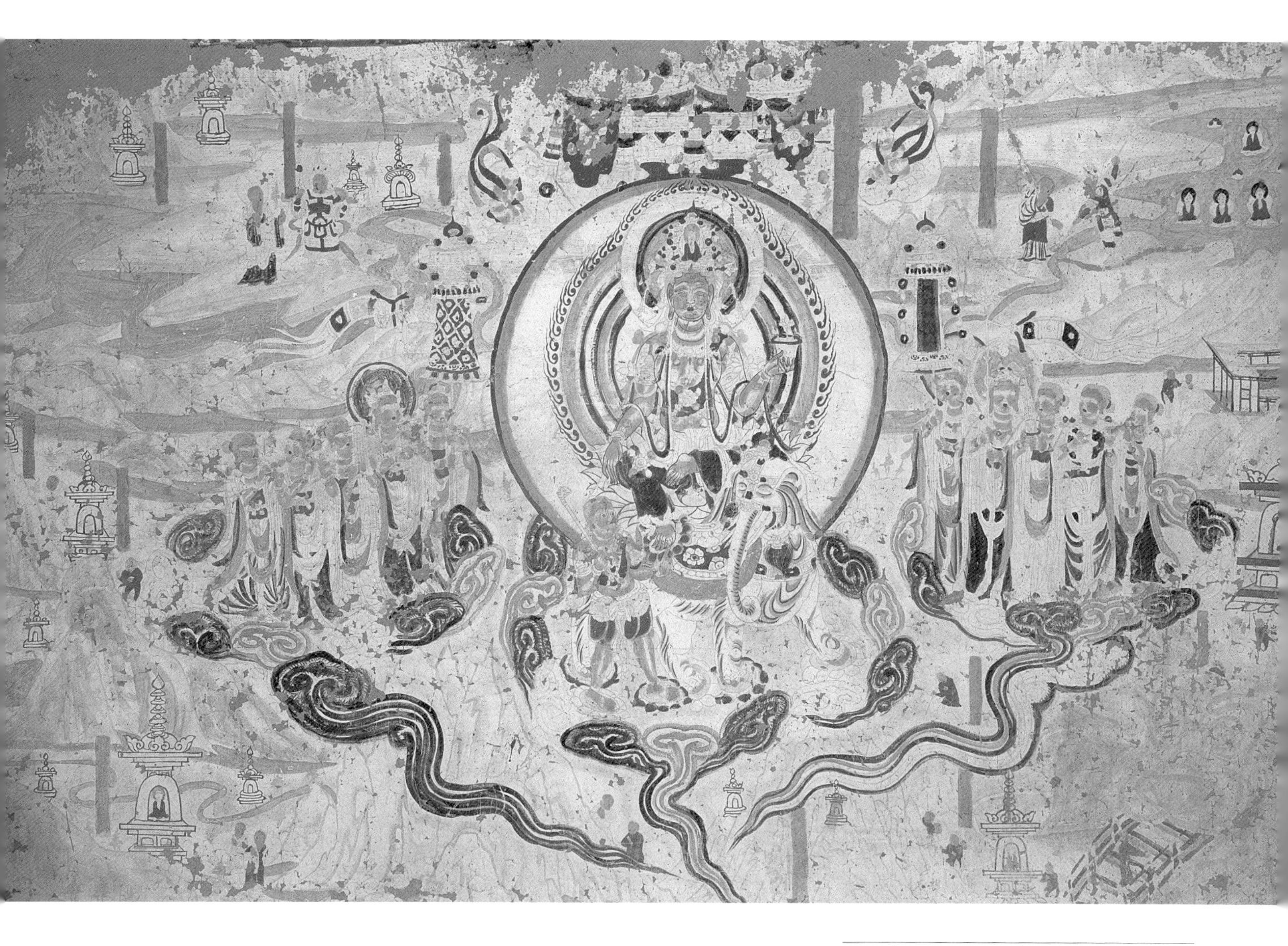

**66 牛頭山圖的普賢變相**

牛頭山圖的第四種類型，圖的中央被普賢佔據，牛頭被移到右下角，牛口大張，伸出登山天梯。牛頭上的迦葉佛和釋迦佛消失了。此圖還剩有牛頭山圖的元素，就是右上角的舍利弗和毗沙門天王決海故事。

五代 榆32 東壁

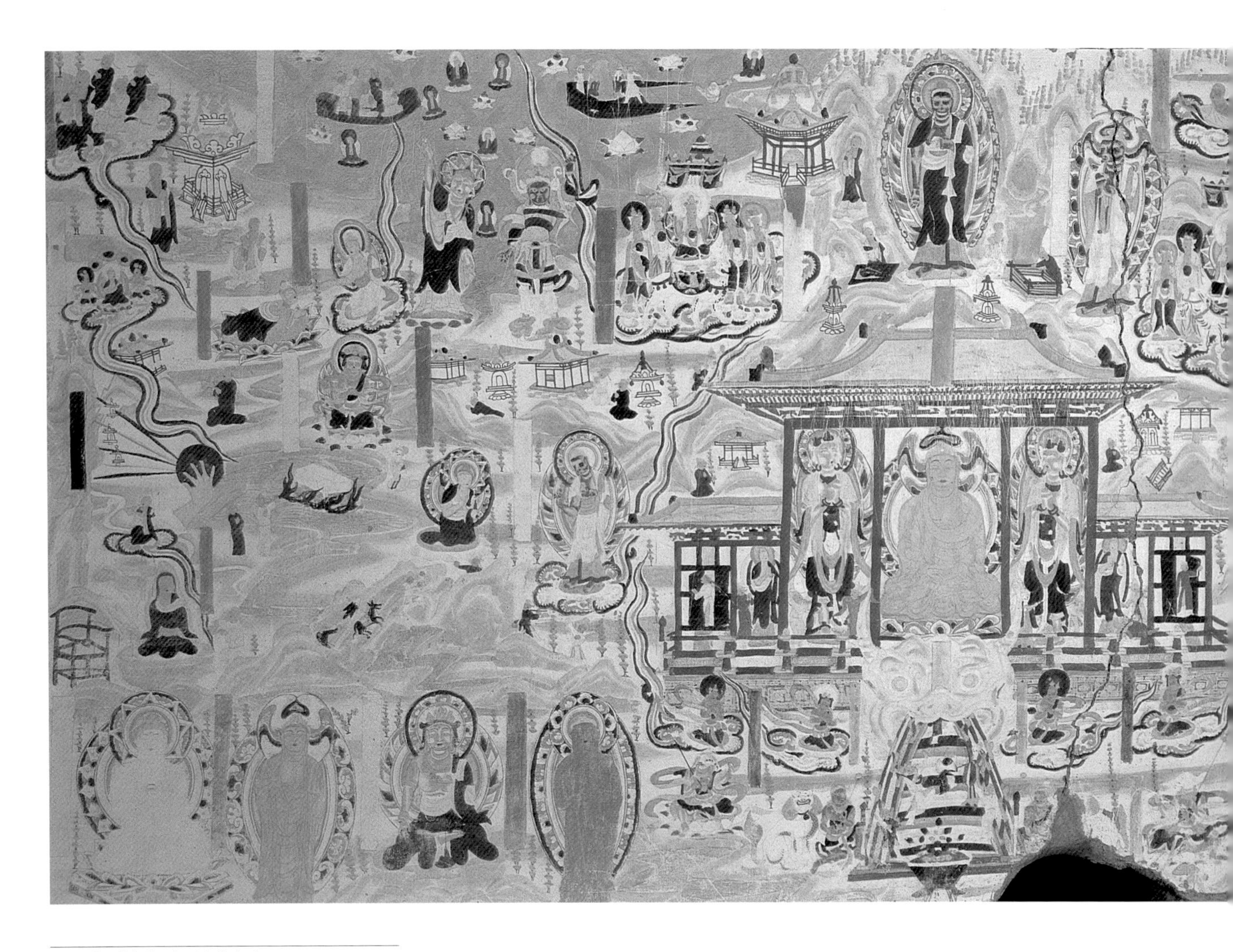

67 **經變式牛頭山圖**

牛頭山圖的第三種類型，牛頭變得不重要，牛頭上的佛塔成為全圖的核心。圖的位置從甬道改到洞窟側壁上。雖然有這麼大的改變，但構成牛頭山圖的佈局方式和故事元素，仍然保留在圖中。

五代 榆33 南壁

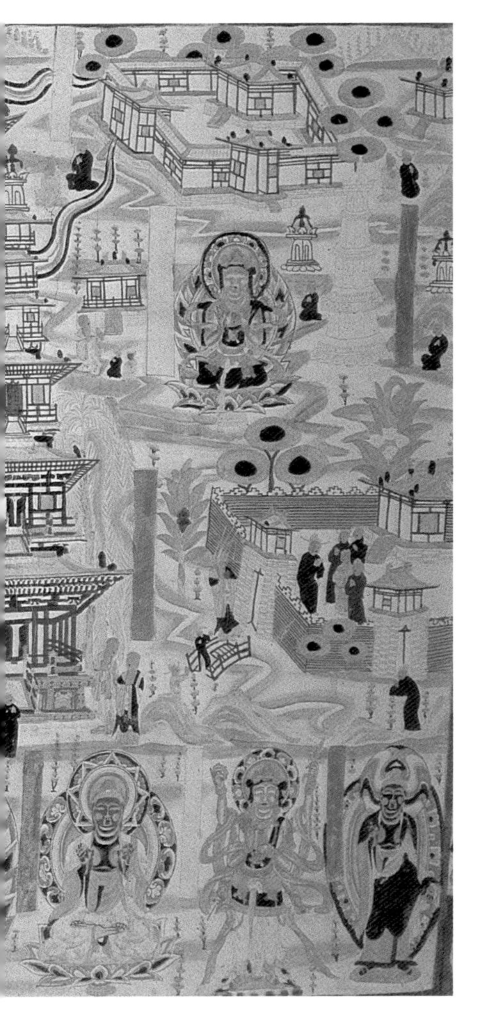

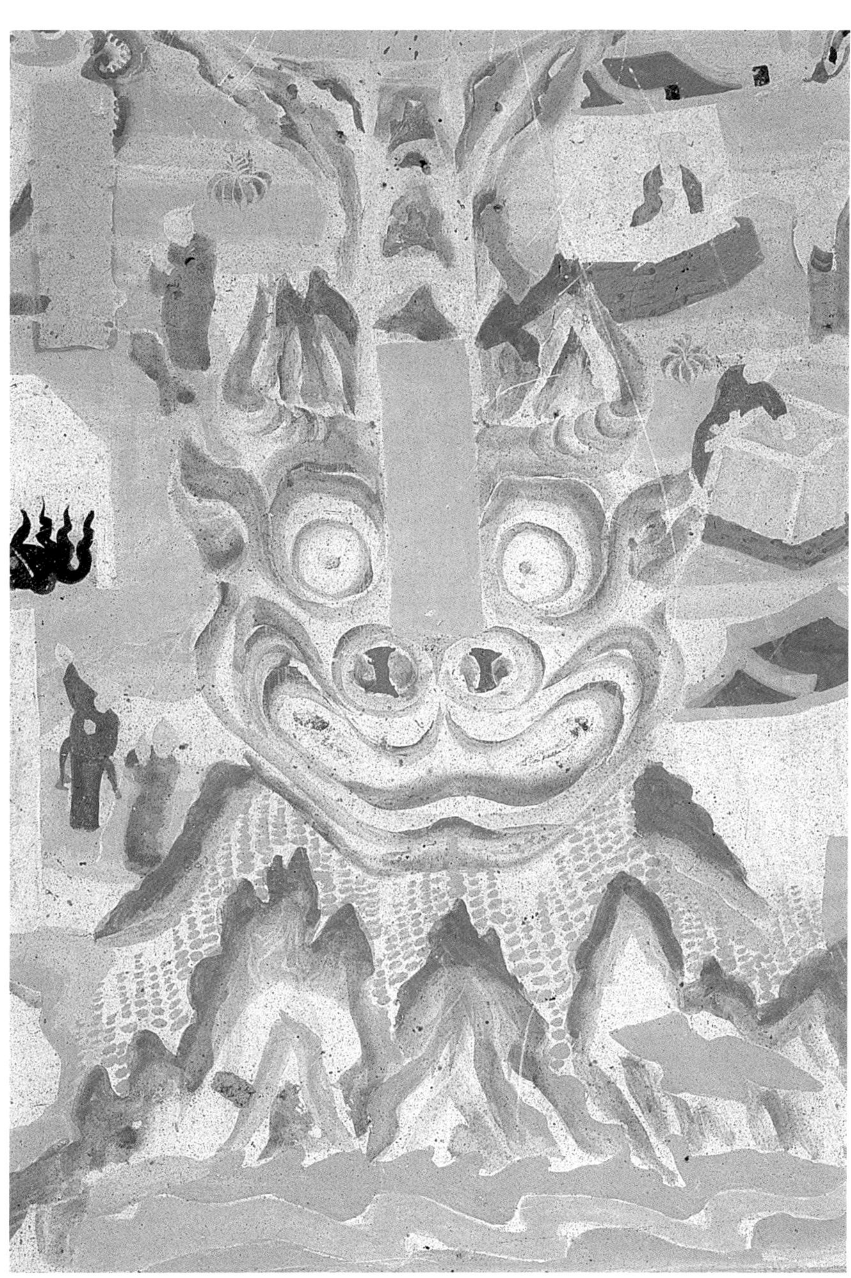

68 **牛頭**

晚唐 莫9 甬道頂

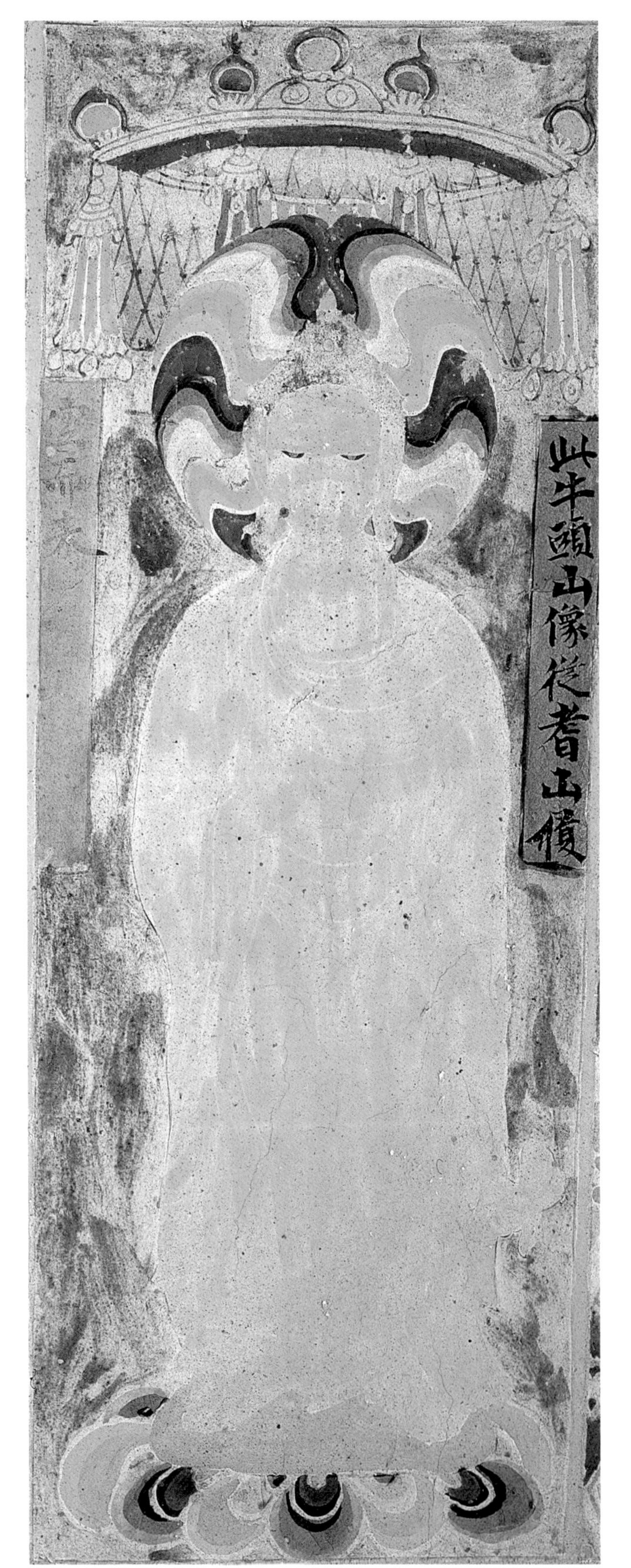


**69 牛頭山釋迦瑞像**

牛頭山是于闐佛教聖地，傳説釋迦牟尼曾在此山為諸天説法，這是描繪釋迦在山上説法的真容，榜題“此牛頭山像，從耆（闍崛）山履空而來”，説明此牛頭山佛像從耆闍崛山飛來。

中唐 莫231 西壁龕頂

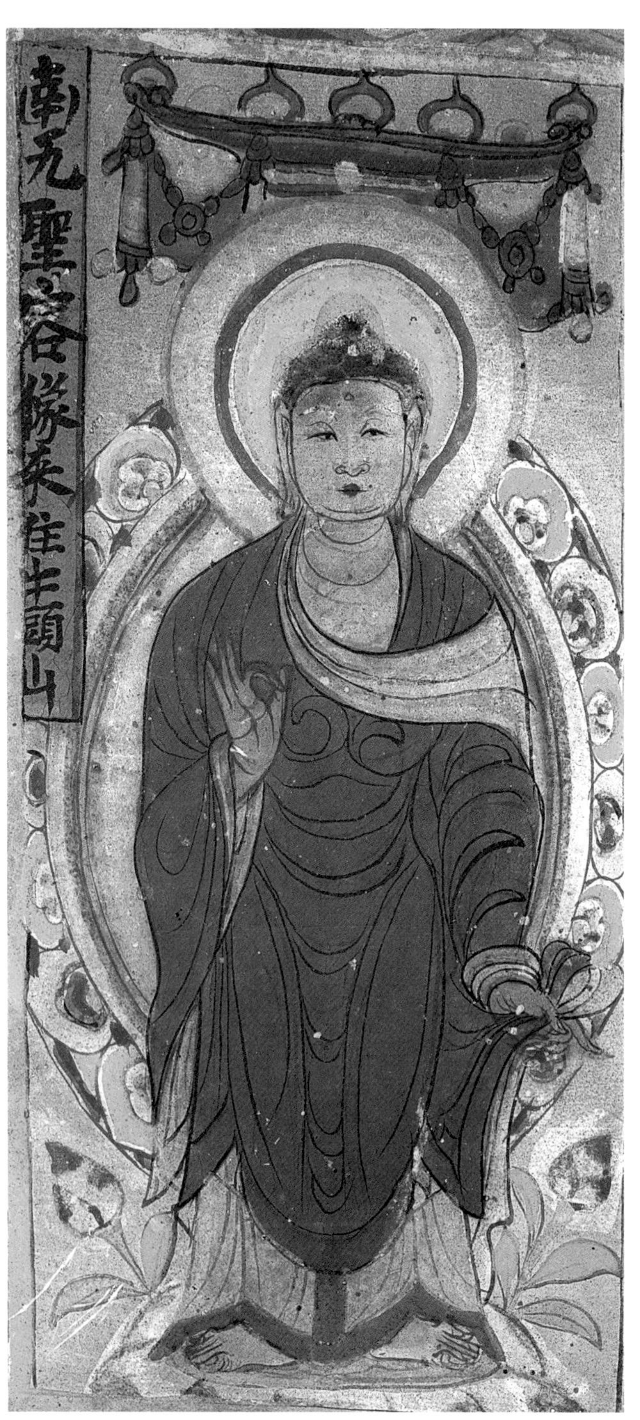

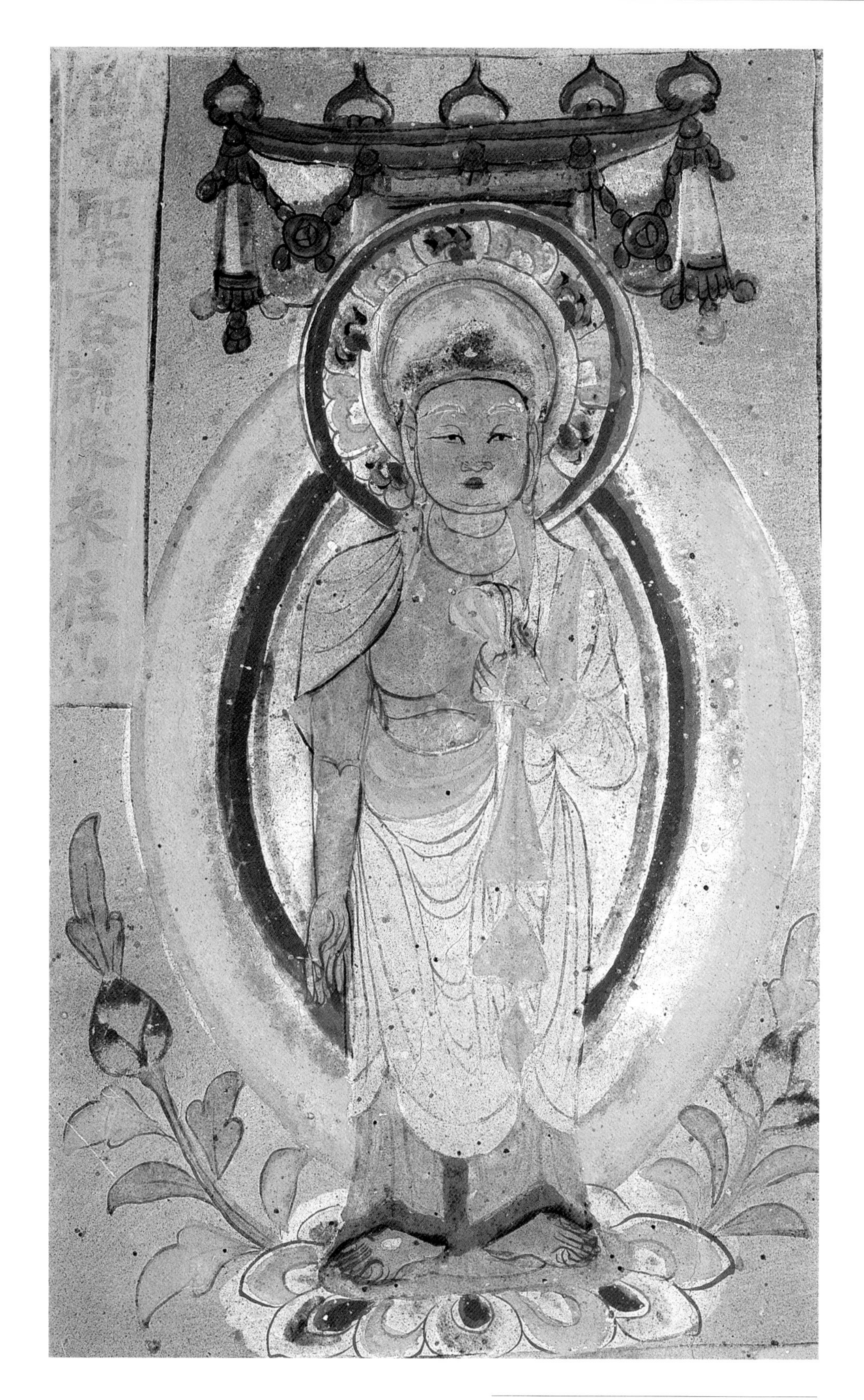

70　**牛頭山南無聖容瑞像**

窟中有兩個釋迦在牛頭山的瑞像，這個榜題為"南無聖容像來住牛頭山"。聖容是指釋迦在此山說法時的容貌。

五代　莫72　西壁佛龕頂

71　**牛頭山聖容像**

榜題為"南無聖容諸像來住山"，山是指牛頭山。

五代　莫72　西壁佛龕頂

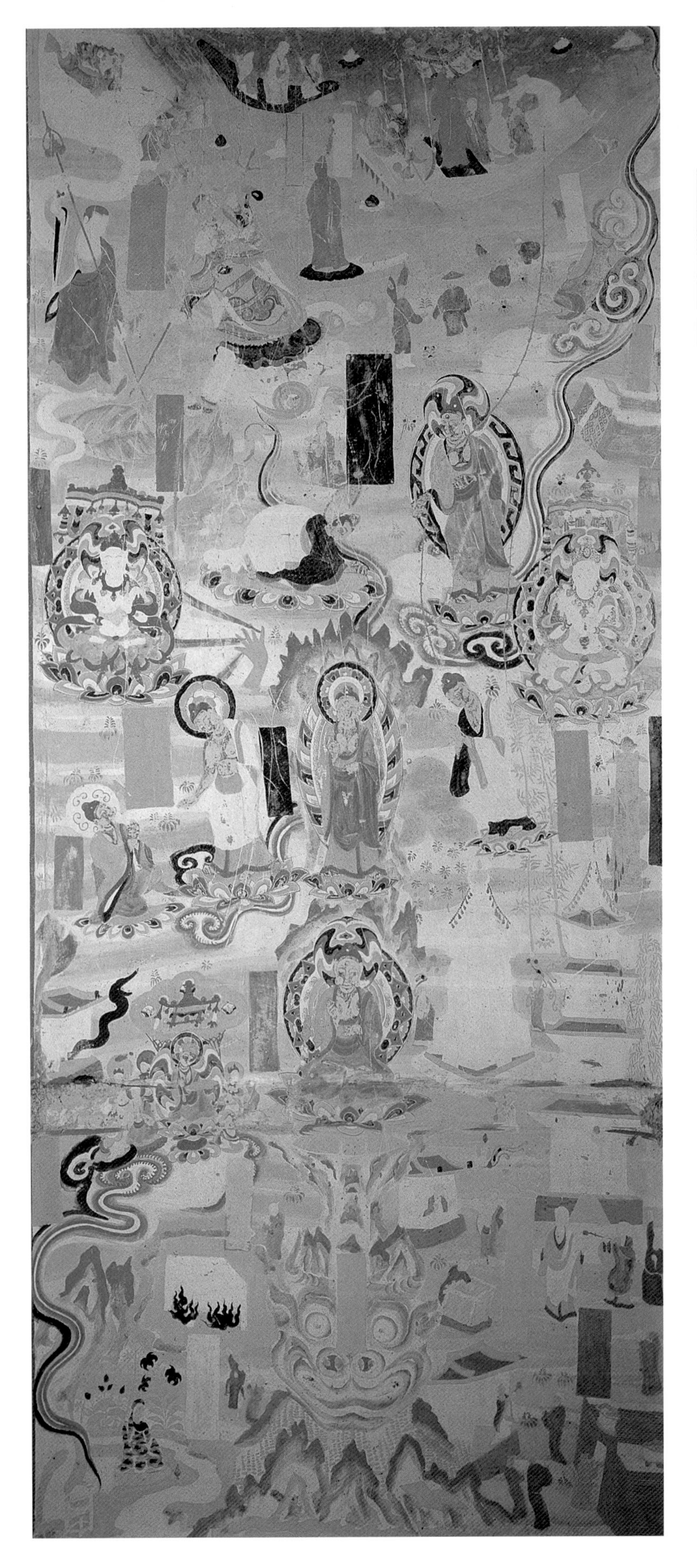

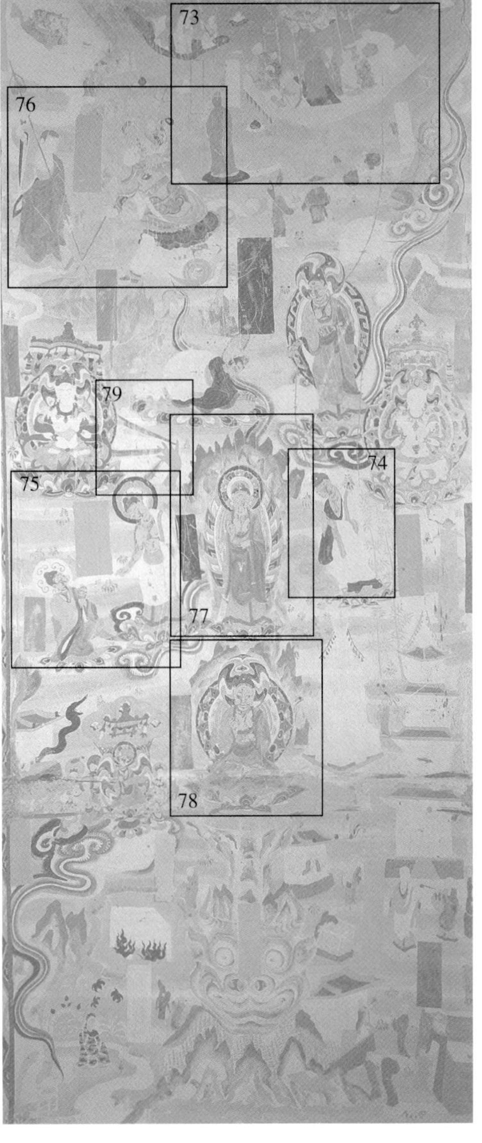


**第 9 窟牛頭山圖中印佛教故事示意圖**

牛頭山圖有中國、印度和尼泊爾的佛教歷史故事。其中圖 73 ， 74 ， 75 和 79 是印度佛教故事，圖 76 ， 77 和 78 是中國于闐（今新疆和闐）的佛教故事。

72 **牛頭山全圖**

這是牛頭山圖最早的類型，內容是佛教自印度經于闐東傳中國的縮影。組成的佈局方式和故事已成為定式。

晚唐 莫9 甬道頂

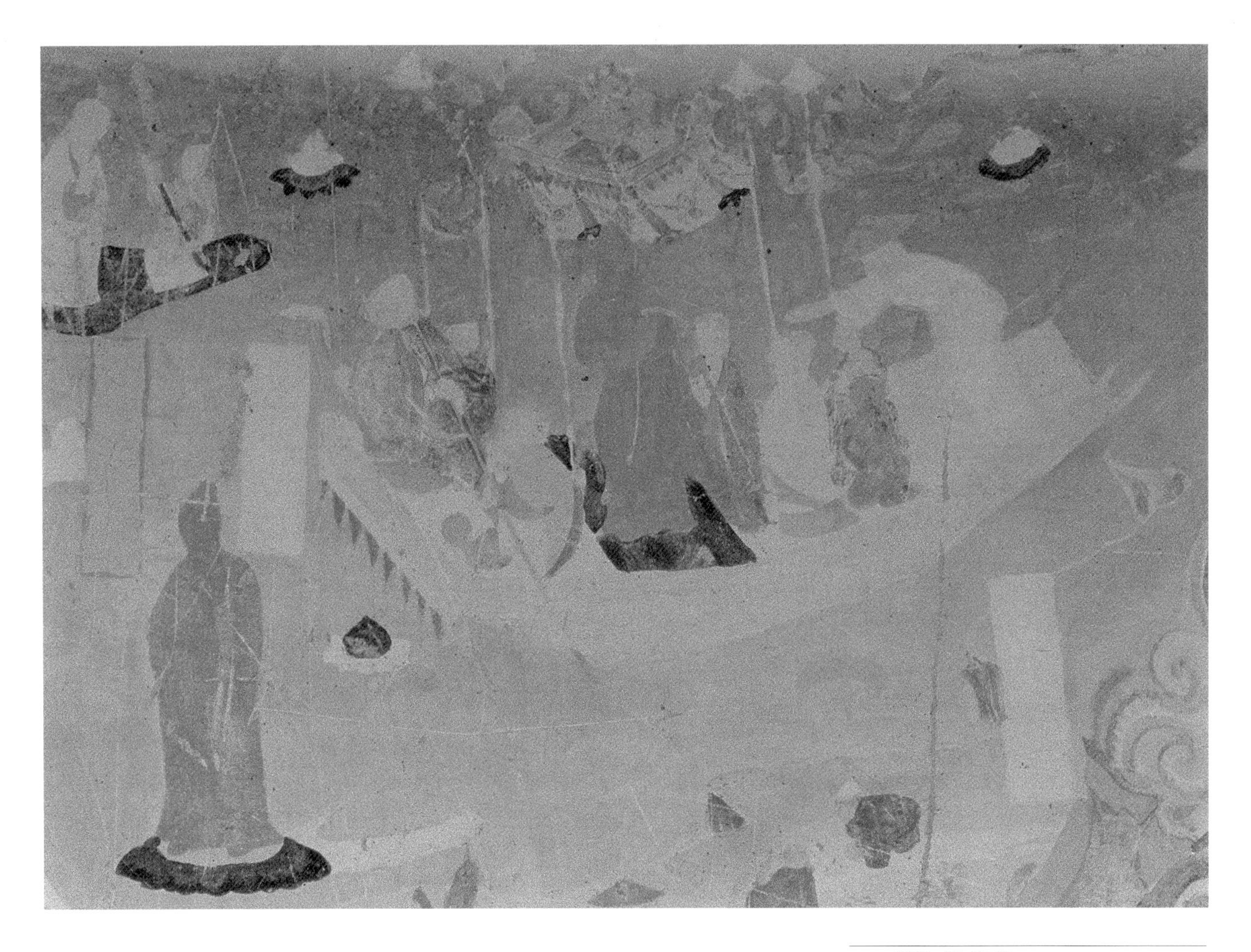

73 **釋迦救商船**

晚唐 莫9 甬道頂

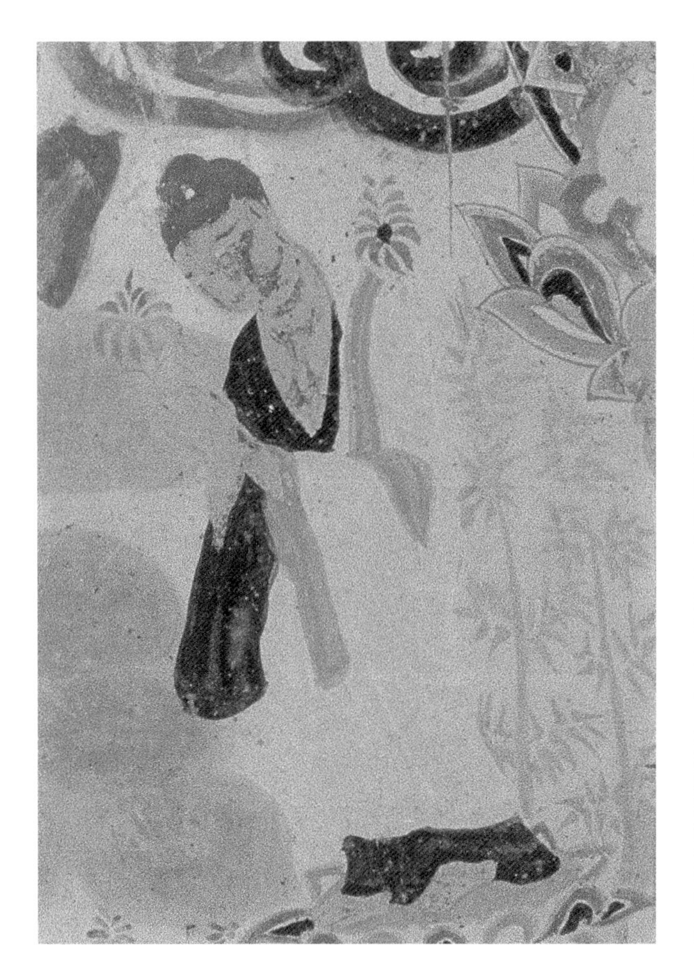

74 **釋迦自天上說法歸來**

晚唐 莫9 甬道頂

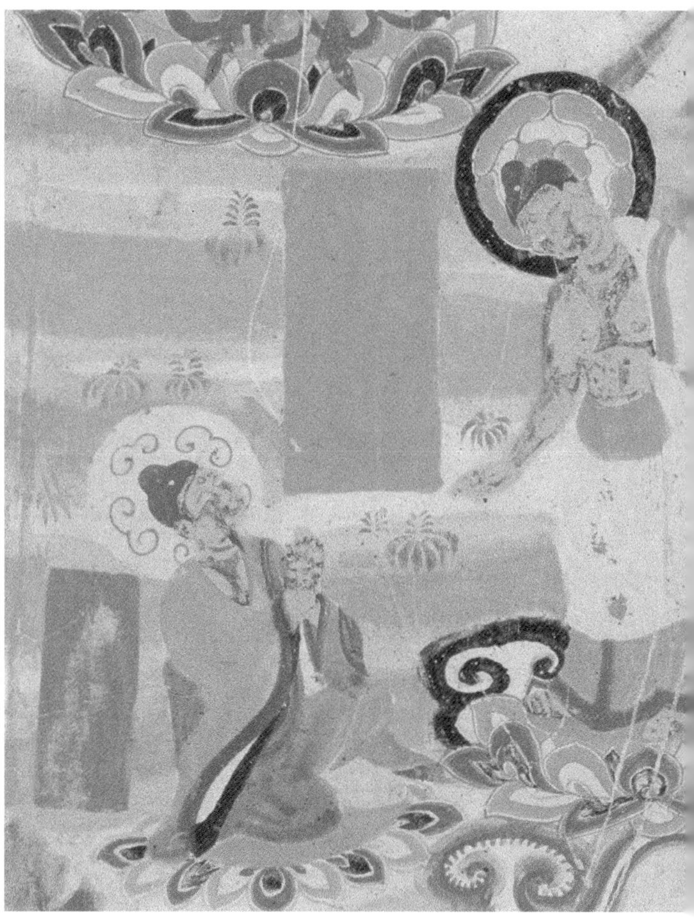

75 **釋迦向旃檀木像說以後可用佛像傳教**

晚唐 莫9 甬道頂

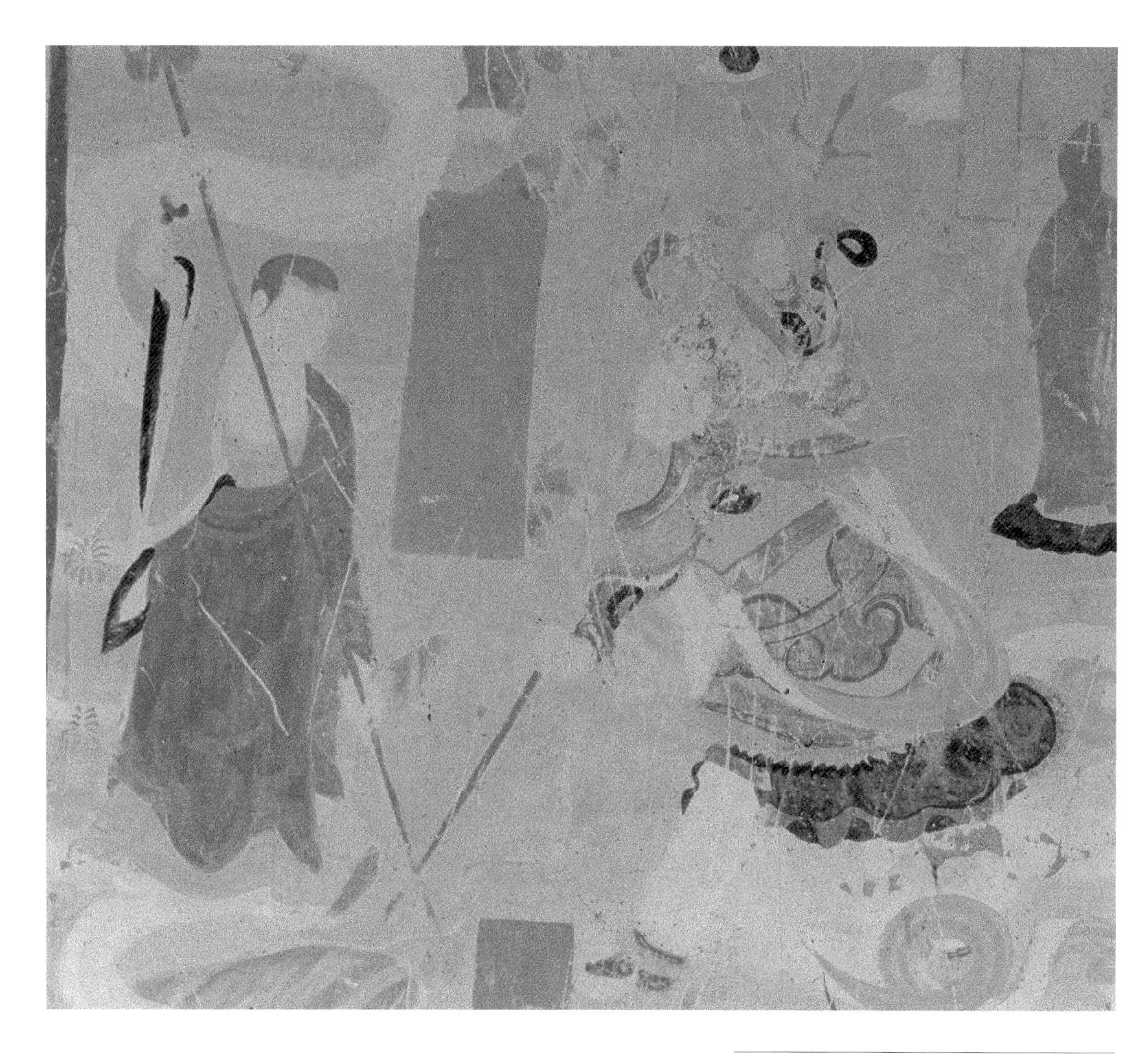

76 **毗沙門天王與舍利弗決海**

晚唐 莫9 甬道頂

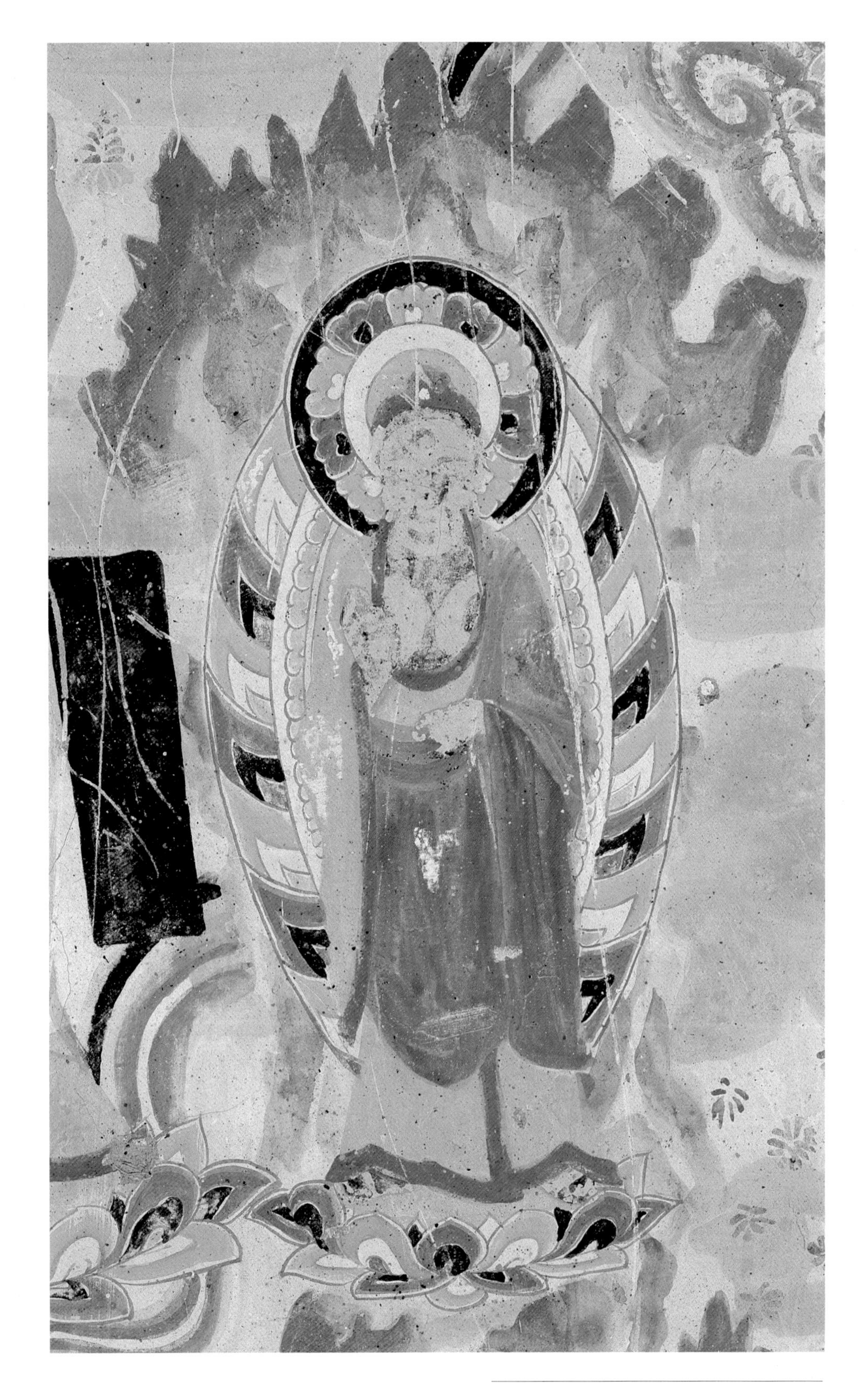

77 **牛頭山圖之釋迦瑞像**

晚唐 莫9 甬道頂

## 78 迦葉佛

晚唐 莫9 甬道頂

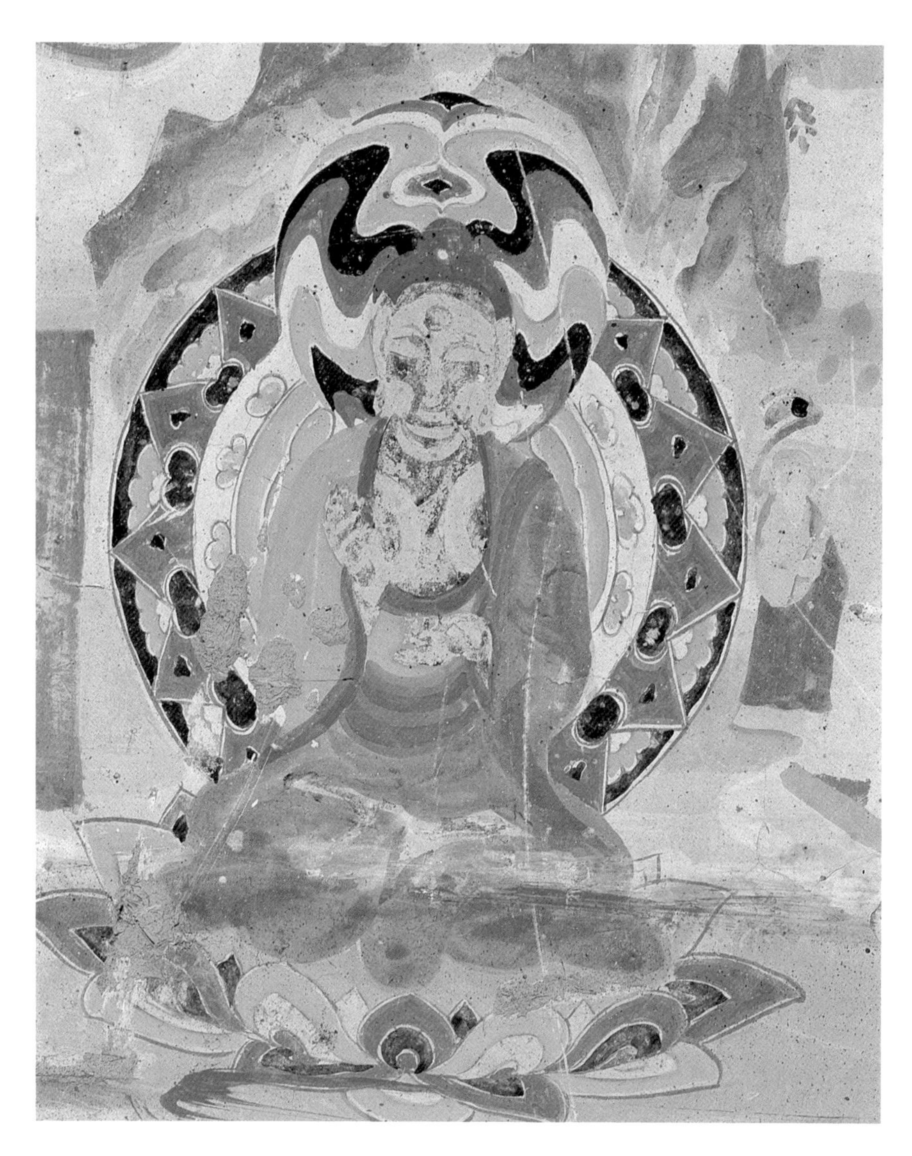

## 79 阿育王一手遮天

晚唐 莫9 甬道頂

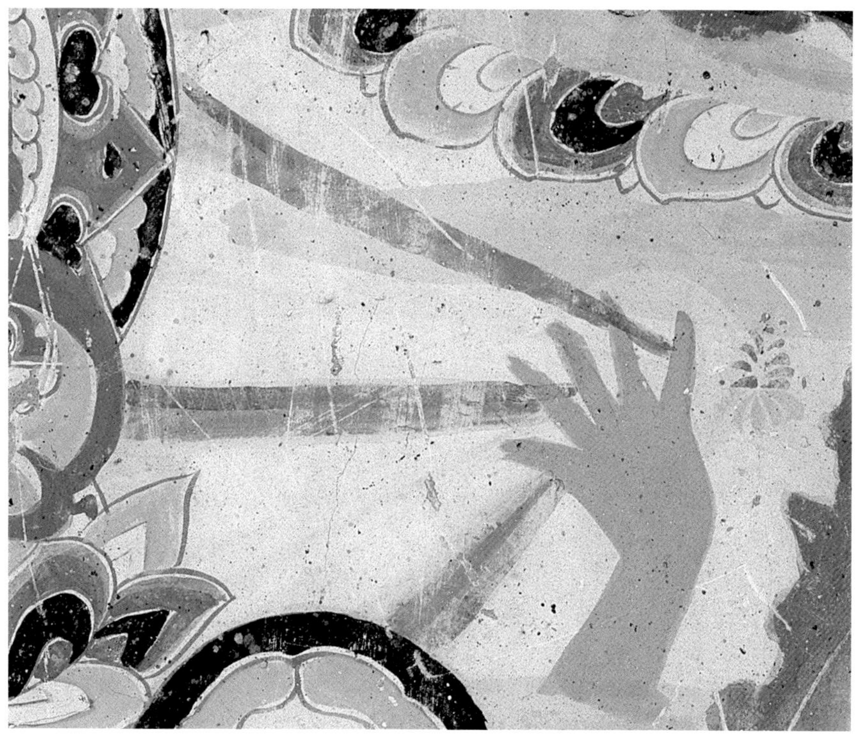

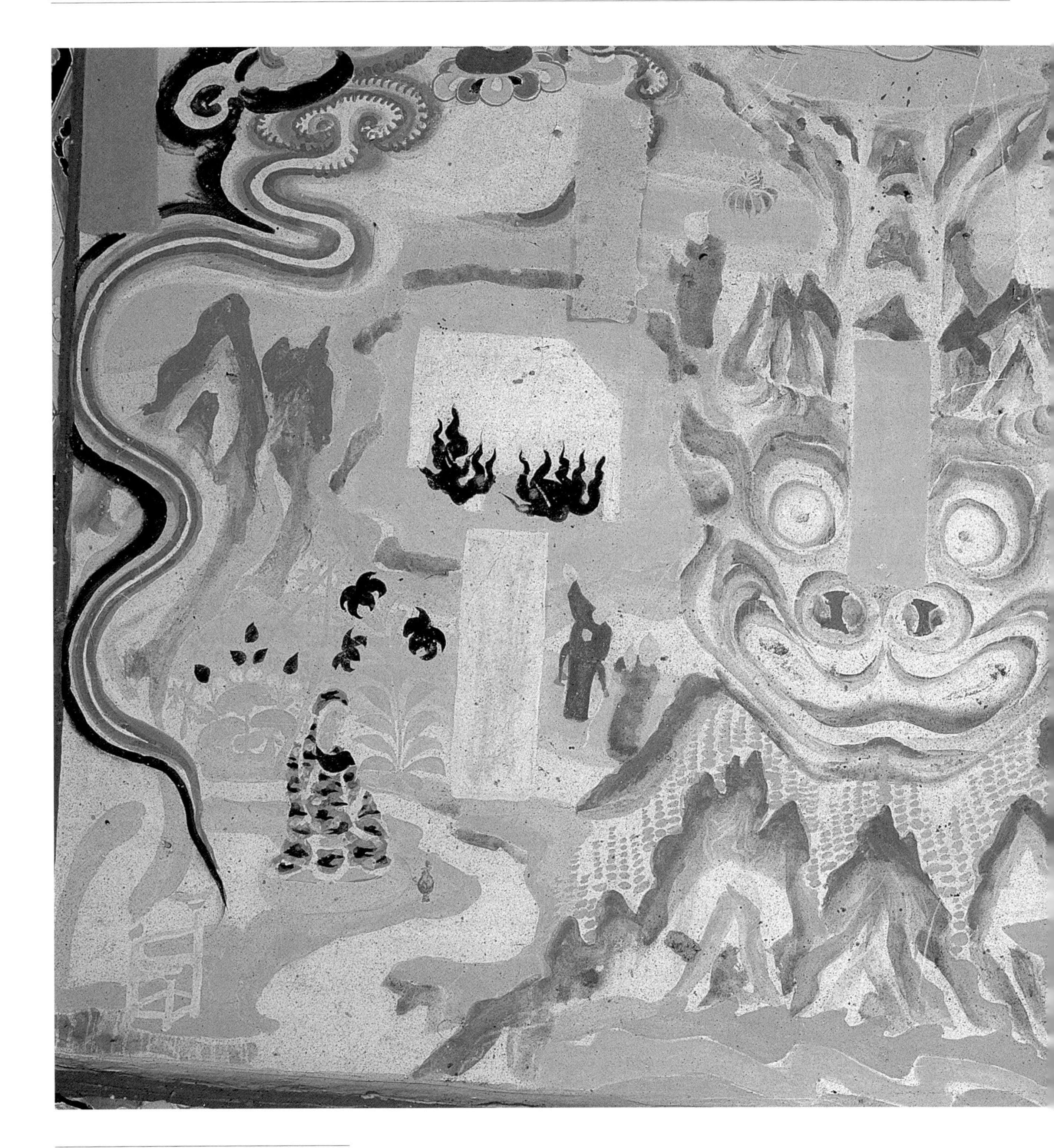

80 **牛頭山圖底部**

牛頭之左右有多個印度和中國的佛教故事糾結一起：左下角是中國曇延法師打坐，其上是起火的泥婆羅方櫃，這是安放彌勒下生時要戴的頭冠櫃，牛頭右側小房子是在印度的維摩故宅，屋旁有數僧俗在一高塔前閑聊，此塔就是印度阿育王建的高廣大塔，塔下是印度的那爛陀寺，門前的人應是王玄策。

晚唐 莫9 甬道頂

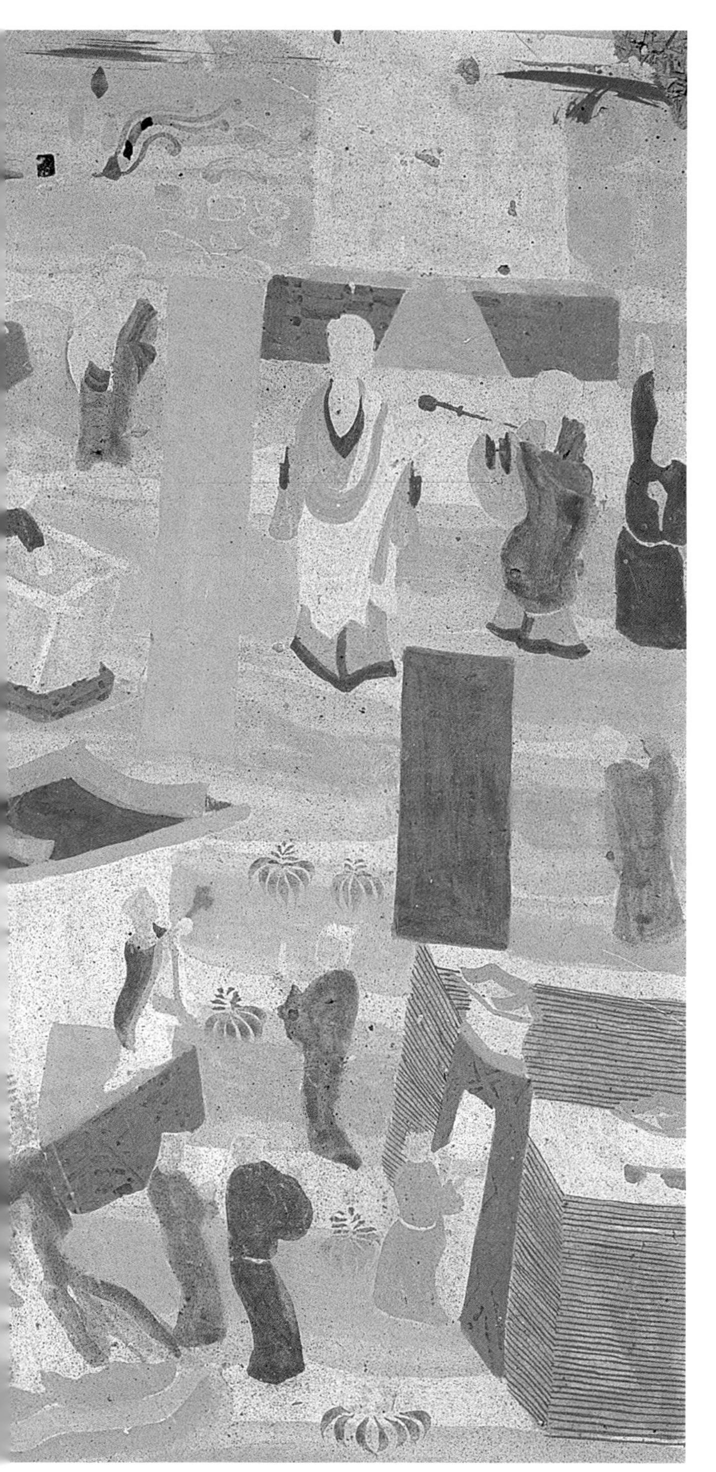

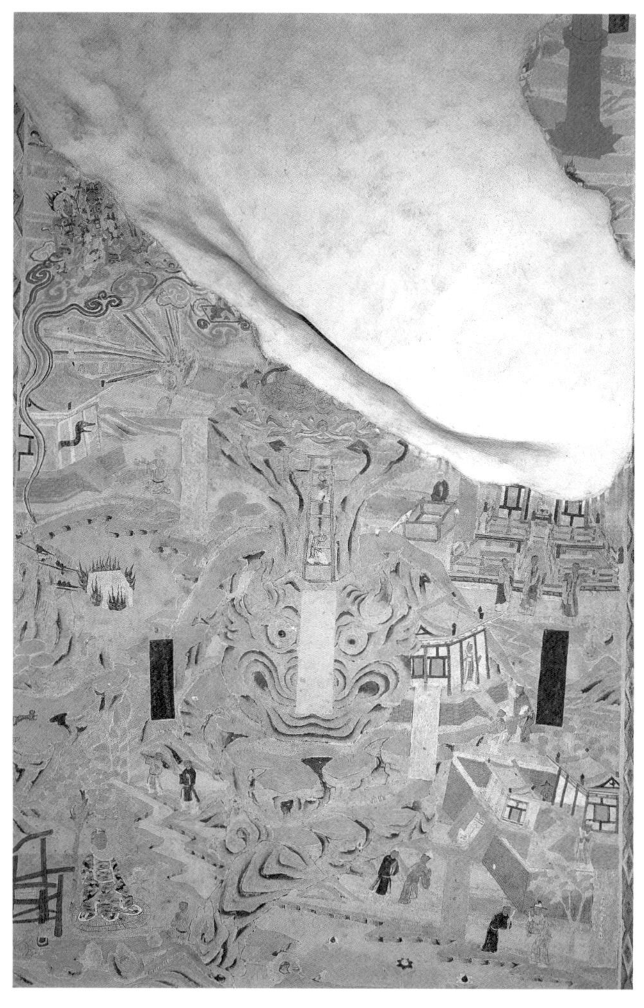

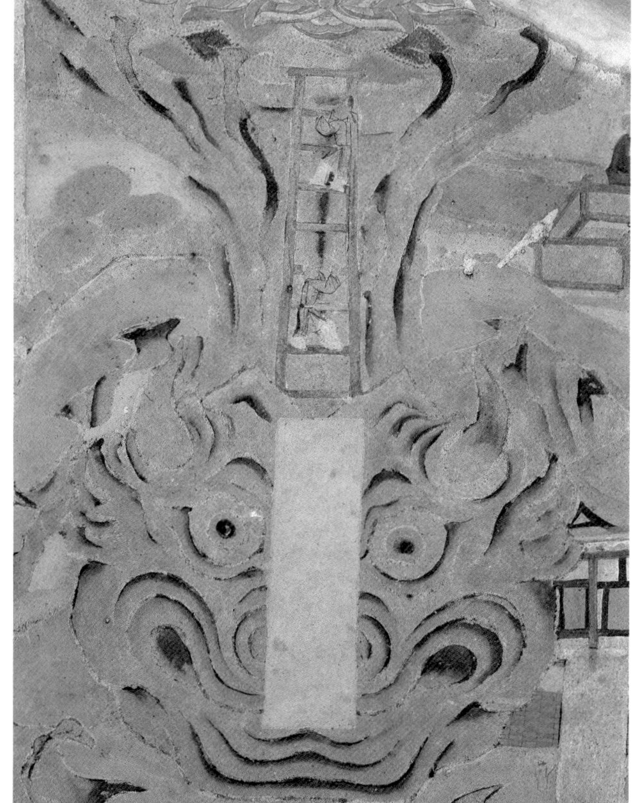

81 **牛頭山圖**

牛頭在圖的底部。此圖殘存下部，構圖和內容和第 9 窟牛頭山相同。內容有純陀故井、維摩方丈、阿育王神變多能塔、那爛陀寺、曇延法師和水火油池。

五代 莫98 甬道頂

82 **牛頭和登山的天梯**

五代 莫98 甬道頂

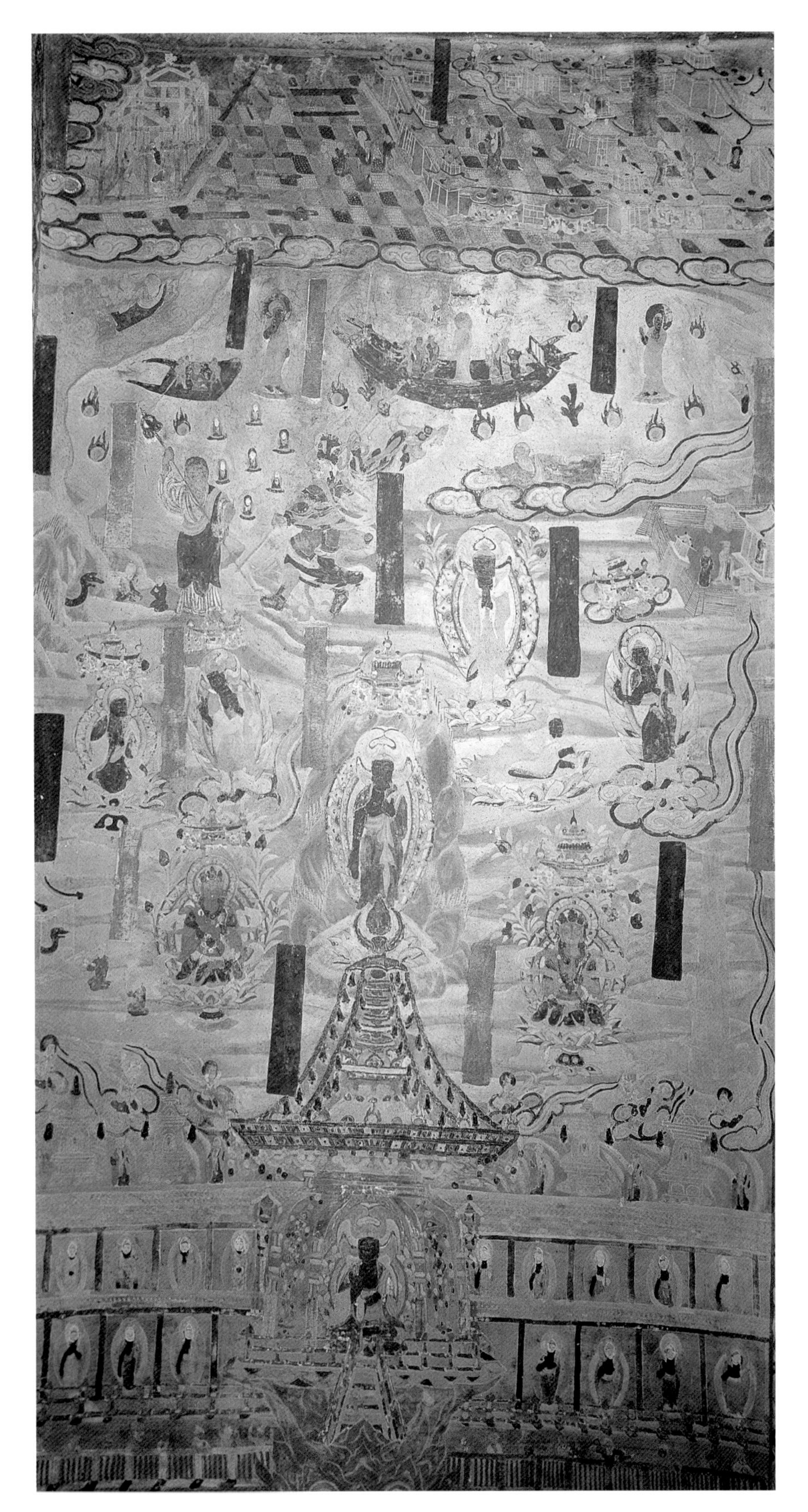

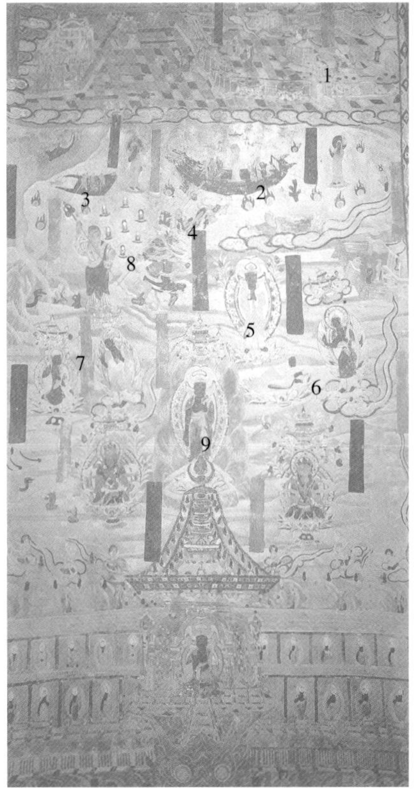


**第454窟牛頭山圖中印佛教故事示意圖（上半部）**

1. 象徵佛教傳播四方的印度波吒釐子城池（華氏城）
2. 釋迦救商主
3. 迦葉兄弟救釋迦溺水
4. 沒特迦羅子上天為釋迦雕刻旃檀木像
5. 釋迦自天上歸來
6. 旃檀木雕像跪迎釋迦自天上歸來
7. 釋迦向旃檀木像囑託用佛像傳教
8. 毗沙門天王與舍利弗決海
9. 牛頭山上的釋迦瑞像

83 **牛頭山圖上半**

此圖是全圖的上半部。牛頭山和相連的迴廊橫列於全圖中段，將全圖分為上下兩半。圖的頂端是象徵佛教傳播四方的印度波吒釐子城，其下是釋迦救商主、毗沙門天王決海、旃檀木像跪迎釋迦和站在佛塔之上的釋迦佛。

宋 莫454 甬道頂

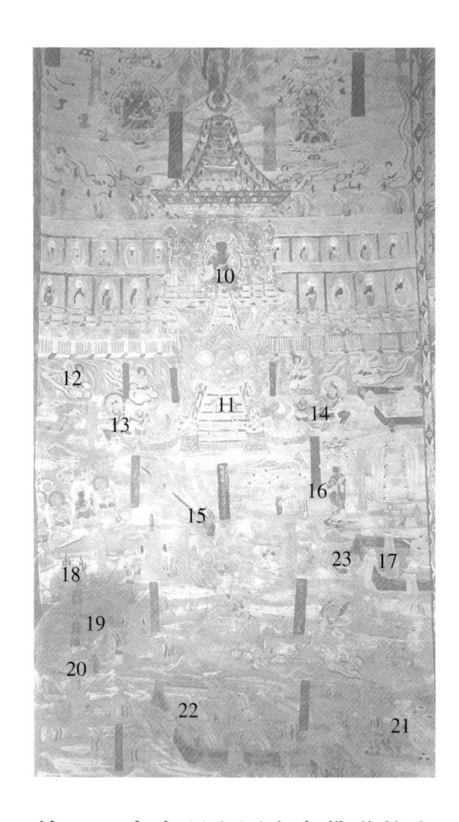


**第 454 窟牛頭山圖中印佛教故事示意圖（下半部）**

10.迦葉佛
11.登牛頭山的天梯
12.飛天
13.月藏菩薩和獅子
14.菩薩和大象
15.阿育王一手遮天，修建八萬四千佛塔的故事，旁邊是1908年伯希和曾經抄錄過的榜題，寫道：阿育王起八萬四千塔，羅漢以手遮日
16.于闐王誠心禮請佛到
17.印度那爛陀寺
18.彌勒佛在水火油池裏的頭冠櫃
19.尼婆羅水火油池
20.曇延法師
21.毗遮那羅漢請于闐王修建的佛寺
22.于闐國都城
23.純陀供養佛陀的故井

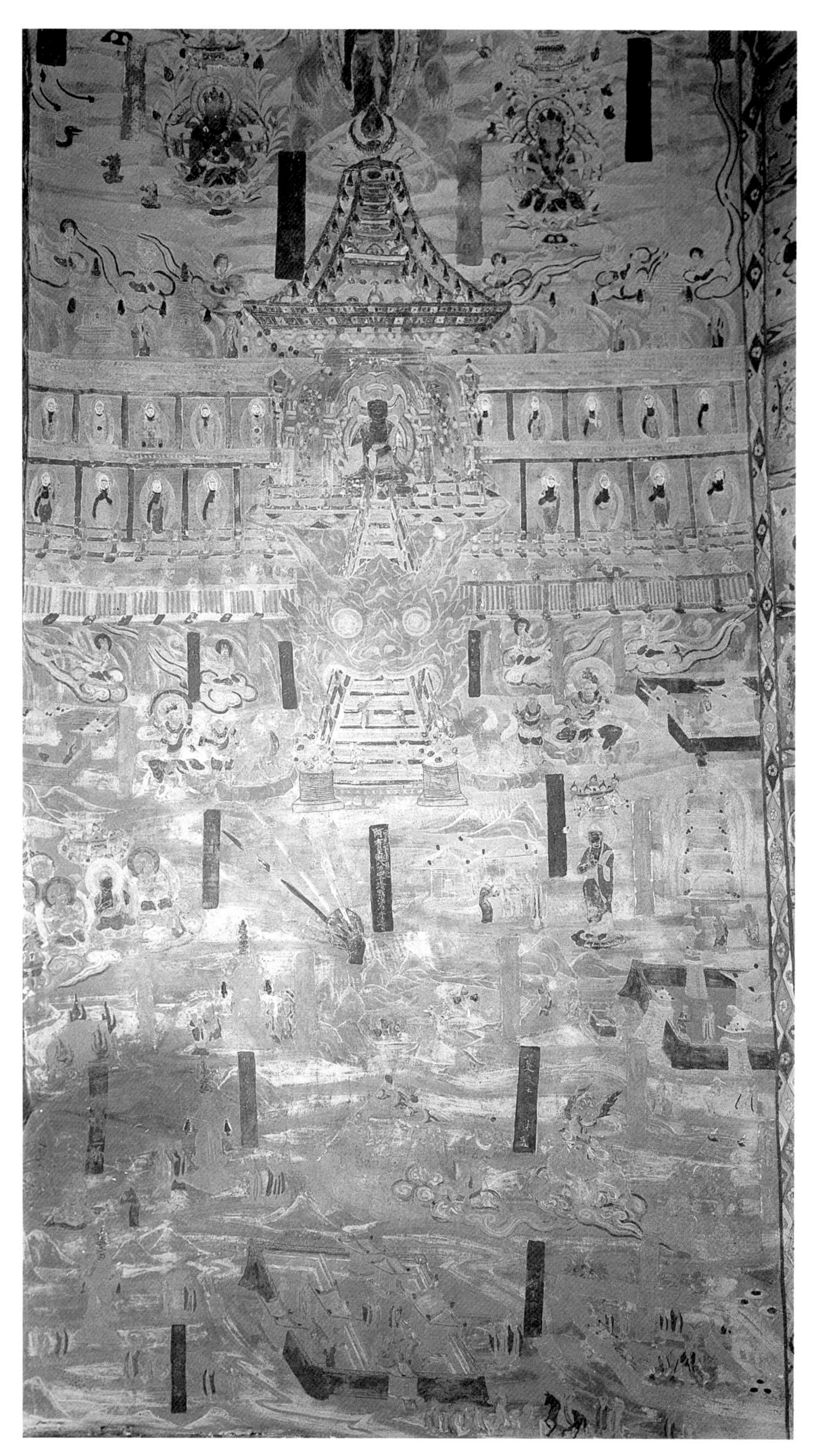

**84 牛頭山圖下半**

此圖是全圖的下半部。坐在牛頭之上的佛塔是迦葉佛，圖的下端是于闐國的故事，底部是于闐國都城，其前是于闐王禮迎羅毗盧遮那阿漢等故事。

宋 莫454 甬道頂

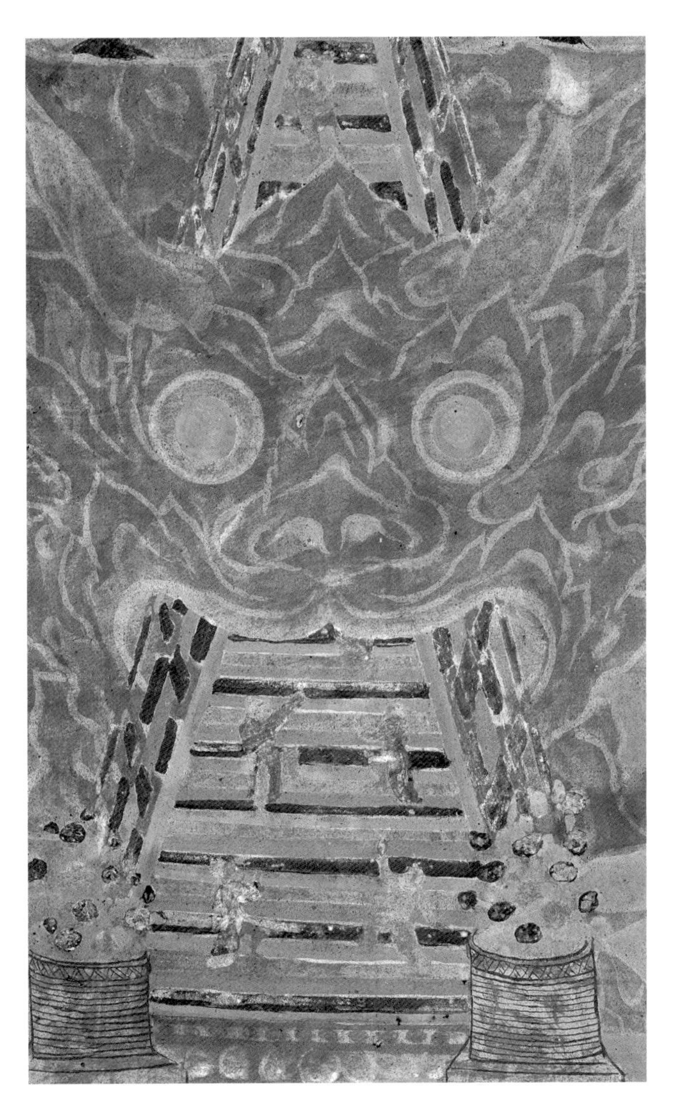

85 **牛頭**

這是畫師匠心之作，將牛頭山擬為一牛，牛舌擬作天梯，方便遊人緣梯登山，巧妙地將不易表達的牛頭山繪出。

宋 莫454 甬道頂

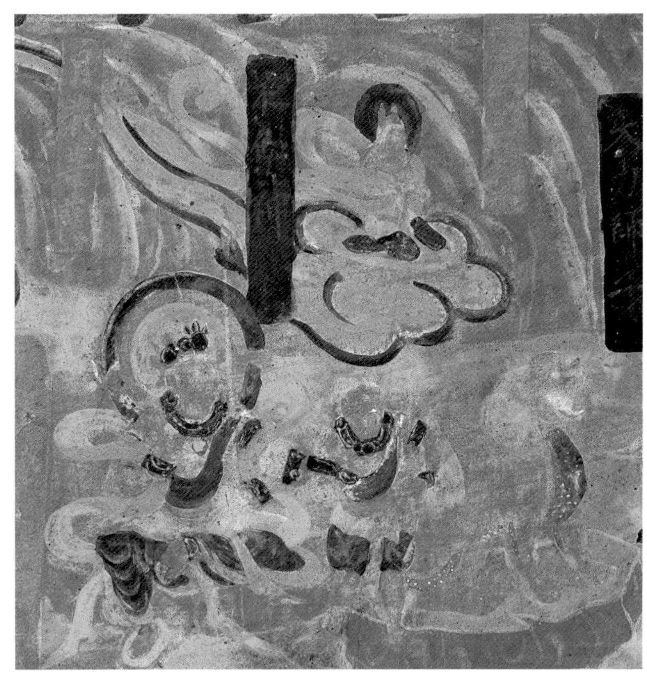

86 **飛天和守護天梯的菩薩和獅子**

登山天梯左邊有月藏菩薩、天神及大力獅子守護，上方為飛天。

宋 莫454 甬道頂

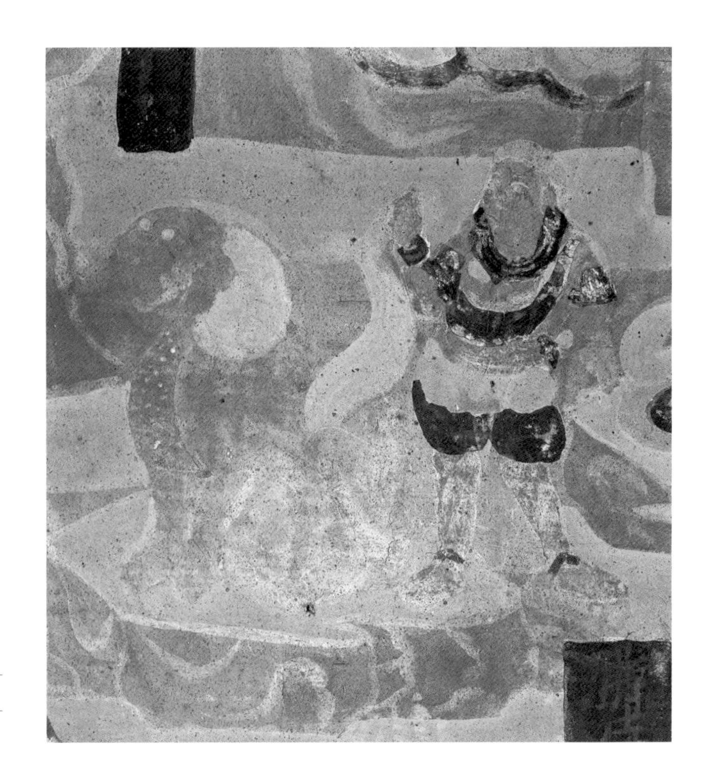

87 **守護天梯的力士**

宋 莫454 甬道頂

## 第四節 佛教東傳必經之地

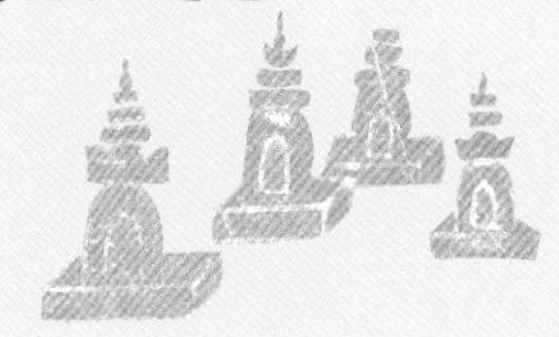

于闐位於絲綢之路的南道，是印度佛教東傳必經地方之一，中土的佛教傳播有傳像和傳經兩種形式，大多是經過于闐傳入的。

### 佛教傳入于闐的序幕

有一則佛教最早傳入于闐的故事，記載於《洛陽伽藍記》、《北史》、《周書》、《大唐西域記》和《慈恩傳》等中國文獻之中。故事說有一位毗盧遮那阿羅漢，從迦濕彌羅國到于闐國的樹林中打坐禪定。當地人見其容貌不同，服裝怪異，向于闐國王報告。于闐王親自到樹林探個究竟。阿羅漢自言是如來弟子，見面後立即為于闐王講述佛陀誘導三界眾生，出離生死的故事。阿羅漢又請于闐王樹福立德，弘讚佛教，興建佛寺。他說于闐王若要見佛陀真容，必先要誠心建修佛寺。于闐王為見佛陀，於是修建了一座佛寺，阿羅漢再請于闐王一心禮請如來到來。于闐王如阿羅漢所言誠心禮請，不久佛從天空降臨，交犍椎（鐘磬之類，作法器和召集信眾用。）給于闐王，希望于闐國王以後一心一德，盡力宏教。于闐王因見佛顯靈，無負重托，立即弘揚佛教。

### 佛像東傳莫高窟的歷程

佛教建立之初，是沒有佛像供人禮拜的，後來亞歷山大大帝東征，帶來希臘雕像藝術，印度因而產生雕塑佛像。據佛典所載，佛像是公元前六世紀由印度優填王和波斯匿王最早創造的，經公元三世紀阿育王的提倡和弘揚，佛教不僅在印度各地廣為傳佈，且傳到印度以外許多地方，佛像製作亦向四周傳播。

當佛像出現之後，于闐所有佛寺都供奉佛像，盛況記在東晉《高僧法顯傳》：法顯為參觀于闐國佛寺每年一次的“行像”佛像遊行，在于闐住上三個月。當時于闐有十四大伽藍（即佛寺），每寺行像一日，每年從四月一日起共行像十四天。行像時于闐都城灑掃道路，城樓張幃結綵。瞿摩帝寺是于闐第一大寺，傳授大乘佛學，于闐王十分敬重，所以成為每年最先行像的佛寺。當天于闐王在城門外百步免天冠，易服下跪。當佛像入城，門樓上王后和彩女散花迎接。

從敦煌壁畫所見釋迦佛像的數次製作的故事，可復原傳說中佛像從印度經于闐傳入中土的路綫。佛像自印度傳入中國經過四個程序，釋迦佛像的第一作是印度優填王的因思念釋迦而做的原作，第二作是于闐曷勞洛迦城的仿作，第三作是于闐媲摩城的仿作，第四作是蔡愔奉東漢明帝命令去西域求佛法，把于闐的釋迦佛像帶回洛陽，這一傳說把于闐確立為佛教東傳的中轉站之一。

### 于闐對中國大乘佛教的影響

于闐在佛教東傳中國的過程中佔有重要的作用，是引進大乘佛法的重要地點。佛教東傳之初，中國翻譯的佛經以小乘經典為主，三國時代朱士行鑑於大乘經翻譯不足，親自到于闐求取大乘佛經梵本，交在洛陽的于闐僧人翻譯。于闐王十分禮重傳授大乘佛學的瞿摩帝寺，被安排為行像的第一大寺。他獨尊大乘的態度對日後中國佛教流行大乘，不無關係。北朝時，于闐以其絲路重鎮的位置，五年一次舉行研討經律的結集大會，河西沙門曇無學等人將研討過程和結果輯錄成《賢愚經》，並傳入中原。公元519年，中國的宋雲和惠生由末城到達于闐國境，在捍麼寺的佛塔發現半數幡蓋是北魏送來的，足見于闐與中土來往甚密。有唐一代，于闐王多質子於長安而授官，受封者眾。武則天以《華嚴經》舊譯不全，派人至于闐，求得梵文全本，交給于闐僧人在長安譯出《華嚴經》八十卷全文，于闐已成為中土大乘佛教衍生繁榮的泉源。

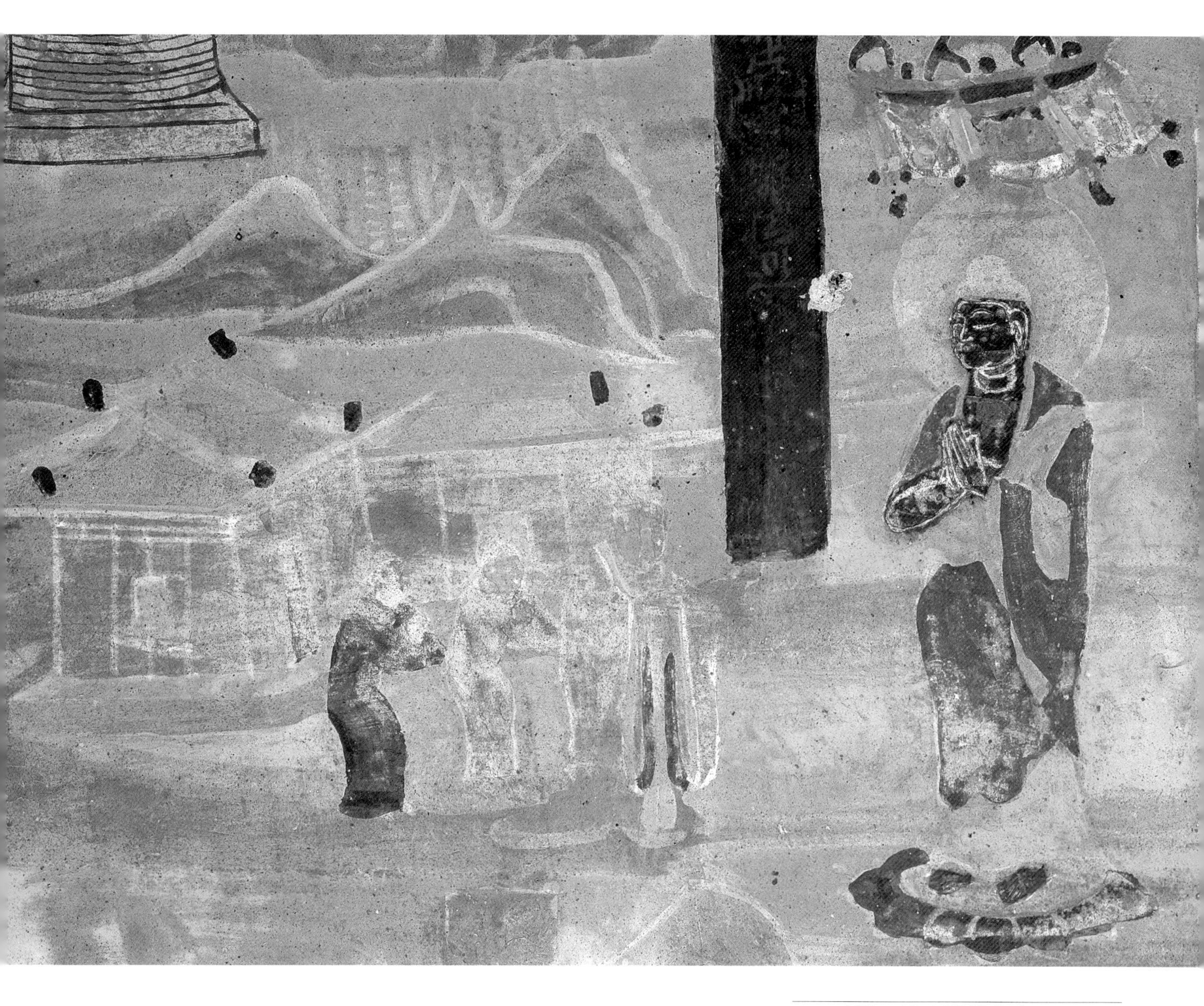

**88　于闐王誠心禮請釋迦**

這是佛教傳入于闐的故事，于闐國王為見佛，特別修建一座佛寺，佛見于闐王如此誠心，現身與于闐王相見。圖中于闐王持笏和侍從站在新修的佛寺前，必恭必敬地迎接釋迦佛。

宋 莫454 甬道頂

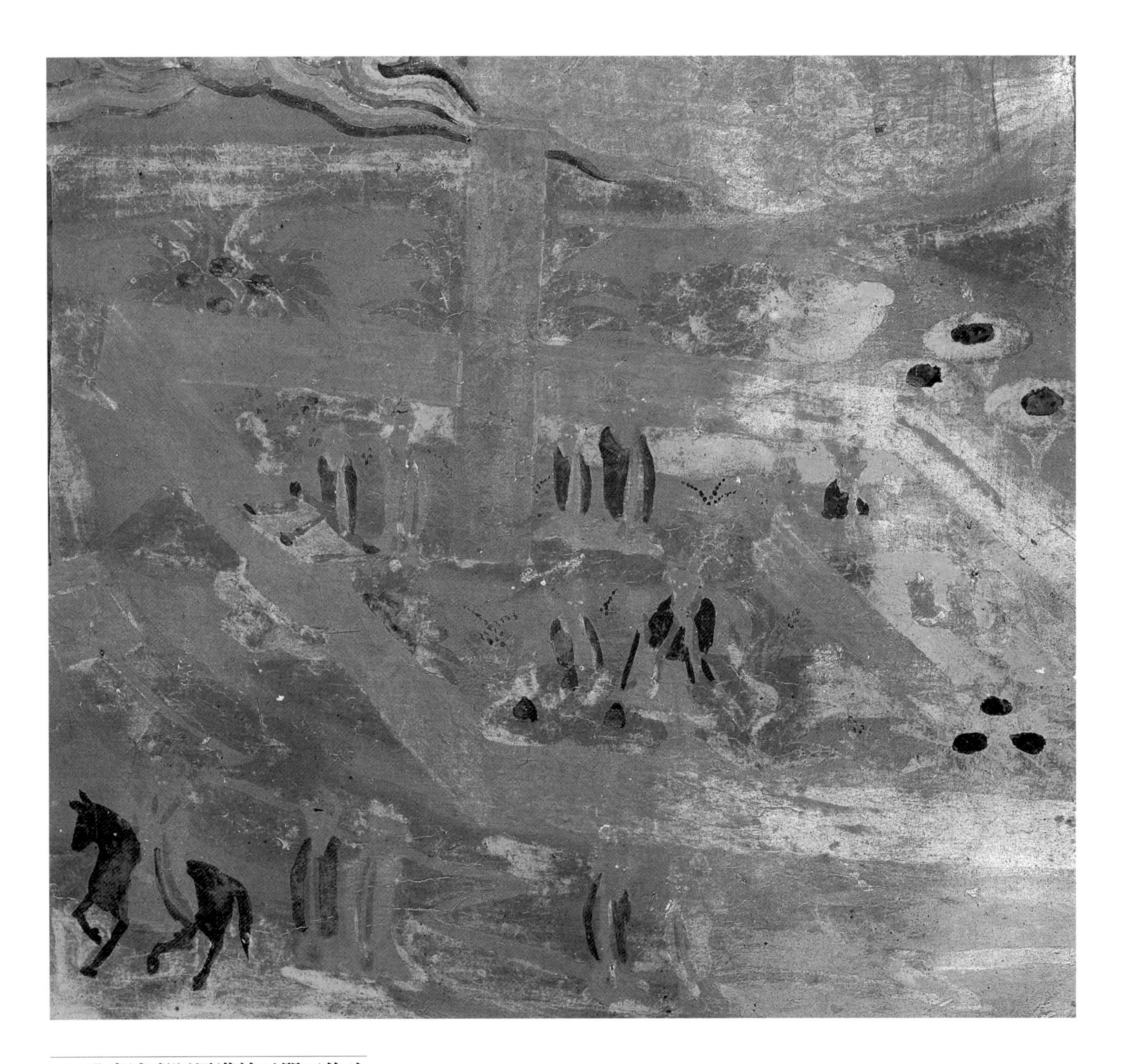

**89 毗盧遮那阿羅漢請于闐王修建的佛寺**

佛教傳入于闐與此佛寺有莫大淵源，于闐王為見釋迦佛特修建佛寺，釋迦以虔誠而為他顯靈，且親將傳教用的法器交給于闐王，要他大力宏教。

宋 莫454 甬道頂

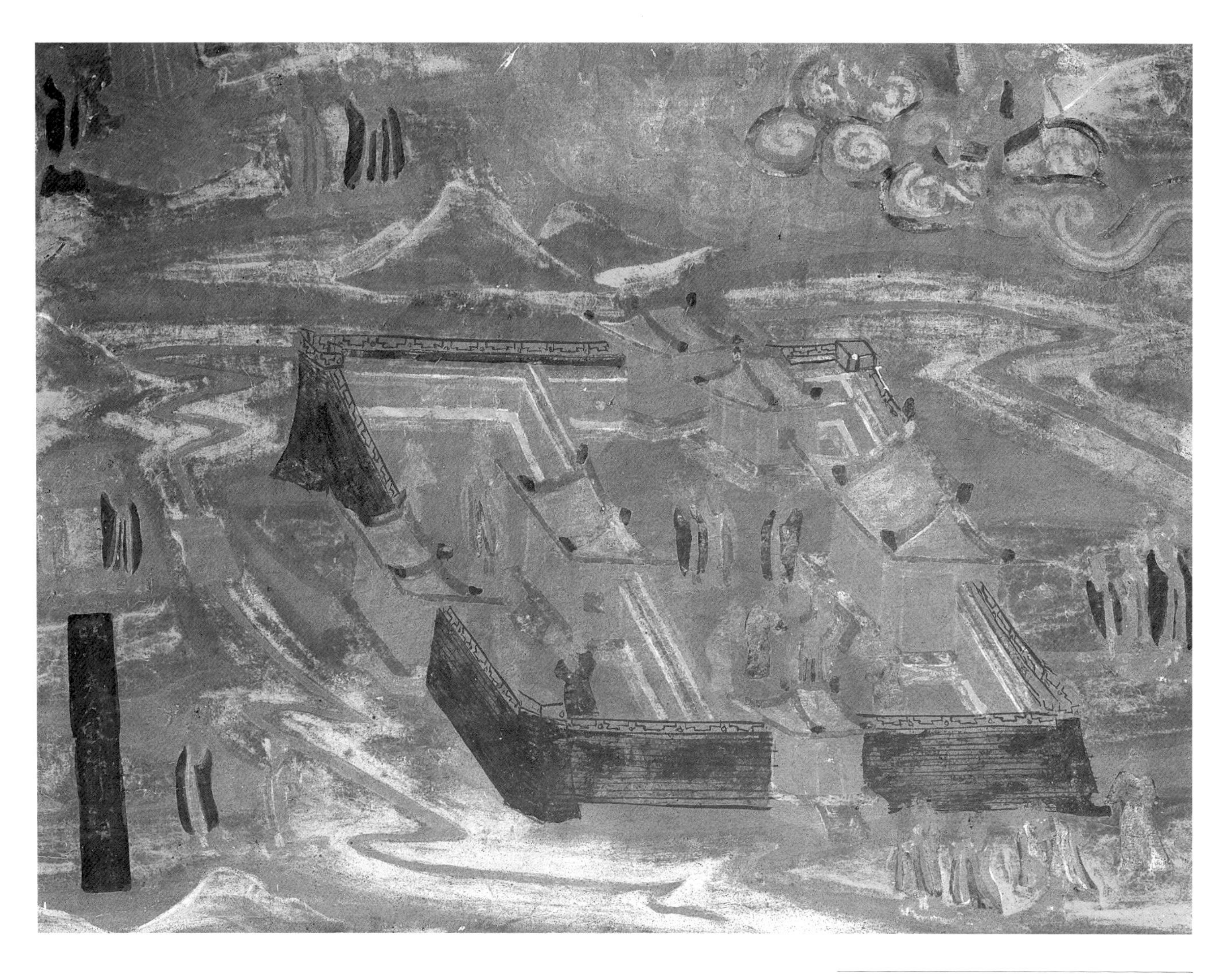

**90 于闐國都城**

圖像所見的都城有兩門，四角有角樓，並有內外城之分。以媲摩城釋迦檀木像庇佑，于闐國都免受風沙災害。

宋 莫454 甬道頂

## 第五節 庇佑于闐的瑞像

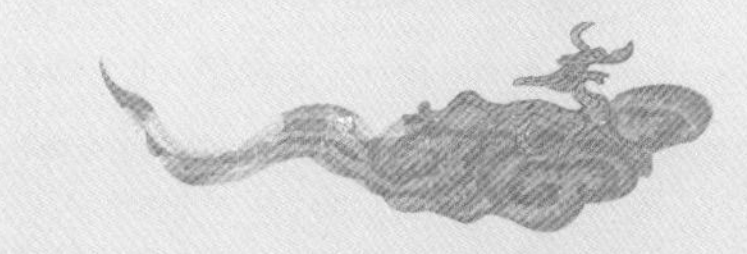

敦煌是絲綢之路西出天山南北道的大門，于闐又是南道的中途站，中唐時，兩地唇齒相依，南有吐蕃，西有信奉伊斯蘭教的喀喇汗王朝等強鄰壓境，于闐瑞像圖在中唐時期開始出現在敦煌壁畫。最後兩地均被吐蕃佔領。于闐和敦煌光復後，為抵抗虎視眈眈的敵人，公元901年于闐王李聖天娶歸義軍節度使曹議金之女為后，守護于闐的瑞像從此大盛於敦煌壁畫上，時當五代至北宋初年。迄至1006年，于闐為信奉伊斯蘭教的喀喇汗王朝所滅，瑞像圖逐漸在敦煌湮滅。

莫高窟有瑞像的洞窟至少有二十七個，每個洞窟的瑞像數量不等，其中多達十二幅以上瑞像的洞窟有十個，以第220窟（約三十多幅，1943年為揭露下層初唐的壁畫，剝去外層瑞像圖）、第231窟（三十八幅）和237窟（四十一幅）最多。敦煌于闐瑞像包括諸佛（釋迦佛、七佛、彌勒佛和南無聖容）、菩薩和護國天王（詳見本章第二節諸護國神）等。歸義軍時期的瑞像由洞窟佛龕移到甬道兩側壁的上方。

### 釋迦瑞像

一 坎城的釋迦瑞像

《諸佛瑞像記》、《洛陽伽藍記》說坎城釋迦像是金色的，在媲摩城東面十五里的寺院裏，前者更記瑞像是從漢國騰空飛來。此釋迦瑞像首見於莫高窟中唐第231窟，旁有榜題：“于闐坎城瑞像”。以前有認為坎城就是媲摩城，但是第237窟的西龕頂之釋迦瑞像，榜題寫：“于闐媲摩城中雕檀瑞像”，從洞窟瑞像榜題和《諸佛瑞像記》都分列坎城和媲摩城，説明這是兩個不同的地方。

二 海眼寺釋迦瑞像

海眼寺的故事是于闐變成大海的另一個神話版本，說有一顆從印度王舍城飛來的佛舍利，打開山溝缺口，放出洪水，佛舍利所到之處就建成海眼寺。此瑞像在中唐第231窟有兩個，旁邊的榜題分別寫道：“于闐海眼寺釋迦聖容像”和“釋迦牟尼真像從王舍城騰空住海眼寺”。《諸佛瑞像記》有此像條目，內容和榜題完全相同。五代第72窟亦有此瑞像，榜題寫：“釋迦牟尼佛真容，從王舍城騰空而來，在于闐海眼寺住”。

三 釋迦浴佛瑞像

于闐浴佛的地方在西玉河（即今喀拉喀什河）。浴佛又名灌佛，用香湯沐澆佛像，是禮佛儀式之一。浴佛在印度是僧人每日功課之一，當佛教傳入中國後，成為每年佛陀誕辰的慶祝儀式。浴佛瑞像見於五代第72窟和98窟 ，因以香湯浴佛，佛像必須用石材雕造，故瑞像都畫成代表石質的藍色。

### 七佛瑞像

七佛又名七世佛，是指釋迦佛及其

前生的六世佛。于闐七佛瑞像繪畫在敦煌石窟有第三世佛的微波施佛和第四世的結迦宋佛。結迦宋佛，極可能就是梵音極為相近的拘留孫佛。此瑞像見於第72窟佛龕，立像戴花冠，着袈裟，有頭光和身光，榜題亦説其神迹是從舍衛國飛來固城；莫高窟宋代的第220窟亦有此瑞像。

### 南無聖容瑞像

諸佛類中有南無聖容瑞像，傳説與七世佛同時來到牛頭山。這類瑞像不只一身，共有五尊佛和菩薩並排一組，瑞像名號前均冠以“南無”（向佛皈依意）兩字，包括寶境如來、妙吉祥菩薩（即文殊菩薩）、觀音、釋迦佛和另一個代表浴佛，而畫成藍色的南無聖容像，均見於第72窟的佛龕。

### 虛空藏菩薩瑞像

虛空藏菩薩好比富有長者，毫不吝嗇地滿足世人需求，如在虛空大山內有無盡寶藏，故稱“虛空藏”。莫高窟第237窟的虛空藏菩薩瑞像戴花冠，赤上身坐於金剛座上，作説法狀，其榜題與《諸佛瑞像記》完全相同，寫明“虛空藏菩薩於西玉河薩迦耶仙寺住瑞像”；第231窟的虛空藏坐像有頭光，榜題寫：“薩迦耶僊寺住瑞像”。

**第237窟西壁佛龕頂瑞像分佈示意圖**

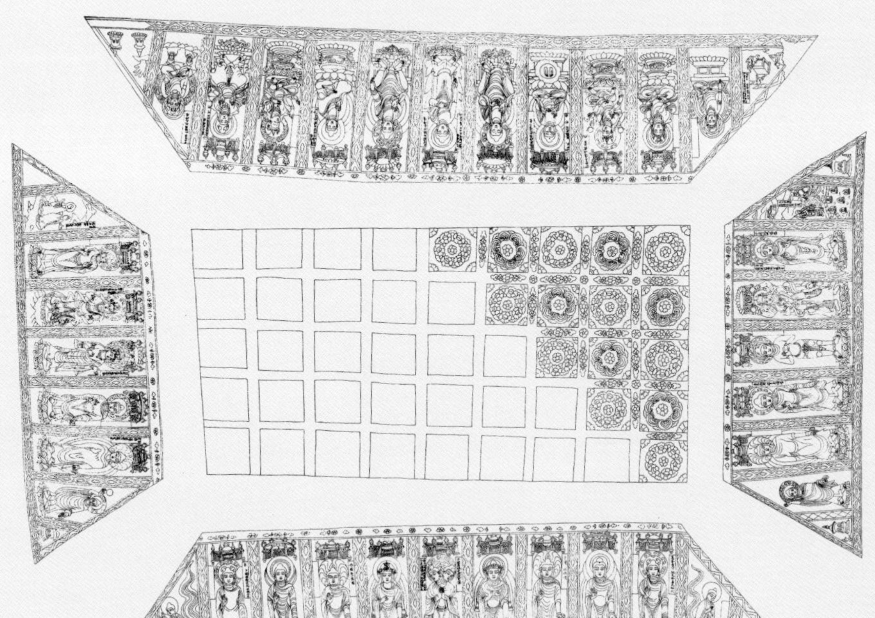

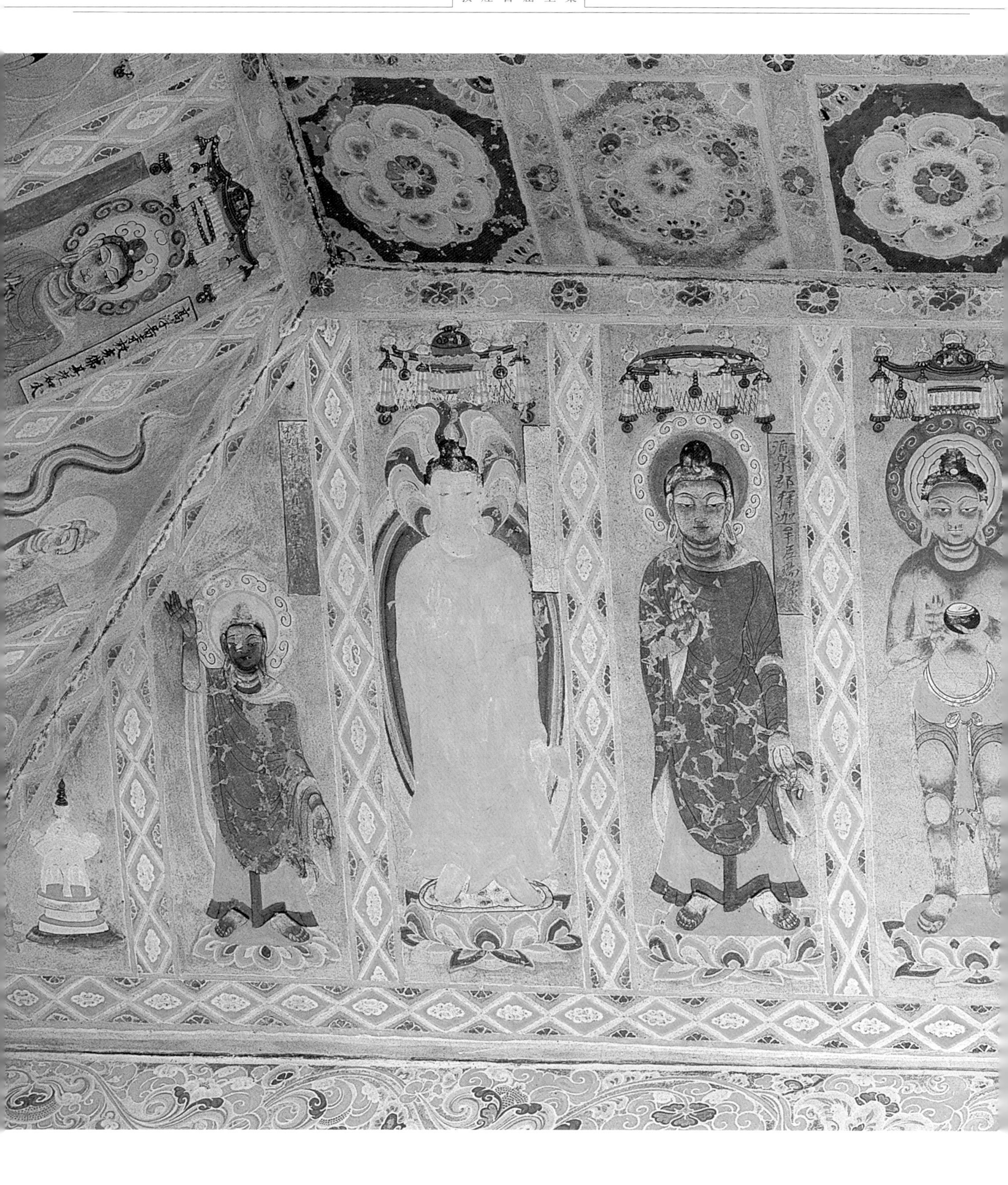
酒泉郡釋迦牟尼瑞像

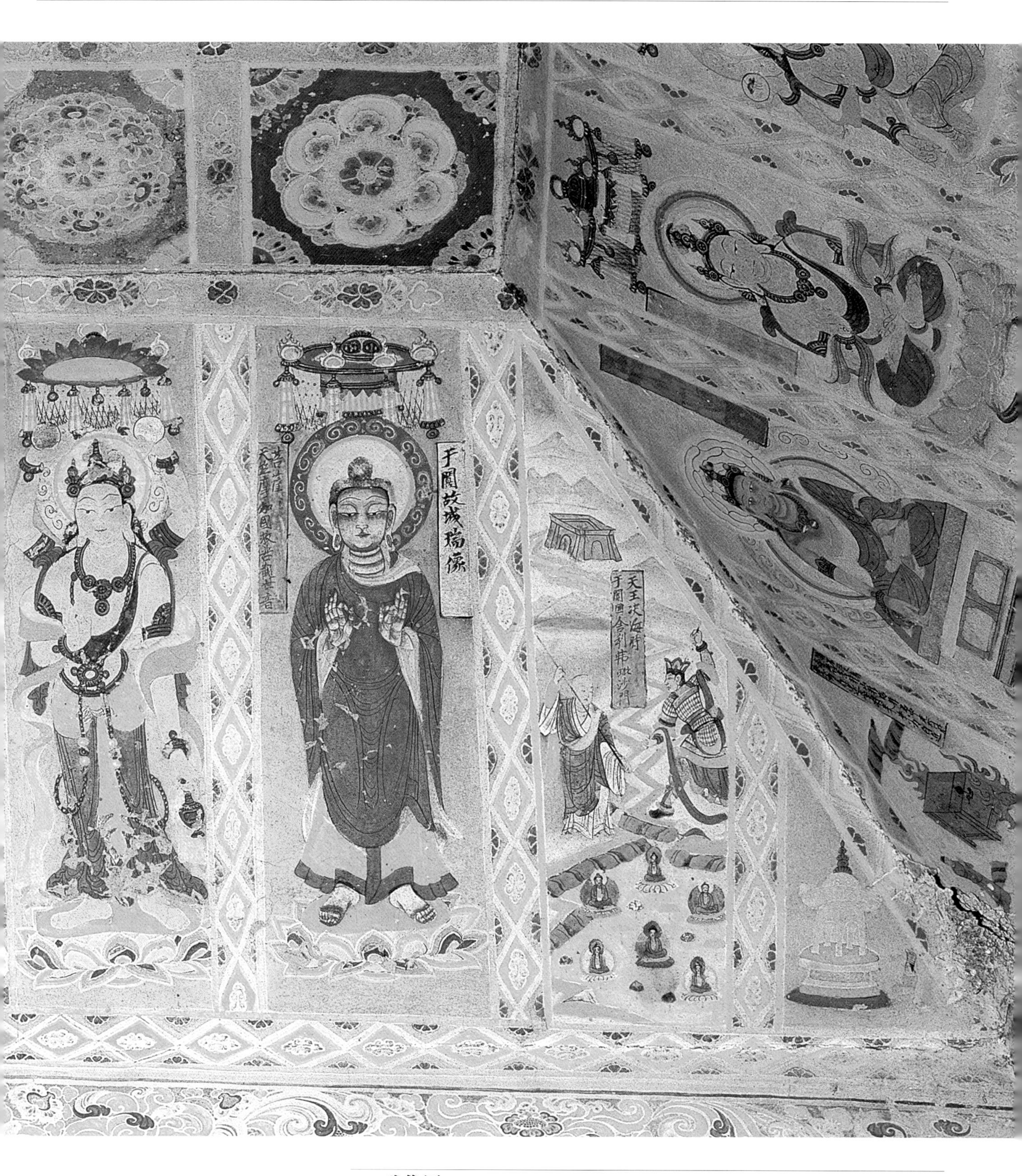


**91 瑞像圖**

“瑞像”是具有解厄救苦法力的佛和菩薩的聖容或真容畫像，敦煌石窟的瑞像在隋代開始出現，直至北宋為止。瑞像的來源地有印度、中亞的高浮國（即高附，在今塔吉克斯坦中部）、于闐、酒泉等等，因各有法力，繪在敦煌洞中成為崇拜對象。

中唐 莫237 甬道頂西坡

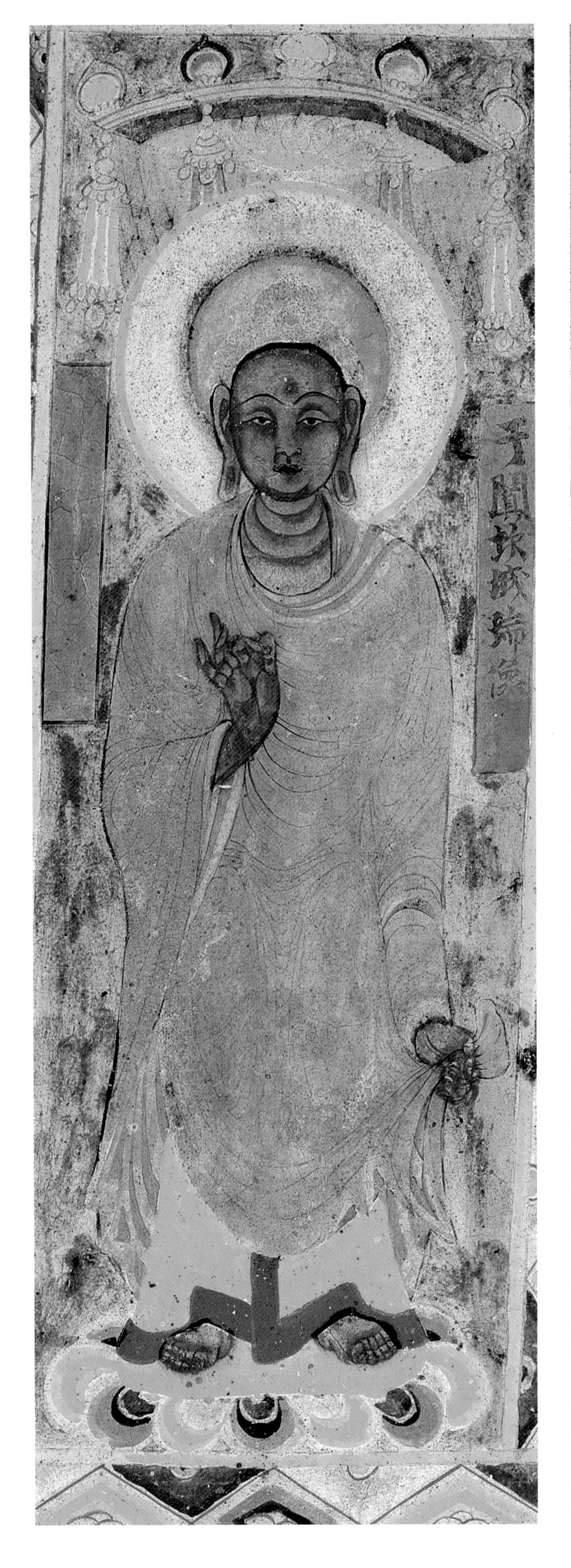

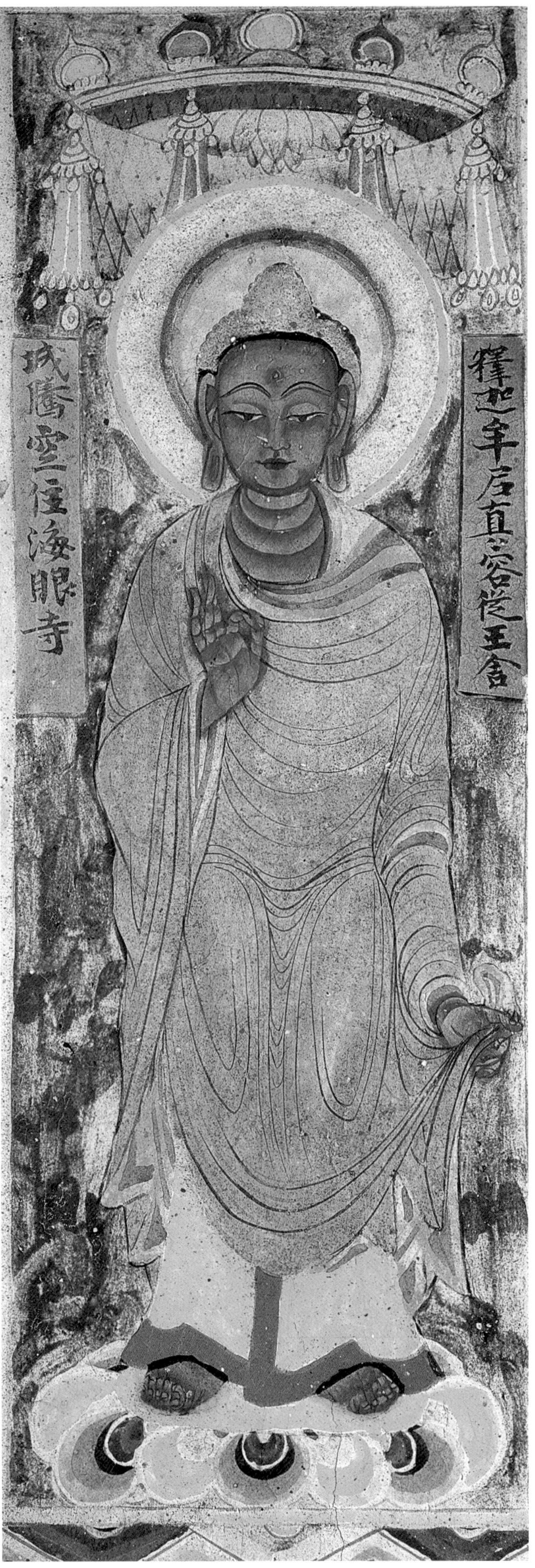
釋迦牟尼真容從王舍
城騰空住海眼寺

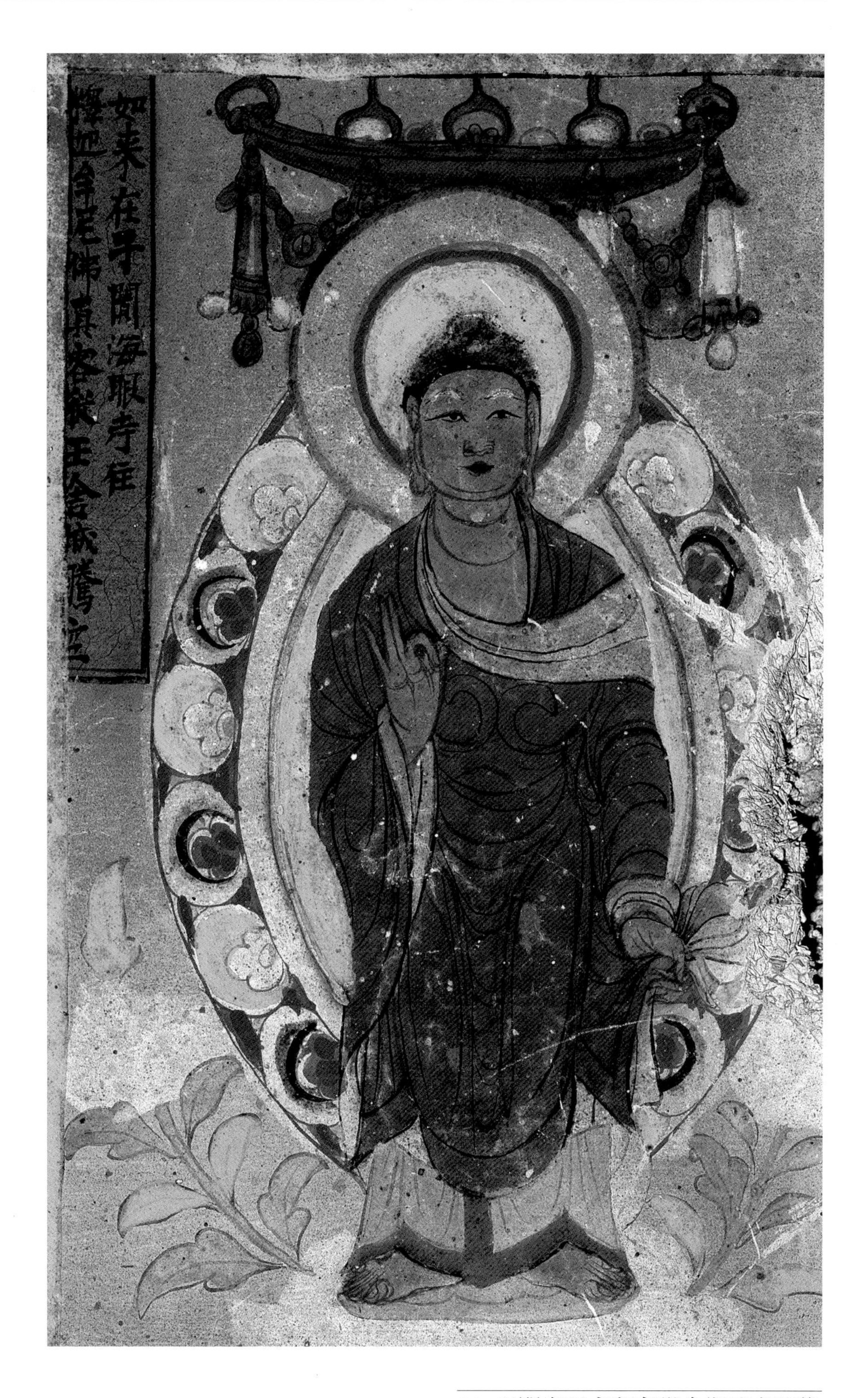


94 **于闐海眼寺釋迦從舍衛城來瑞像**

五代 莫72 西龕頂

92 **于闐坎城釋迦瑞像**

此像為佛形立像，高肉髻，着袈裟，跣足立於蓮花趺之上。

晚唐 莫231 西壁佛龕頂

93 **于闐海眼寺釋迦瑞像**

此像作端立佛形，有頭光、花蓋，着袈裟，立於蓮花座上。

中唐 莫231 西壁佛龕頂

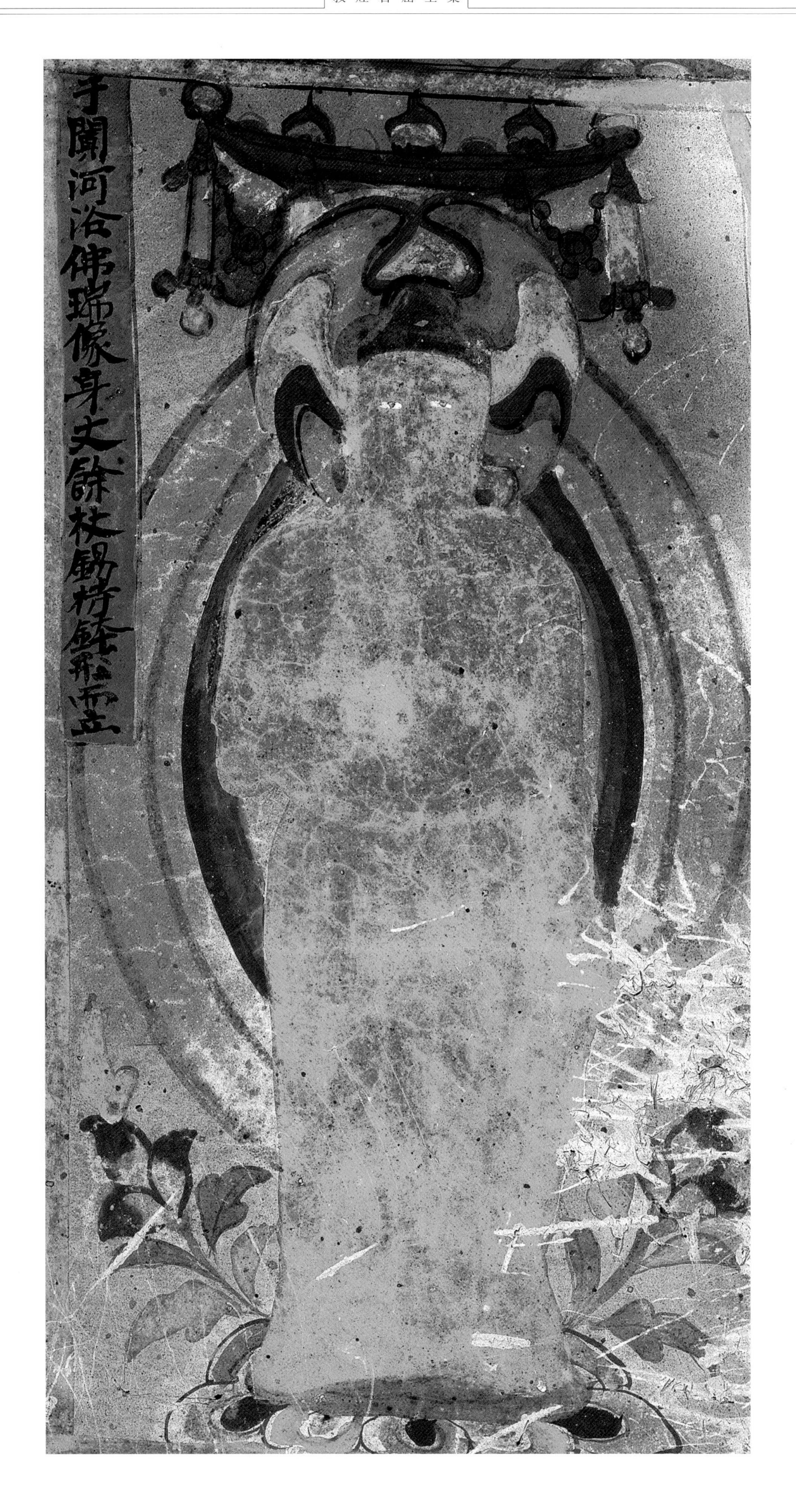
于闐河浴佛瑞像身丈餘杖錫持鉢飛而立

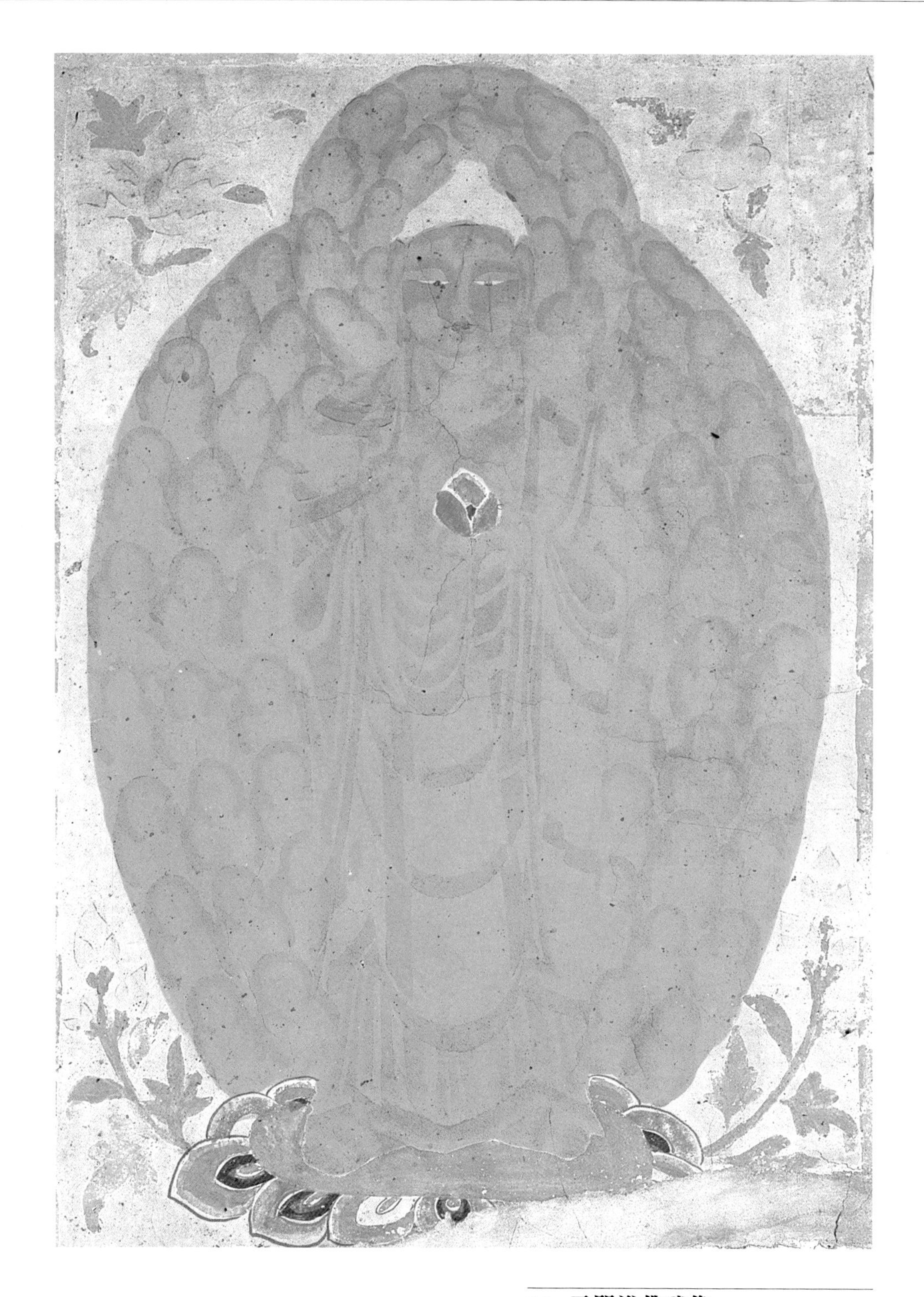

**96 于闐浴佛瑞像**

此瑞像手持蓮花，通身淺黃紅色，表示香湯浴佛情狀。

五代 莫98 甬道邊

**95 于闐浴佛瑞像**

榜題說明這是在于闐河流的浴佛瑞像，瑞像畫成代表石質的藍色。原來的石像是立像，身高丈餘，一手執錫仗，一手持鉢。

五代 莫72 西壁佛龕頂

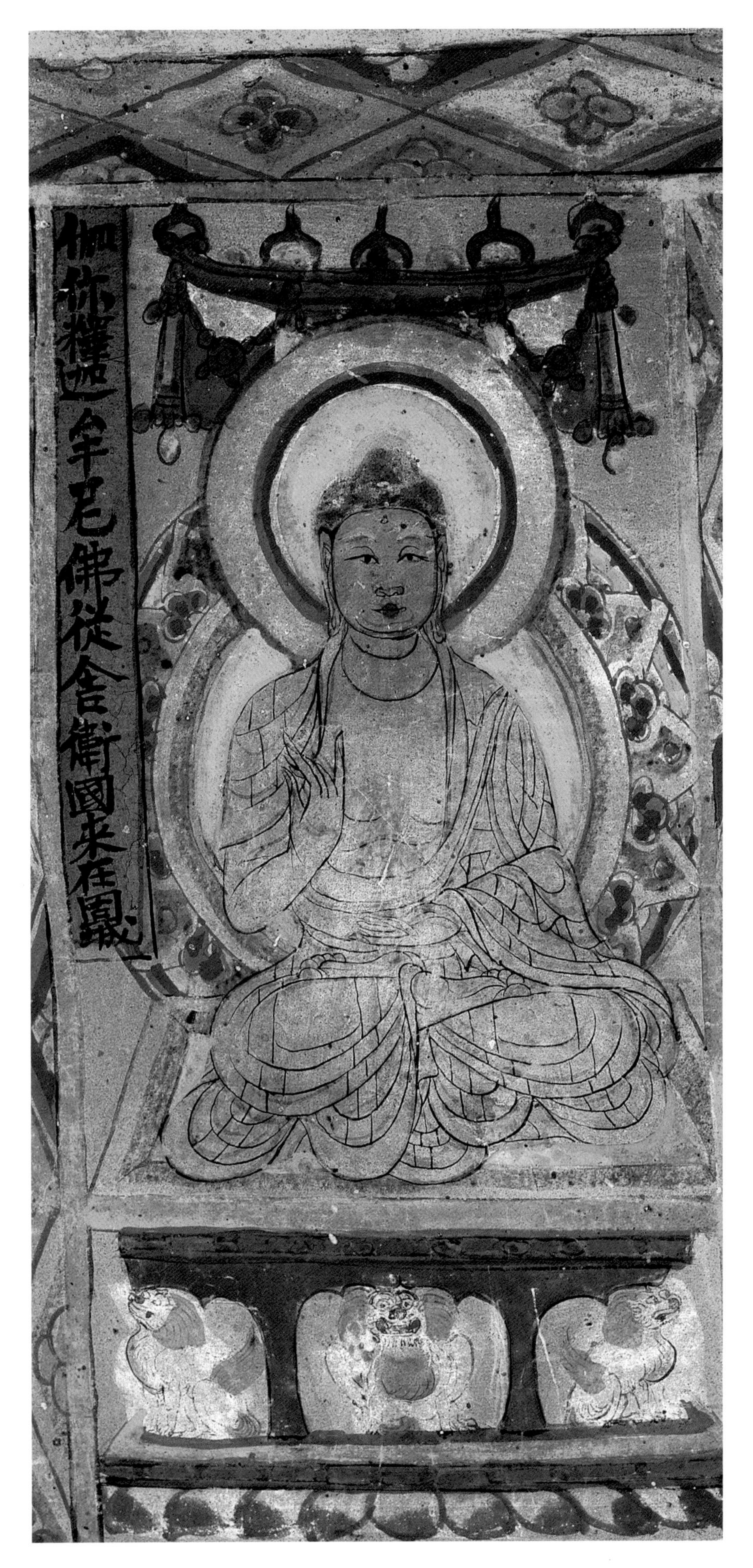


97 **結伽宋佛瑞像**

結伽宋佛是七世佛之第四世佛，是現在賢世劫的一佛。榜題為“伽你釋迦牟尼佛”，是結伽宋佛另一名稱。

五代 莫72 西壁佛龕頂

98 **薩迦耶僊寺瑞像**

中唐 莫231 西壁佛龕頂

99 **虛空藏菩薩瑞像**

中唐 莫237 西壁佛龕頂

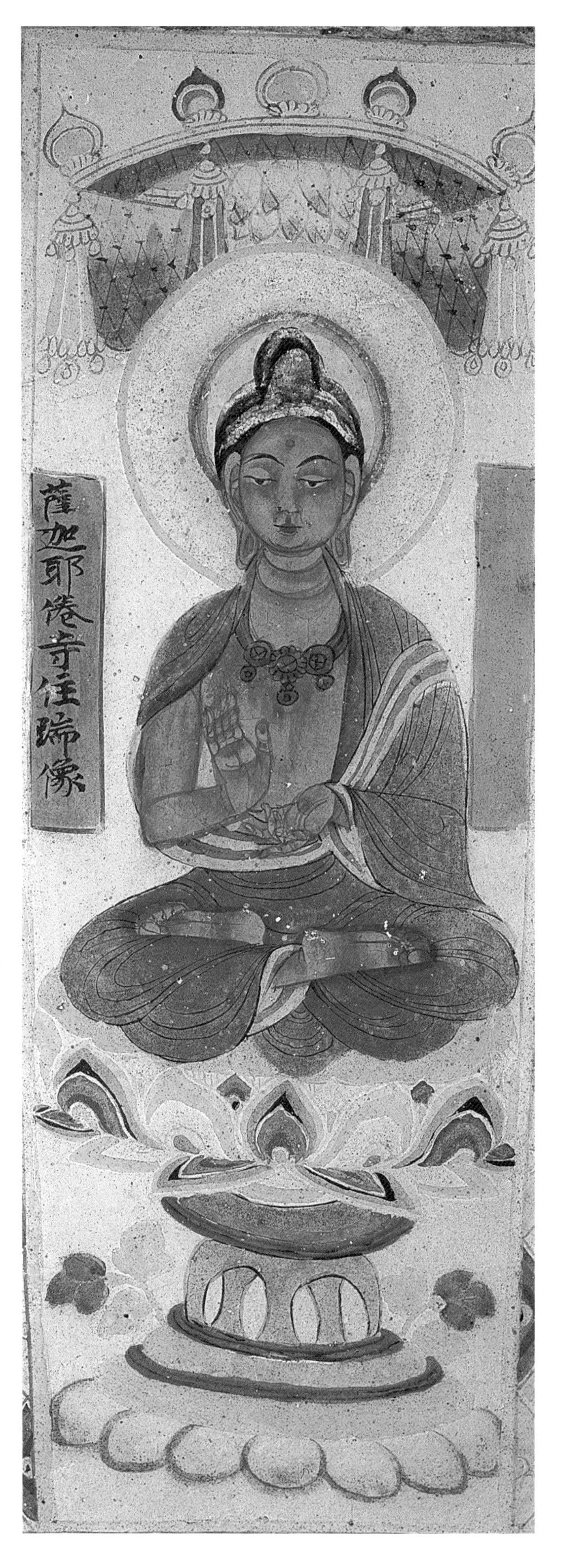
薩迦耶僊寺住瑞像

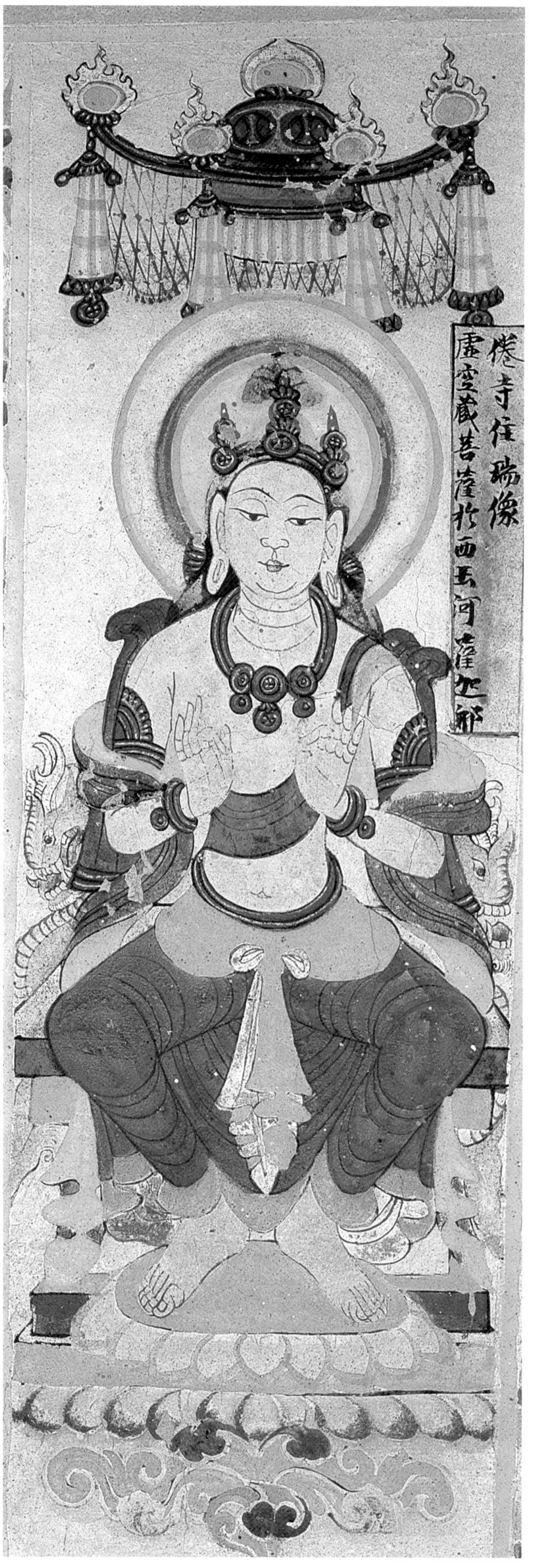
僊寺住瑞像
虛空藏菩薩於西玉河薩迦耶

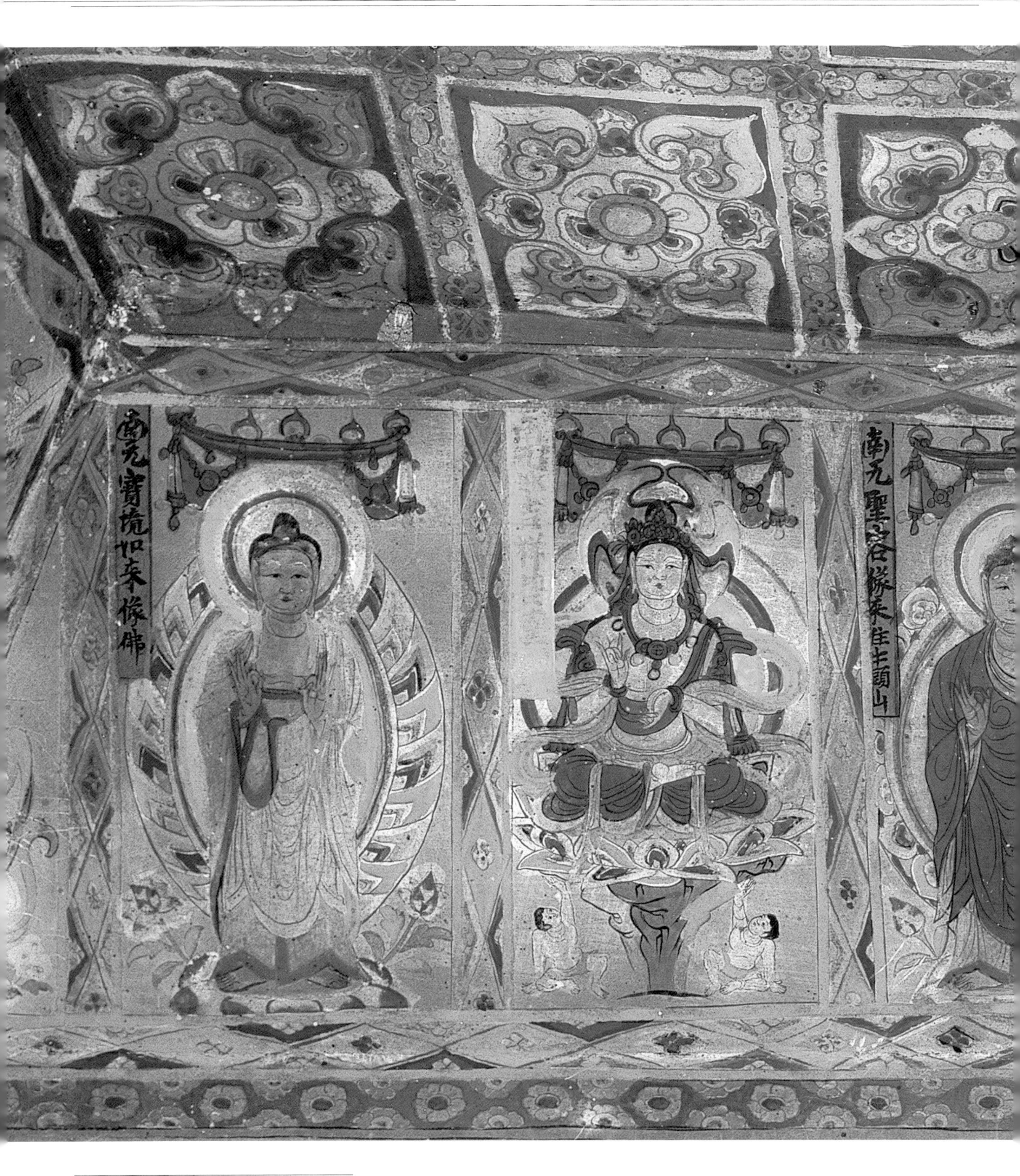


**100　南無聖容瑞像全圖**

這五個瑞像名號均冠以南無，自左起為寶境如來、妙吉祥（文殊）、聖容像來住牛頭山、觀音和聖容諸像來住山。

五代　莫72　西壁佛龕內南坡

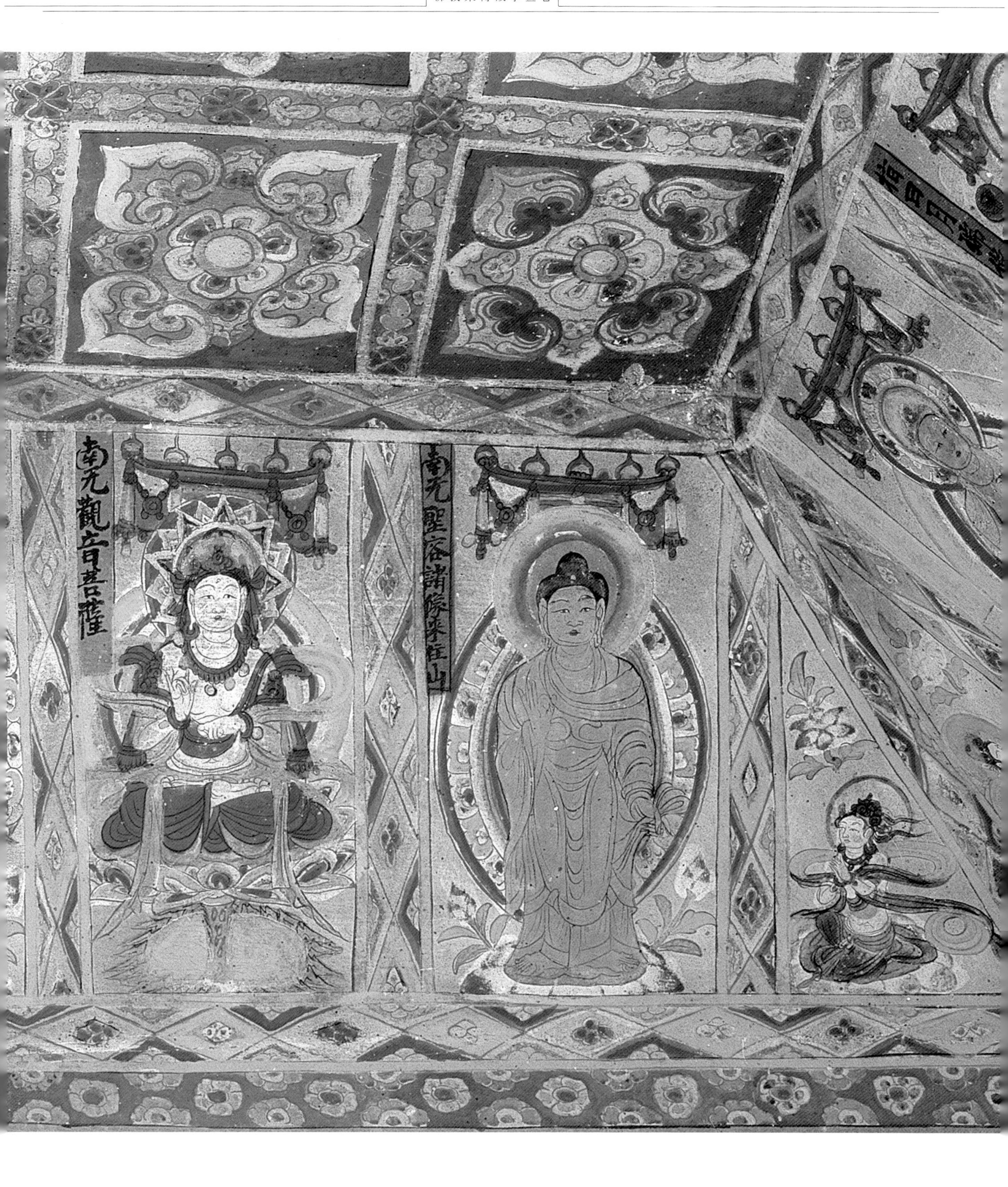
南无觀音菩薩
南无聖容諸像來住山

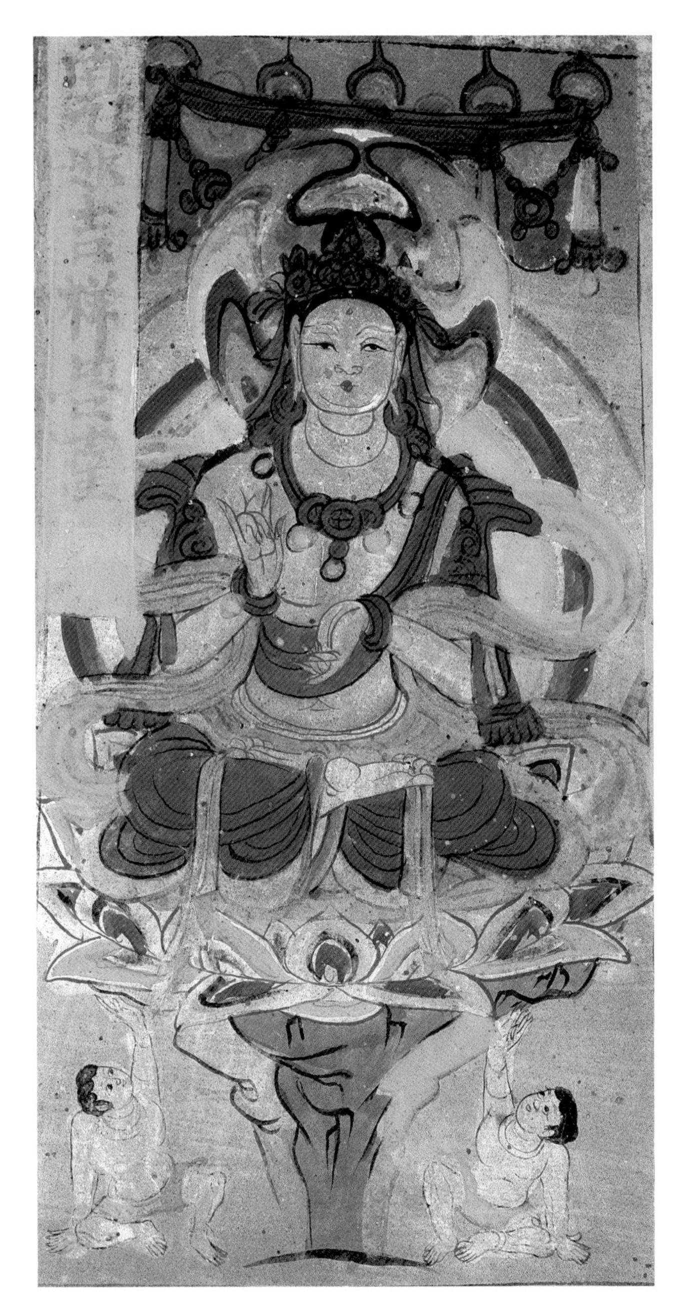

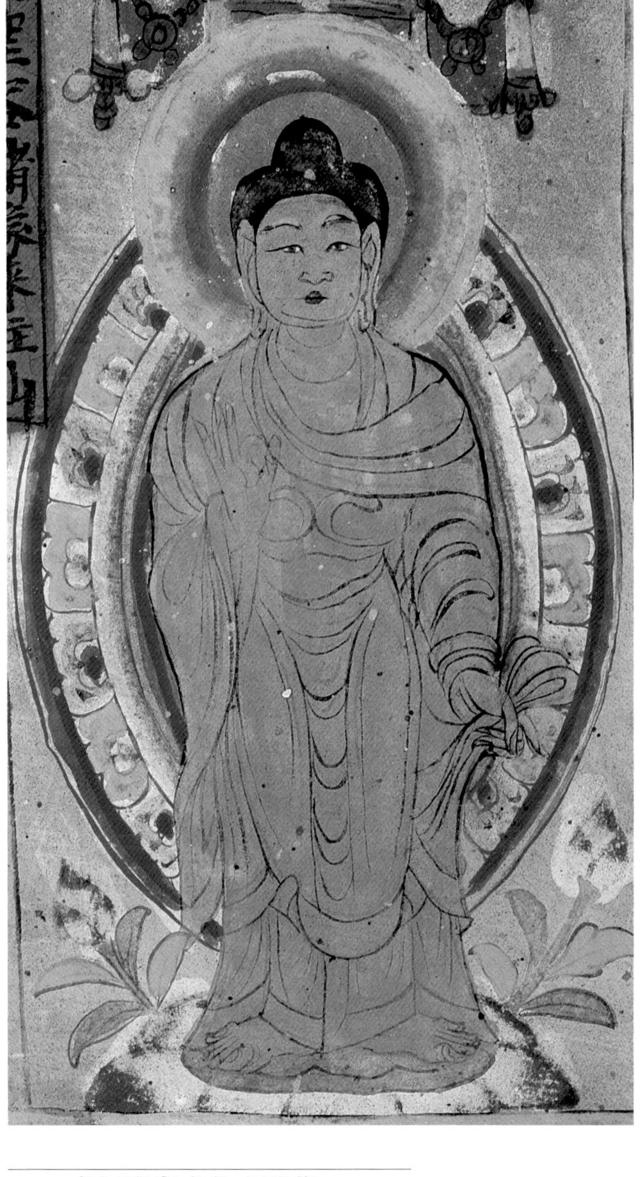

**101　南無妙吉祥瑞像**

妙吉祥菩薩即文殊菩薩，出生於印度舍衛國，後隨釋迦出家，釋迦涅槃後，為五百仙人講解十二部經，所以他在大乘佛教中代表智慧，成為四大菩薩之一。傳說他出家時，家中出現許多吉祥徵兆，因而得妙吉祥菩薩名，妙吉祥是指妙德吉祥。

五代　莫72　西壁佛龕內南坡

**102　南無聖容來住山瑞像**

榜題寫出供奉此瑞像的地方是在于闐西玉河的薩迦耶僊寺。

五代　莫72　西壁佛龕內南坡

# 中國高僧和大使

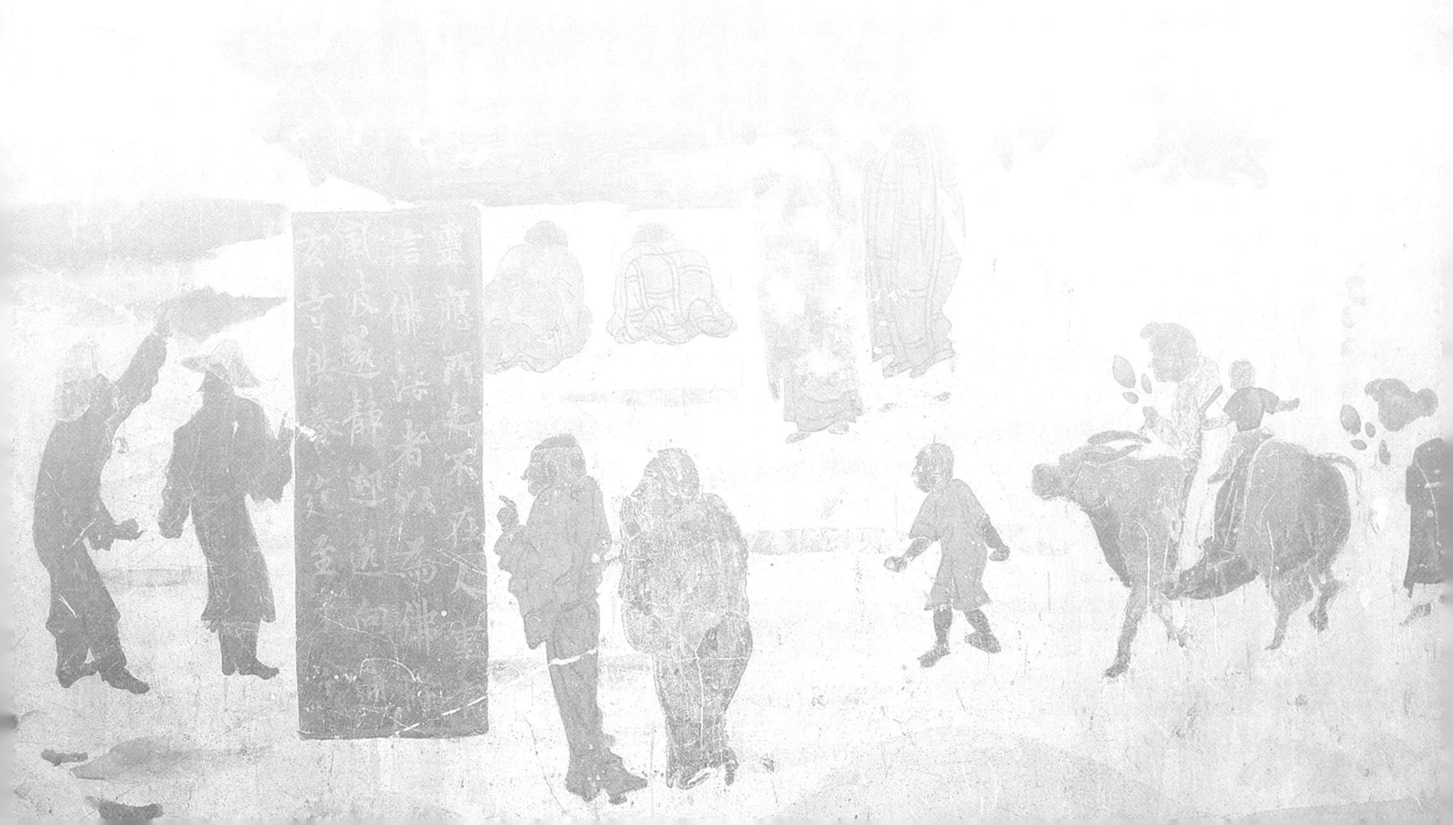

中國古代國力強盛，在文化上影響周邊國家極大。佛教傳入中國後，繼而傳到受中國文化影響的國家和地區，佛教影響力因而大為增加。中國僧人和出使西域、印度的使節，在弘揚佛教方面的貢獻良多。他們的故事散見於敦煌壁畫裏，其中以莫高窟第 323 窟南北兩壁最豐富；繪畫了張騫、康僧會、佛圖澄、劉薩訶、曇延故事。此外，莫高窟第72窟更有劉薩訶和尚故事的大幅變相圖，還有一些高僧和大使的故事畫零星散見於其他洞窟。莫高窟第323窟壁畫及第72窟劉薩訶和尚因緣變相，與同收於本卷第四章的第61窟的五台山化現圖，均屬敦煌三大歷史故事畫。

佛教最早傳入中國的時間，以及中國高僧和使印大臣的神異和貢獻等等，佛教徒均以其角度將有關的故事繪畫在壁畫中。唐玄奘到印度學法取經的真實故事，如何被《西遊記》改編的過程，也可從這些壁畫中略窺一二。

## 第一節　通西域的張騫

佛教傳入中國的時間，一般認為在公元一世紀中期，即東漢明帝時代。相傳漢明帝因夢感應，派使者到西域求佛法，中國第一部佛經《四十二章經》就在此時自西域帶到洛陽，然後譯成漢文。但在敦煌莫高窟壁畫裏，卻把佛教傳入中國的時間提前到公元前二世紀，即西漢初漢武帝派張騫出使西域的時候，就是佛教最早傳入中國的時間。

張騫（？—公元前114年）出使西域早已名垂青史，他冒險犯難，首通西域，為開拓絲路奠定不世之功。

張騫於公元前139年（西漢建元二年）奉漢武帝之命出使西域（今新疆及中亞），目的是聯絡中亞國家大月氏（今土庫曼、烏茲別克、阿富汗），共同進攻威脅中國的匈奴。張騫在長安辭別漢武帝，向西出發，越過葱嶺，經過位於今天中亞的哈薩克斯坦南部的大宛、康居，最後來到位於哈薩克斯坦西南部的阿姆河上游的大月氏和大夏國（今塔吉克斯坦），前後去國十三年，期間他被匈奴扣押了十一年。回國後七年，漢武帝再派他和副使出使今天的哈薩克斯坦東南部和中國新疆北部的烏孫國，其後他們再去大宛、康居、大夏和安息（今伊朗）等國家訪問。張騫這一次出使回國，一年後逝世，他的副使亦相繼歸國。

莫高窟的初唐第323窟南、北壁，系統地繪畫印度和中國佛教史故事畫。古今僅有的一鋪張騫出使西域圖畫在北壁西端，所畫應是張騫第二次出使，並且將張騫出使說成與佛教有關。該圖採用漢連環畫組的形式，共分為四個畫面，作凹字形排列，每個畫面有清晰的榜題。東上角，先畫漢武帝在甘泉宮前拜祭金人。榜題說明是匈奴的祭天金人，是打敗匈奴時繳獲的。漢武帝因不知金像名號，於是再次派張騫出使西域。壁畫西側中部，繪張騫二次出使時的狀況。西上角畫張騫抵達大夏國的情形。

史書記張騫兩次出使，都不是以大夏為主要目的地。此畫各處不繪，獨繪大夏，估計因張騫與佛教東傳中國扯上關係，始見於《魏書．釋老志》，書中說張騫向漢武帝匯報大夏國旁邊有天竺國（今印度），當地盛行佛教。

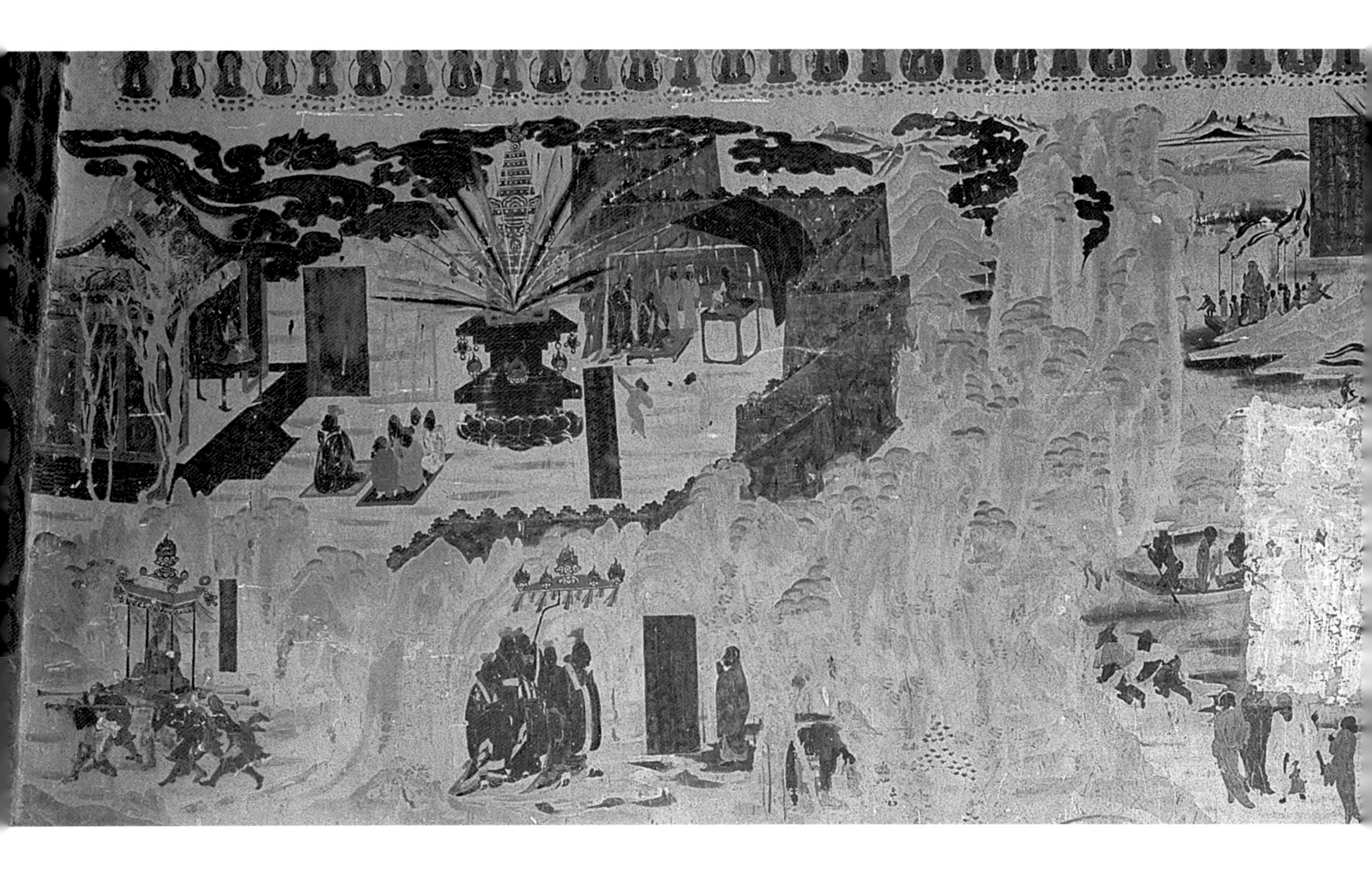

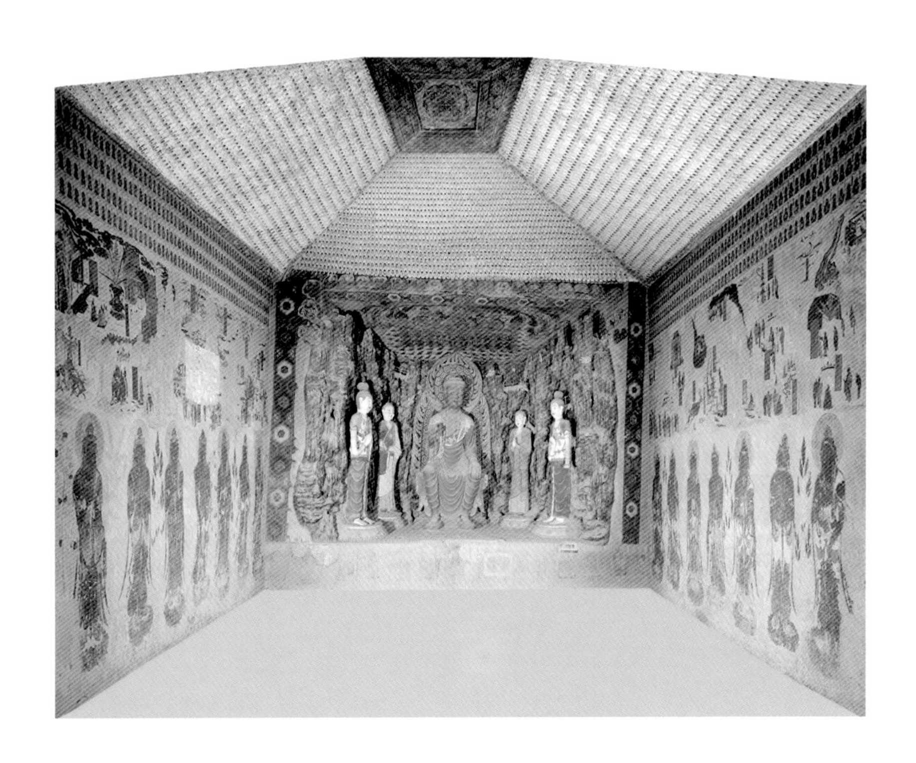

**第 323 窟立體圖**

正面是西壁，佛龕內是清代塑像，右面是北壁，左面是南壁，兩壁的上半部都是佛教歷史故事畫，下半部是菩薩像。

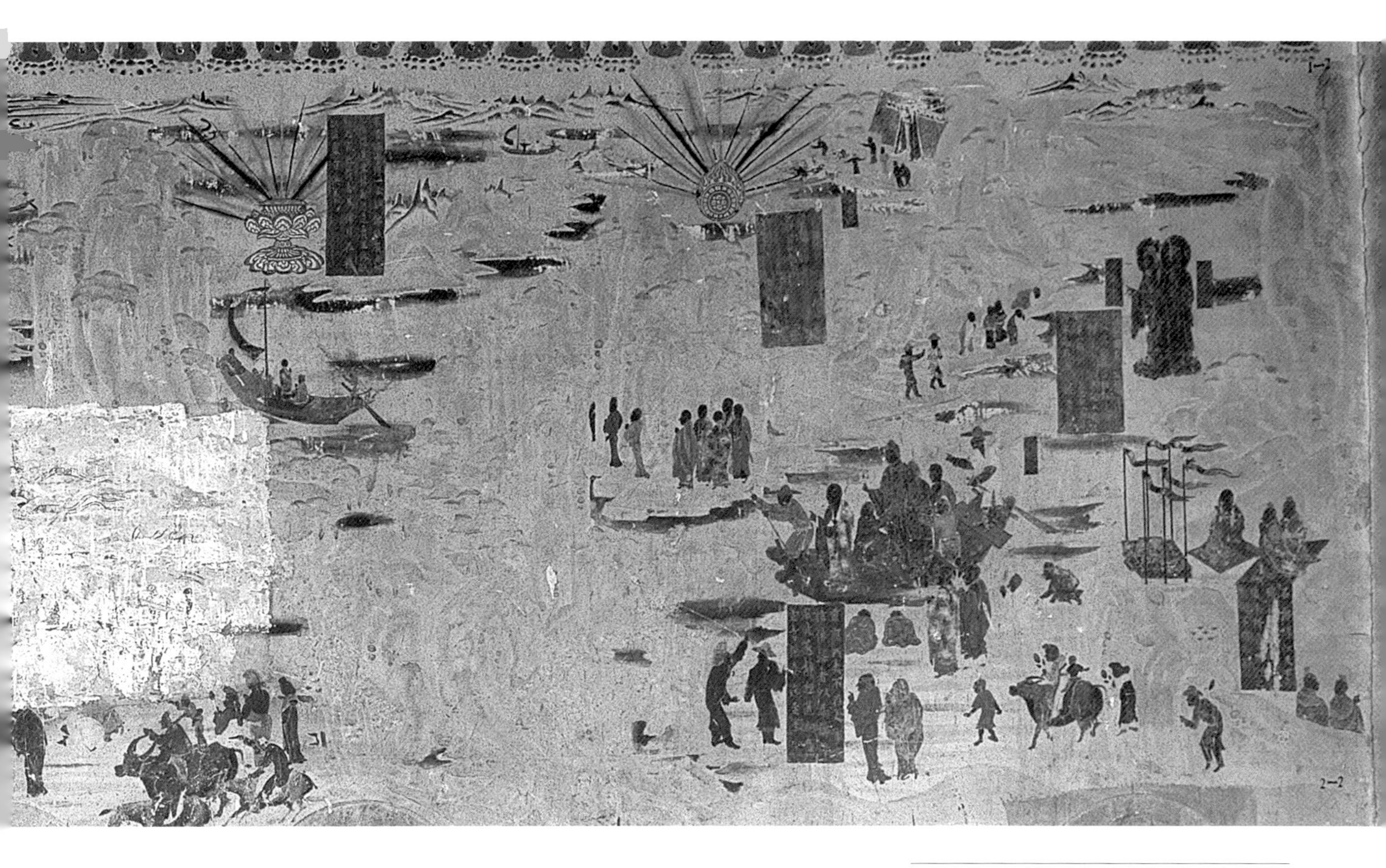

**103　中國高僧故事全圖**

這是敦煌最早出現有系統繪畫佛教故事的洞窟，繪畫在南壁的畫面分為左中右三段，全為中國佛教歷史故事，有曇延法師和劉薩訶和尚等故事。

初唐　莫323　南壁中段

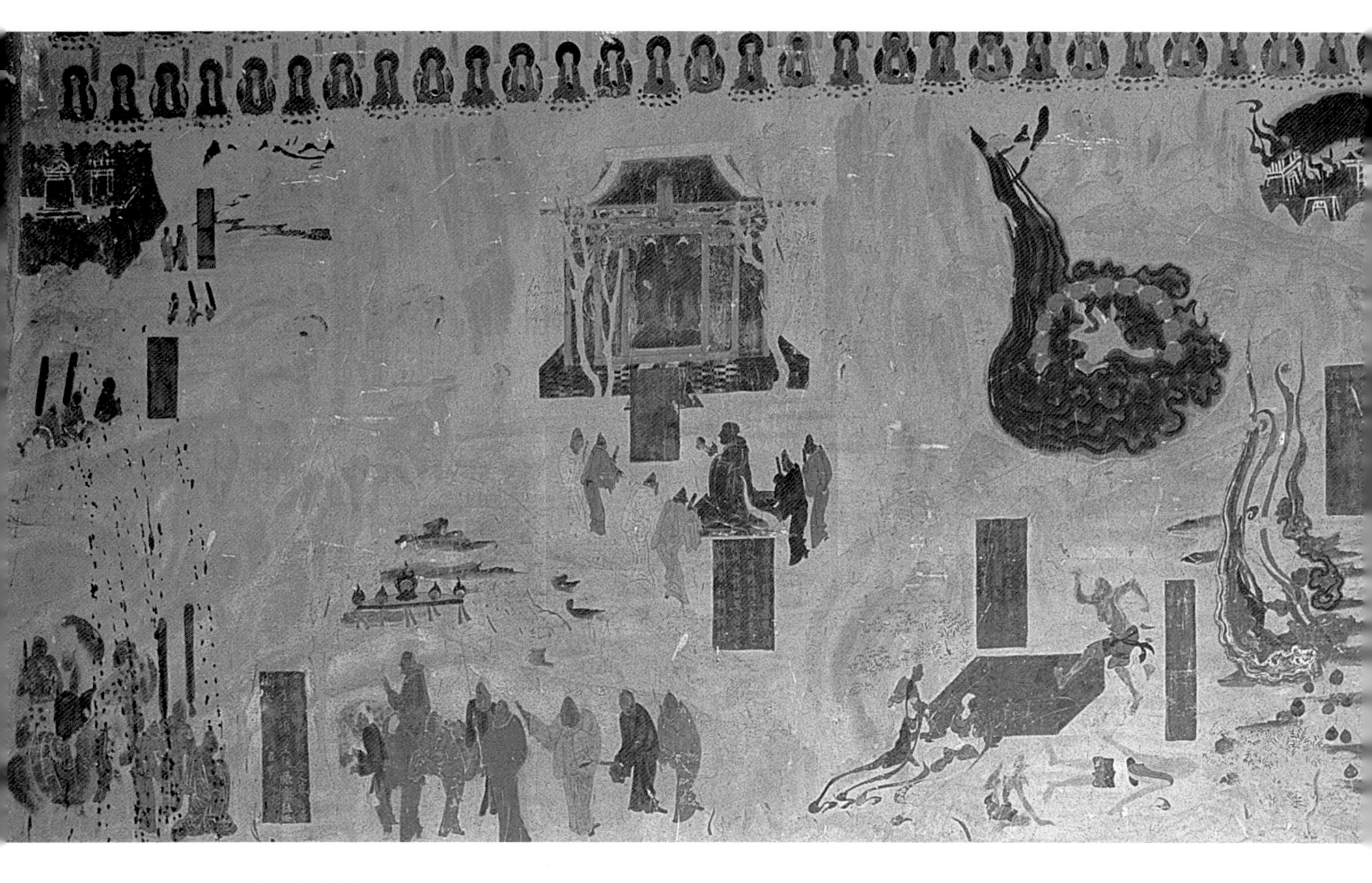

**104 佛教歷史故事畫**

北壁的佛教歷史故事畫分五部分，左起為張騫出使西域、釋迦佛的曬衣石、佛圖澄、阿育王拜塔（此為印度佛教故事）和康僧會故事。

初唐 莫323 北壁

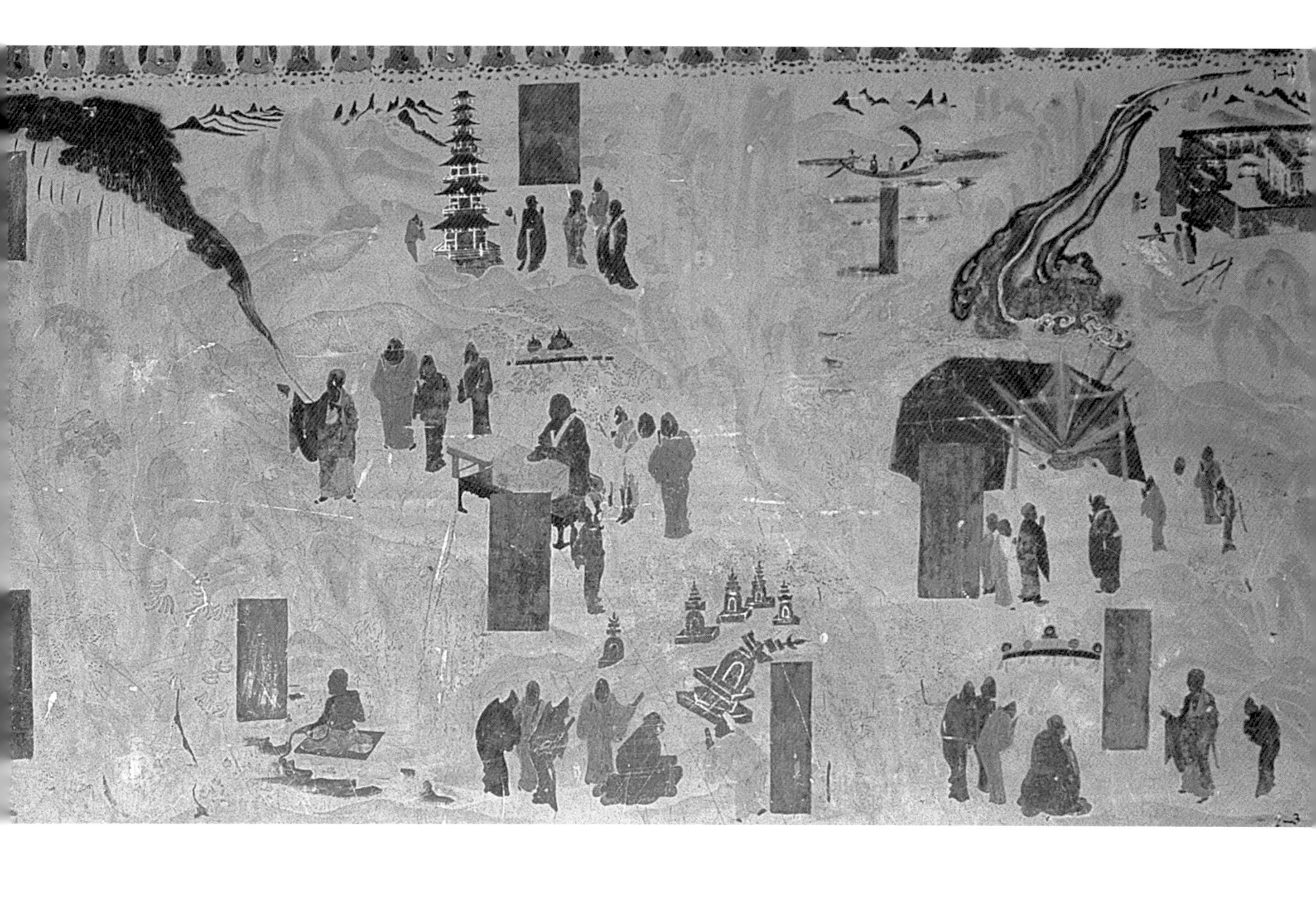

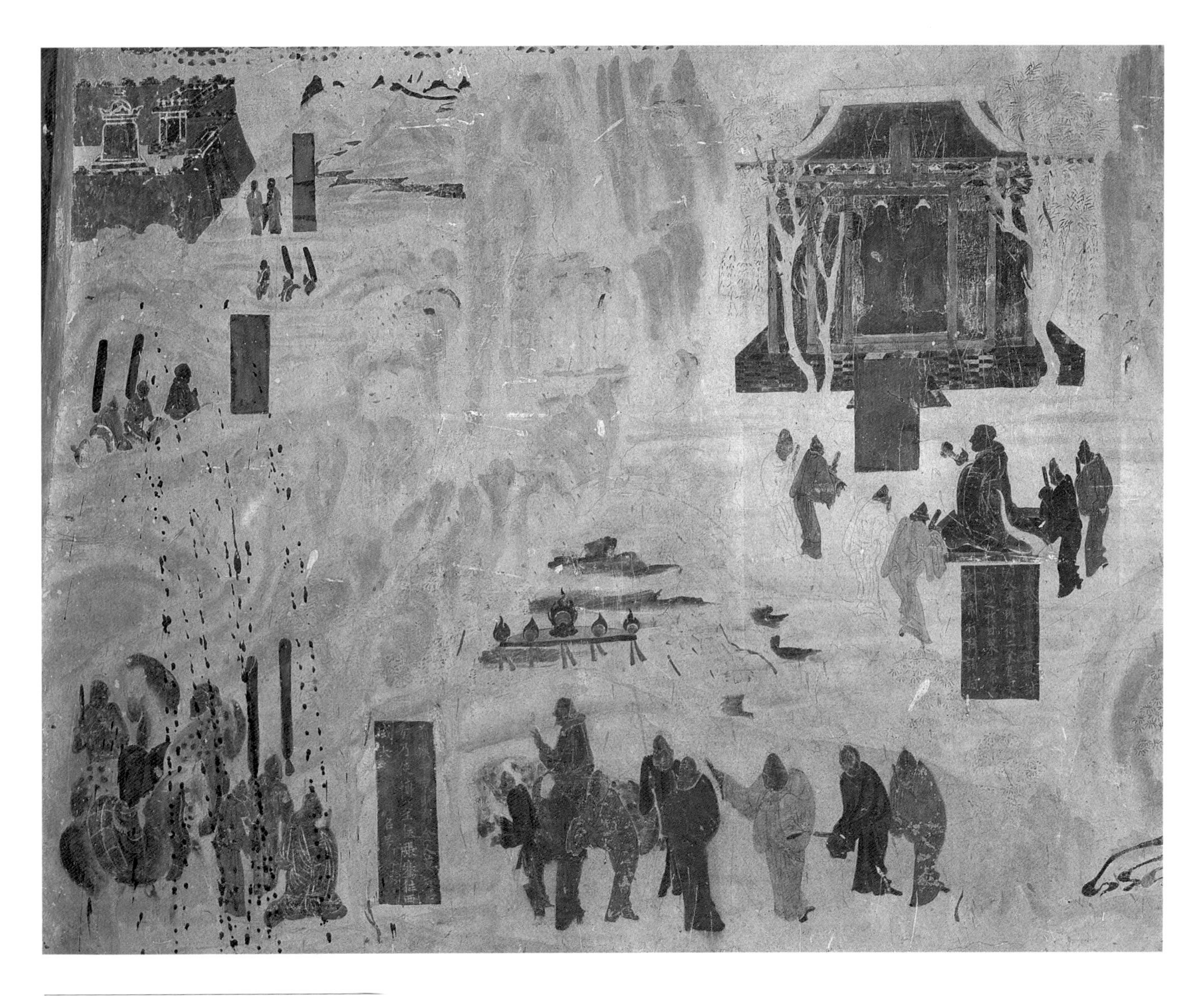

**105 張騫出使西域圖**

全圖以山巒分隔故事情節，分為四個小圖。右上為漢武帝在甘泉宮拜金像，底部是張騫辭別漢武帝，左上角是張騫副使經過萬水千山最終抵達大夏國。

初唐 莫323 北壁

**106 漢武帝在甘泉宮拜金像**

榜題稱繳獲兩個金像，放置兩尊金人的殿堂額曰："甘泉宮"。此兩尊像作佛形。宮外漢武帝跪禮，其旁分立持笏六人。漢兵繳獲匈奴祭天金人，是真有其事，見於《史記》。

初唐 莫 323 北壁

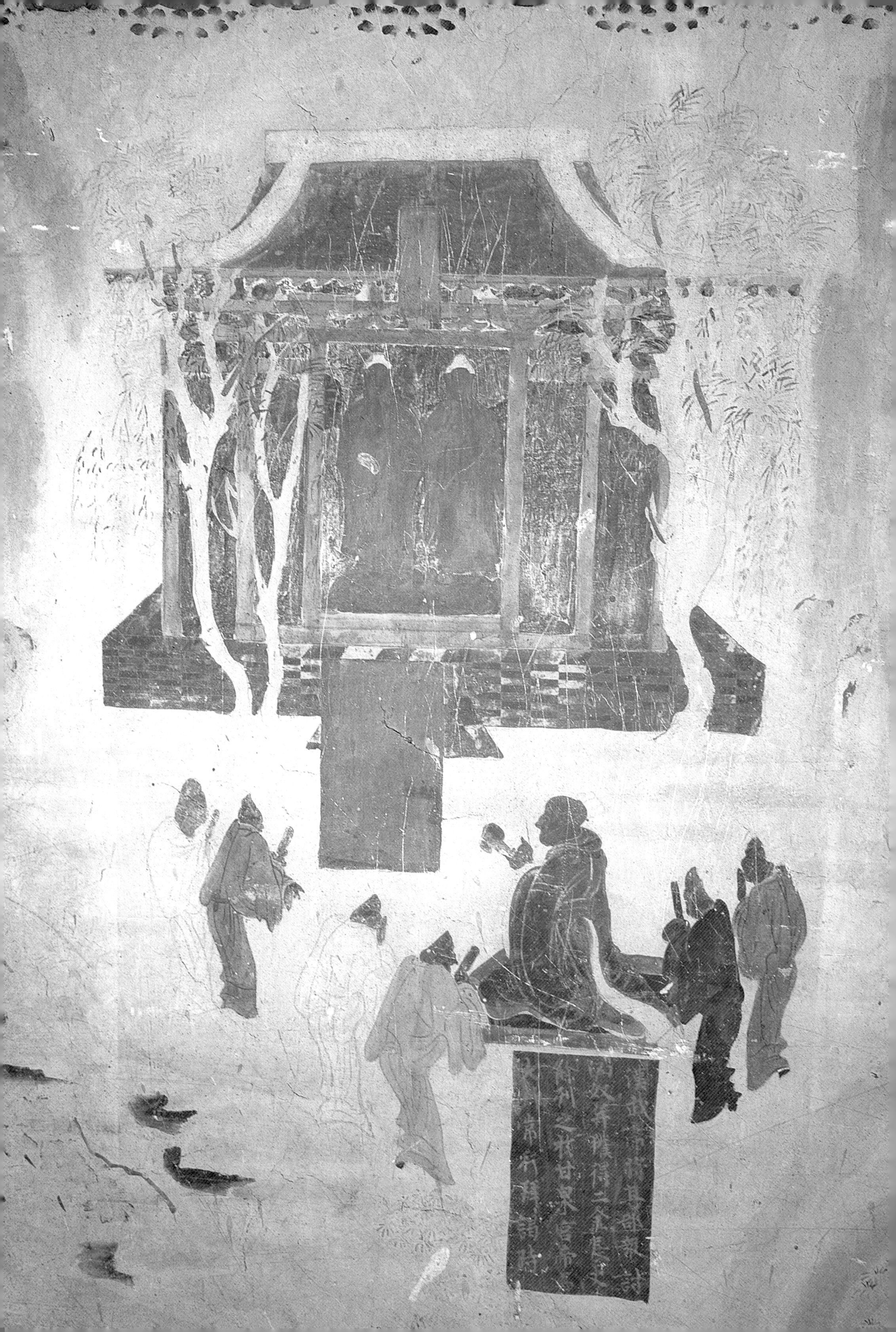
武帝將其部衆討
凶奴并獲得二金長丈
餘列之於甘泉宮帝
為大神常行拜謁時

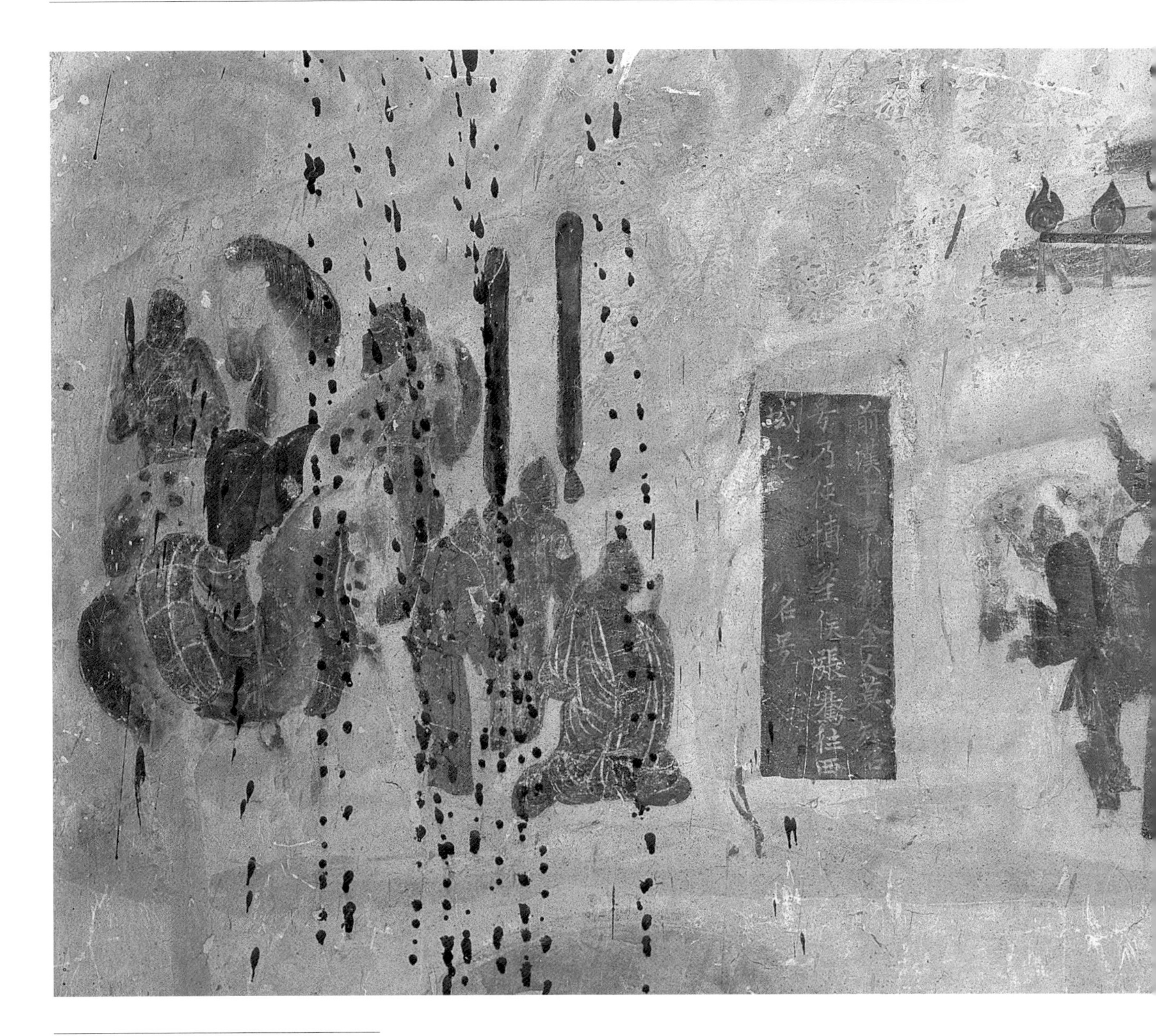


**107 張騫拜別漢武帝**

張騫持笏下跪，向騎馬的漢武帝辭行。榜題解説從匈奴繳獲的金像，因不知其名號，故派博望侯張騫出使西域問佛的名號。

初唐 莫323 北壁

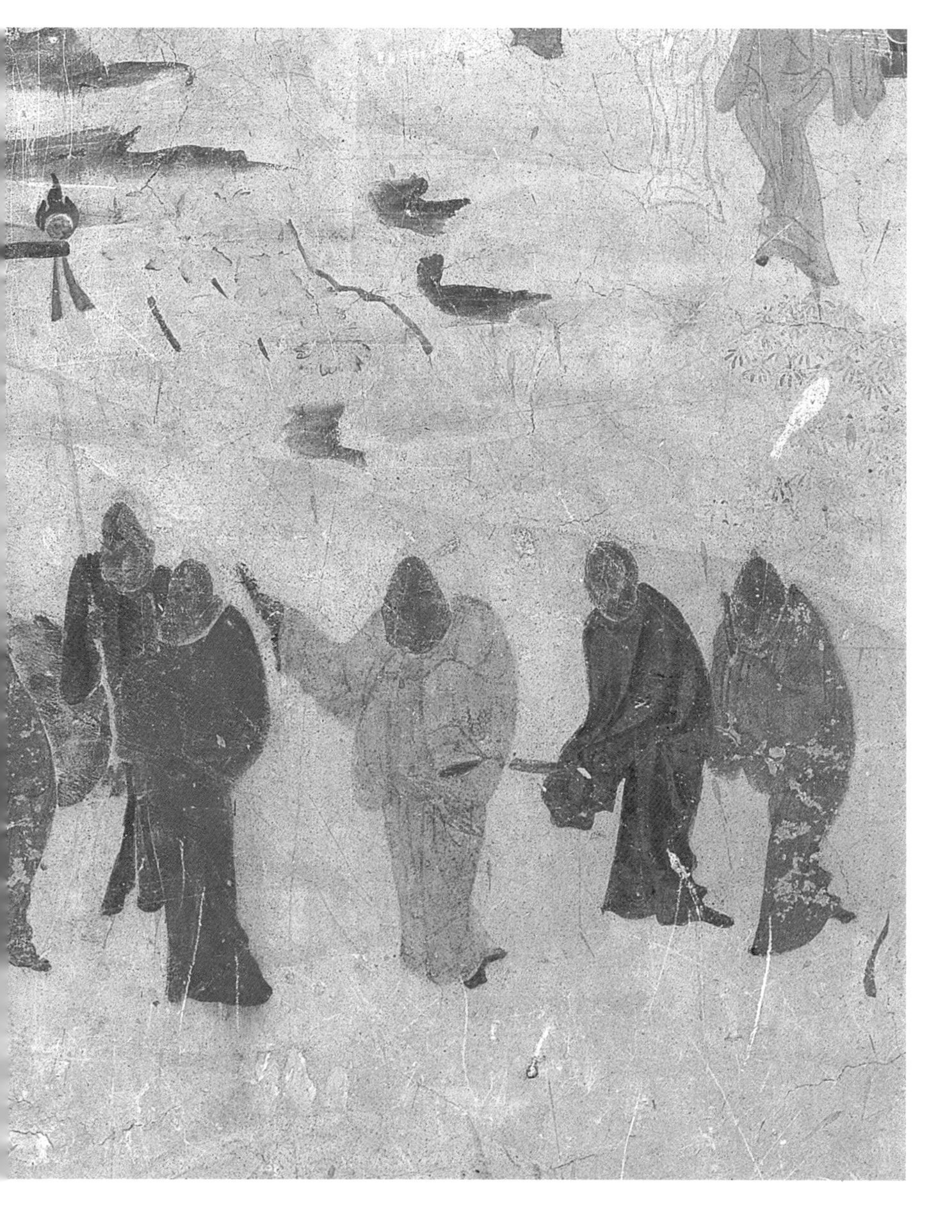

**108　張騫到達大夏國**

圖中一座西域城池，代表大夏國。城外有僧人遠迎，寓意大夏國信奉佛教。一隊人騎馬而至，最前面的人應是張騫所遣的副使，以其名號抵大夏國時的情狀。

初唐　莫323　北壁

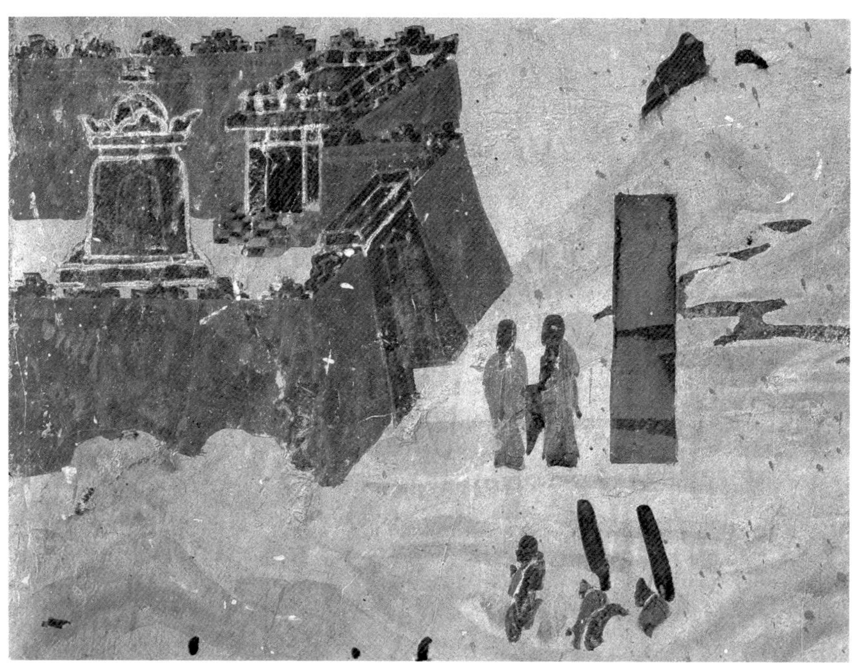

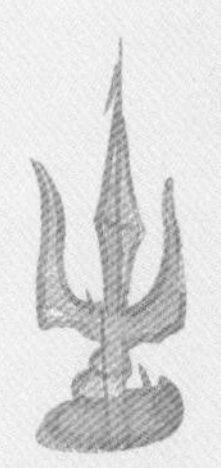

## 第二節　首譯佛經的安世高

安世高是東漢著名僧人，是第一位將佛經譯成中文的人，對小乘經典的翻譯貢獻良多。他原是安息國太子，博學多識，俊異之聲早披西域。父王薨逝後，捨王位皈依佛門，博曉經藏。公元148年（東漢桓帝建和二年），經西域諸國輾轉來到洛陽。在中國的二十二年內，譯出三十四部、四十卷佛經，傳播小乘佛教的毗曇學和禪定理論（考釋佛典和修習禪定打坐的佛學）。他的譯經工作奠定了中國早期佛教的傳播發展基礎，而且是將禪觀（以坐禪來觀照真理）帶入中國的第一人。隨後因戰亂離開洛陽，歷遊江南豫章、潯陽、會稽諸地，其後不知所終，留下許多傳說故事。

其中一則說，安世高離開洛陽赴江南廬山途中，經過邸亭湖。湖邊有一座神廟，凡經過的船隻，請神保佑，一一順利渡湖。安世高跟隨一隊三十多艘的商船隊過湖，船隊也到神廟前獻牲祈禱，湖神請廟祝邀安世高進廟，說自己以前是安世高的同學，如今化為蟒蛇，再成為廟神的因由。更說害怕死後再到地獄去，願意捐出所有，請安世高為他建造佛塔，使生民得益。安世高請廟神現形，神從廟後出來，原來是一條大蟒蛇，只見其首身，不見其尾，長度不可測。與安世高告別後，廟神便在送別之地死去。

安世高翻譯佛經的貢獻很大，但是莫高窟壁畫於此無所稱述，反而刻意描繪他赴江南途中的神異故事。敦煌莫高窟洞窟中的安世高故事畫，見於晚唐第9窟、五代第108窟和北宋第454窟。第108窟殘留榜題，第454窟是歸義軍節度使曹延恭、曹延祿兄弟開的，畫面保存較好。第9窟和第454窟所畫都是安世高經邸亭湖到廬山見廟神的故事。

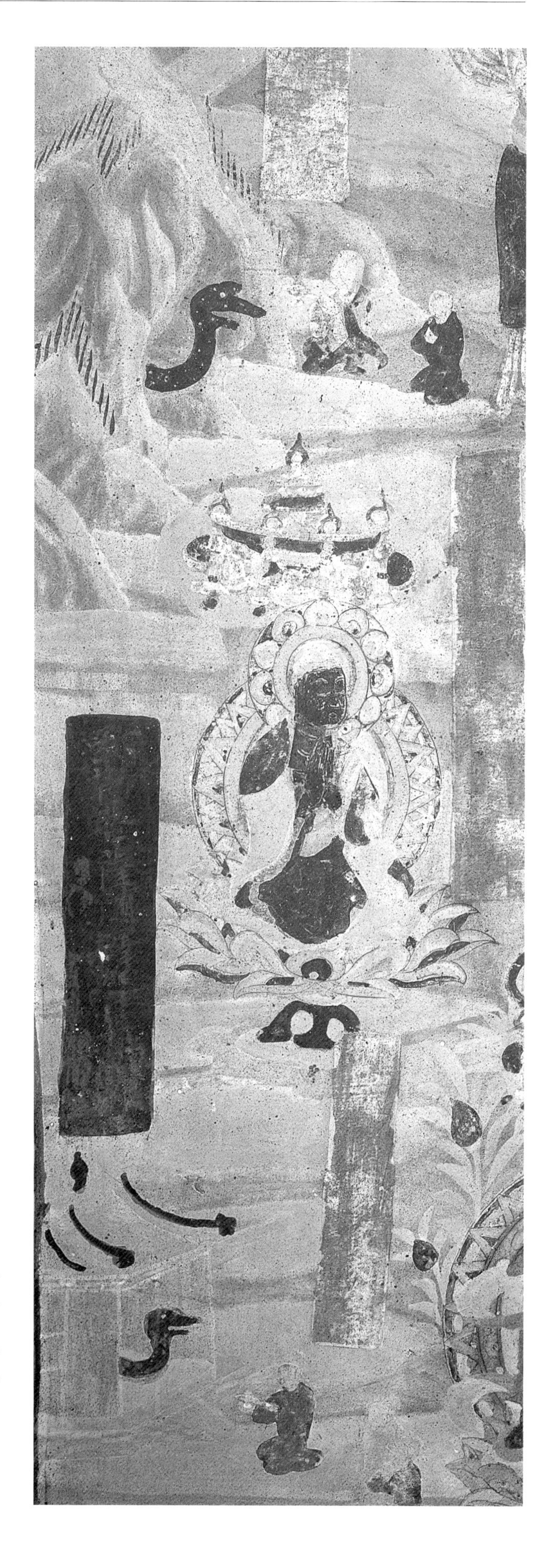

**109 安世高化度郰亭湖神全圖**

畫師將安世高赴江南途中，經過郰亭湖，化度湖神的故事情節分為兩段繪出：一在此圖的上部，是一條大蛇在小屋中伸出頭來見安世高，此蛇就是郰亭湖神；另一在此圖的下半部，一大蟒蛇自山中探頭見安世高。

宋 莫454 甬道頂

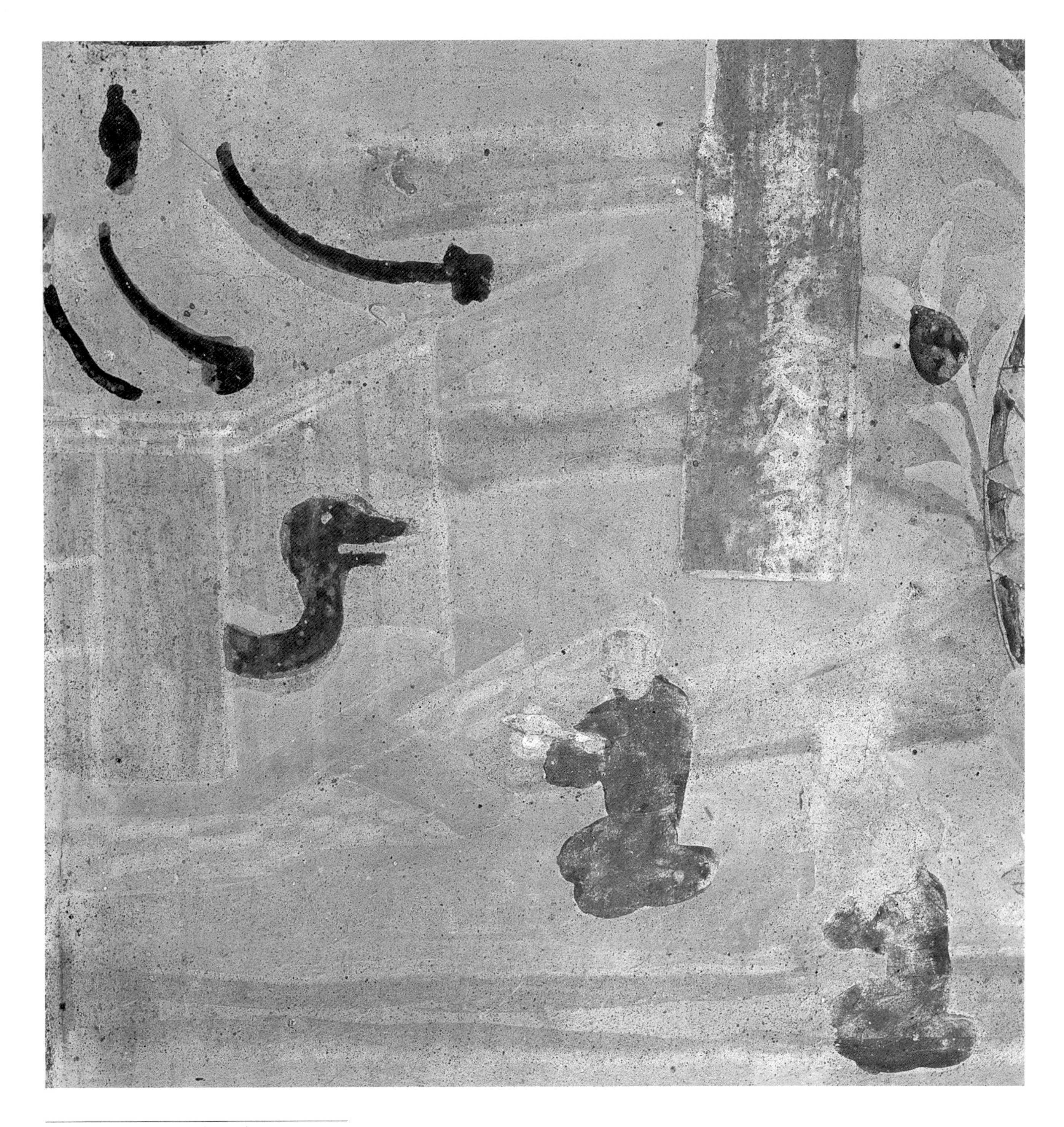

**110 湖神現身見安世高**

廟前下跪三人，最前一位即安世高，䢼亭湖神出現，向安世高道出自己的身世，表示願意捐出所有，請安世高建造佛塔。

宋 莫454 甬道頂

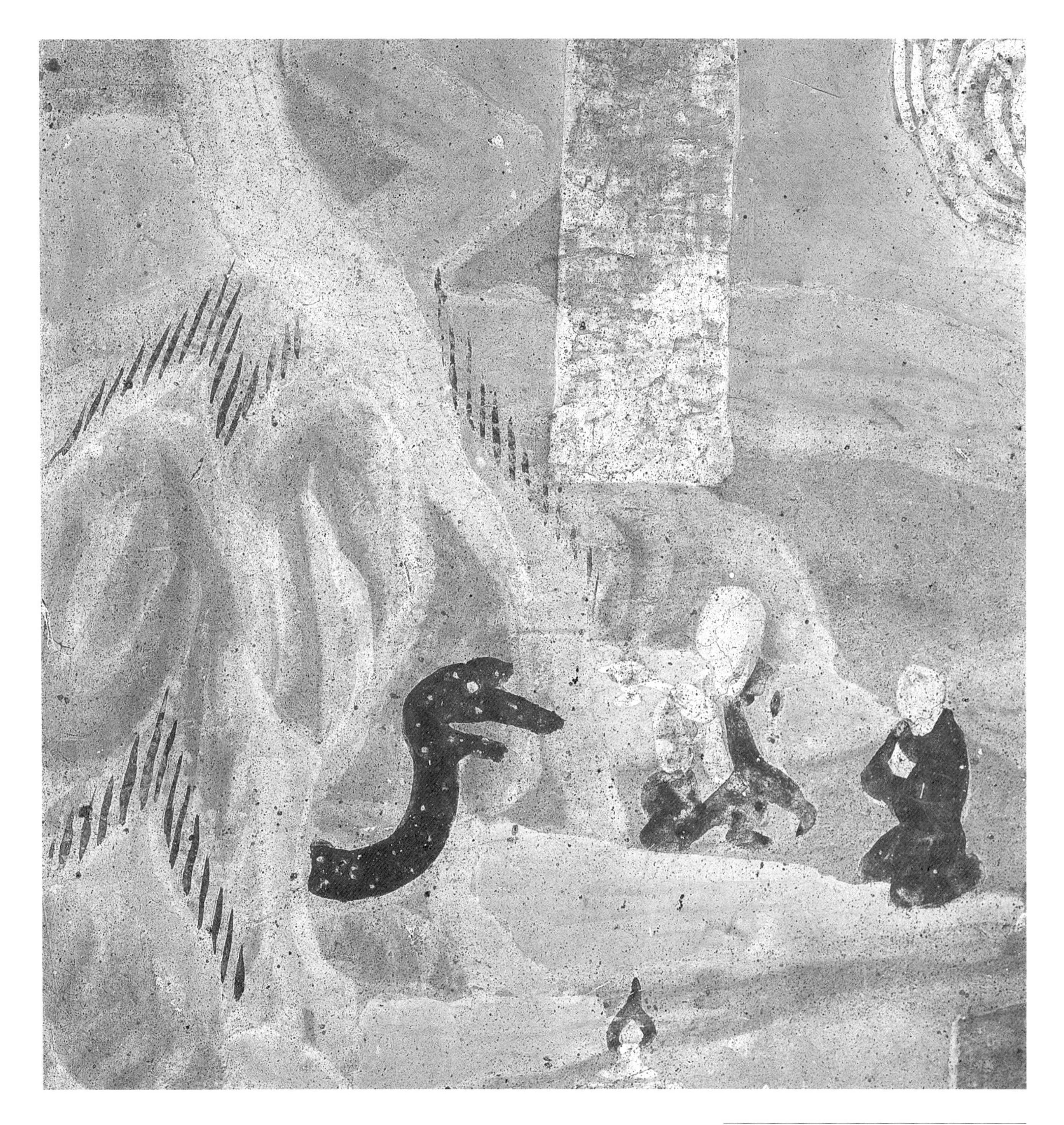

**111 湖神送別安世高**

安世高為湖神建造佛塔，將神之所有悉數取出，裨於生民。安世高離開邶亭湖時候，湖神在山後現身，告別安世高後，死在送別的地方。

宋 莫454 甬道頂

## 第三節　振道江左的康僧會

康僧會是三國時代(公元220-265年)的高僧，他主要在江南弘揚佛教，在佛教南傳中國的歷史上有重要意義。佛教東傳漢地的南傳，可遠溯至公元前三世紀秦始皇時期，與他同期的印度阿育王曾派員四出弘教，傳說其中有多座佛塔是建在中國四川省成都市及浙江省鄮縣(今鄞縣)，此雖屬傳說，但未必沒有事實根據。再加上考古發現雲南昭通、四川綿陽、彭山古墓及樂山的東漢佛像，不難復原南傳路綫，即佛教由印度經緬甸入雲南、四川，沿長江而下，直達江東一帶。在康僧會到江南之前，考古證明公元三世紀長江沿岸已有佛教傳播，例如浙江省杭州、金華，江蘇省南京、湖北省鄂州、湖南省長沙、江西省南昌諸地，都有佛像裝飾的銅鏡和魂瓶出土。整體而論，佛教在江南的傳播之初，未得統治者的認可，直到孫權為康僧會建江南第一寺——建初寺後，佛教才正式得到統治階層支持和信仰，為佛教在江南的傳播奠定堅實的基礎。

康僧會祖上是康居（今哈薩克南部，烏茲別克北部，咸海以東，巴爾喀什湖以西）人，世居天竺，父親經商遷居交趾郡（今越南北部，三國時屬中國領土）。十多歲喪父出家，精通佛教三藏(即佛經、戒律、義理論證)。三國時代江南佛教尚未普及，康僧會有見及此，公元241年（吳赤烏四年）自洛陽到吳國首都建業(今南京市)，由於他容貌和服裝奇特，得到吳大帝孫權接見。康僧會向孫權宣說佛教法力無邊，並請以二十一日為期，將舍利子上獻。上獻之時，舍利子發出五色之光，朝賢集觀，更有人用鐵鎚擊打，而舍利子絲毫無損，孫權欽服不已，答應為康僧會造建初寺，時人稱為江南第一所佛寺，為佛教在江南的傳播奠定基礎。《高僧傳》記載康僧會在建初寺譯出小乘佛教的禪學（即以禪定滌除心靈，免受外界的影響和支配)經典，其中的《六度集經》敘述釋迦前世故事，是研究漢魏佛學的重要材料。

公元252年（吳太元二年），孫權死，孫皓執政，欲滅佛法和拆毀建初寺。後來染病，百治不痛，於是延請康僧會入宮，治而得痊。其後康僧會為孫皓解說因果，並為他授五戒，就是不殺、不偷、不淫、不酒、不妄語，孫皓因此不再排斥佛教，使佛教在江南傳播更廣泛，地位更為堅實。

莫高窟第323窟成畫於初唐，其北壁除繪張騫出使西域外，在此壁東端以連環組畫方式繪畫康僧會在江南弘教的曲折故事，為研究佛教在三國時代傳播江南歷史，提供繪畫資料。故事雖以神異為中心，但有其合乎史實的一面。

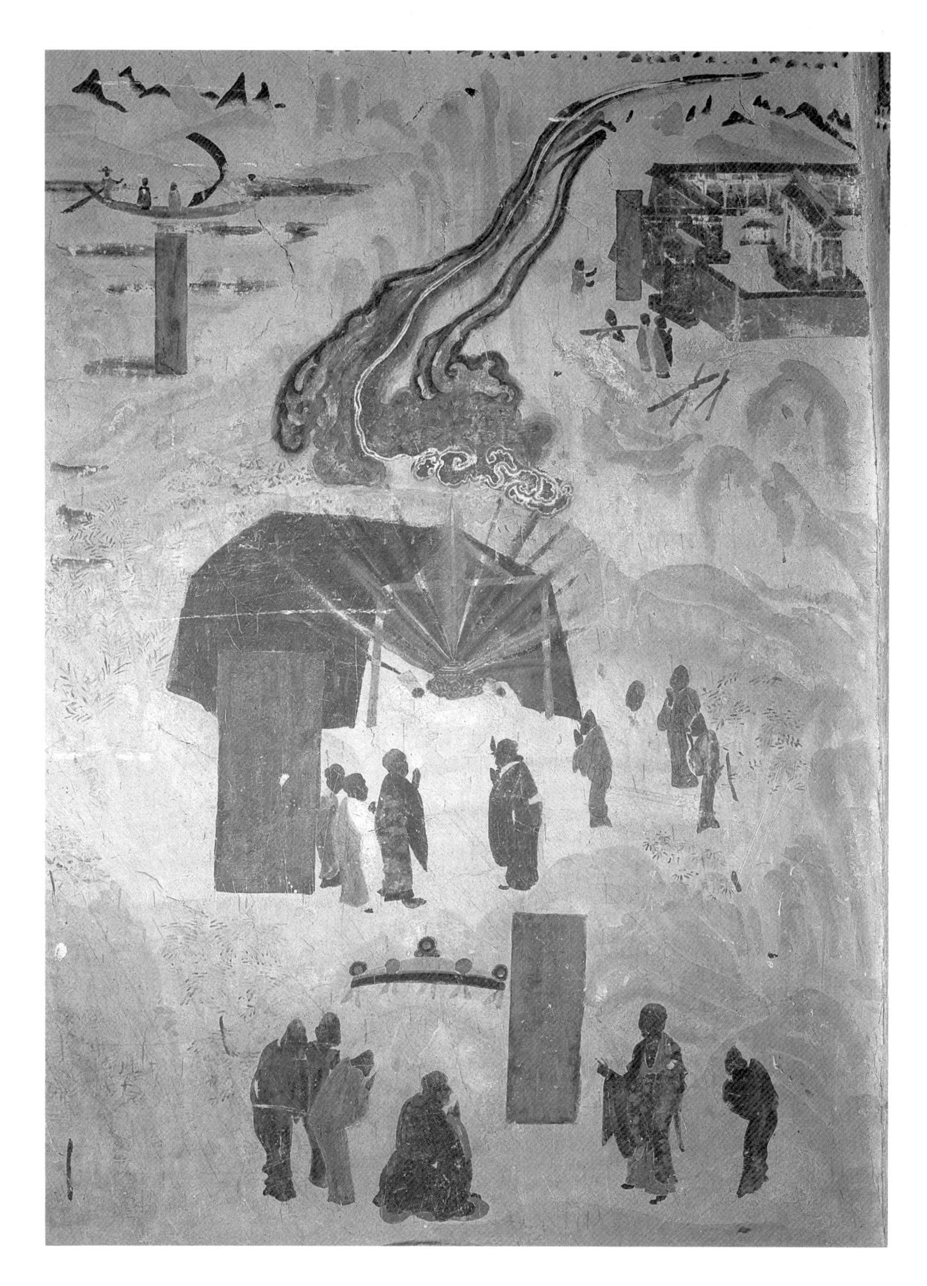

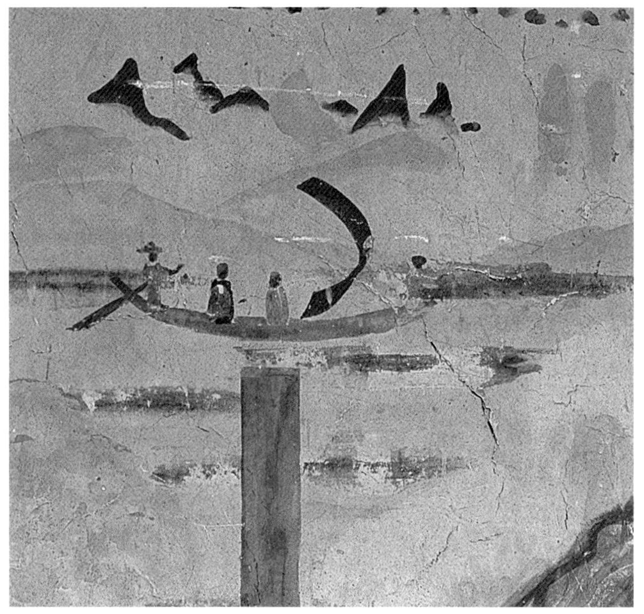

**112 康僧會弘教江南全圖**

康僧會在江南弘教的故事，是以連環組畫的形式繪成，畫師利用山巒分隔不同的故事情節。左上方是康僧會泛舟至江南，右上方是江南第一所佛寺——建初寺的興建情形，中央是康僧會獻出舍利子給吳大帝孫權，其下是孫皓歡迎康僧會。

中唐 莫323 北壁東

**113 康僧會下江南**

康僧會乘坐鼓帆小舟，順風而行下江南。

中唐 莫323 北壁東

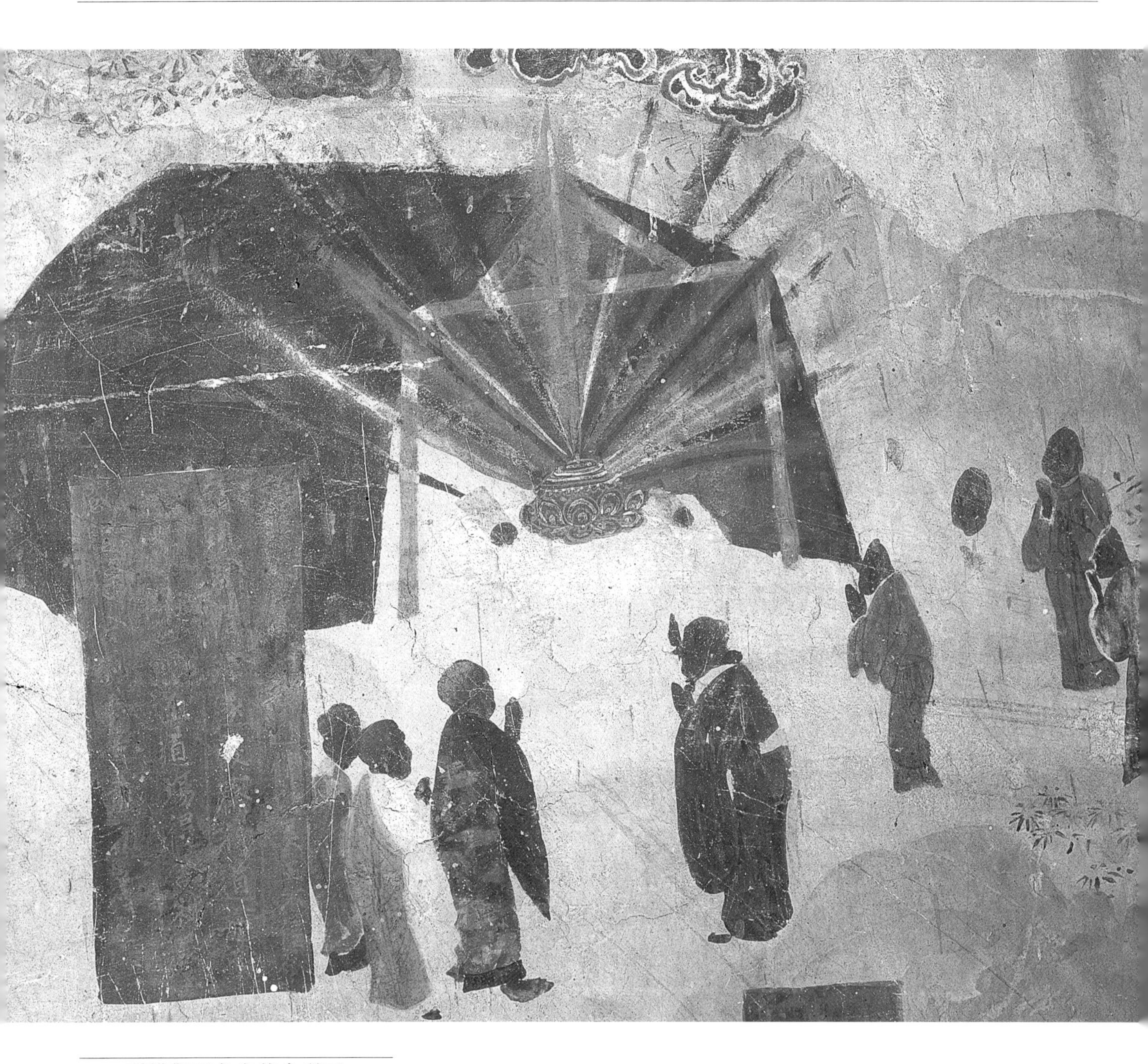

**114 孫權觀五色光芒舍利子**

康僧會到達建康晉見吳大帝孫權，獻出舍利子，舍利子放在帳棚內的銅盤中，發出五色之光，引來朝賢集觀。

中唐 莫323 北壁東

### 115 興建江南第一所佛寺——建初寺

公元247年孫權感謝得到舍利子，為康僧會動工興建建初寺。建初寺毀於公元328年（東晉咸和三年），即唐代繪畫壁畫時，已不復存在，壁畫只是追敘其事，未必有實物根據。

中唐 莫323 北壁東

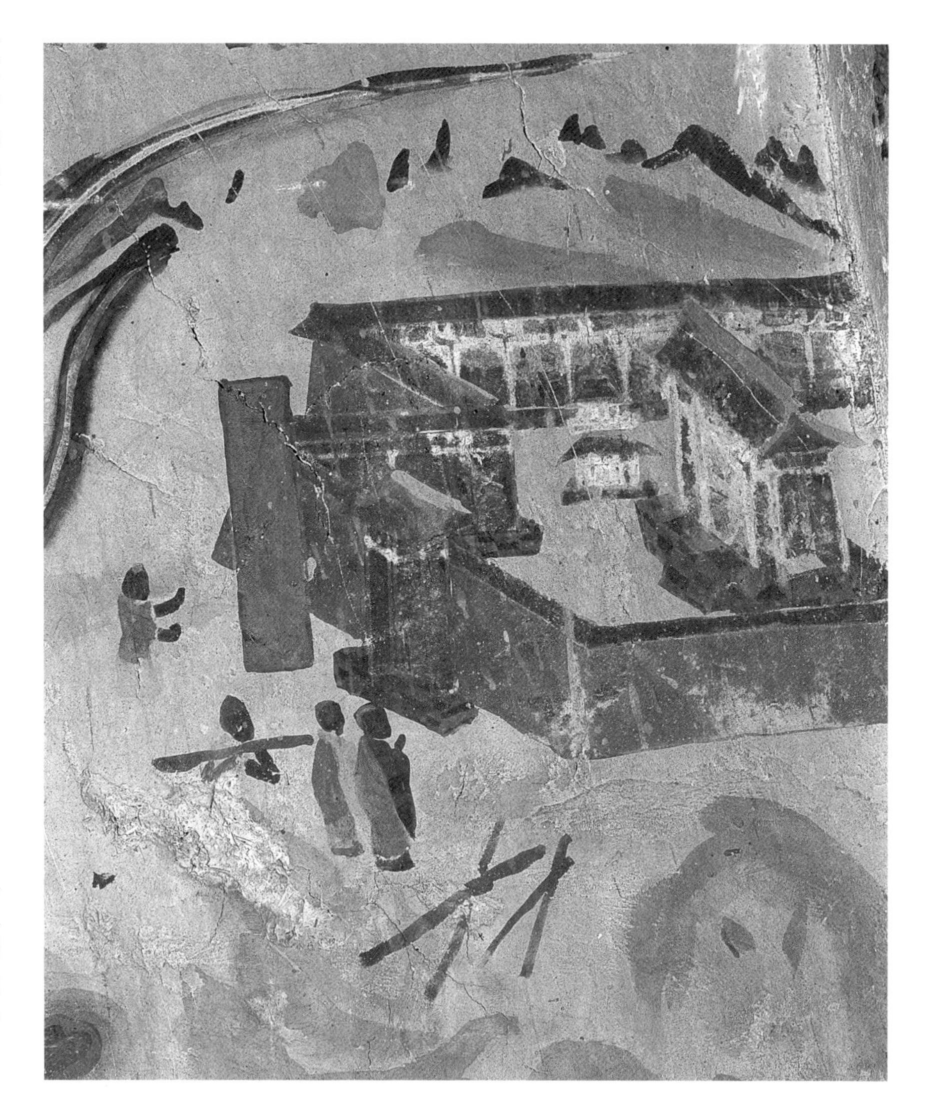

### 116 孫皓禮迎康僧會

圖中孫皓下跪迎接穿袈裟的康僧會。孫皓以車馬迎接康僧會入宮，康僧會為他治病和解說因果報應，使之覺悟而篤信佛法。

中唐 莫323 北壁東

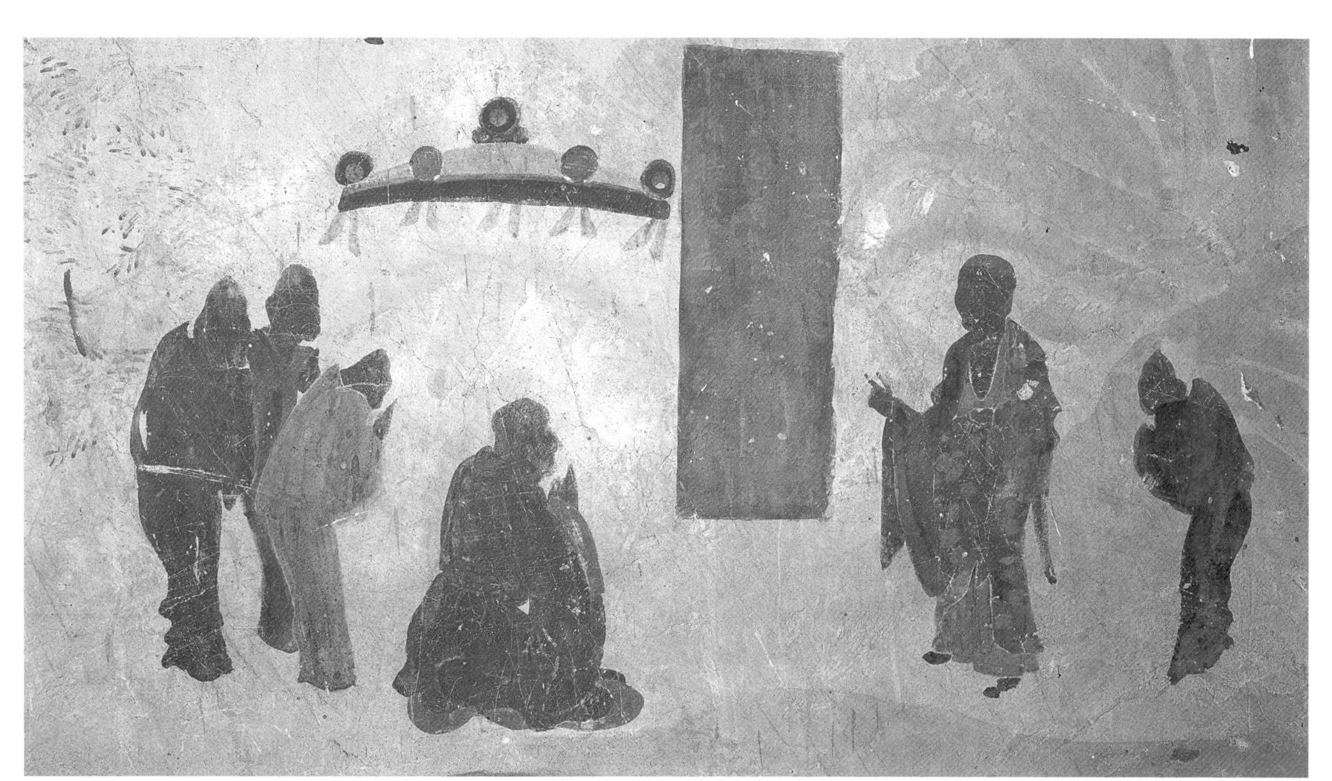

## 第四節　振興戒律的佛圖澄

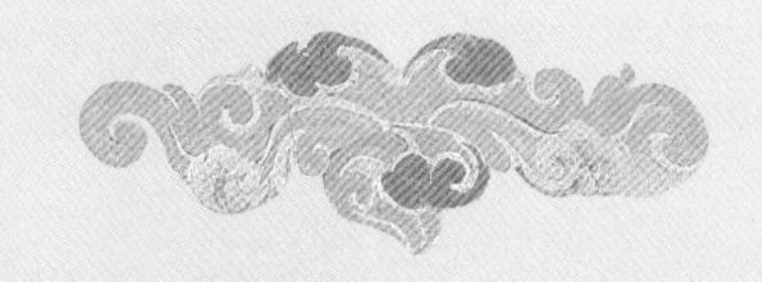

佛圖澄是西晉末五胡十六國時期的名僧，他在佛教發展中的貢獻有四方面：一、考校佛教戒律，二、培養大批弟子，有些更是一代大德，對佛教傳播力量很大，三、廣建寺院，把佛教推向中國各地，更得到統治者的支持，將中國佛教發展帶入新階段，四、受統治者禮遇，牢固佛教的地位。此外，佛國澄兼通醫術，為時人所尊。他的神異故事還有在江邊剖腹洗腸，顯示當時或有切除結腸的手術能力。

佛圖澄本姓帛氏，從姓氏考，當為龜茲（今新疆庫車）人。九歲在烏仗那國（在巴基斯坦斯瓦河流域）出家學道，清真務學，兩至罽賓國（即當時的迦畢試國，今天的喀什米爾）學法。公元310年（西晉永嘉四年），以七十九歲高齡雲遊洛陽，能誦經數十萬言，善解文意，雖未讀中華儒史，能與諸學士論辯無滯，無能屈者。跟從他學習的人，有來自中國，有來自印度，追隨者常數百人，前後授徒幾達萬人，最有名的包括中土的釋道安和竺法雅等。他特重戒學，身體力行，並多考證古時所傳的戒律。

佛圖澄到洛陽時，適逢永嘉之亂，五胡逐鹿中原，洛陽陷落，他潛居草野。公元312年（西晉永嘉六年）羯族人石勒屯兵，擬攻東晉首都建康。他到石勒兵營，勸石勒少殺戮，使生民倖免於禍。石勒最鍾愛的兒子得重病，屢治無效，經佛圖澄治好，石勒欣喜莫名，重賞佛圖澄。石勒在華北建立趙國（史稱後趙），稱帝後，對佛國澄禮遇有加，每事必先徵詢他的意見。

石勒死後，兒子石虎繼位，同樣尊敬佛圖澄，在朝會時由司儀唱“大和尚”，朝臣皆起立致敬。石虎每天派司空李農問候他的起居飲食，每五天更派太子和諸公拜謁他。佛圖澄除在後趙國境推行教化，所經州郡，還多建佛寺，史稱他一生共建佛寺八百九十三所。今天安徽省太湖縣的佛圖寺，相傳是他建立的，所以叫作佛圖寺。

據説佛圖澄善誦神咒，能役鬼神，善斷吉凶。有一次為石虎說法時，大火起幽州，他轉身向幽州方向以清酒灑向天空，清酒幻化為雨雲，覆蓋在幽州城上，不久天降傾盆大雨，熄滅大火。另一次佛圖澄聽到鈴聲有異，指出這是石虎的兒子快將火併的凶兆。事緣石虎立幼子石韜為太子，長子石宣耿耿於懷，伏兵殺弟。石虎因此逮捕石宣，判死罪。佛圖澄勸説虎毒不食子，否則石宣死後作祟，後趙亡不遠矣，但石虎不聽，竟下令殺死親生兒子。不過一個月，果然有一妖馬在皇宮出沒，妖馬渾身是火，揚蹄亂跳，衝入中陽門，奔出顯陽門。石虎殺子後大宴羣臣，佛圖澄席間吟道：“巍巍宮殿，金碧輝煌，荊棘成林，勿壞人衣。”石虎往殿後一看，果然荊棘叢生，其兆不祥。

佛圖澄預覺後趙快將亡國，先替自己挖好墳墓，獨坐寺中對弟子說：在後趙大亂之前，我先走了。說完在寺中圓寂。後來有人見佛圖澄出關西去，石虎派人打開佛圖澄墓穴，棺內只有石頭一塊，沒有尸身。石虎說："石者，寡人也，高僧捨我而去，我必死。"從此臥病不起，翌年辭世，不久後趙大亂而亡。

莫高窟初唐開成的第323窟北壁中段，繪有高僧佛圖澄的神異故事，亦是以連環組畫形式繪成，為研究西晉末至十六國時佛教在北方傳播的歷史，提供了生動形象的資料。

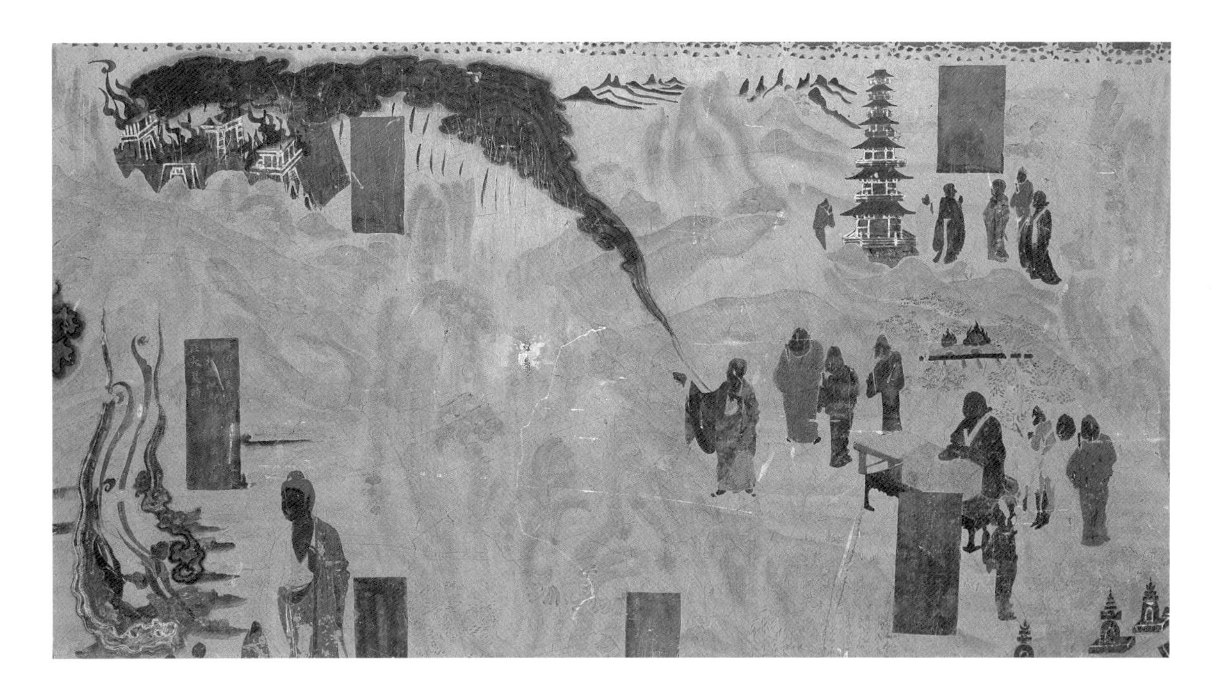

**117 佛圖澄故事全圖**

穿袈裟的佛圖澄為坐着的石虎和侍從說法。右上方是佛圖澄聽鈴聲辨吉凶，左上方是佛圖澄正在滅幽州城之烈火。

初唐 莫323 北壁

**118 佛圖澄與後趙皇帝石虎**

佛圖澄在左，石虎和侍從在右，這個場面是佛圖澄為石虎說法時，幽州大火，佛圖澄使出神力滅火的情景。

初唐 莫323 北壁

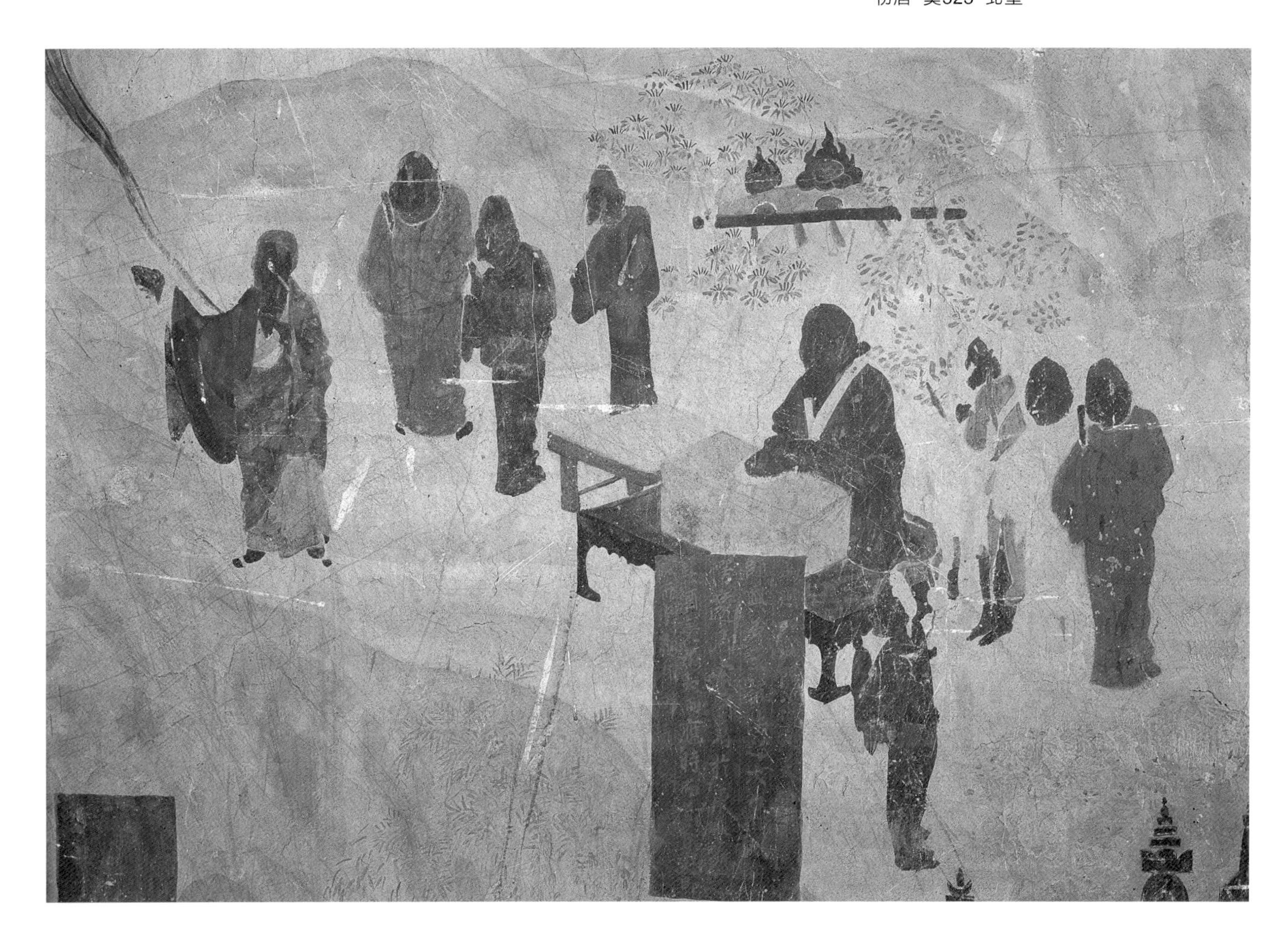

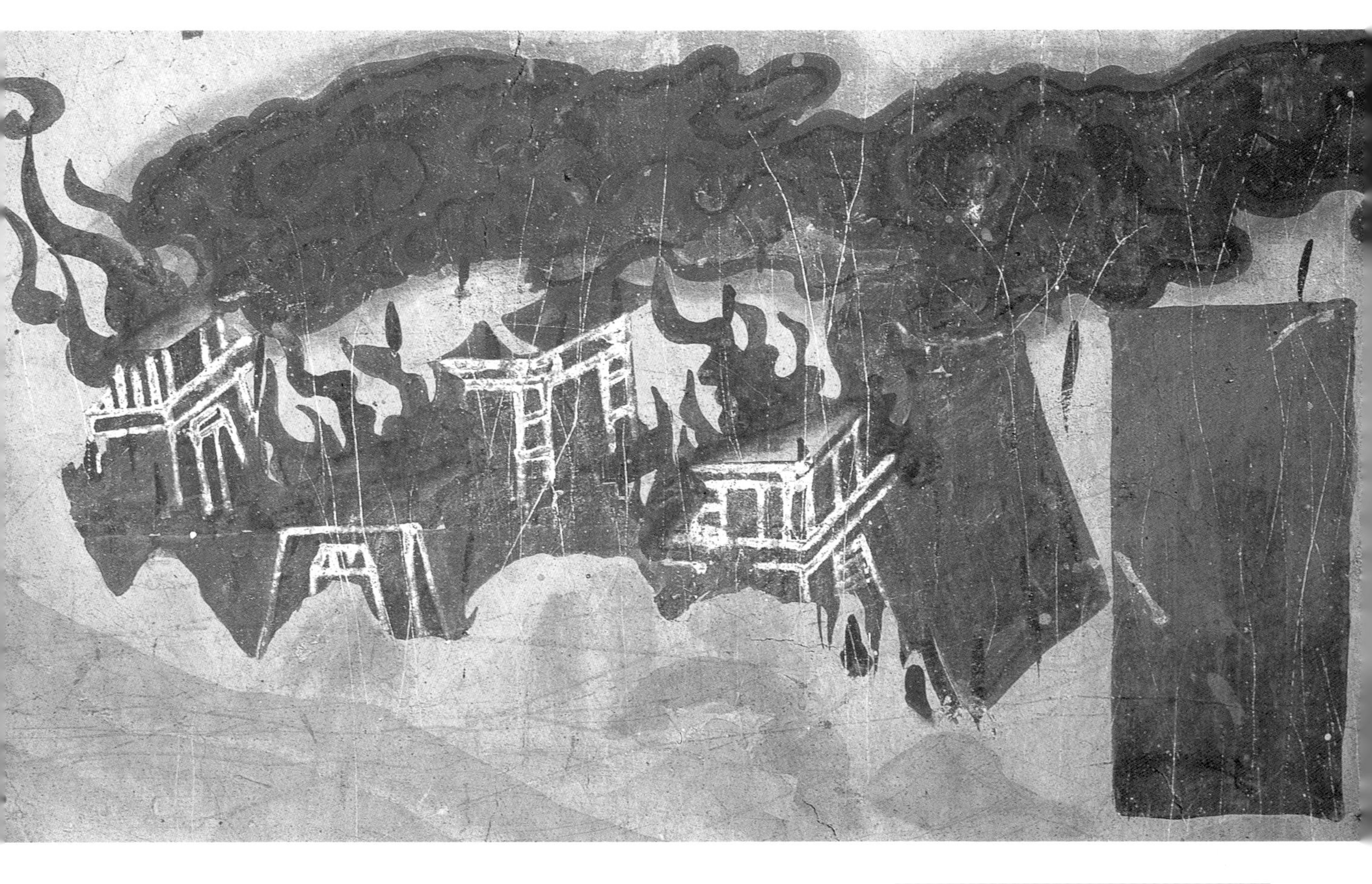

**119 幽州城大火**

佛圖澄說法時，恰遇幽州大火，佛圖澄轉身向幽州方向施神力救火。他使法力喚使風雲，飄至城上，傾盆大雨滅火。

初唐 莫323 北壁

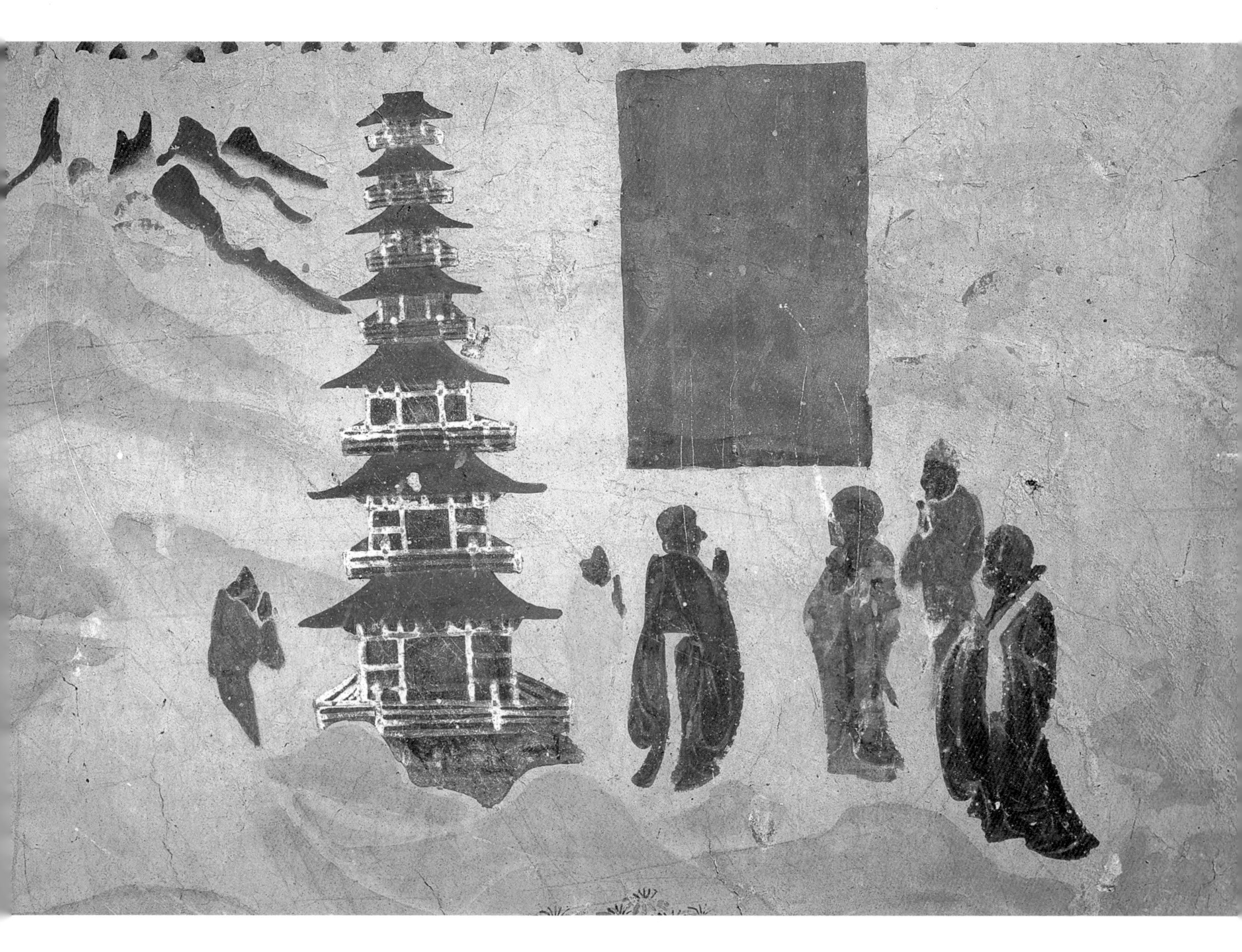

**120 佛圖澄聽鈴聲辨吉凶**

佛圖澄立於七層塔前，合十向人們解說塔檐的風鈴聲音有異，指出這是不祥的凶兆，他預知石宣和石韜將有火併。

初唐 莫323 北壁

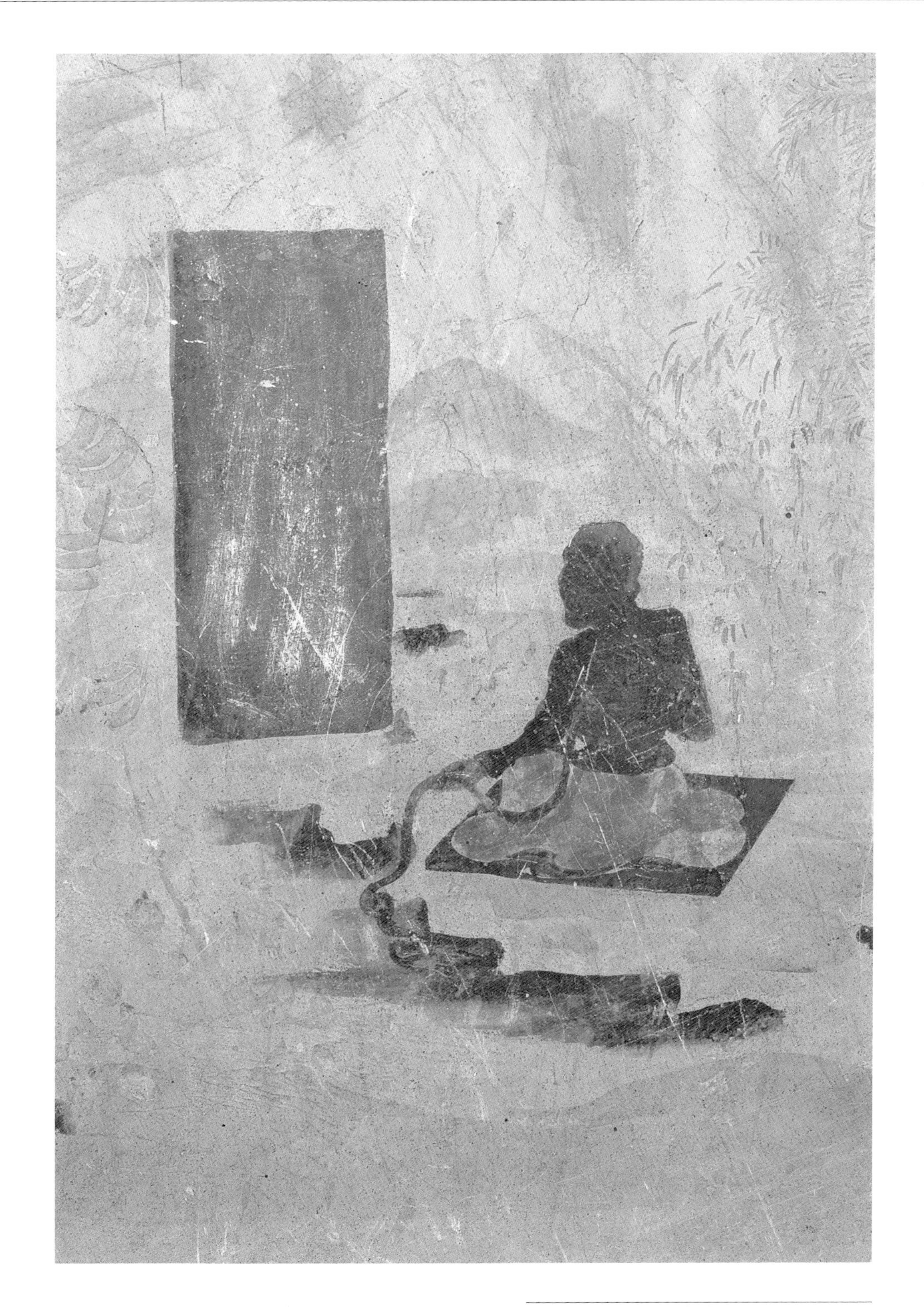

121　**佛圖澄河邊洗腸**

佛澄圖赤裸上身，盤膝坐於竹林河畔，兩手自腹中取出大腸，放入河中清洗，可能是他自做切除結腸的手術。畫中有榜題，字迹漫滅不可讀。

初唐 莫323 北壁

## 第五節 預言滅佛的劉薩訶

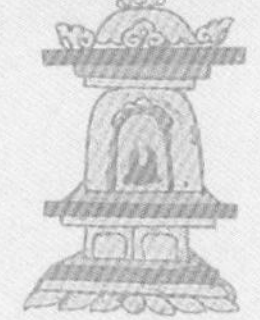

劉薩訶和尚在河西各地弘教二十二年，澤披遠近，比起其他高僧，莫高窟關於劉薩訶的故事畫最多，藏經洞所出文獻資料最多。他預言莫高窟當建石窟二百九十洞，是繼公元四世紀樂傳、法良之後，與修建莫高窟洞窟最有關的大和尚之一。

劉薩訶（公元360-436年）是十六國至北魏時期的僧人。稽胡族（匈奴的別種），并州離石（今山西省離石）人。少年放蕩不羈，曾當過突騎。三十一歲因酗酒昏死七日，備睹地獄眾苦之相，醒後覺悟出家，法號"慧達"。南朝《高僧傳》記載他自公元390年至397年先後在江南三地巡禮，及後到河西。有說他從河西孤身再到印度。在北印度那揭羅曷國醯羅城（今阿富汗傑來拉拜之西）的小石嶺佛影窟參禮佛齒和佛頂骨，公元403年與高僧法顯相遇後回中國。公元409年至414年，在家鄉宣教，附近八州民眾對他十分信仰。其後二十二年到河西弘教。公元436年，卒於酒泉附近的七里澗，時年七十六歲，弘教凡四十餘年。

劉薩訶一生備受其家鄉及河西民眾崇拜，最大原因是他預言靈驗，莫高窟藏經洞收藏大量有關他的傳說故事，河西各地亦發現大量有關他的文物和石刻：包括武威市博物館的"涼州御山石佛因緣記碑"；金昌市永昌縣城西北二十餘里山崖有其預言，而後在北魏完成的御容山石佛；與御容山石佛有關的後大寺遺址和七里澗發現的石佛頭；祁連山有傳說他住過的雲莊寺和坐禪的石窟等等。御容山石佛事還被繪成涼州瑞像，是漢地較早產生的瑞像。敦煌瑞像畫本來自印度和于闐，佛教中國化後，出現漢地瑞像。涼州瑞像就是漢地佛教影響力的證據。

御容山石佛出現的故事有兩個版本，第一個版本見於五代第61窟和98窟的背屏壁畫，是根據"御容山石佛瑞像因緣記碑"的故事，畫一個人入山射鹿，遇見高僧，規勸不要殺生，此人出山後，雷震山裂，石佛挺出。

第二個版本見於莫高窟五代第72窟南壁的"劉薩訶和尚因緣變相圖"。若據釋道宣所記，公元435年（北魏太延年間），劉薩訶到涼州番禾郡（今甘肅武威以西一百七十公里），向御容山禮拜，大家不明所以。他就預言御容山的山崖將出現大佛像，若佛像完整則天下太平，反之天下大亂。八十多年後有一天雷電大作，山崖震動，出現高一丈八尺的無頭大佛像，人們想起劉薩訶的預言，為了阻止中國大亂，立即為無頭大佛安裝石佛頭，但都是每放必落，不能成功。又過了三十多年，涼州七里澗出現發光的石佛頭，被送入佛寺供奉，再輾轉送到二百里外的御容山，安裝在無頭佛像上，即時靈光遍照，四處傳來百姓稱慶聲，並在此修建“瑞像寺”。北周武帝滅佛前，佛頭又無故跌落，無法安上，是公元574年北周武帝滅法和北周滅亡的凶兆。

果然不久，北周武帝下令禁止佛教，沒收佛寺，充公寺產，強迫僧尼還俗。直至隋文帝開皇初年提倡佛法，佛教再度復甦，佛像於是又能身首合一。隋煬帝在公元609年（大業五年）到河西巡視，親臨瑞像寺燒香拜佛，下旨增修此寺，賜名為“感通寺”，又御筆題額“聖容道場”，通令全國各地派人到御容山摹寫大佛真容，它是敦煌最早產生的瑞像故事之一——“涼州瑞像”。中唐時期，御容山大佛瑞像與其他各地瑞像組合一起，描繪在第231、237諸窟的佛龕頂部。到了晚唐宋初的歸義軍時期，發展出第61窟和第98窟的背屏之後描繪御容山大佛的故事畫。

除預言故事最深入民心外，劉薩訶在江南巡禮的行迹也有不少神異傳説，繪畫在敦煌壁畫，莫高窟中唐第323窟裏。

劉薩訶在江南活動第一個地方是建業長干寺，據説他在寺中見佛塔基座發出異光，於是在基座下掘出佛舍利、指甲和頭髮，他認為該塔是公元前三世紀印度阿育王建造的八萬四千佛塔之一。寺內供奉一尊金佛像，劉薩訶對此像禮拜甚殷，有一則靈異的故事與出現佛像有關。佛像由佛身、圓光和蓮花趺座三個部分組合而成，各部分來自不同地方：佛身是公元326-334年（東晉咸和年間）丹陽尹高悝在長干寺附近張侯橋邊撈得，佛像背後刻有梵文，説此像是阿育王第四女所造；高悝用牛車載佛像經過長干寺的巷口，牛躑躅不前，任人鞭策不逾半步，人們又無法拉動牛車，只得放任牛車；牛即自行至長干寺，金佛像就地供奉在該寺裏。銅蓮花座是長干寺附近的漁夫張係世在海口發現，送交縣衙，縣令寫表上奏，皇帝下旨將此趺座安在佛像足下，竟然契合。後來有五位印度僧人到此禮拜佛像，指出此佛像原有圓光，應找出來安在佛像上；果然，交州合浦縣（今廣西合浦）採珠人董宗之在海底發現佛像圓光。佛像身、銅蓮花座一合，即供奉在長干寺，東晉簡文帝敕令佈施此像。

離開建業之後，劉薩訶住在吳郡（今蘇州）通玄寺三年，無日不虔誠禮拜寺內從水中浮出的石佛像。第323窟畫了這個故事，石佛浮江故事發生在江南，因劉薩訶在河西弘教而流行於河西，成為敦煌歷史故事畫的題材。《高僧傳》有此故事記載：公元313年（西晉建興元年）石佛在吳淞江滬瀆口飄浮。漁夫以為是海神，延請巫祝迎接，弄得風濤俱盛，道士和漁夫駭懼而返。當地道教徒以為此乃張天師之像，再設醮壇迎接，風浪如初。後來吳縣佛教徒朱應齋戒沐浴後和東林寺帛尼及佛教徒數人到瀘瀆口，向石佛稽首歌唄，風浪遂靜。遠見兩石佛浮江而至，佛像背各有銘誌，一名“惟衛”，一名“迦葉”。朱應等人立即僱船接還，供奉在通玄寺內。

劉薩訶在生時，除神異事迹而受其家鄉和河西居民尊信外，並沒有業績。下迄唐代，情況大變，他不僅被神化為觀世音菩薩假形化俗，更與佛陀釋迦牟尼並比齊肩，被尊稱為劉師佛、劉摩訶、佛教第二十二代宗師等，河西走廊對他信仰尤甚，可視為佛教徹底中國化的重要標誌之一。究其原因主要是他預言興佛的能力，有助於穩定時局，故得統治者青睞及支持，使他變成為一代名僧。

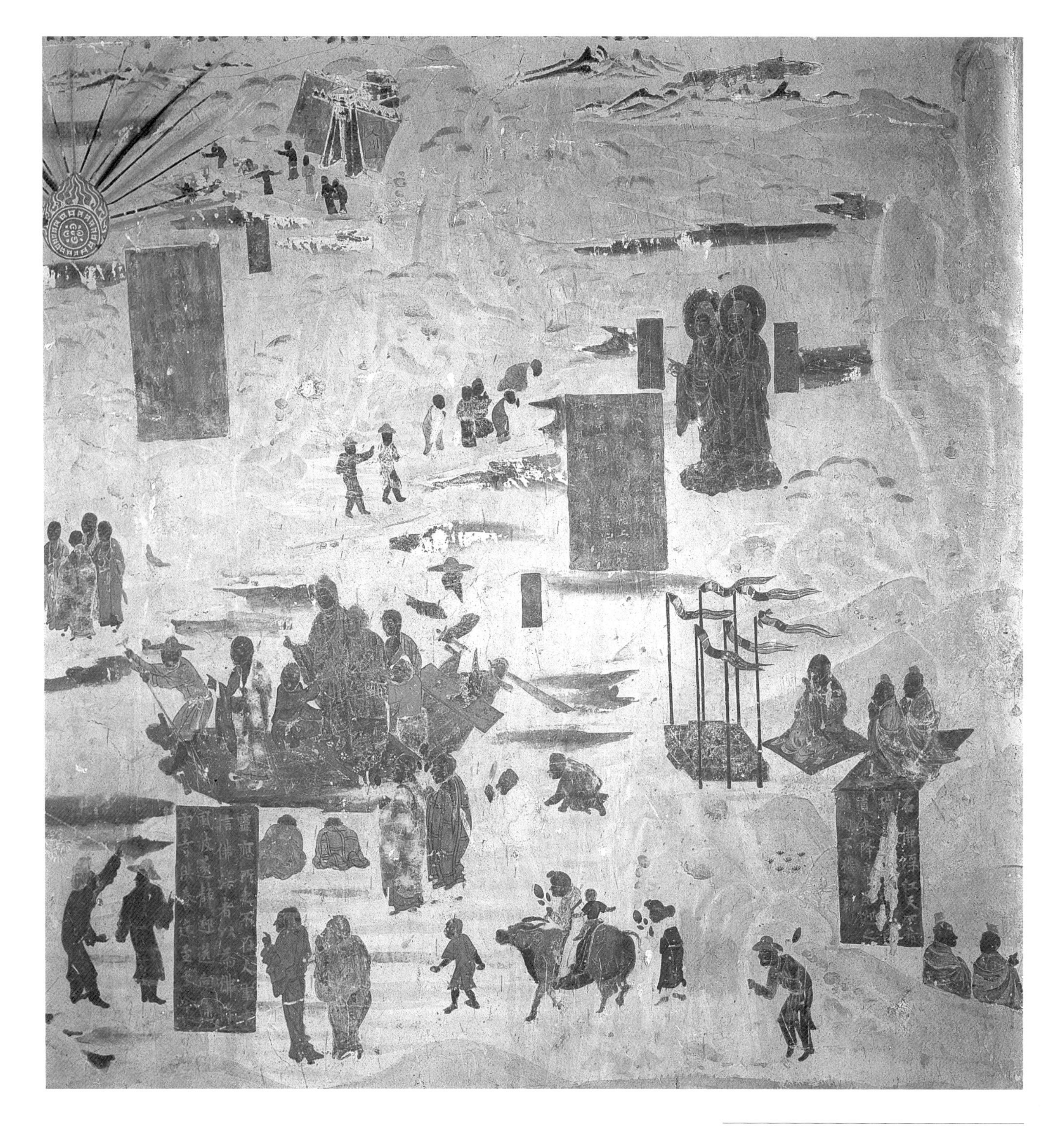

**122 石佛浮江故事全圖**

圖中的城是交州城，在城的前面是合浦海域，在這裏發現佛像身光。其下是江南的吳淞江浮出兩個石佛，江邊有僧俗禮拜。右下方是天師道道士設醮壇迎接石佛。再向左側是吳縣人朱應和東林寺僧僱船載石佛去通玄寺。

初唐 莫323 南壁西端

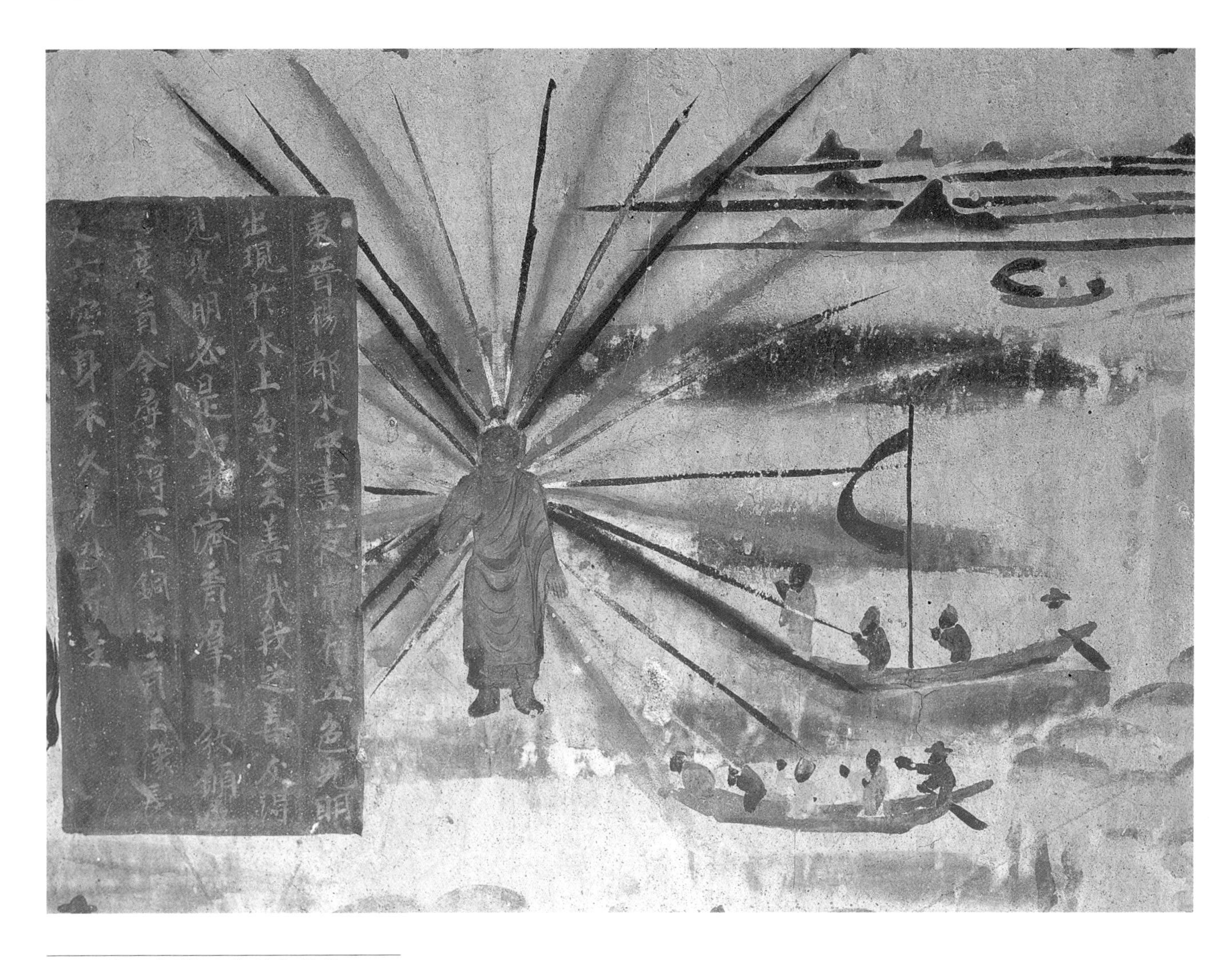

**123　長干寺附近發現金佛像**

東晉時代，楊都的水域中，每當晚上放出五色光彩。漁父見此，從水中撈得古代阿育王所造的釋迦像，長一丈八尺。

初唐　莫323　南壁

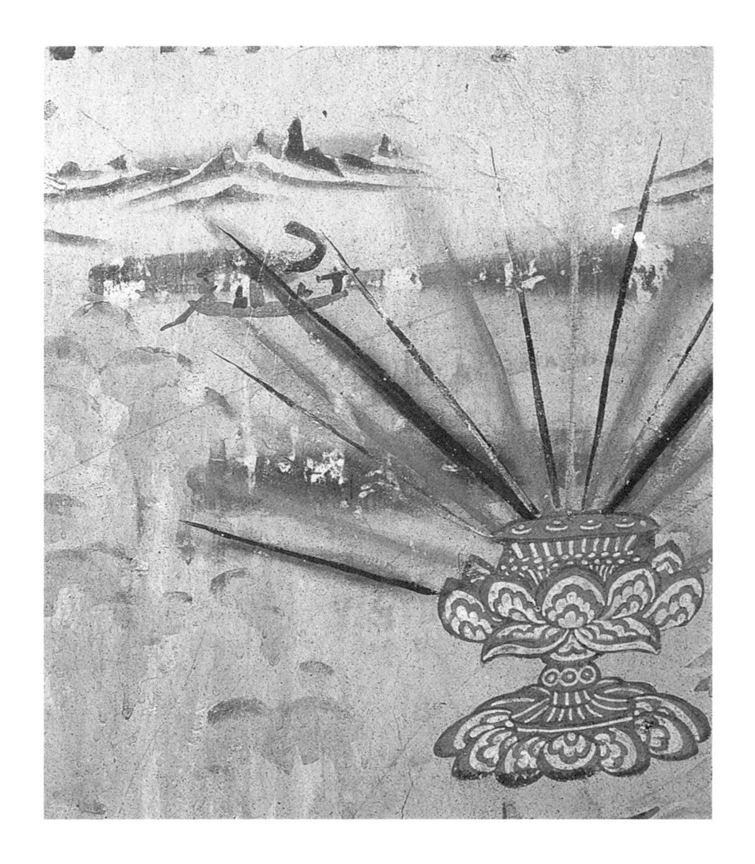

**124　長干寺附近發現銅蓮花座**

初唐　莫323　南壁

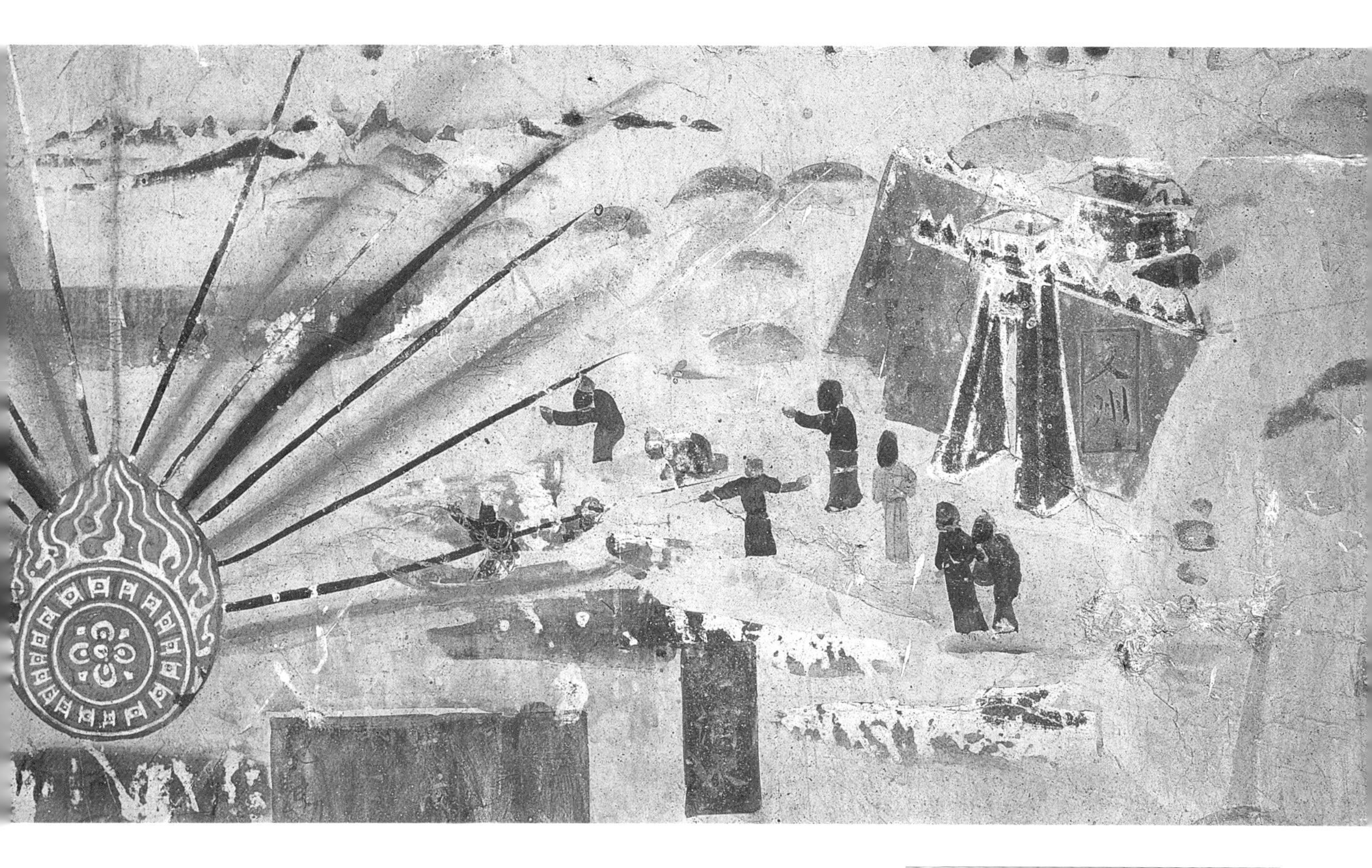


**125　合浦發現佛像身光**

合浦（今廣西合浦）發現光芒萬丈的佛像身光，右側是交州城，城前有小艇划行的地方是合浦海域。

初唐 莫323 南壁

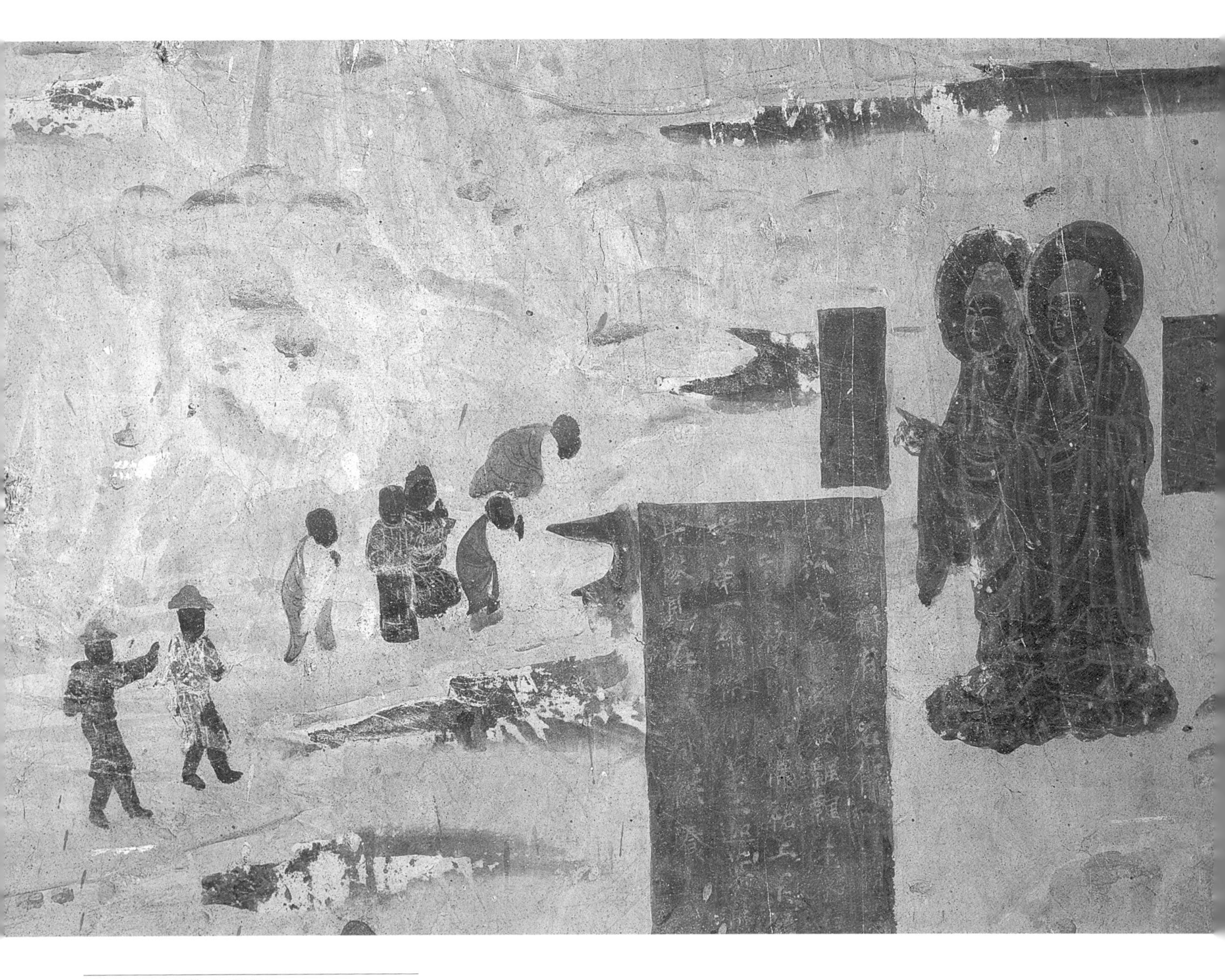

**126 二石佛在飄浮**

一為迦葉佛，一為惟衛佛，吳縣人朱應和東林寺僧侶到江邊齋戒禮迎石佛。

初唐 莫323 南壁

**127 道士設醮迎接石佛**

兩石佛出，一個是迦葉佛像，另一個是惟衛佛像，道士以為是張天師像，設醮迎接，但不成功。旁有榜題："石佛浮江天下希瑞……道未降□醮迎之□□不□而歸。"

初唐 莫323 南壁

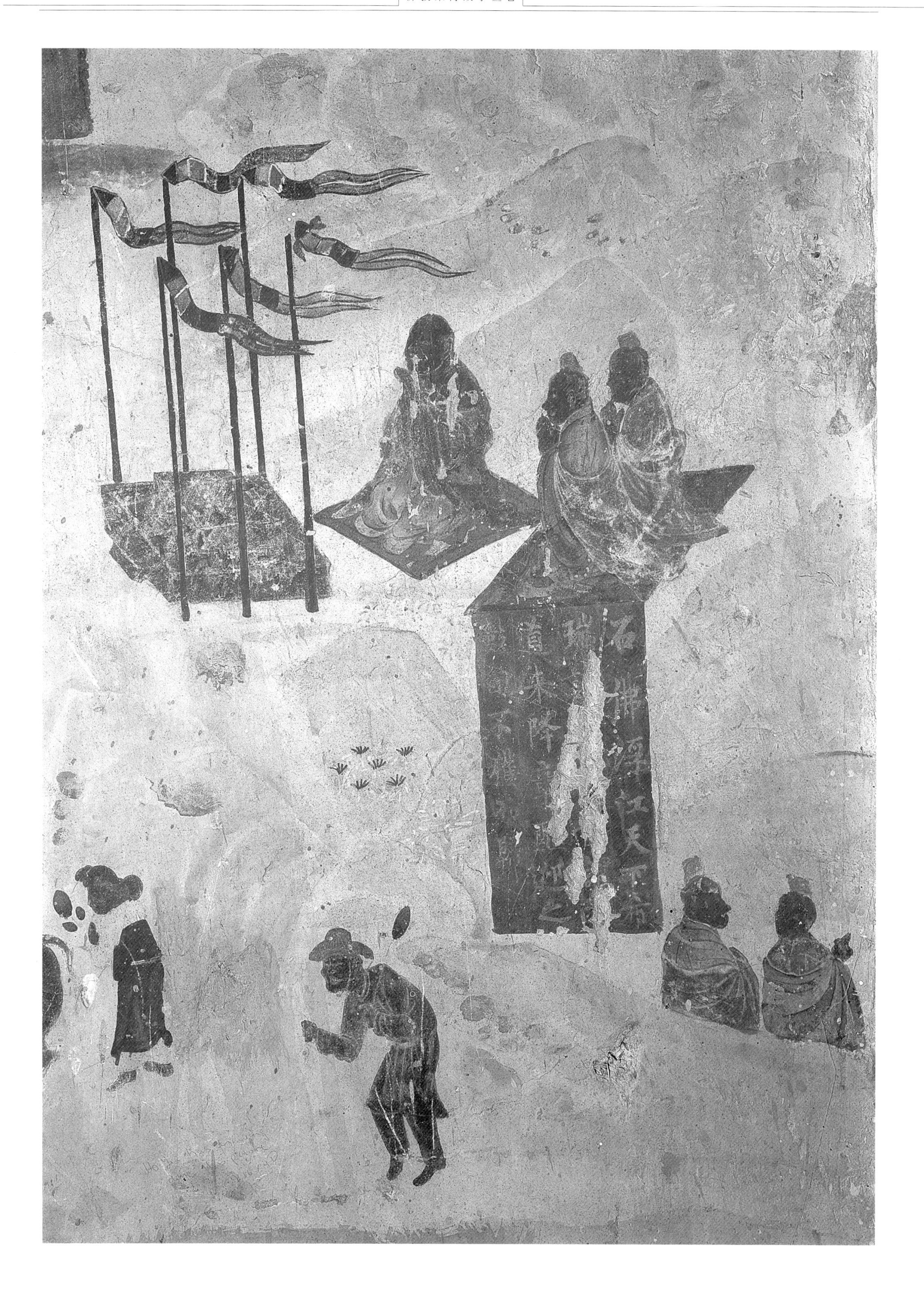
石佛浮江天下

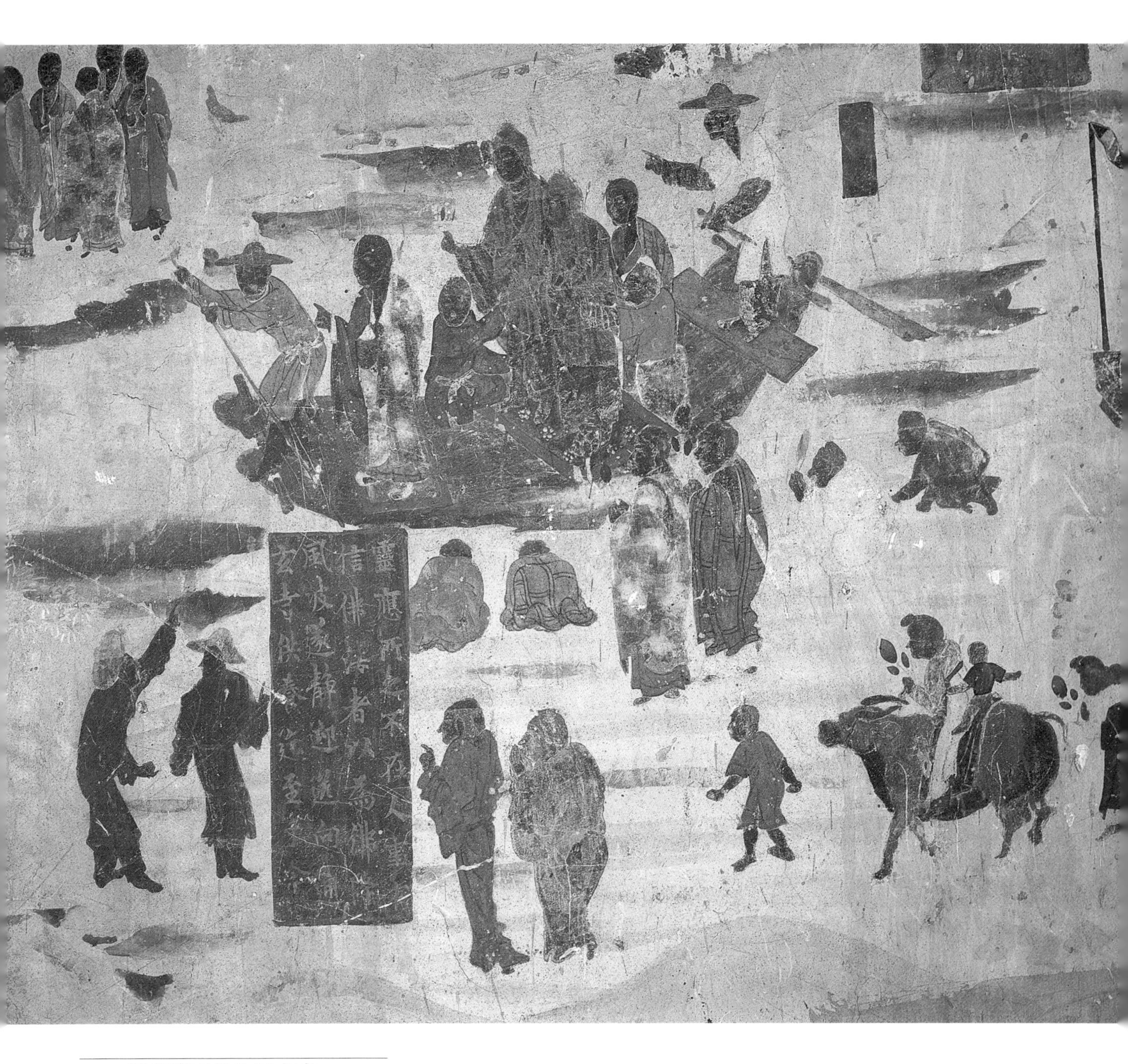

128 **僧俗迎石佛入通玄寺**

小艇載兩石佛像入通玄寺，旁有三人扶着，一僧人在船頭指示方向。岸上僧俗人等圍觀，有些還在伏拜，一個婦人攜子乘牛持花合十而來。

初唐 莫323 南壁

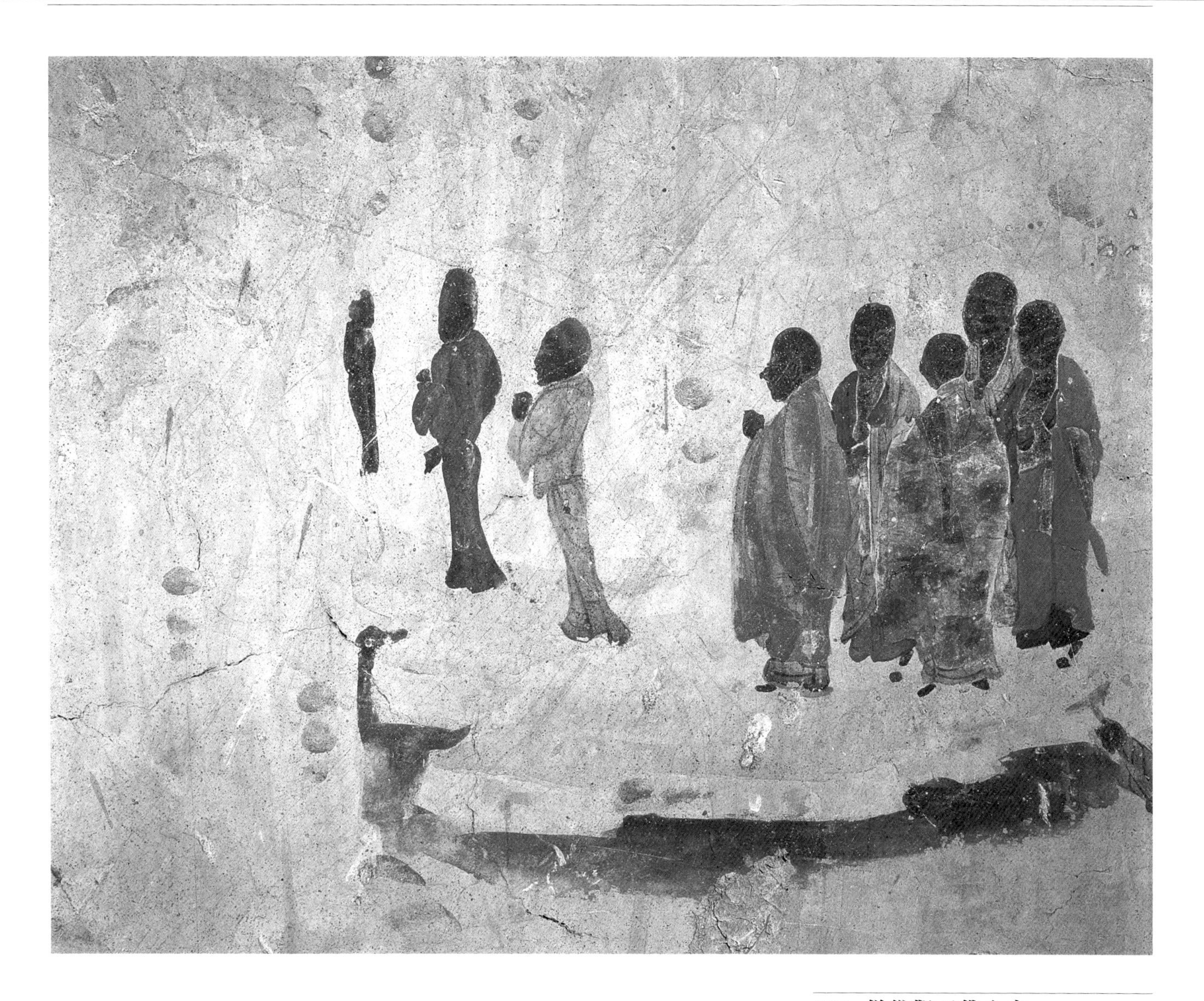

**129 僧俗觀石佛入寺**

當地僧俗僱船將江中飄浮的兩個石佛送去通玄寺供奉。

初唐 莫323 南壁

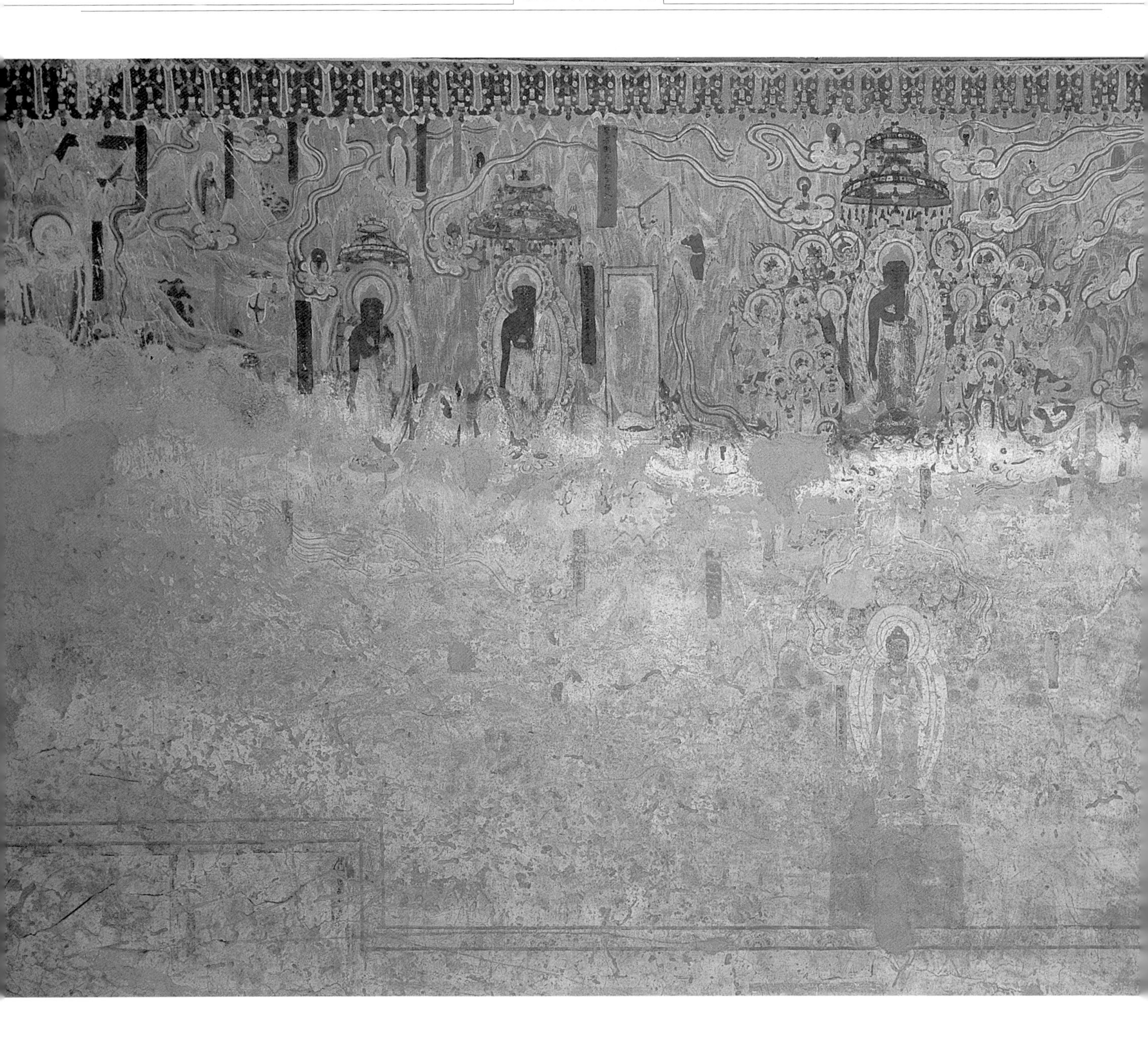

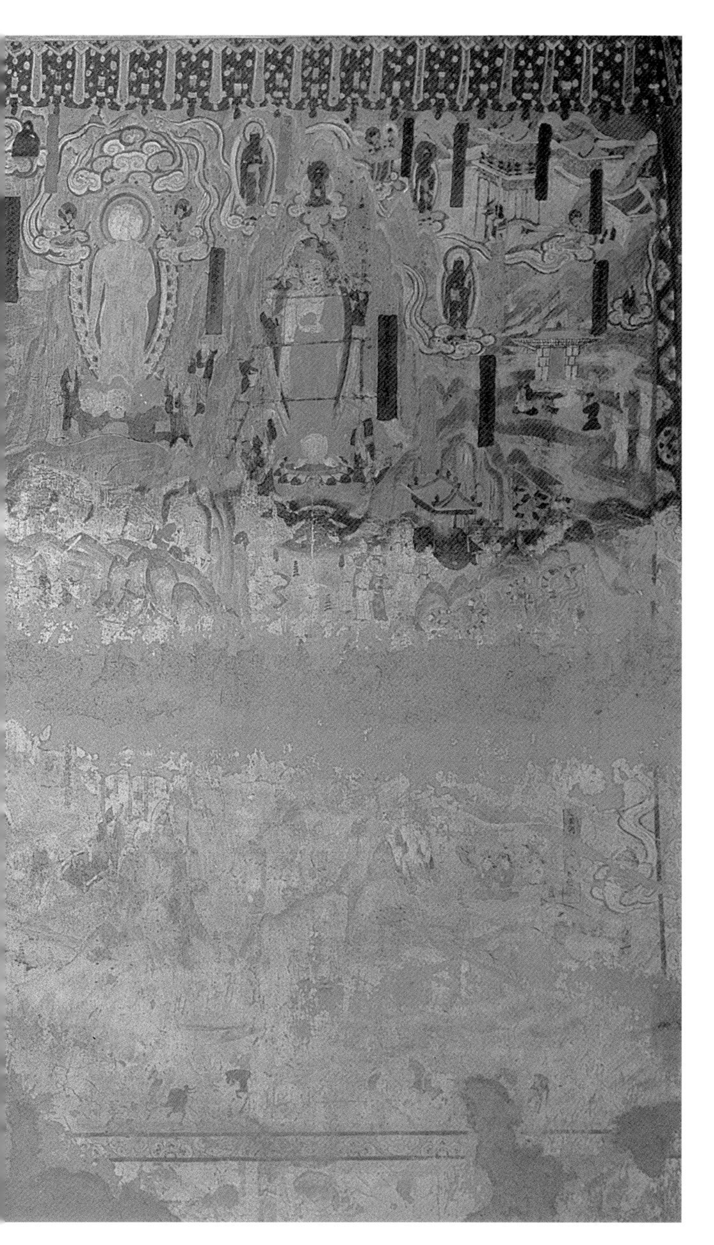

**130 劉薩訶和尚因緣變相全圖**

這是敦煌莫高窟三大歷史故事壁畫之一。此畫下部為風沙破壞，僅餘上部，現存御容山石佛安頭故事三十餘情節。全圖以中央御容山大石佛為中心，向兩側和上下鋪排劉薩訶預言佛頭的各個情節，右上角是人們安裝佛頭，左側是各地派人到御容山摹寫大佛的盛況。

五代 莫72 南壁

**第72窟劉薩訶和尚因緣變相示意圖**

下圖選出的局部繪畫御容山石佛安裝佛頭和百姓慶祝的經過。圖131是百姓發現石佛頭，圖132是全圖中心，繪畫石佛安裝佛頭後諸菩薩來朝的盛況，圖133是安裝佛頭屢次失敗，至圖134才成功安裝，圖135是百姓稱慶，圖136是全國各地派人到御容山摹寫石佛，圖137是石佛真身從天而降。

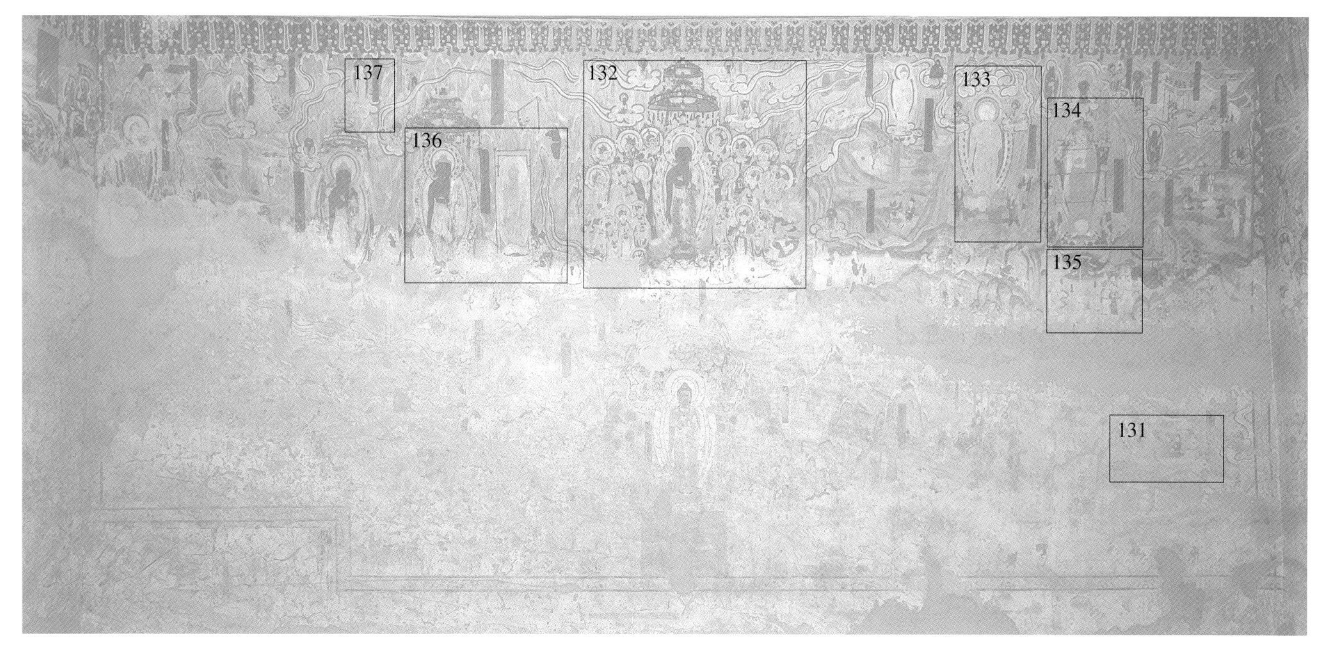

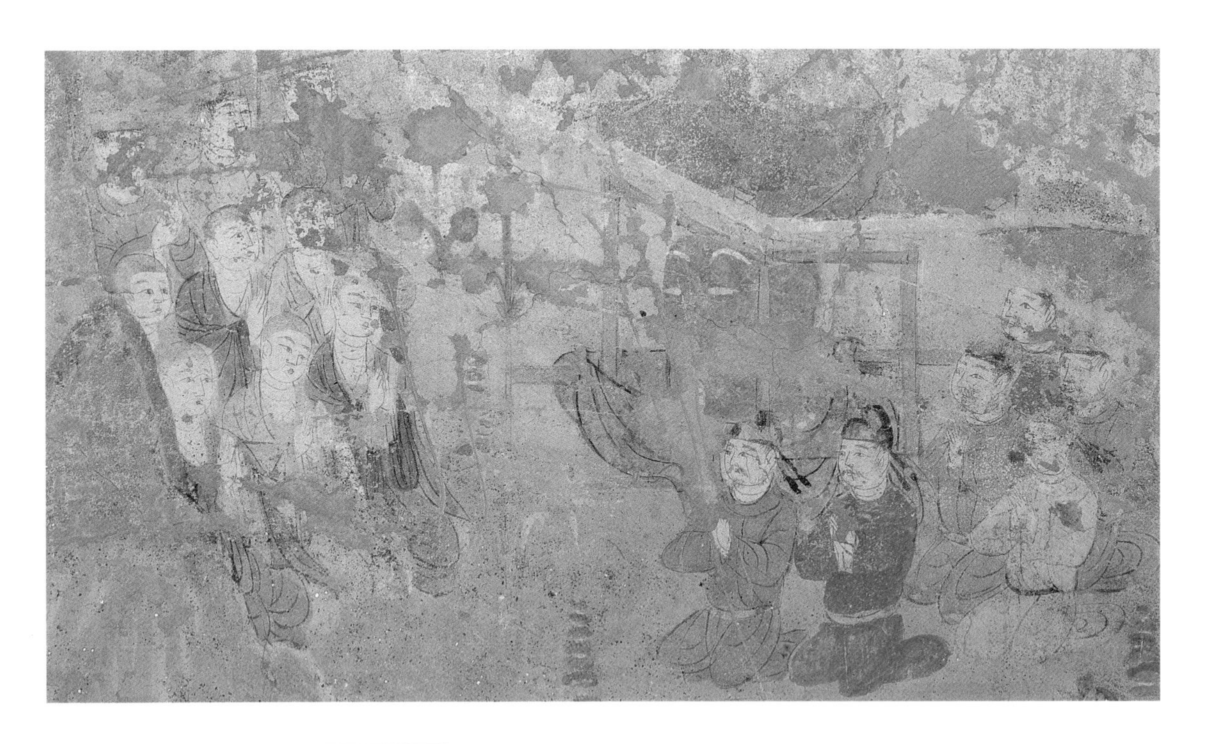

131 **涼州士庶送佛頭入寺**

涼州七里澗發現一個發光大佛頭，當地僧俗把它送進佛寺，後來被安放在御容山無首大佛上。

五代 莫72 南壁

132 **御容山大石佛**

五代 莫72 南壁

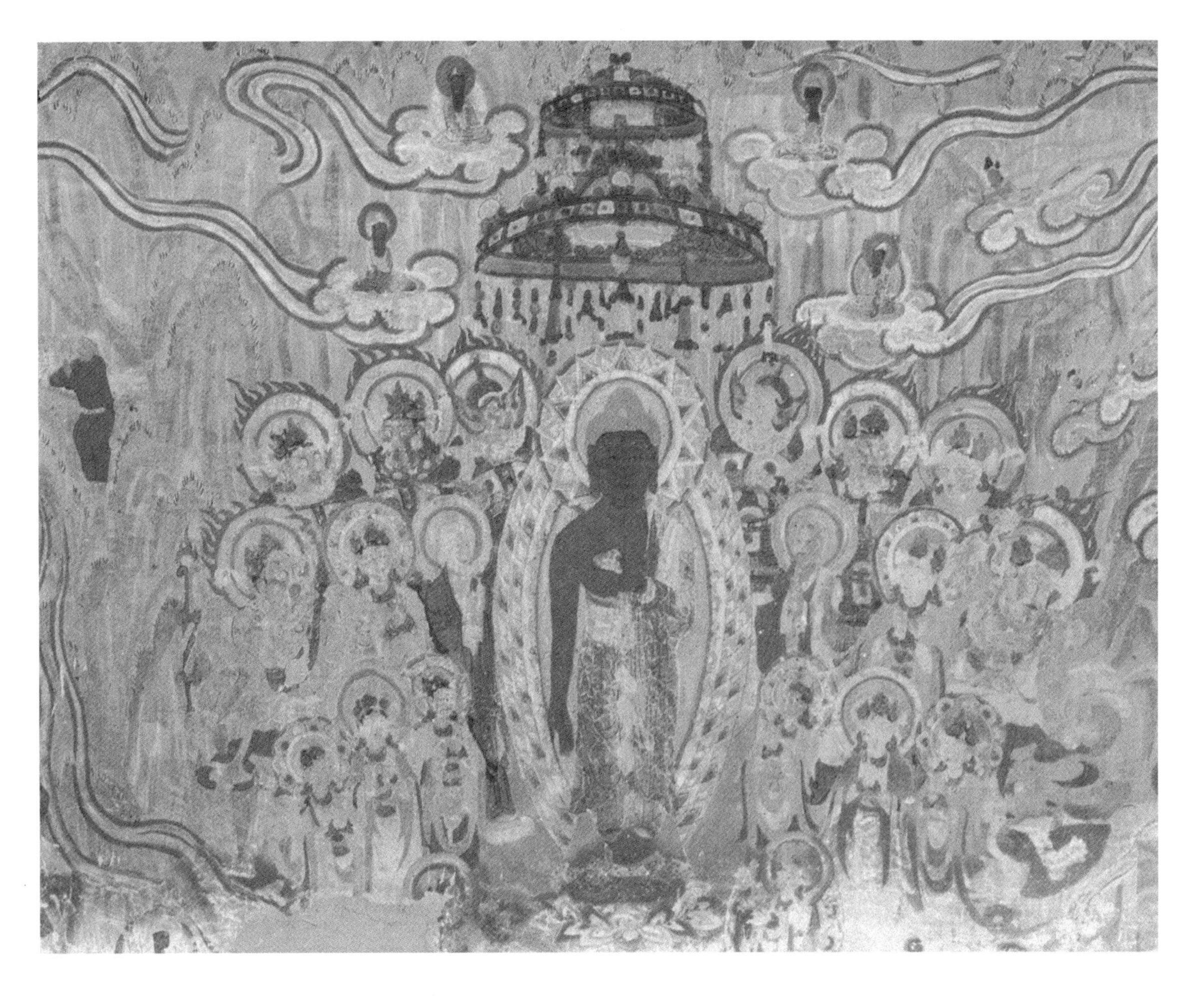

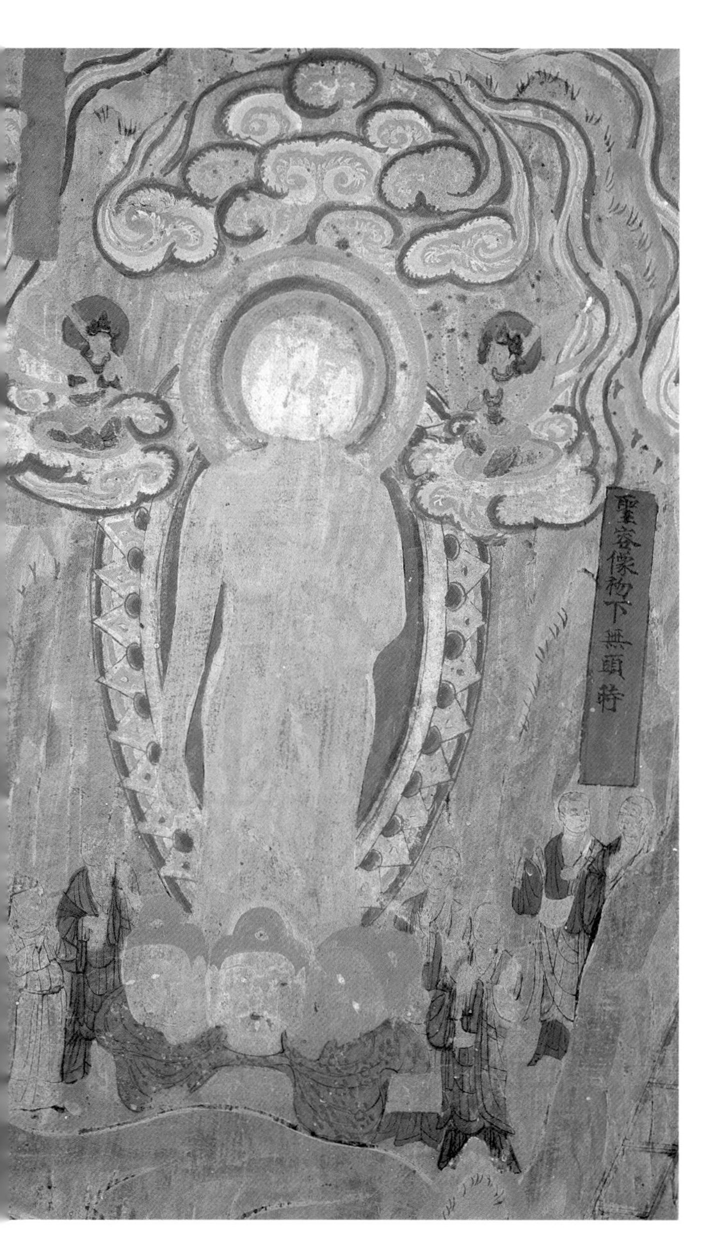


## 133　御容山無頭大佛像

御容山的山崖發現無首石佛像，僧俗為此石像安佛首，但皆跌在佛腳旁邊，腳下有三個佛頭，代表多次安頭失敗。劉薩訶曾預言佛頭掉下，正是天下離亂之時。

五代　莫72　南壁

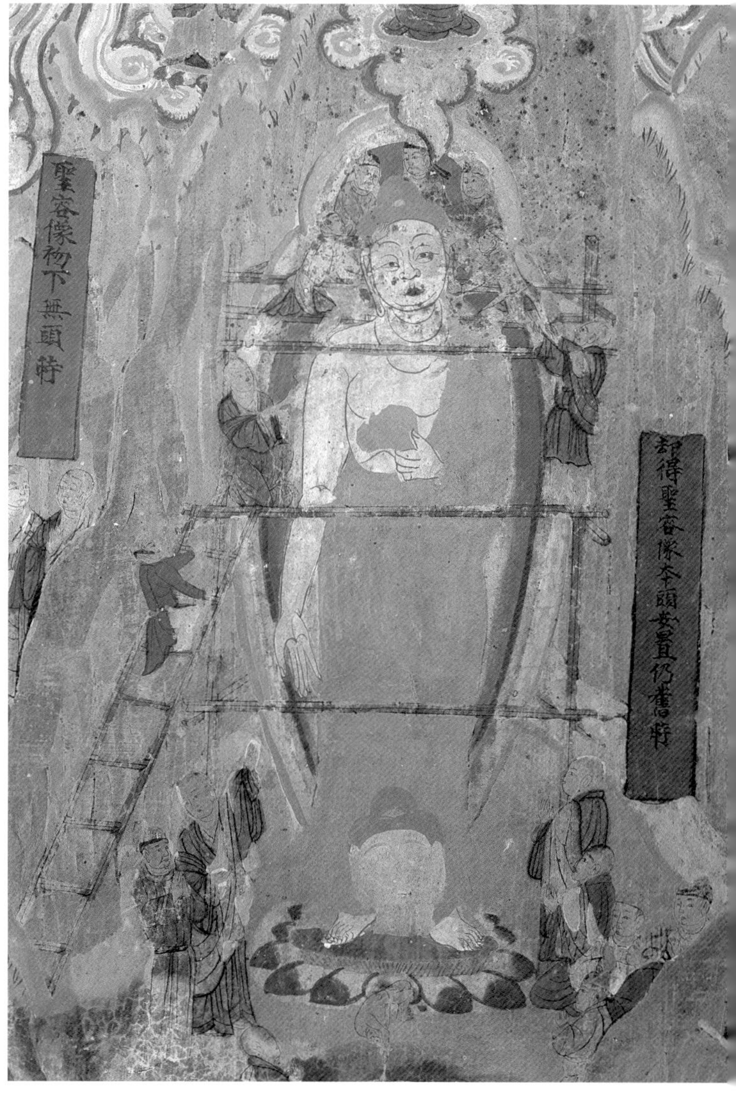


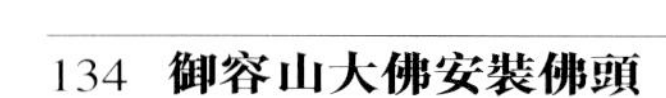

## 134　御容山大佛安裝佛頭

涼州人成功將七里澗發現的石佛頭安在御容山無頭大佛上，佛像腳下的另一個佛頭是以前掉下來的。應驗了劉薩訶的預言，自此佛教昌盛，中國安定。

五代　莫72　南壁

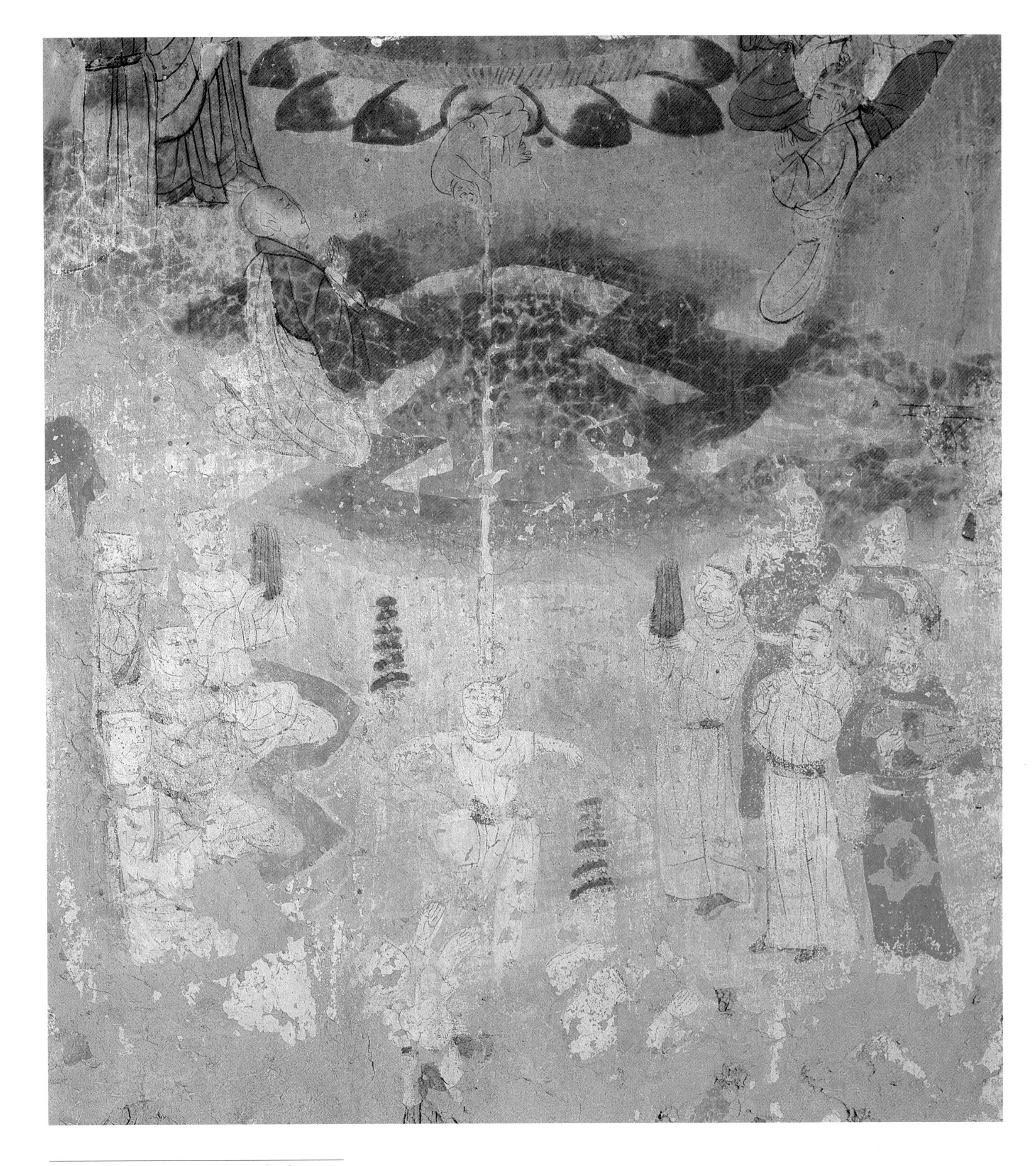

135 **百姓慶祝佛頭安裝成功**

佛頭安裝成功後，百姓稱慶，旁有樂隊和雜技百戲（戴竿）表演，有一個人在長木棒上翻身，以示慶祝。

五代 莫72 南壁

## 136 畫師圖寫御容山石佛

隋煬帝通令全中國派人到御容山摹寫石佛，畫師已在畫紙上勾出大佛的輪廓。煬帝西征經河西回京時，曾到御容山的瑞像寺禮拜。

五代 莫72 南壁

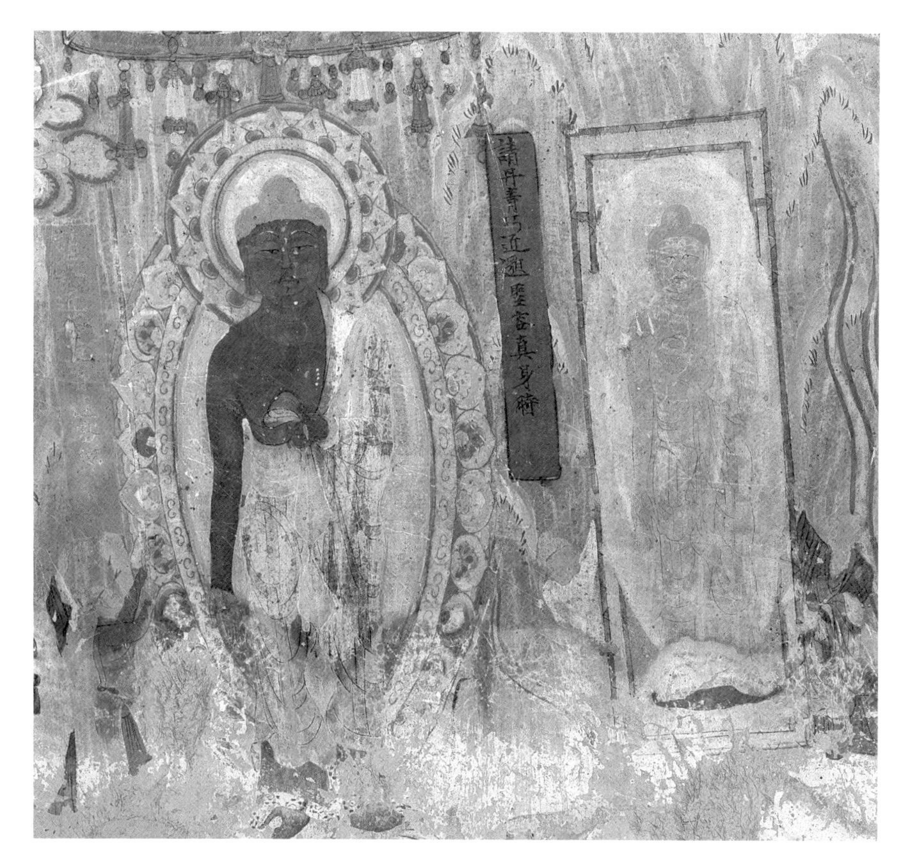

## 137 石佛聖容真身乘雲而來

五代 莫72 南壁

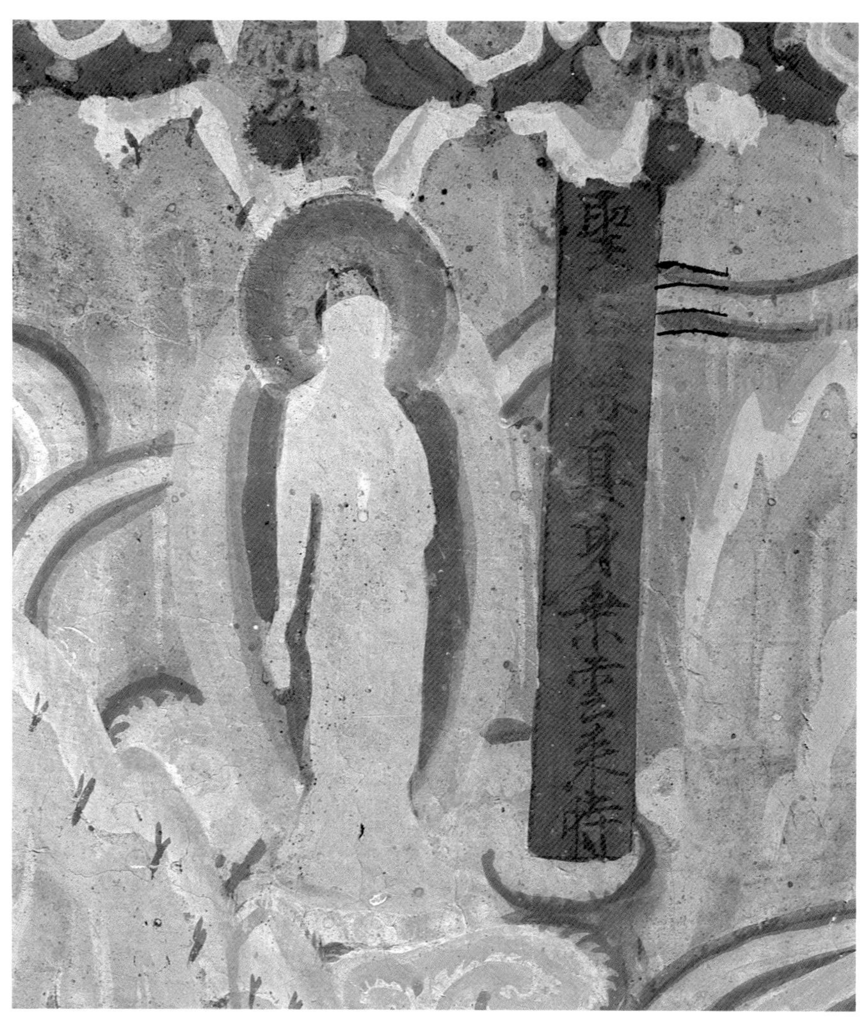

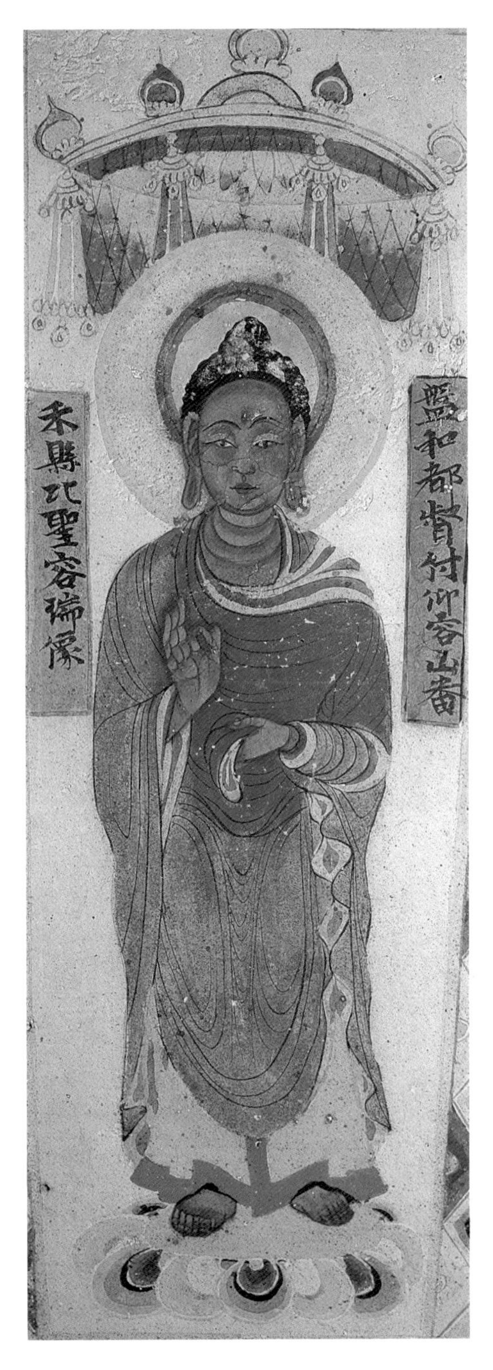


## 138 御容山石佛瑞像

這個瑞像是依御容山石佛像繪畫的，榜題寫明此瑞像的原位置在“番禾縣”，該地在今天武威市西面一百七十公里，就是御容山石佛的地方。

中唐 莫231 西壁佛龕頂

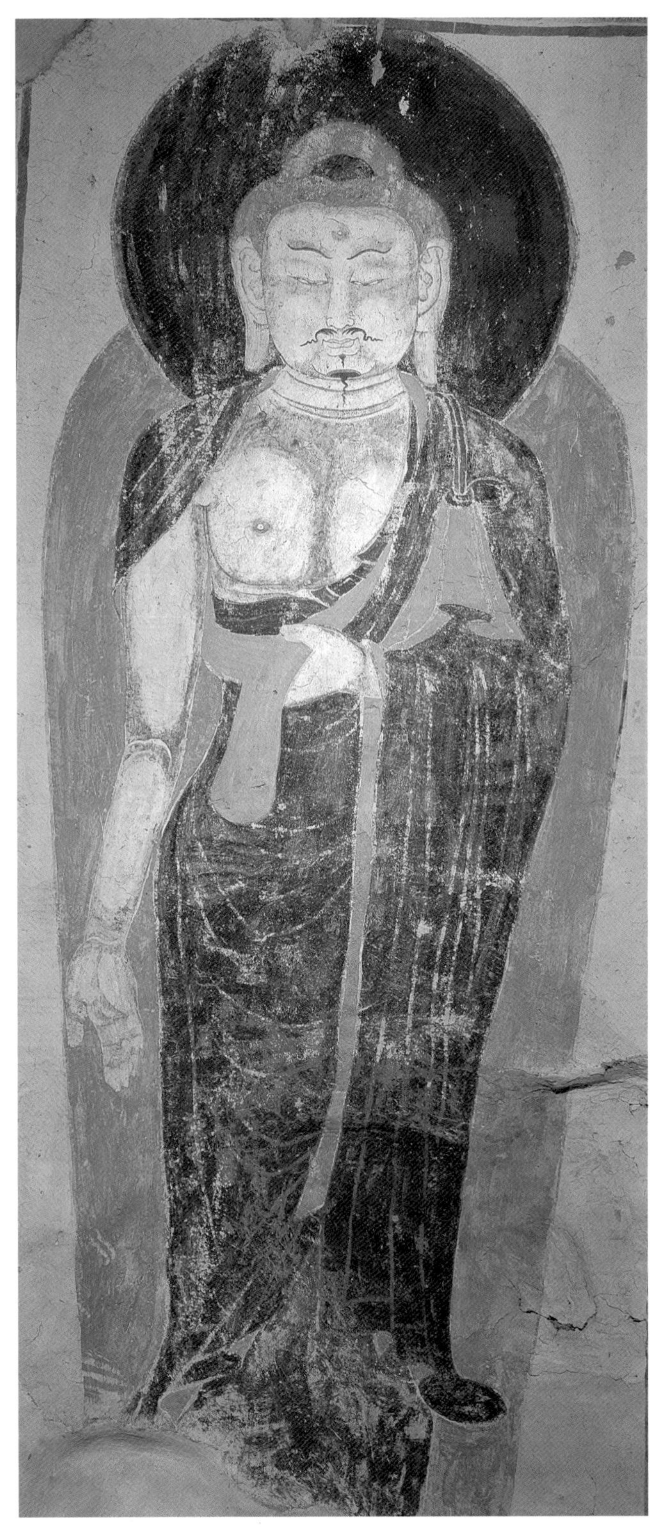

## 139 涼州瑞像

中唐至晚唐的瑞像是一組並列的，五代和宋代時已脫離瑞像羣而單獨繪出，以甘肅武威西面的御容山石像為摹寫對象的涼州瑞像，就是宋代的典型例子。

宋代 莫 76 甬道頂

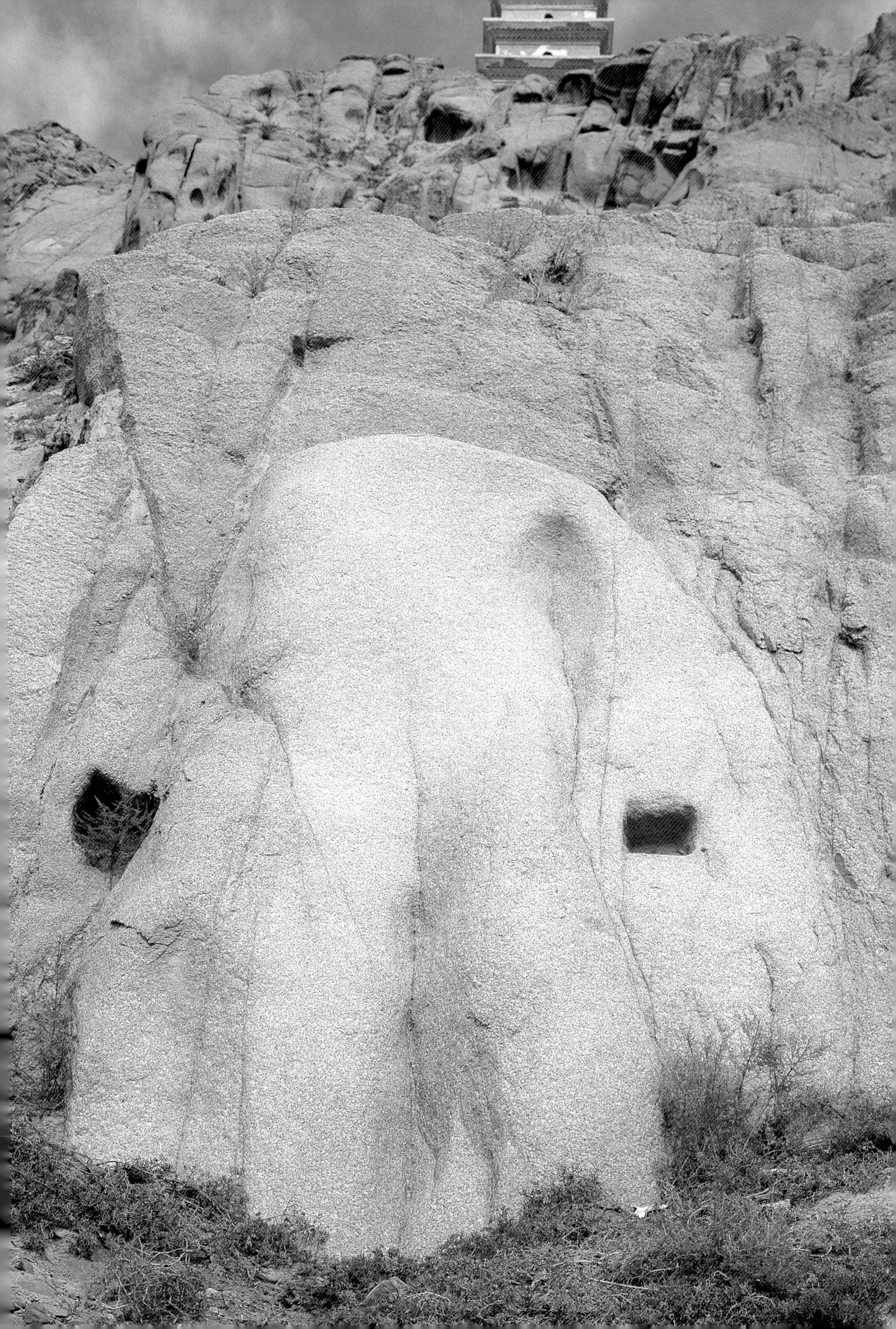

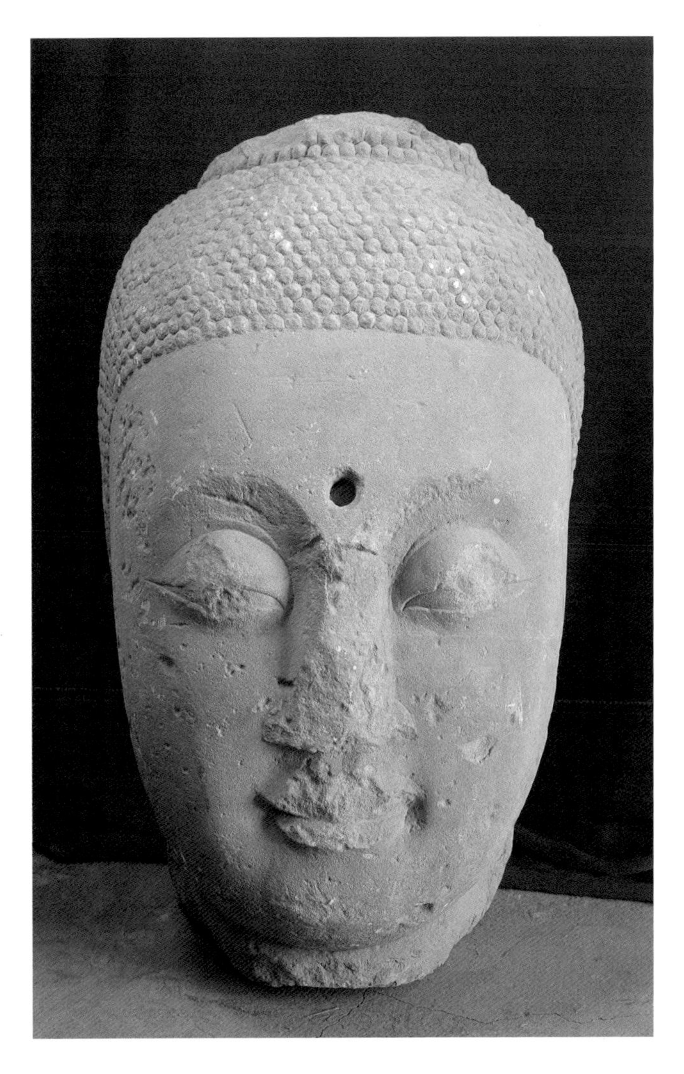

141 **甘肅省後大寺石佛頭**

石佛頭灰色，圓雕，此佛頭經專家鑒定，一致認為是北周時期的原作，和文獻記載相合。現收藏於甘肅省金昌市永昌縣文化館。

140 **御容山石佛現狀** ◀ 見上頁

這是現存甘肅省番禾縣的無頭大佛，佛腳為沙土所埋，旁邊原有一佛寺，1950年代仍存。

142 **御容山石佛附近的石刻**

石刻在石佛對面不遠的地方，上段為藏文，中段西夏文，下段是漢文。

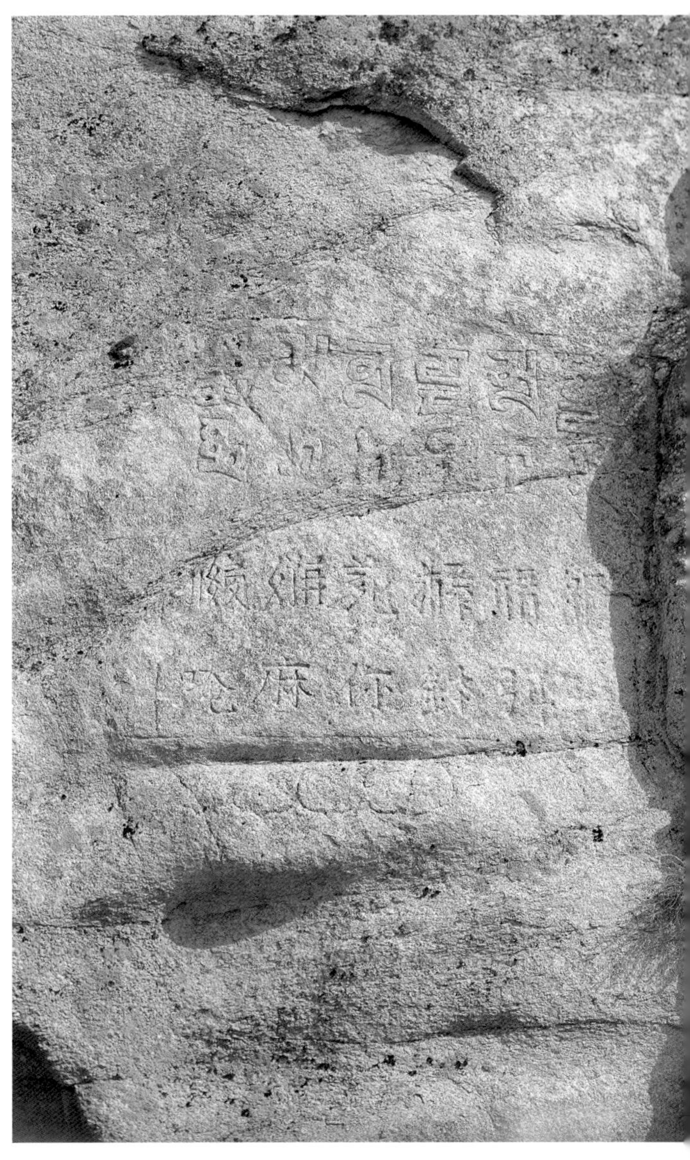

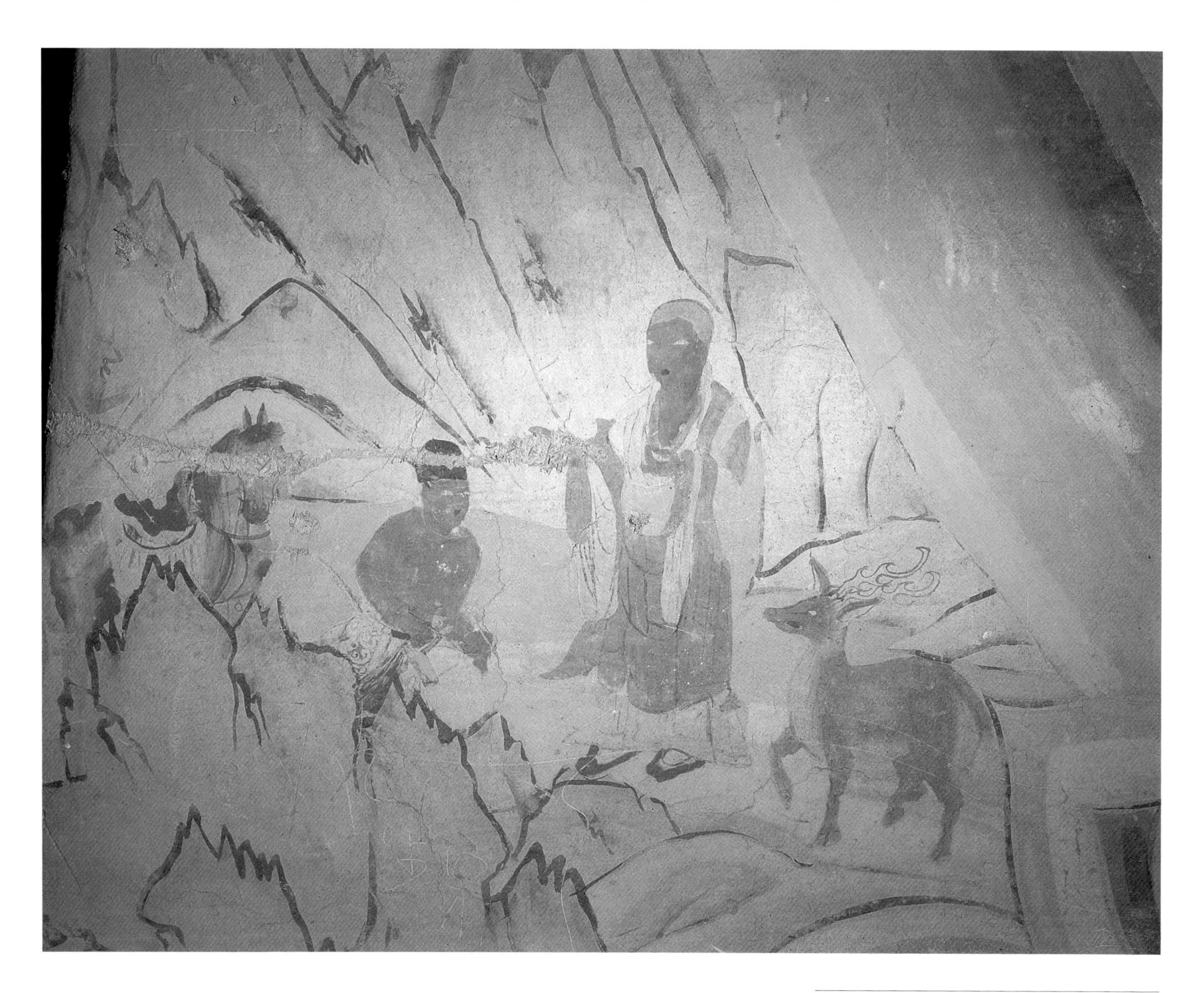

## 143 李師仁入山射鹿

這是御容山石佛出現經過的另一則故事。故事記載於“御容山石佛瑞像因緣記碑”之中。故事主人翁李師仁入山打獵，馳騎追鹿欲射，被一僧人歡止。當李師仁出山賦歸，天地大概感於放下屠刀，立地成佛之理，頓時風雲變色，雷霹山崩，御容山出現了大石佛。

五代 莫98 背屏後

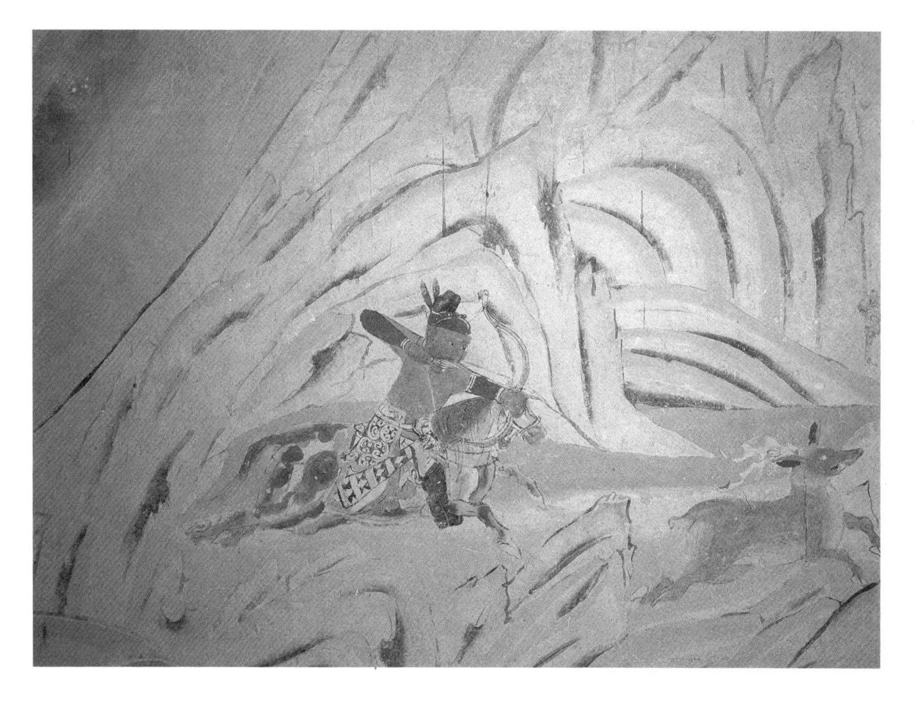

## 144 李師仁入山射鹿

五代 莫61 背屏後

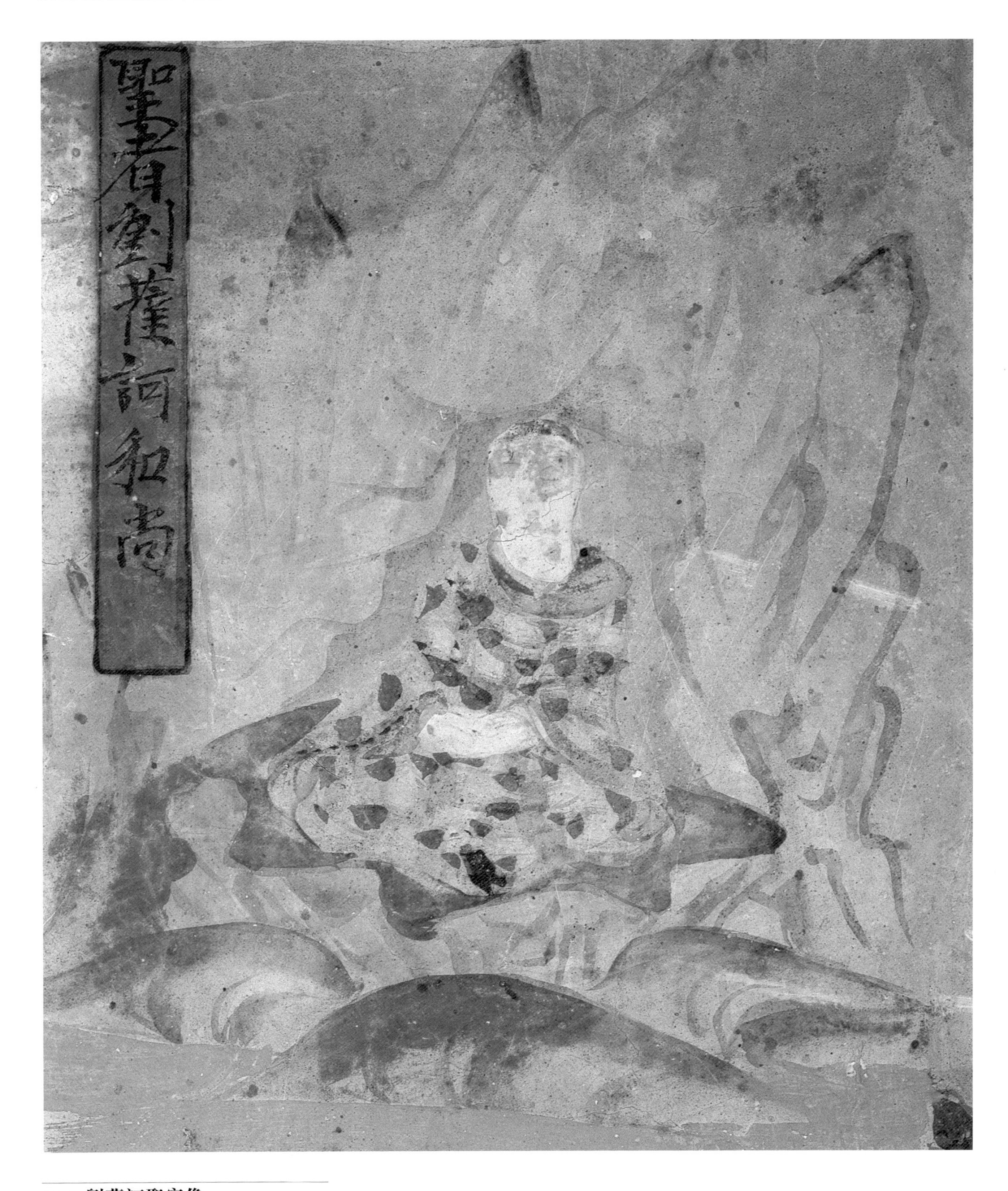


**145 劉薩訶聖容像**

五代 莫72 西壁

## 第六節 弘護佛教的曇延

曇延法師（公元516-588年）是北周涅槃經學著名學問僧，俗姓王，蒲州桑泉（今山西省臨晉）人，出身北朝世家大族。十六歲雲遊佛寺，聽妙法師講《涅槃經》，深悟其旨，毅然出家。出家之初，在太行山百梯寺修持，撰《涅槃疏》。寫成後，猶恐不合正理，把經和疏放在仁壽寺舍利塔前，燒香誓願說：曇延以平凡之人測度聖心，寫成《涅槃經》詮釋一卷，如果道理微妙深入，則請顯靈。反之，就是注疏不對，誓不傳授。說完經疏同放異光，通夜呈祥，僧俗稱慶。同時塔中舍利放出神光，三日三夜輝耀不絕，光照天漢，遍及山河，自此以後曇延盡力傳揚《涅槃疏》。當時人比較他和慧遠（公元523-592年）所著的《涅槃經義記》，評價慧遠文句恰當，世上罕有；但論綱目清楚，通達明白，曇延比慧遠優勝。

當時山上住了精通儒釋經典的薛道衡，聽聞曇延年少知識淵博，夙悟超倫，於是往訪。大家語言相戲，更無恭揖，薛道衡戲題“方圓動靜”，要求曇延體驗四字內容。曇延應聲而答：“方如方等城，圓如智慧日，動則識波浪，靜類涅槃室。"薛道衡折服不已。

北朝時，北周太祖以曇延修持的百梯寺路遠難行，特選太行山西嶺佳勝之地為其建寺，名為雲居寺，南朝陳國大使弘正認為他是活菩薩而禮遇有加。其後北周武帝計劃滅佛，曇延極力勸諫，但周武帝不從，被迫還俗後隱居太行山。隋文帝建國，曇延立即剃度穿法衣，手執錫杖，晉謁隋文帝，勸他廣興佛教。文帝言聽計從，讓曇延剃度四千餘僧，並命他們為“曇延之眾”（“眾”是隋代佛教的宣教團體），並立延興寺。公元584年（開皇四年），文帝改稱京城東、西門為延興門和延平門，可見曇延影響力十分巨大。

公元586年（開皇六年），天下亢旱，隋文帝命京兆太守蘇威問曇延天旱之由。曇延答道君乃萬民之主，羣臣之首，卻不親自為百姓祈雨，故是否下雨，繫足於此。隋文帝遂決定躬自祈雨，更派人迎曇延入朝，請他登大興殿御座，南面而坐傳授佛法，文帝及五品以上朝宰大臣，皆席地朝北而坐，聽受八戒。戒授完畢，日已中天，時有片雲遍佈全天，繼而天降甘霖，遠近百姓額手稱慶。兩年後曇延圓寂，享壽七十有三。薛道衡悲痛地稱頌他振興佛教的功德，說：“三寶由其弘護，二諦借以宣揚"。

莫高窟壁畫的曇延故事畫，可分為前後兩期，前期見於初唐第323窟南壁東端，系統表現曇延法師在北周和隋代振興佛教的事迹，故事作“凹”字形排列，各情節又可獨立成畫，情節洗練、內容清晰；後期即晚唐、五代至宋，表現他才思過人和神變機敏，其中包括薛道衡造訪質疑一段情節。兩期故事畫內容互補，綜合曇延畢生事迹。

第323窟的曇延故事畫情節，從他將《涅槃疏》放在寶塔開始，雖仍是神異形式，但主要表揚曇延的佛學成就，另外描繪他在周武帝滅法之後，恢復和發展佛教的巨大貢獻。

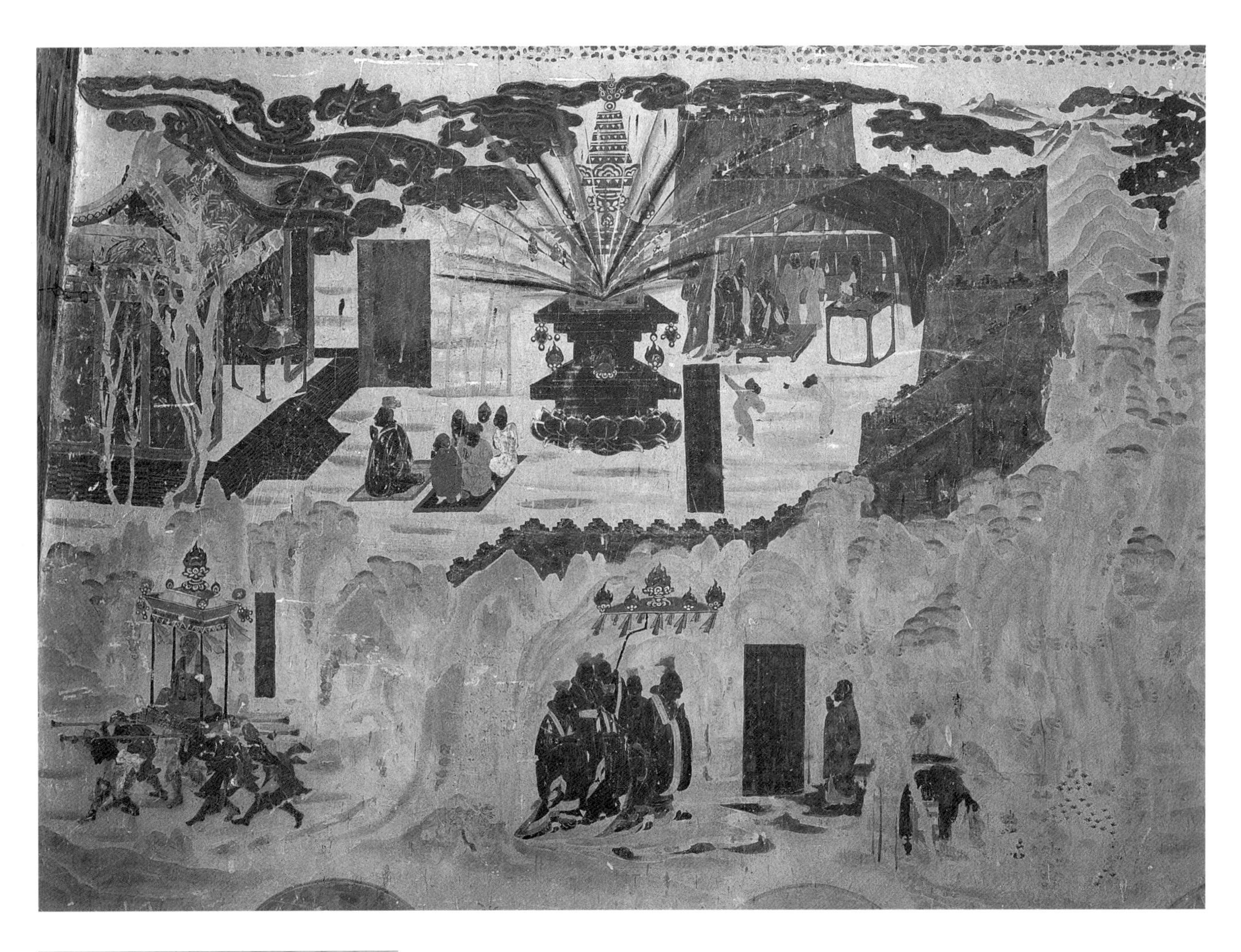

146 **曇延法師故事全圖**

初唐 莫323 南壁

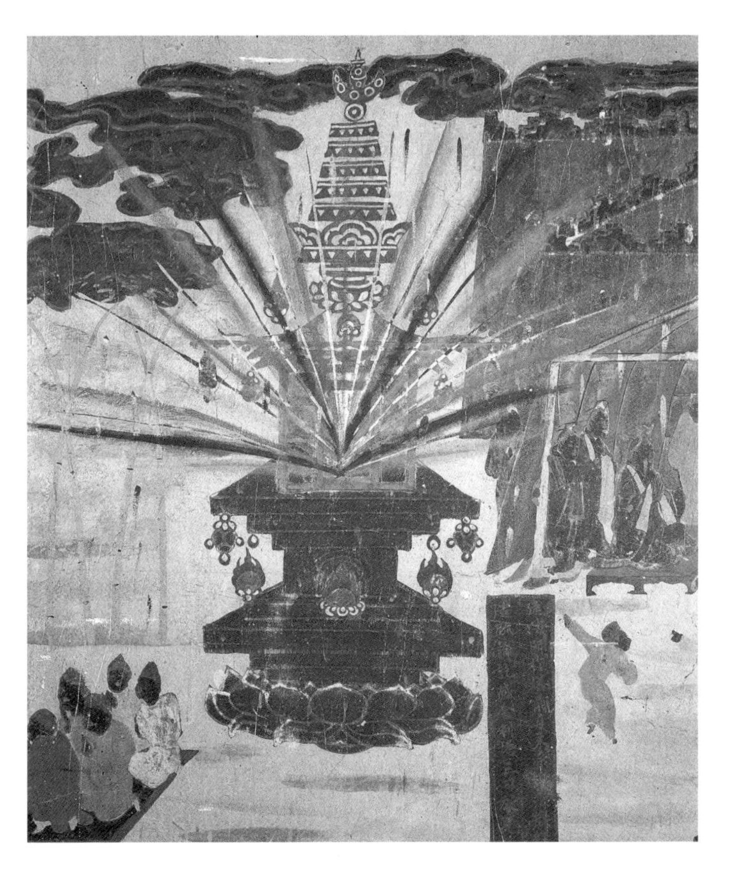

147 **涅槃疏卷軸放光**

曇延將其著作《涅槃疏》放在寶塔，塔即時放出光芒，表示他注疏正確，可以傳世。

初唐 莫323 南壁

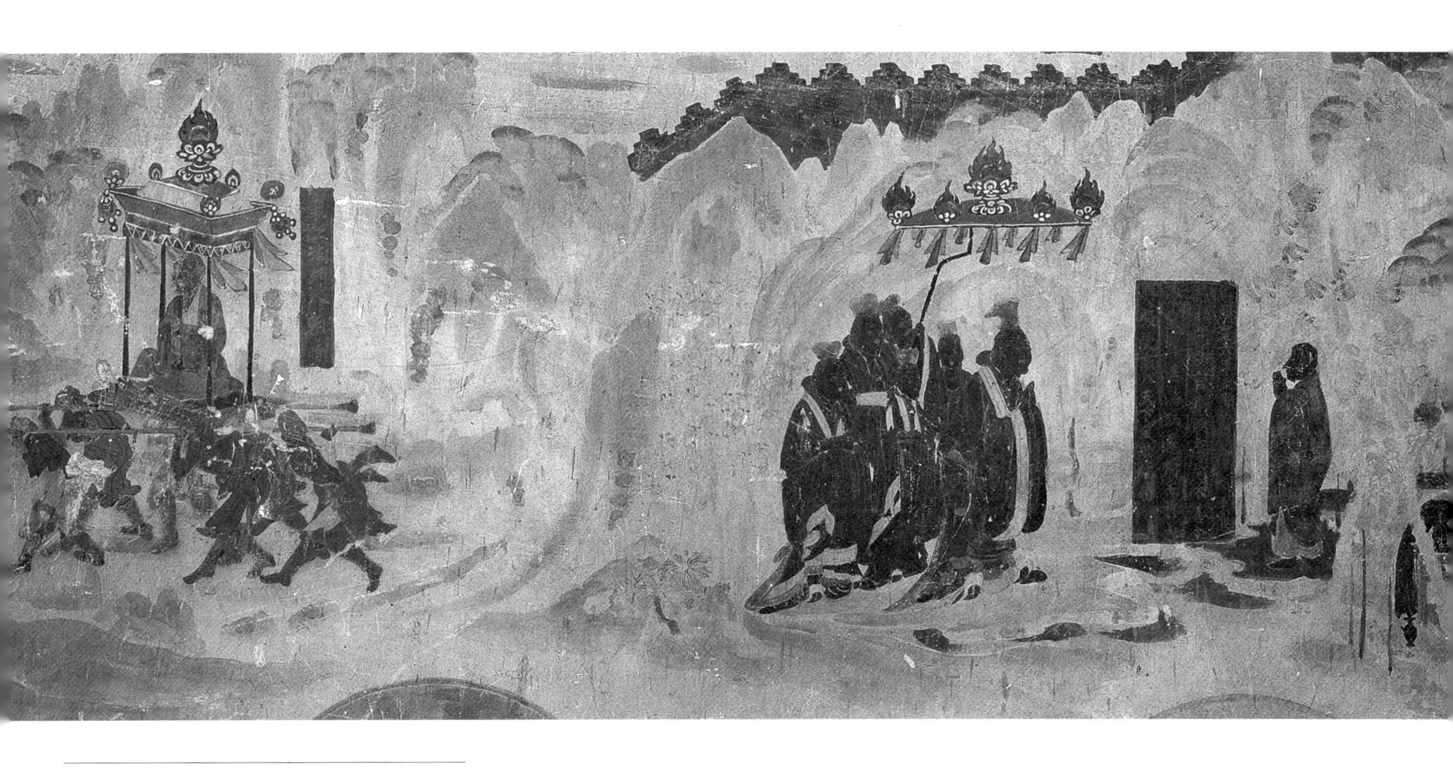

## 148 隋文帝迎曇延法師入朝

中國大旱，隋文帝親邀曇延入朝解天旱之困。左為隋文帝和侍從，右面一人獨立穿袈裟就是曇延法師。

初唐 莫323 南壁

## 149 隋文帝問曇延法師天旱原因

隋文帝在宮中設帳，曇延坐高几，文帝等人矮坐以示尊敬。當問得天旱的原因後，隋文帝遂親躬祈雨。

初唐 莫323 南壁

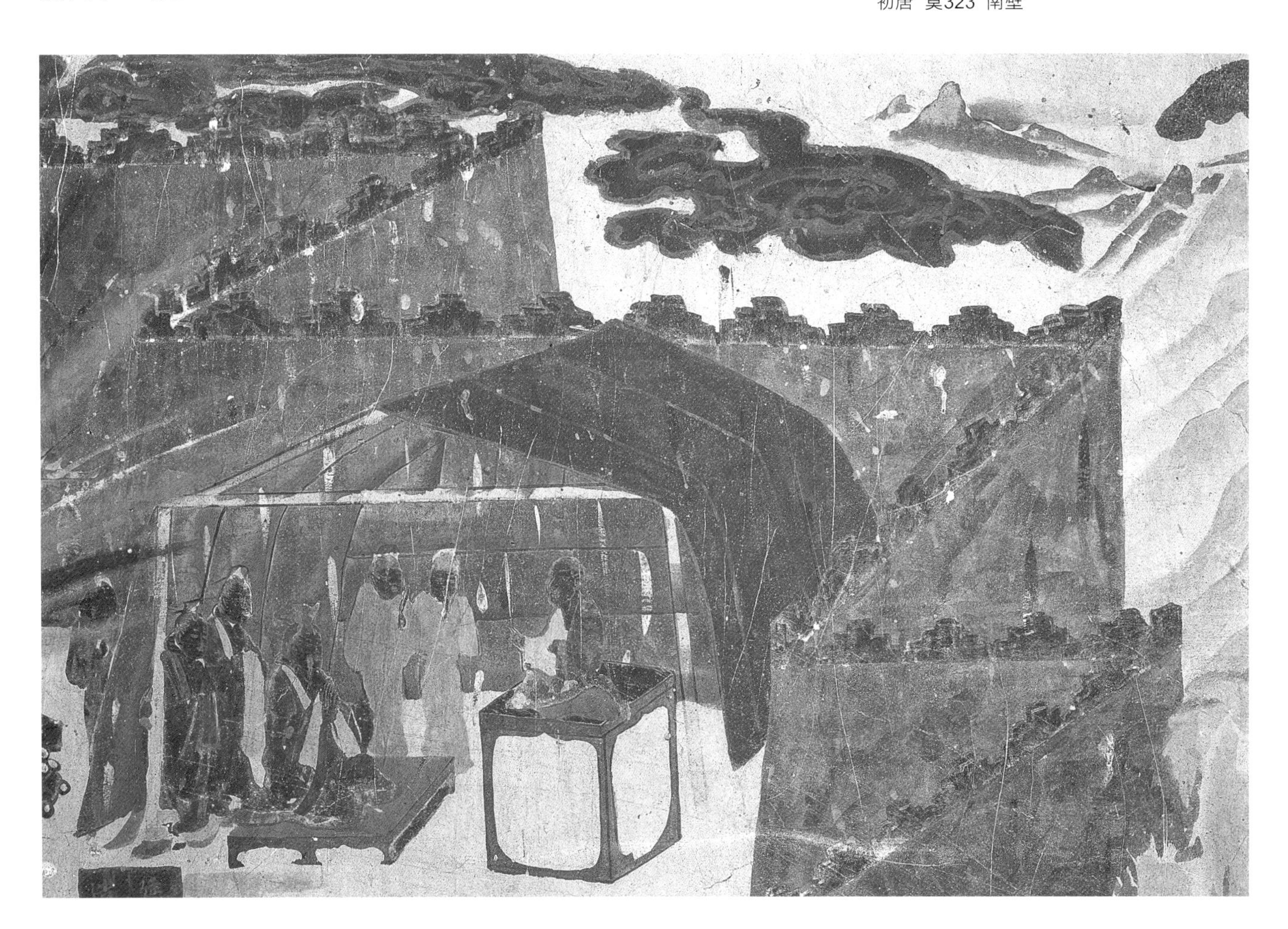

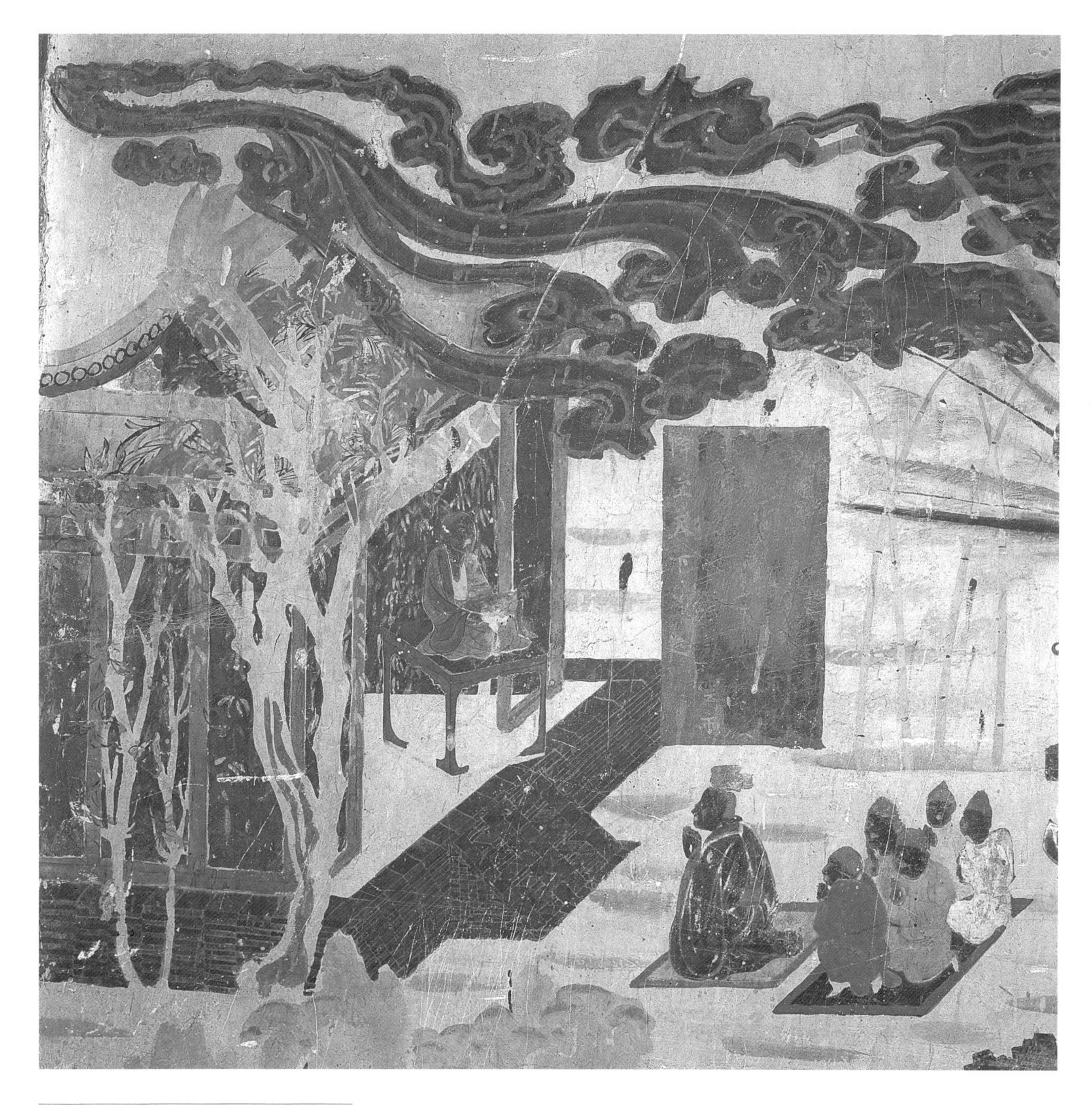

**150 曇延向隋文帝君臣授八戒**

曇延登大興殿御座，面向南方，向朝北下跪的隋文帝君臣傳授八戒，前跪第一人即隋文帝。朝南而坐是中國帝皇的坐向，朝北而坐是人臣之位，隋文帝讓御座予曇延法師，可見他是如何備受禮重。

初唐 莫323 南壁

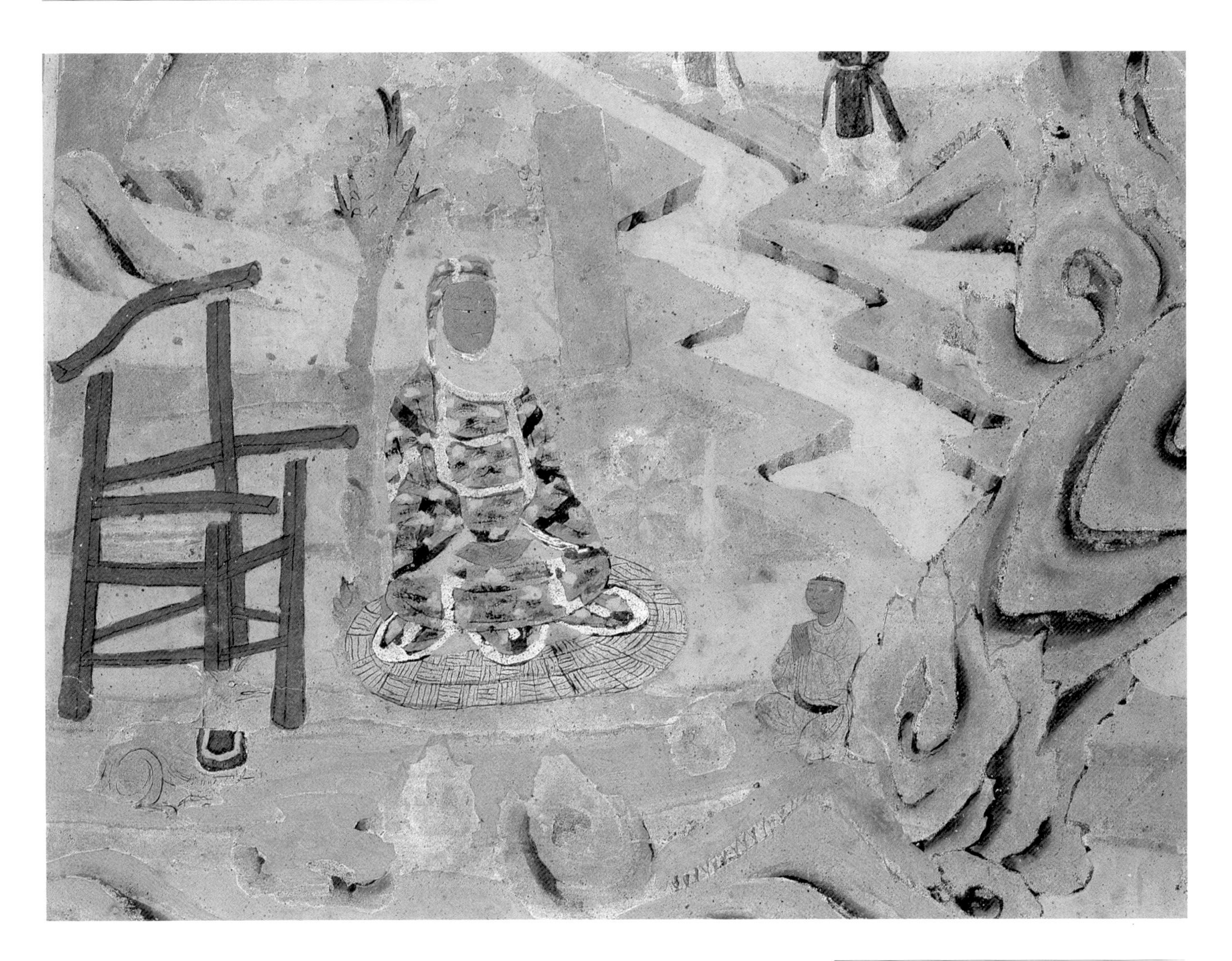

151 **曇延法師聖容**

五代 莫98 甬道頂

## 第七節 西行取經的唐玄奘

玄奘（公元602？-664年），唐代著名高僧，他經歷千辛萬苦赴印度取經遊學，名揚五天竺，回國後致力翻譯佛典，成為佛教一代宗師。而唐僧西天取經的事迹更為後人尊道，使他成為最受後世稱頌的名僧。

玄奘俗姓陳，洛州緱氏縣（今河南省偃師市陳河村）人，家貧，隨兄長在佛寺習經，十一歲時熟讀《法華經》和《維摩經》，十三歲出家，再習《涅槃經》及《攝論》，升座複述，眾僧欽服不已。隋末因避戰亂，輾轉到成都研習佛學，再沿長江東下，先後在荊州天皇寺、趙州、揚州等地講授佛典，後來到長安與其他高僧鑽研佛學；能窮盡各家學說，為時人稱讚，名播京師，受朝野器重。但他是學而後知不足，欲得總賅三乘（即小乘、中乘和大乘）學說的《瑜伽師地論》（瑜伽以現觀思悟佛教真理），匯通一切。此經當時仍在印度，未譯成中文，玄奘遂矢志西到印度研習佛學。

公元629年（唐貞觀三年）玄奘離開長安，經敦煌到達高昌，得高昌國王資助，兩年後到達中印度的摩伽陀國那爛陀寺，拜於戒賢論師門下，學習《瑜伽師地論》等佛典。那爛陀寺是印度古代著名佛寺，位於今天的拉查古爾以北十一公里的巴達加歐，義淨、慧輪、智弘、無行、道希和道生等中國高僧也在這裏學習，王玄策曾到此寺巡禮。五年後學成，玄奘在印度各地遊學論經，後重回那爛陀寺，作《唯識抉擇論》、《會宗論》和《攝大乘論》，又發表破小乘佛教的《破大乘論》。印度戒日王請他升座主持辯論，向與會大小乘僧人五千餘人稱揚大乘，作《唯真識量》，十八天大會結束，折服印度諸大小乘僧及婆羅門，無人敢發論難，名震印度，五天竺君王皈依為弟子。

公元643年（貞觀十七年）玄奘經于闐回中國，帶回梵文佛經原典五百二十夾（梵文佛經單位）、六十五部。唐太宗以其精通經、律、論，熟知佛教聖典，賜號為“三藏法師”，更為他設立譯經院。玄奘用了十九年譯出佛經和經論共七十五部、一千三百三十五卷，著名的有《大般若經》、《瑜伽師地論》、《成唯識論》、《攝大乘論》、《俱舍論》、《大毗婆娑論》等，對中國佛教和哲學影響彌遠。後來他把印度和西域的見聞寫成《大唐西域記》，成為後世研究印度、中亞和南亞歷史和風土的重要材料。玄奘對佛經翻譯，提倡忠於原典，逐字翻譯，反對其前人鳩摩羅什等以達意為原則的信筆直譯，對佛典翻譯有劃時代里程碑的貢獻。

玄奘門下高足眾多，師承其說而開唯識宗。唯識宗又名慈恩宗、法相宗，是中國佛教大宗派之一。

玄奘在唐初到天竺取經的事迹影響

很大，成為文學創作的主角。玄奘圓寂後二百多年，即晚唐時，已經出現他西行求法的故事，至宋以後，有更多以玄奘為題材的話本（即說唱的腳本）誕生。在這個大環境下，榆林窟西夏第2、3和29窟，東千佛洞西夏第2窟，乃至玉門市昌馬石窟產生許多玄奘的故事畫，大部分的畫面均為玄奘、孫悟空和白馬立於河濱，面對滔滔的河水。這些壁畫是依據南宋《大唐三藏取經詩畫》內容繪畫的，內容脫離歷史事實。中國各地也有玄奘的故事畫，例如浙江杭州靈隱寺的飛來峰和甘肅甘谷縣等。時代越晚，玄奘故事畫人物愈多、情節愈繁，也就越接近文學作品的內容。敦煌各幅玄奘故事畫，以榆林窟第3窟最為精彩，畫在“普賢變相”圖之中，通稱為“唐僧取經圖”，雖是水墨畫，但綫條美麗，人物生動。東千佛洞第2窟的唐僧取經圖，孫悟空已是明代《西遊記》描述的模樣：手執金箍棒，伏妖除魔，作開路先鋒狀。

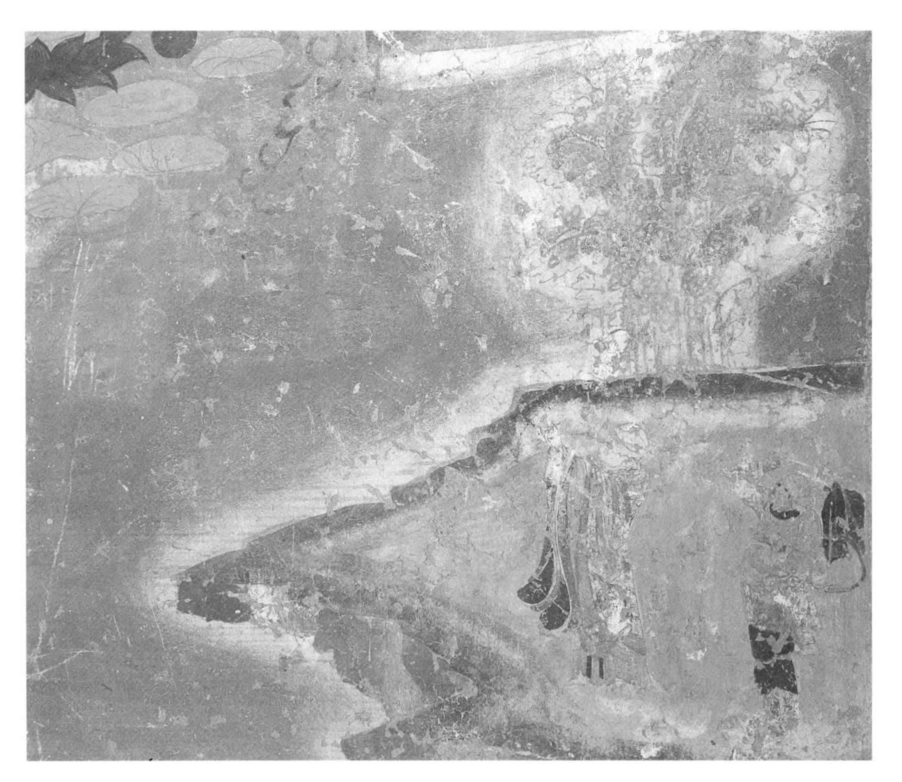

**152　唐僧取經圖**

玄奘面對滔滔大水，合十祈求平安過河，後面拉馬的行者是孫悟空。急流阻擋去路，表示西行求法絕非一帆風順。

西夏　榆2　西壁

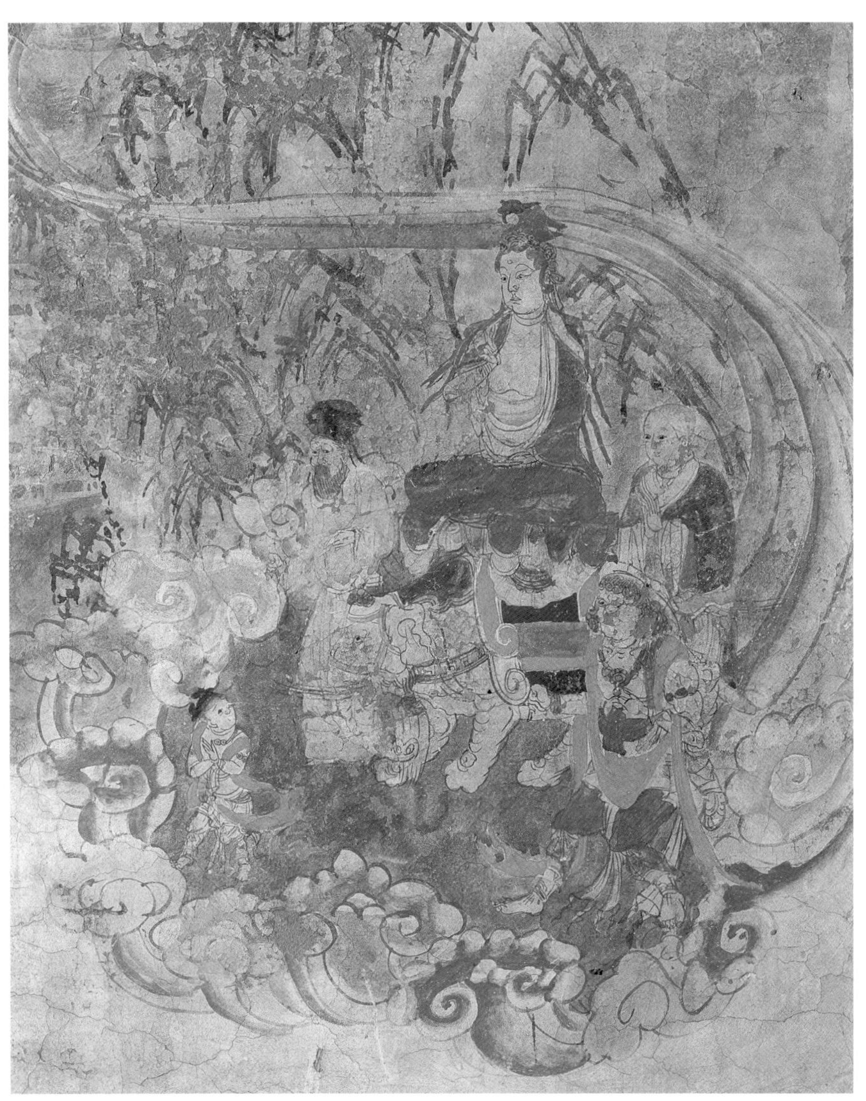

**153　唐僧禮佛**

唐僧身穿袈裟，雙手合十，禮拜騎象的普賢菩薩。此圖的唐僧面貌姣好，看似十五二十時，是比較少見的唐僧形象，可能是他出國取經前的畫像。

西夏　榆2　西壁

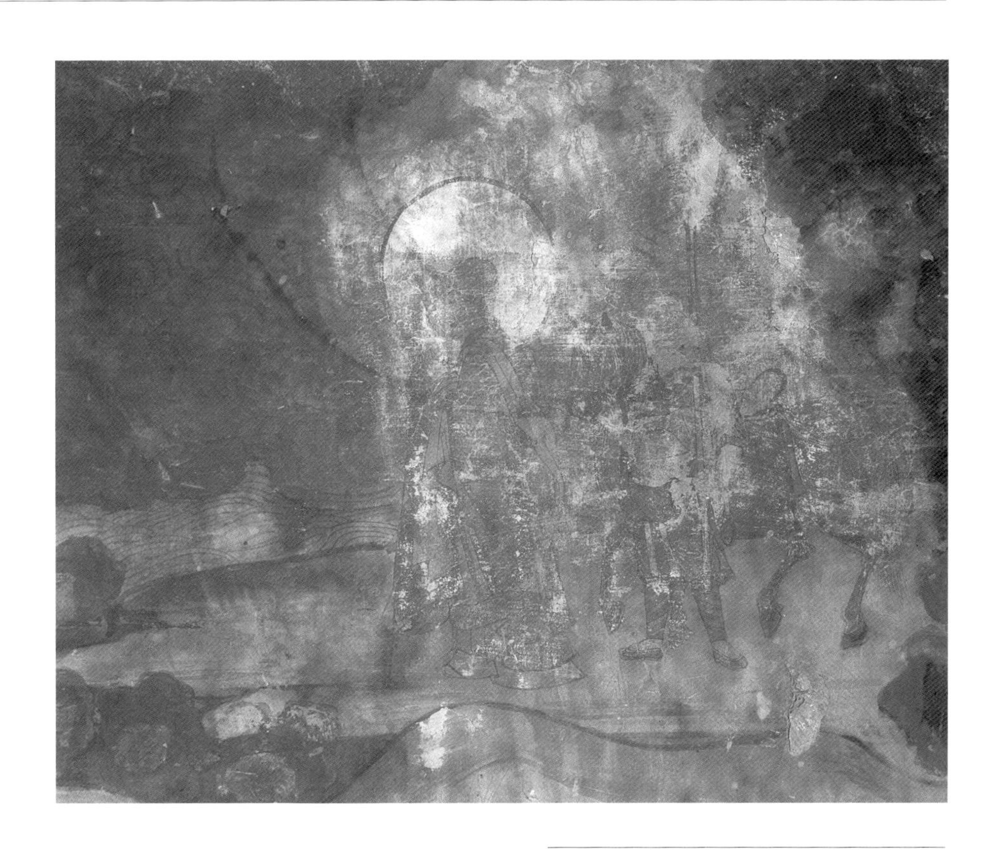

**154 唐玄奘和手持金箍棒的孫悟空**

明代《西遊記》的孫悟空手持金箍棒、沿途伏妖除魔的形象，最少在西夏時代已被創造出來。悟空前面是玄奘。

西夏 東2 北壁

**155 唐僧取經圖**

依稀可見左面較高、回眸一瞥的玄奘，孫悟空和白馬跟在後面。

西夏 榆29 東壁下

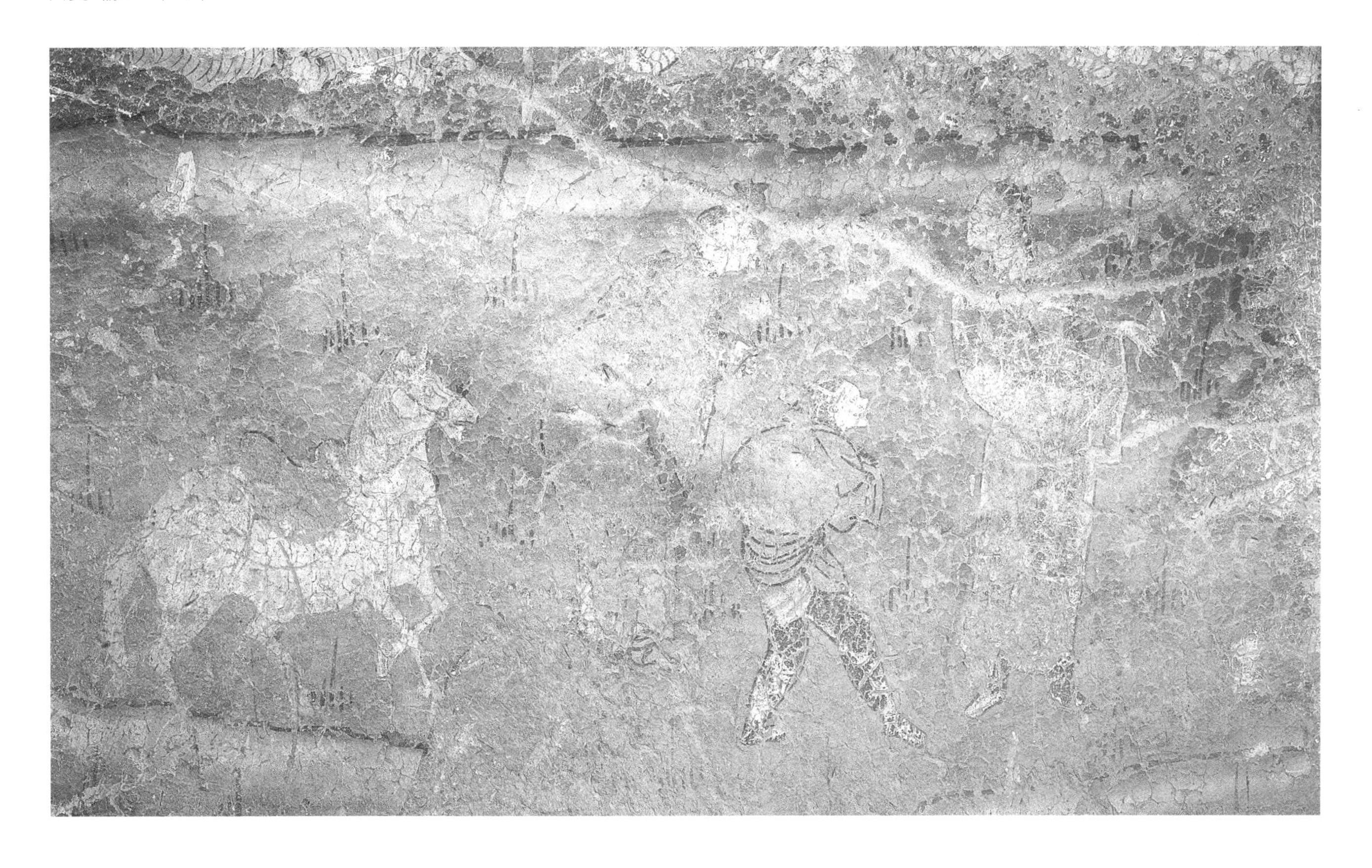

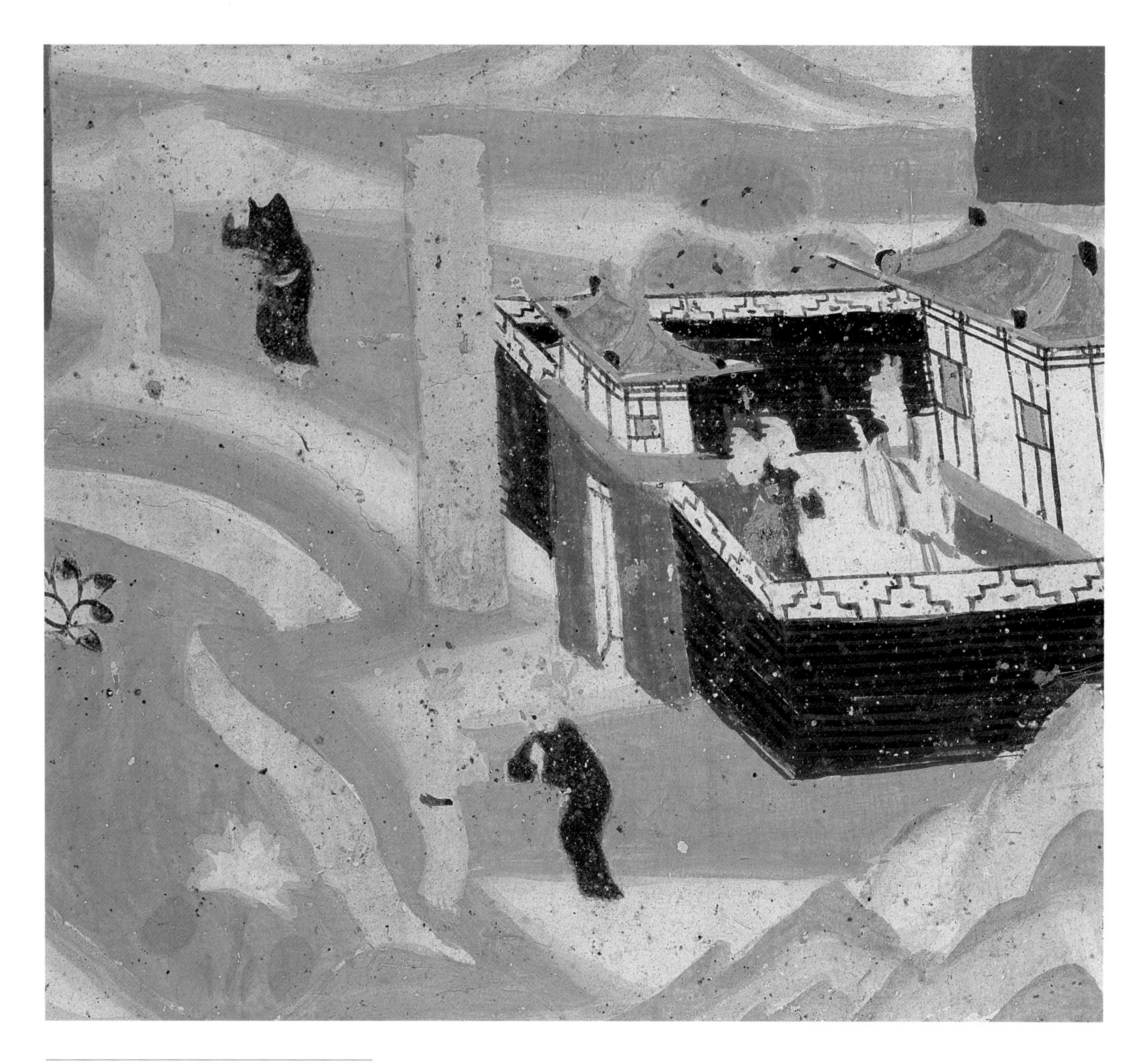

156 **玄奘在印度學法的那爛陀寺**

盛唐 莫126 甬道頂

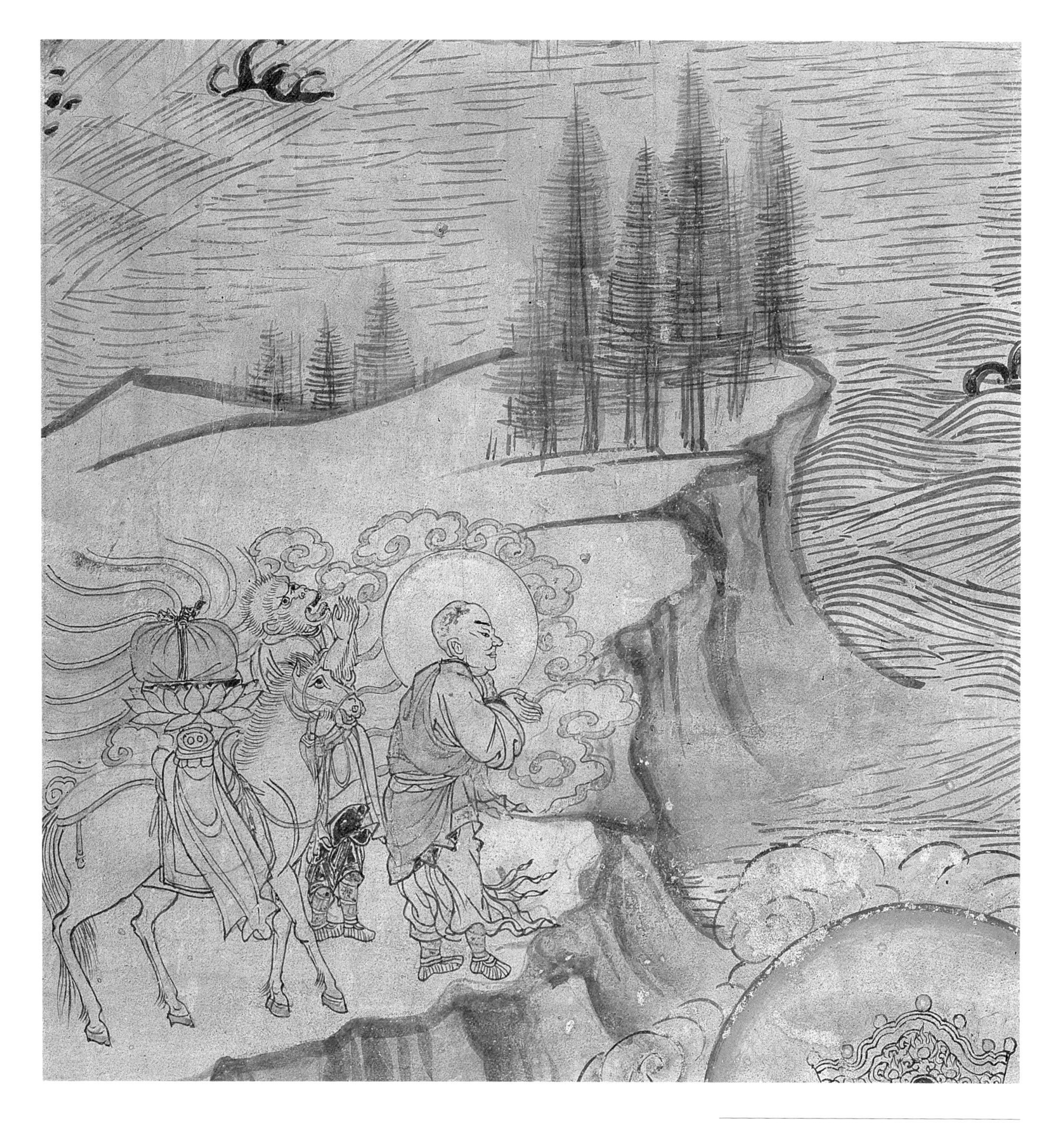

**157 唐玄奘與孫悟空**

在懸崖深壑之前，呈現山窮水盡已無路的困境。玄奘誠心祈求菩薩渡其危難，悟空顯得苦惱急躁，師徒二人對比強烈，而白馬則靜立以待。畫面近乎白描，綫條優美，乃上品之作。

元代 榆3 東壁

## 第八節 出使印度的王玄策

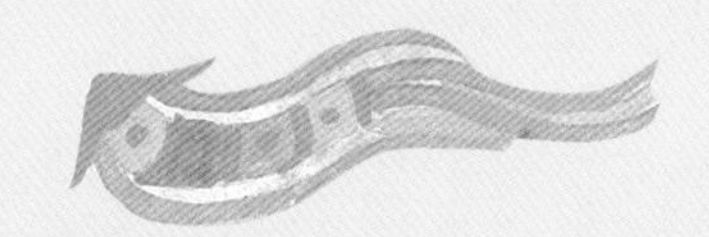

王玄策是唐朝傑出的外交官。因為精通梵語，公元七世紀，先後四次奉不同任務出使印度，經歷和見聞豐富。他回國後將出使印度所見所聞，寫成《王玄策西國行傳》，可惜宋代已經散失，故後世對他在中印文化交流中的貢獻所知不多。保留在敦煌石窟的壁畫上的王玄策故事，是不可多得的歷史材料，使他長期為歷史所淹沒的卓越貢獻，得以有明迹追尋。

王玄策第一次出使印度是公元643年（貞觀十七年），以副使身分出國四年，送婆羅門客使還。公元647年回國後，同年十月前後又再度出使，這次他升為正使，率領三十多人赴印度求取製造蔗糖的方法，及為大唐培養梵語翻譯人員。在印度曾被摩伽陀國王拒絕見面，又剽劫諸國的貢品，王玄策向吐蕃和泥婆羅借兵，打敗摩伽陀國，被俘虜的國王、王妃和太子，沿唐蕃古道押送到長安。十年後，第三次出使印度，送佛袈裟去摩伽陀國。公元660年（顯慶五年）王玄策最後一次出使印度，目的是請玄照回國。王玄策四使印度，對中印交往貢獻很大。他把印度的佛陀足迹圖帶回中國，再傳到日本；擊敗摩伽陀國，開通摩伽陀國北行經吐蕃至中土的新路，加強中印政治關係；更將製造石蜜（蔗糖）的科技帶回中國。

莫高窟第98窟和454窟甬道頂有印度那揭羅曷國的佛留影像的故事，影像的佛座前繪佛陀足迹。佛足迹信仰本是印度佛教徒崇拜釋迦的方法，七世紀初傳入中國。宋代以來，認為是唐玄奘從印度帶回來的，歷代深信不疑。但日本奈良藥師寺的佛陀足迹圖銘文，卻說明原圖是王玄策帶回中土的，並明言藥師寺該圖是日本遣唐使隨員，複製長安普光寺佛足迹圖，再由日本智努王複製刻成。由此可見王玄策對佛教東傳有着巨大貢獻。

王玄策第二次出使經過泥婆羅國，國王那陵提婆邀請王玄策參觀水火油池，即石油池。莫高窟晚唐第9、237窟和五代第98窟繪畫泥婆羅水火油池的故事畫，是實實在在的古代自然地理寫照。在第98窟甬道頂和水火油池旁，畫一條“油河”，是石油流出成河。《諸佛瑞像記》説油河在舍衛城南的樹林中，是釋迦牟尼的出生地，太子沐洗的水成為油河。火水油河還與彌勒佛有關，該圖榜題寫“北天竺泥婆羅國，有彌勒頭冠櫃在水中，有人來取，水中火出”。原來彌勒佛下生人世要戴頭冠，他將頭冠放在水火油池的頭冠櫃中，有火龍保護。若有人偷竊頭冠，油池立即起火，稱為火龍火。

王玄策在印度又曾探訪維摩舊居。維摩方丈故事的緣起，與王玄策和正使李義表有淵源。傳說中印度吠舍厘國有維摩詰故宅基址，基舍以壘磚或積石建成，王玄策以笏（或説手板）量基，只有一丈，“方丈”一名濫觴於此，後來變成寺院住持的稱呼。此佛教史迹故事是歸義軍統治前後時期的特有題材，延續繪製二百餘年。王玄策故事繪畫在洞窟甬道頂部或側壁，畫面不大。以莫高窟第98窟甬道頂一舖最完好，畫中層磚屋基，上建屋舍，前面有石階。階前兩個人身着唐裝（幞頭長衣），兩手抱持朝笏遮面，躬身作行禮狀，相信這就是王玄策和李義表。室內走出一人，衣飾形象都和敦煌佛教藝術中的維摩詰無異。雖無榜題遺留，但能據畫面場景，人物神情，對照有關文獻，推定是維摩方丈故事。

莫高窟五代第98窟甬道頂繪畫王玄策巡禮那爛陀寺三億羅漢塔故事，這是歸義軍統治敦煌二百年中，最常見的佛教史迹故事畫題材之一。由於那爛陀寺是古代印度的名寺大剎，在中印文化交流有重要地位，多位中國名僧在此學法，篤信佛教的王玄策也在出使印度時，來此寺巡禮。畫中所見幞頭長衣人應是王玄策，遊寺時向三億羅漢塔禮拜。

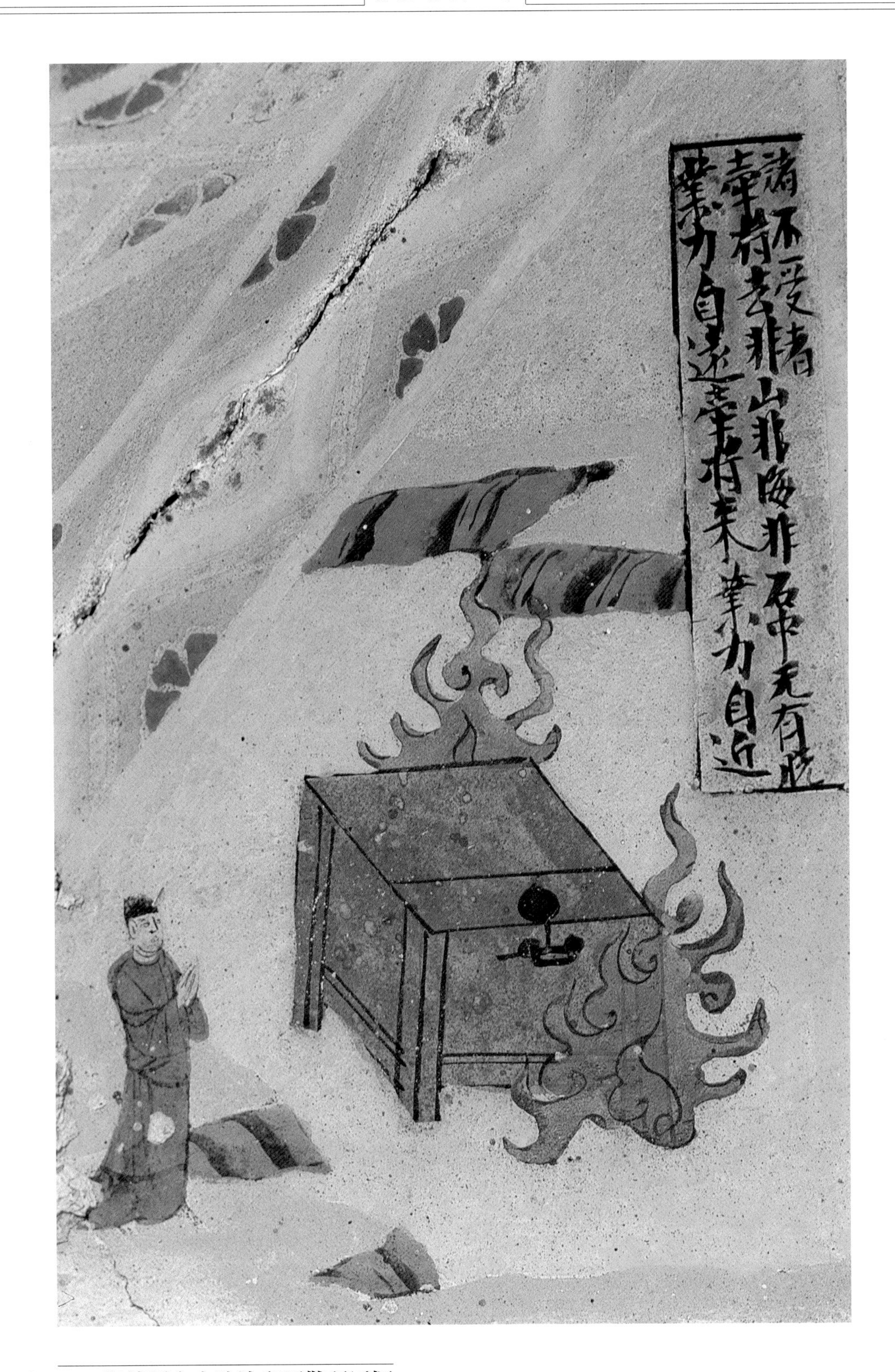

**158 泥婆羅水火油池和彌勒頭冠櫃**

此圖畫在彌勒像側旁。畫面上的方形櫃狀物，即彌勒菩薩頭冠櫃；四面的水火油池烈火，即《法苑珠林》、《釋迦方誌》提及的火龍火；岸邊頂禮觀賞者，是唐朝敕使王玄策。

中唐 莫237 西壁佛龕頂

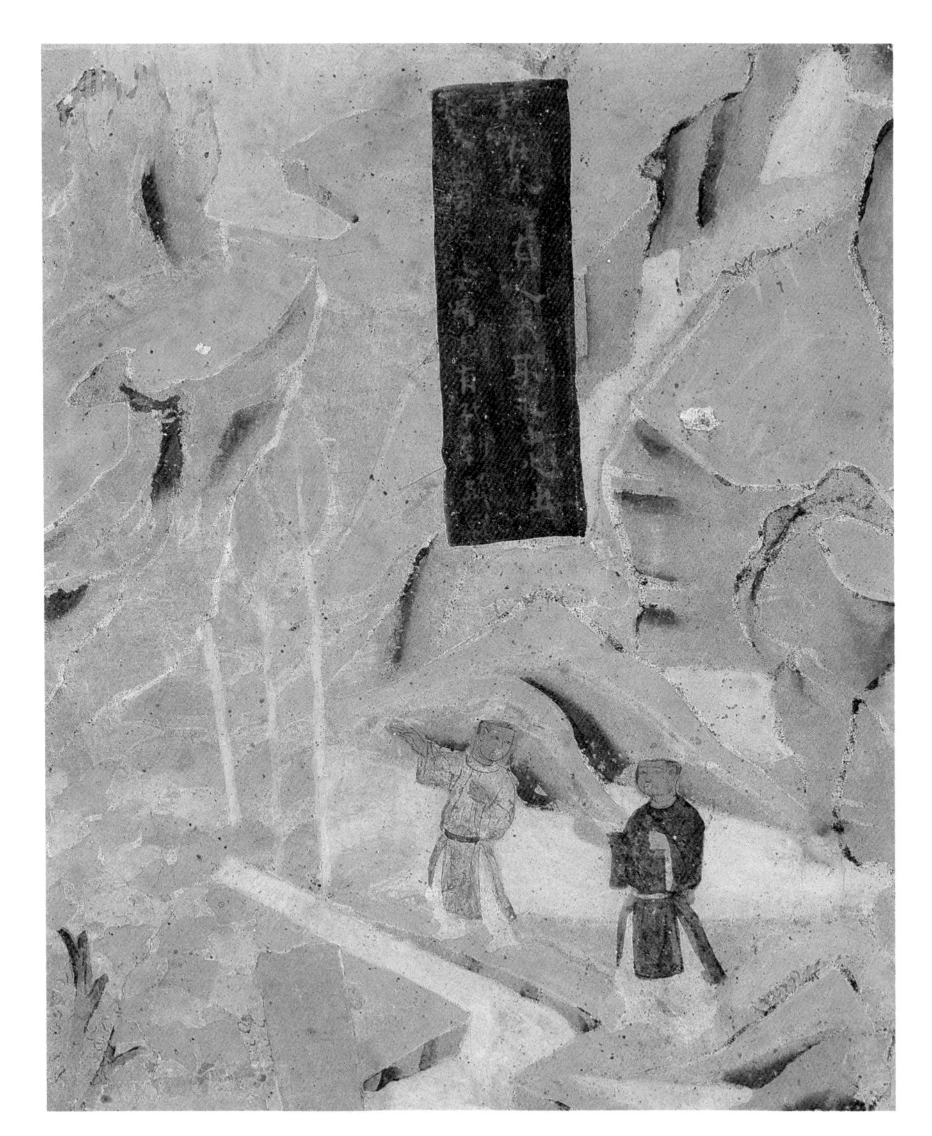

159 **油河**

傳説泥婆羅油河是釋迦沐浴水變成，榜題同彌勒頭冠櫃故事相連。

五代 莫98 甬道頂

160 **彌勒頭冠櫃**

五代 莫98 甬道頂

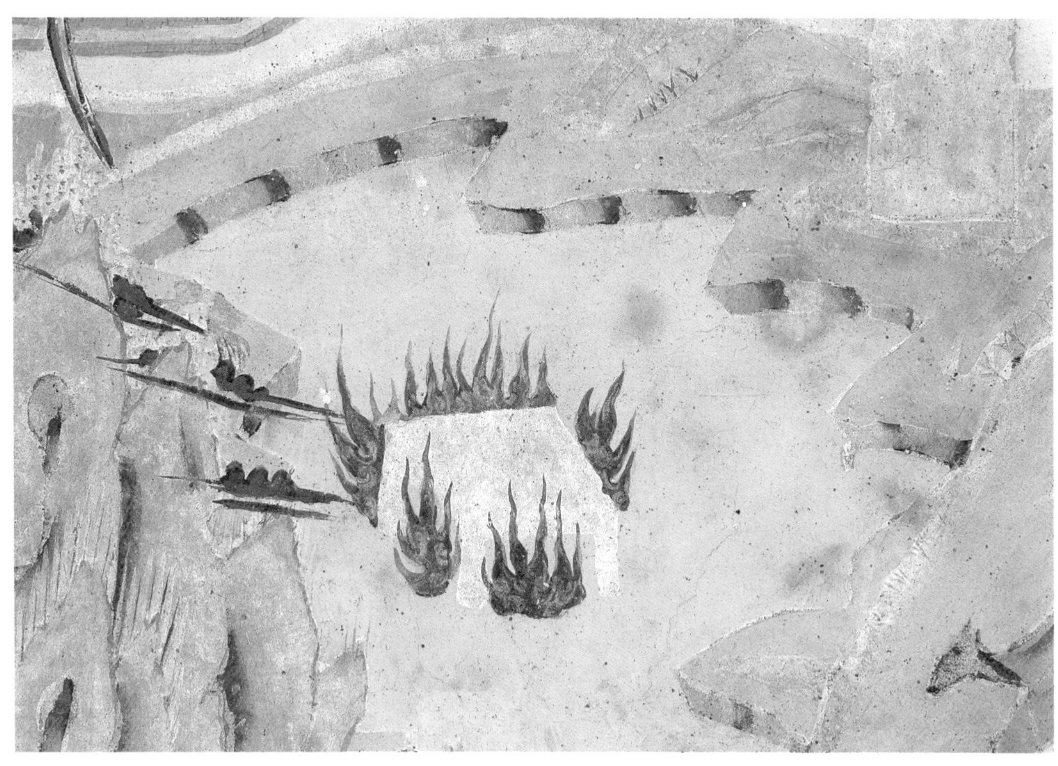

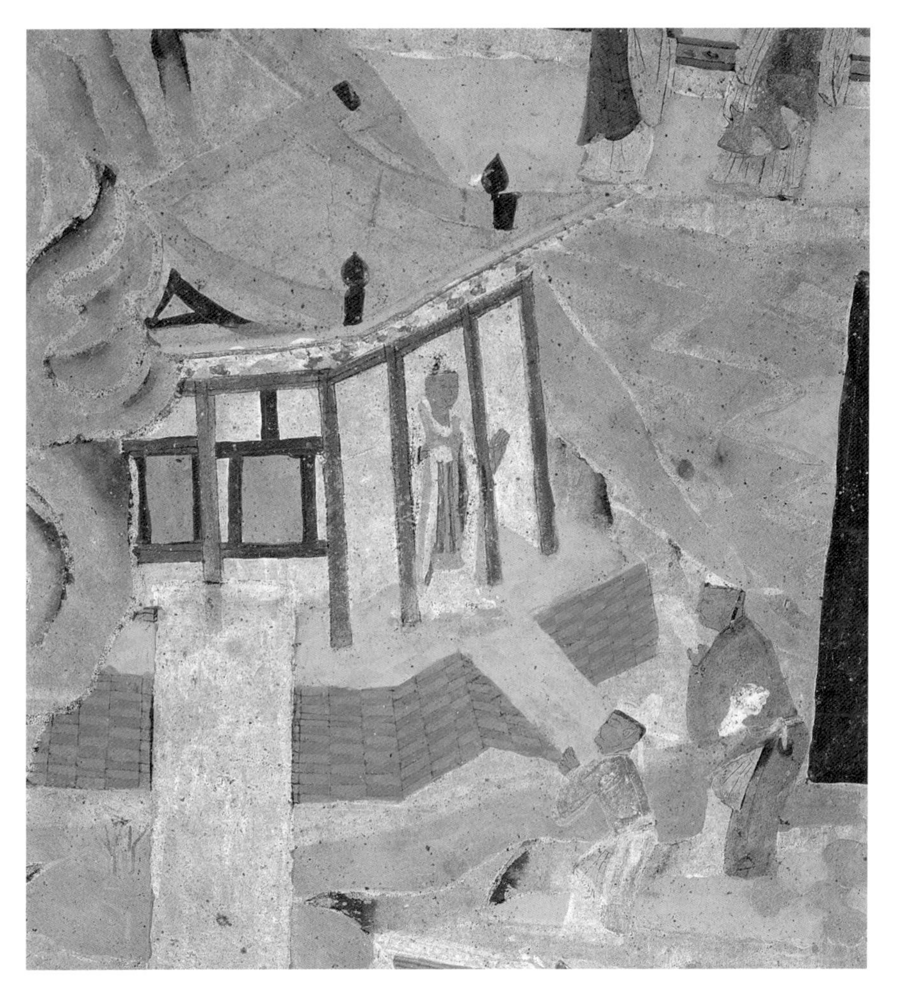

**161 王玄策參觀維摩詰故址**

圖中房屋前的兩人，幞頭長衣者應是王玄策，他在印度曾參訪維摩的故宅。王玄策以笏（或說手板）量基，只有一丈，故名“方丈”，後來變成寺院住持的稱呼。

五代 莫98 甬道頂

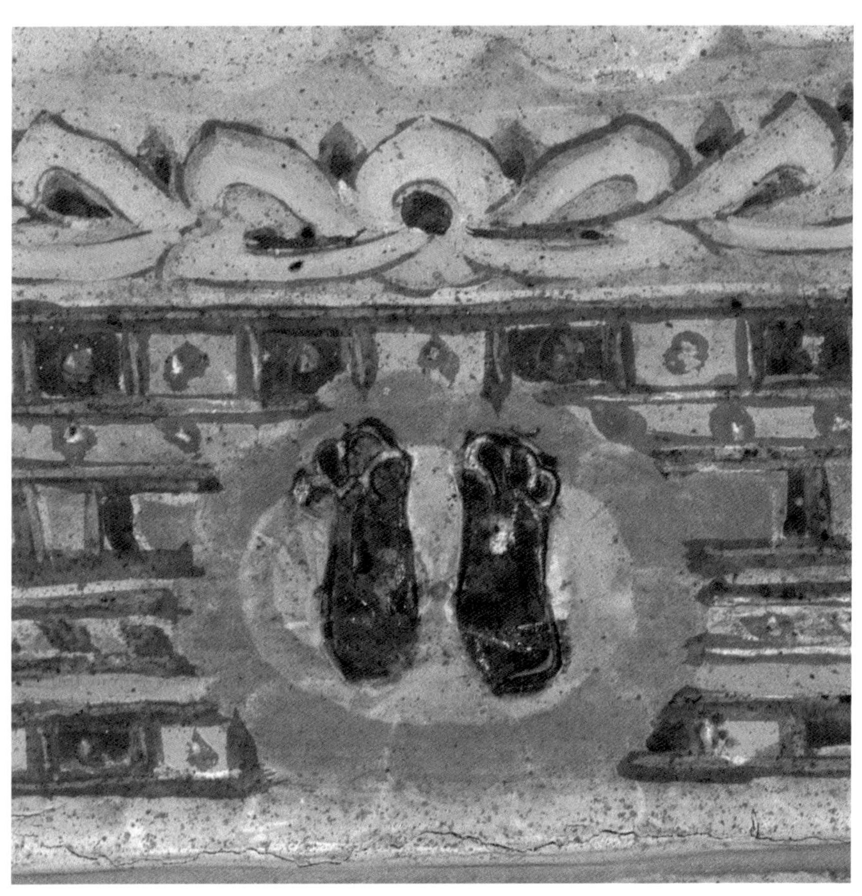

**162 那揭羅曷國佛留影像座前佛陀足迹**

古代天竺有佛足迹的地方不止一處，佛足迹圖傳入中國與王玄策有關。

宋 莫454 甬道頂

# 文殊和五台山

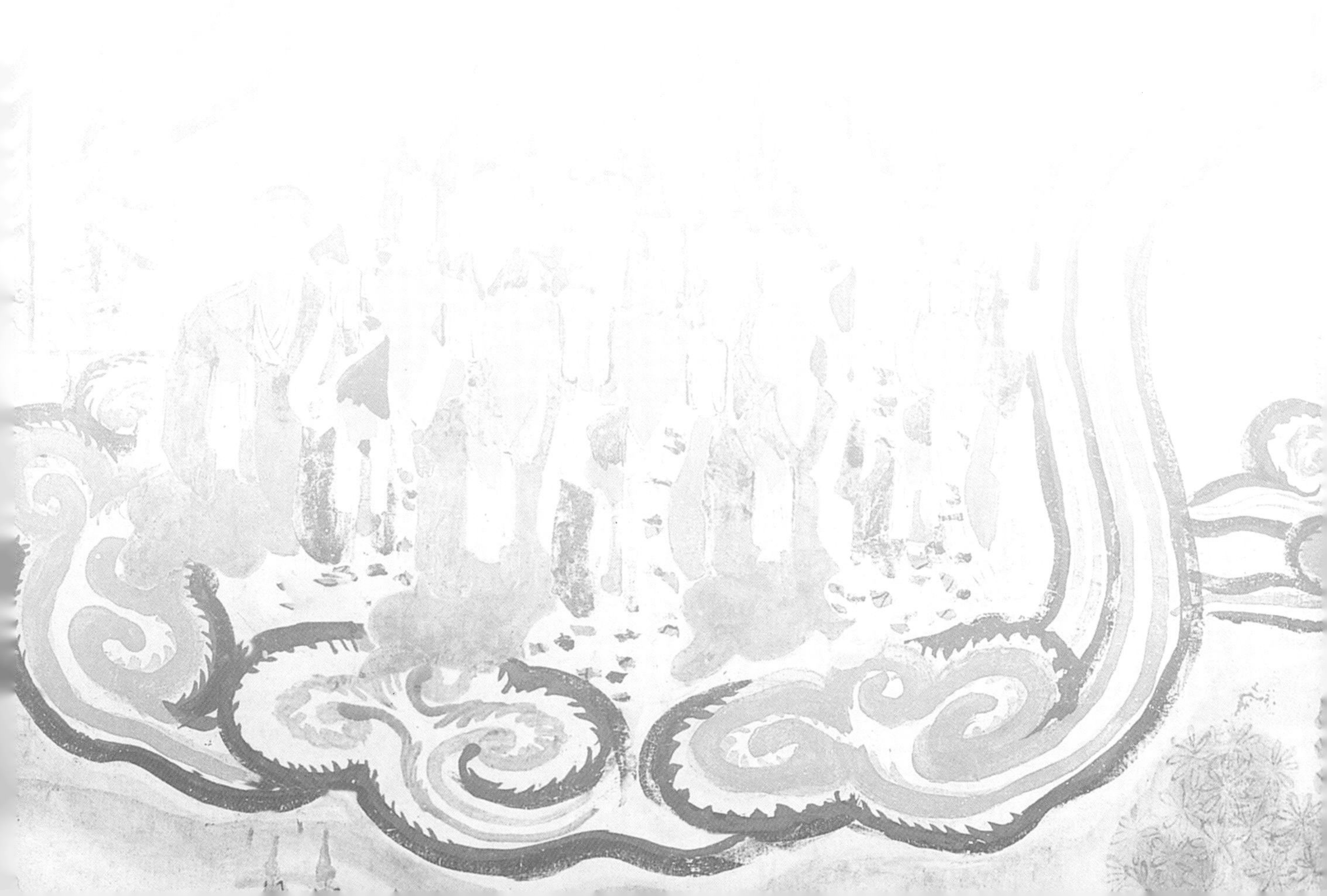

五台山在中國山西省五台縣，山有五峰，最高達三千多米，是中國著名的佛教聖地，與四川的峨嵋山、浙江的普陀山、安徽的九華山合稱為中國佛教的四大靈山。

從唐代初年開始，五台山漸漸成為中國佛教聖地和文殊信仰的傳播中心。印度僧人甚至遠道到中國求經，例如公元664-665年（唐代麟德年間）涼州智才和尚接待印度摩訶菩提寺僧人釋迦密多羅，到五台山頂禮文殊。文殊信仰東傳朝鮮和日本，西南傳西藏、尼泊爾、印度和斯里蘭卡，成為中國及鄰近國家文殊信仰的源頭，至今各國到五台山朝聖者仍絡繹於途。

五台山聖地的形成、文殊信仰的風行和漢地瑞像的產生，這三個現象表明佛教中國化已經成熟。五台山佛教聖地先後經過三武一宗滅佛，仍屢廢屢興，至今不衰，是佛教在中國深入發展，徹底中國化的結果。

# 第一節　五台山文殊道場

## 中國佛教中心的形成

早在東漢時，五台山已有佛教寺院。漢明帝派蔡愔西行求法，回國與印度高僧迦攝摩騰和竺法蘭等同行，後在五台山建立大孚靈鷲寺（即大華嚴寺，今稱大顯通寺）。其後佛教在五台山續有宏揚，北朝時更有長足的發展，北齊時山上寺院共兩百多所，唐代五台山的文殊信仰大盛。清代皇室崇信藏傳佛教，山上更建立了藏傳佛教寺院。

五台山雖傳早在東漢已建佛寺，但成為中國佛教聖地則與文殊道場（道場是學道、成道和供養佛與菩薩的地方）和《華嚴經》有密切關係。《華嚴經》是佛陀成道後，藉文殊和普賢顯示佛陀因行果德之佛典，公元420年譯成漢文。《華嚴經》卷九十九的〈菩薩住處品〉記：

"東北方有菩薩住處，名曰清涼山。過去有善菩薩住止，彼現有菩薩曰文殊師利菩薩，有菩薩眷屬一萬，常為說法。"

《華嚴經》只說東北方有一座清涼山，但沒有具體指證。唐代譯出的《文殊師利法寶陀羅尼經》則明確記載：

"東北方有國名大震那，其國中有山號五頂，文殊師利童子遊行居住，為眾生說法。"

古代印度稱中國為"大震那"，而五頂之山，正吻合五台山有五台（頂）的定義。五台山位於山西山區，盛暑時平均溫度只有攝氏二十度，偶合成為清涼山的條件，成為佛教徒附會的章本。唐代澄觀撰《華嚴經疏抄》，指清涼山就是五台山，兩者因而正式掛鈎，於是五台山又稱"清涼山"，認為是文殊居停和說法的地方，從唐代開始五台山逐漸成為中國佛教中心。

## 五台山文殊信仰與敦煌佛教藝術

佛教傳入中國初期，神祇都帶有濃厚的印度色彩。隨着時代的轉移，佛教與中國固有傳統文化結合，神祇亦逐漸改變面目，因而為中國人所尊信。文殊是其中變化最快，中國人最早接受，信仰最誠的菩薩之一。度其原因，首先是文殊主司智慧，隨釋迦出家，是釋迦佛的脅侍菩薩，而南北朝時，玄談風氣極盛，《維摩詰經》大受歡迎。維摩居士患病，與探病的文殊菩薩為病與不病而互相辯難，辯論充滿玄機，兩位主角深為知識分子稱頌。莫高窟早於隋代已繪畫文殊和維摩論難的"維摩經變"，是敦煌最早出現的經變種類之一。其次《華嚴經》、《法華經》在南北朝時已漸流行，文殊在其中都是重要菩薩。唐代佛教宗派林立，但文殊仍為多個教派尊奉。宗奉《華嚴經》、《法華經》的華嚴宗、天台宗都尊奉文殊，禪宗亦把他奉為七世佛的祖師。

中原地區的五台山文殊信仰萌發於南北朝時，至唐大盛。現有材料，未足以知道這種信仰早期盛行於河西的情況。然而北魏滅北涼時，俘虜河西大量居民，並安置在正定（今河北省保定）一帶，此地是從東面登五台山必經的大站。既然他們住在五台山附近，大有可能向西傳播文殊和五台山信仰。僑居當地的河西人將佛教向家鄉傳播，文獻中有例可徵。唐代初年，涼州（今武威）高僧智才曾虔誠地送佛舍利到五台山。因此，估計早在唐代初年，河西走廊和敦煌已接受文殊和五台山聖地的信仰。

要瞭解這種新信仰對敦煌佛教藝術的影響，則須由五台山圖和新樣文殊出現去探究。文殊是釋迦（在華嚴宗而言，為毗盧遮那佛，即佛之法身）的脅侍菩薩，新樣文殊卻是根據文殊在五台山兩次化現的形象而繪的。五台山圖和新樣文殊有密不可分的關係。五台山圖中唐時在敦煌出現，新樣文殊的出現則最早在晚唐。

### 五台山圖和新樣文殊相繼出現

以前有關敦煌地區五台山圖和新樣文殊的來源有兩說，一說是中唐穆宗時，唐與吐蕃會盟（公元822年），兩年後，吐蕃請五台山圖，影響及於敦煌。一說是當佛教中國化後，五台山佛教聖地的信仰反饋影響西域，因而在河西和敦煌留下漢地佛教西傳的痕迹，例如敦煌遺書記載中土、回鶻和敦煌的幾位大和尚先到五台山巡禮，再到于闐的事迹。兩說都以敦煌及河西地區為被動接受，且是附帶受影響，似乎忽略上文所言文殊信仰自南北朝以來的普及程度，及河西和敦煌可能早在初唐已接觸五台山聖地的內部因素。

五台山被指為清涼山之初，並無繪製五台山圖。唐代初年，高僧會頤奉皇帝命在五台巡禮，畫出五台山小帳，才有五台山圖出現，他並撰《傳略》廣為宣傳，五台山信仰因之傳遍京畿。會頤的小帳和《傳略》應該是最早宣傳文殊和五台山的圖和圖本文字。敦煌莫高窟多五台山圖，敦煌遺書也有不少五台山贊，兩者以往可能是相輔為用的。至於會頤這張五台山圖的具體形式，不詳，稱為小帳，可能是屏風式。現存敦煌石窟的五台山壁畫，最早出現在中唐時，共四幅，其中三幅均屬屏風畫。

五台山圖出現之後，即不斷改變繪畫形式，開創與五台山有關的中國佛教藝術。一方面結合名目繁多的五台山聖迹故事，發展出內容繁多、有似經變的五台山圖；另方面改造文殊這位印度佛教神祇為中國佛教神祇，出現“新樣文殊”形象。

“華嚴三聖”的主尊是毗盧遮那佛，文殊和普賢是他的左右兩脅侍，文殊代表佛的智慧，普賢代表成佛的決心，這是依據《華嚴經》繪成的。這種形式的文殊變在敦煌出現於初唐，與普賢變相對出現，流行至於晚唐。為了區別，可稱為舊樣文殊。

中國現知最早的新樣文殊形象在山東省成武縣一個高僧舍利塔地宮門扉上，有于闐王及善財童子，成於盛唐開元年間。至於敦煌的新樣文殊出現於晚唐，流行直至元代。"新樣文殊"一名，來自五代莫高窟第220窟文殊變相下方的發願文，是供養人所寫。該鋪變相在1975年移出宋代修建的複壁甬道時發現。此前根本沒有新舊的觀念，現在稱為新樣文殊的圖像，沒固定名稱，多被稱為文殊三尊像、五尊像等。

新樣文殊的形象，源自文殊兩次在五台山化現。一次是化為貧女，帶着孩子和狗到五台山大孚靈鷲寺乞食被逐，現出真身的故事。文殊三尊像即來源於此，貧女帶着的孩子是善財童子、馭獅子的于闐王，狗則是青獅座騎的化身。故三尊像有善財童子、于闐王和文殊菩薩乘獅子像。《華嚴經．入法界品》記載善財童子向文殊發願心而證入法界，因他出生時有種種珍寶湧現，故名善財。于闐王何以取代昆倫奴為文殊牽獅，則未有定論。五尊像故事源於文殊在五台山化為老人，請來自罽賓國的佛陀波利帶佛經來中國的故事，把三尊像加上老人和佛陀波利就是五尊像。亦因如此，部分新樣文殊有五台山為背景，像晚唐的第144窟。

晚唐的新樣文殊，仍是與普賢對出，龕中主尊雖有毀壞，但多是佛，不脱華嚴三聖的窠臼。有些人物組合還有舊樣文殊的痕迹。例如晚唐第147窟的新樣文殊除了青獅旁的少年，估計應為善財童子的兒童外，旁邊還有許多菩薩、天王，可見到從舊樣變為新樣的地方。

在五代時，出現並非華嚴三聖組合的新樣文殊，例如第220窟。此窟在主龕有佛，龕外有文殊和普賢變對稱出現，是華嚴三聖格局。但北壁另有"新樣文殊"，是以文殊化貧女故事為依據，馭獅于闐王和善財童子都出現了，而對面沒有普賢。這究竟是偶然因素，或者是文殊信仰進一步加強，還待研究。不過以後文殊與普賢對出的洞窟為數仍多。

## 敦煌五台山圖的各種形式

五台山是文殊的道場，在敦煌，兩者水乳交融，發展到後來，有五台山圖必有文殊圖。敦煌壁畫的五台山圖可略分為三種形式：屏風式、經變式、聖迹式。屏風式出現最早，後來逐漸結合零散的五台山聖迹故事，以中國佛教藝術特有的經變畫形式出現。

### 一　屏風式

將壁畫分割成一塊一塊像屏風一樣的直立長方形，故名。出現於中唐，是敦煌五台山圖的最早形式。這時五台山圖和文殊是分繪的，甚至是單繪的，例如第159和237窟，上部是文殊變相，下面屏風畫畫五台山。但第361窟五台山和文殊沒有分開。

二　經變式

經變本指將佛經改畫為通俗易懂的故事畫，後來其他內容亦有襲用這種形式。經變式五台山圖由晚唐開始盛行。特點是將文殊和五台山圖合繪在一畫之中。有些在文殊變下面只繪山水，有從屏風式轉變為經變式的過渡之感，亦有五台山畫在文殊四周，山上寺塔、朝拜及各種化現表現較多，已似經變的形式。值得注意的是，晚唐時文殊變相已向新樣變化。經變式與新樣文殊結合，顯示五台山文殊信仰已進了一步。莫高窟第144、19窟都是其例。經變式的另一特殊大作是第61窟正壁的大型五台山圖，本章第二節詳細介紹。

三　聖迹式

指聖迹在畫面中佔絕對優勢。五代榆林窟第32窟該鋪，最為奇特。彩雲數朵由池中升起，承托着文殊和隨侍者。文殊坐在青獅背上的蓮花座上，有馭獅人。下方繪文殊顯靈為老人和金龍現，是五台山中台故事。畫的四角，各繪五台山其餘一台，上畫寺廟和有關的故事，與中央的文殊及化現故事合組成五台山聖迹圖。

### 敦煌所見新樣文殊的形式

新樣文殊最初是根據化現為貧女的故事為骨幹的，由於主要由文殊、于闐王、善財童子組成，稱為文殊三尊像。然而這種組合也有變化。有些文殊圖只有于闐王陪侍，沒有善財童子，如榆林窟五代的第39窟、莫高窟北宋的第25窟的文殊圖都屬此類。這種組合也可屬於新樣文殊的一種，因為在流傳的文殊化貧女故事中，也有貧女只帶一個孩子的説法，如日本僧人圓仁在《入唐求法巡禮行記》所記的貧女故事即是如此。不過這種組合在北方雖有，但主要流行於中國西南地區，如四川省大足縣北塔和妙高山等。

及至宋代，出現文殊五尊像，即增加文殊所化現的老人和佛陀波利，在敦煌，以元代第149窟最典型。但陝西延安清涼山石窟第2窟有一文殊五尊像，前有善財童子，旁有老年武士執韁，上方繪文殊老人作儒者打扮，佛陀波利居後，作老僧打扮。清涼山石窟第1窟北宋元豐元年（公元1078年）的題記。可見公元十一世紀文殊五尊像已在中國流行，比宋代《廣清涼傳》所記早近百年。此窟的文殊五尊像和日本的相同，證明日本文殊五尊像這一佛教藝術題材是源於中國的。

在中國西南，也有窟內以新樣文殊

和普賢同為主尊，沒有釋迦或毗盧遮那佛的例子，表現西南佛教信仰的地域特點。如四川省大足縣石篆山北宋的第5窟和廣元市的千佛崖石窟。

最後，以巨大的五台山圖而著名的莫高窟第61窟，可能也是新樣文殊為主尊的特例。此窟俗名"文殊堂"，但現在塑像已毀，從背屏上的獅尾和佛壇上的方基和獅爪，足以證明主尊應該是騎獅的文殊。由於塑像全毀，無法知道有沒有于闐王等新樣文殊的脅侍。但今日五台山文殊寺山門內的主殿，有以文殊五尊像為主尊的例子，且多了一個紫紅面，穿鎧甲的形象，或許是與五台山傳說有關的龍王。塑像約成於明代，是目前所知人物最多、時代最晚的新樣文殊形式。

此圖繪畫文殊聖迹為主，他仍居全圖的中心，五台山的東西南北四台，分別繪於四角，各繪代表該台的故事，而中台就是文殊所在的位置。

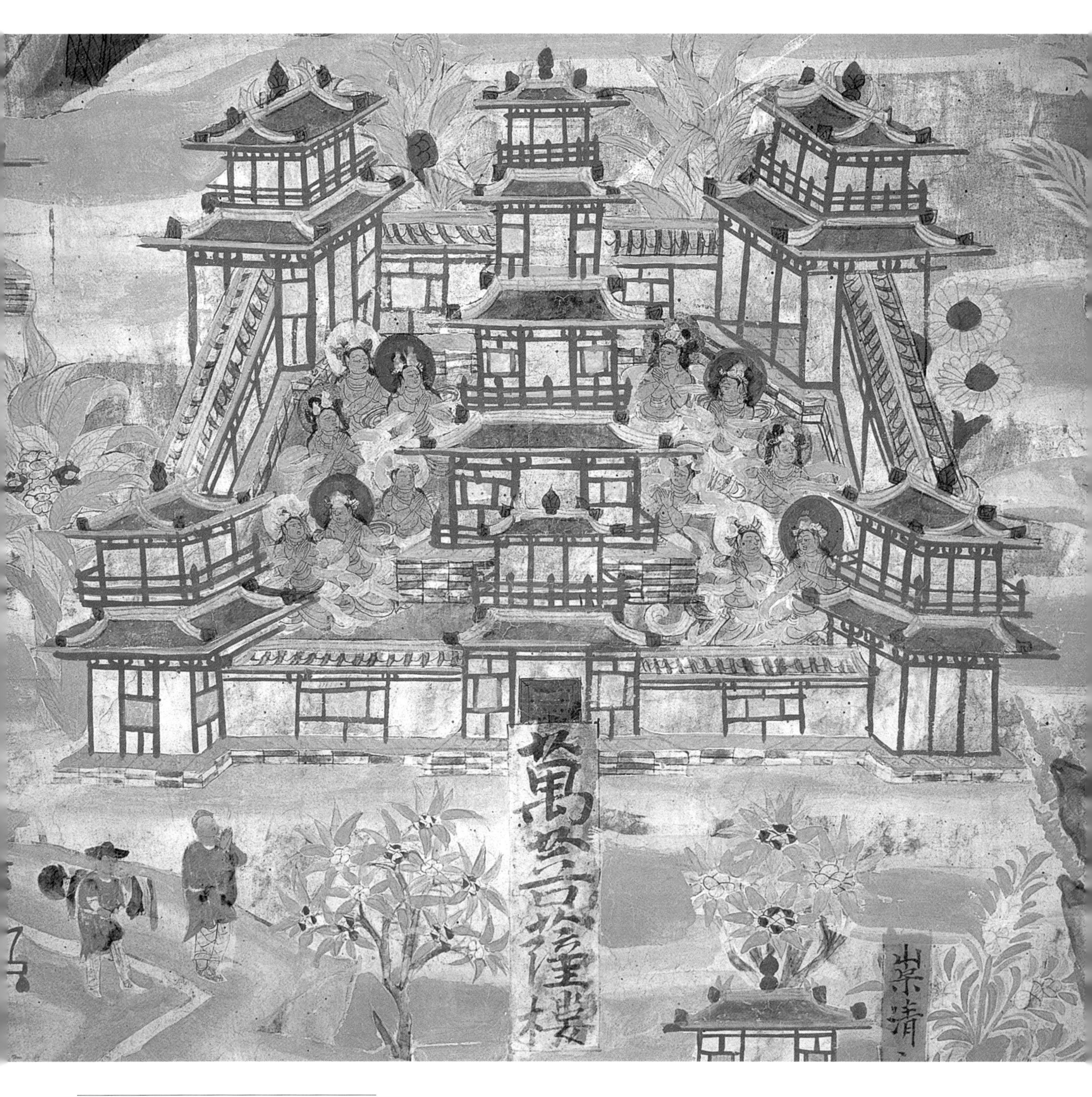


**163 萬菩薩樓**

在圖的中央是一座佛寺，寺內是十二身赤袒上身的菩薩，皆合十結跏，榜題寫“萬菩薩樓”。敦煌壁畫習慣以一當十，當百，當千表示，所以一十即一萬。這是表現文殊一萬眷屬。《華嚴經》記載文殊有一萬菩薩眷屬，文殊常為一萬眷屬說法。五台山圖的中央位置便按此繪畫了萬菩薩樓，樓作方型，周回設廊，四角有角樓，院中的兩層樓有十多菩薩聽法。

五代 莫61 西壁

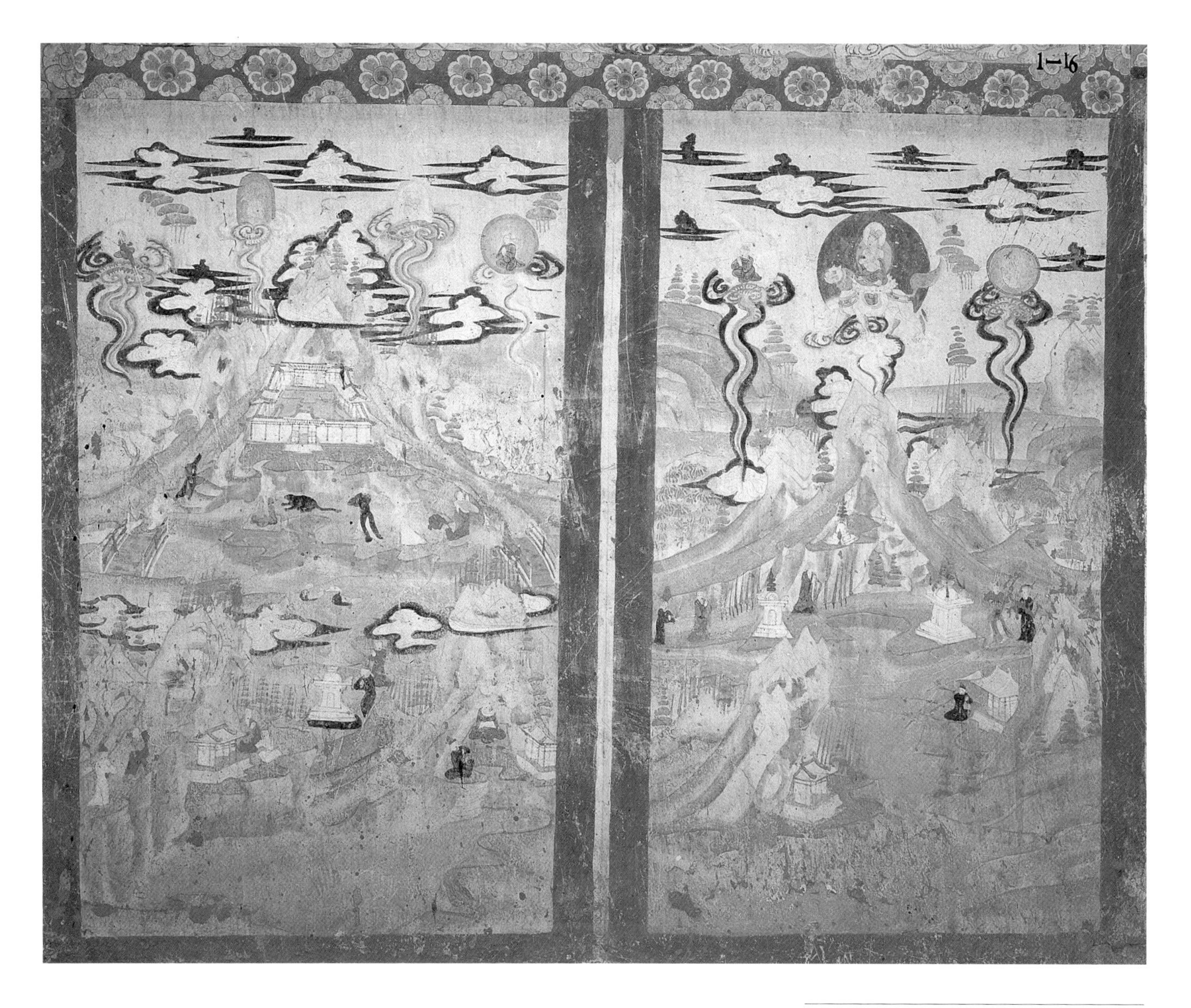


**164 屏風式五台山圖**

這一類圖的特點是將文殊和五台山圖分開兩圖繪畫，此圖的上面就是文殊變相。因為五台山是文殊的道場，所以右屏山峰上面的天空，畫了騎獅文殊。其他畫面是五台山故事。

中唐 莫159 西壁下部

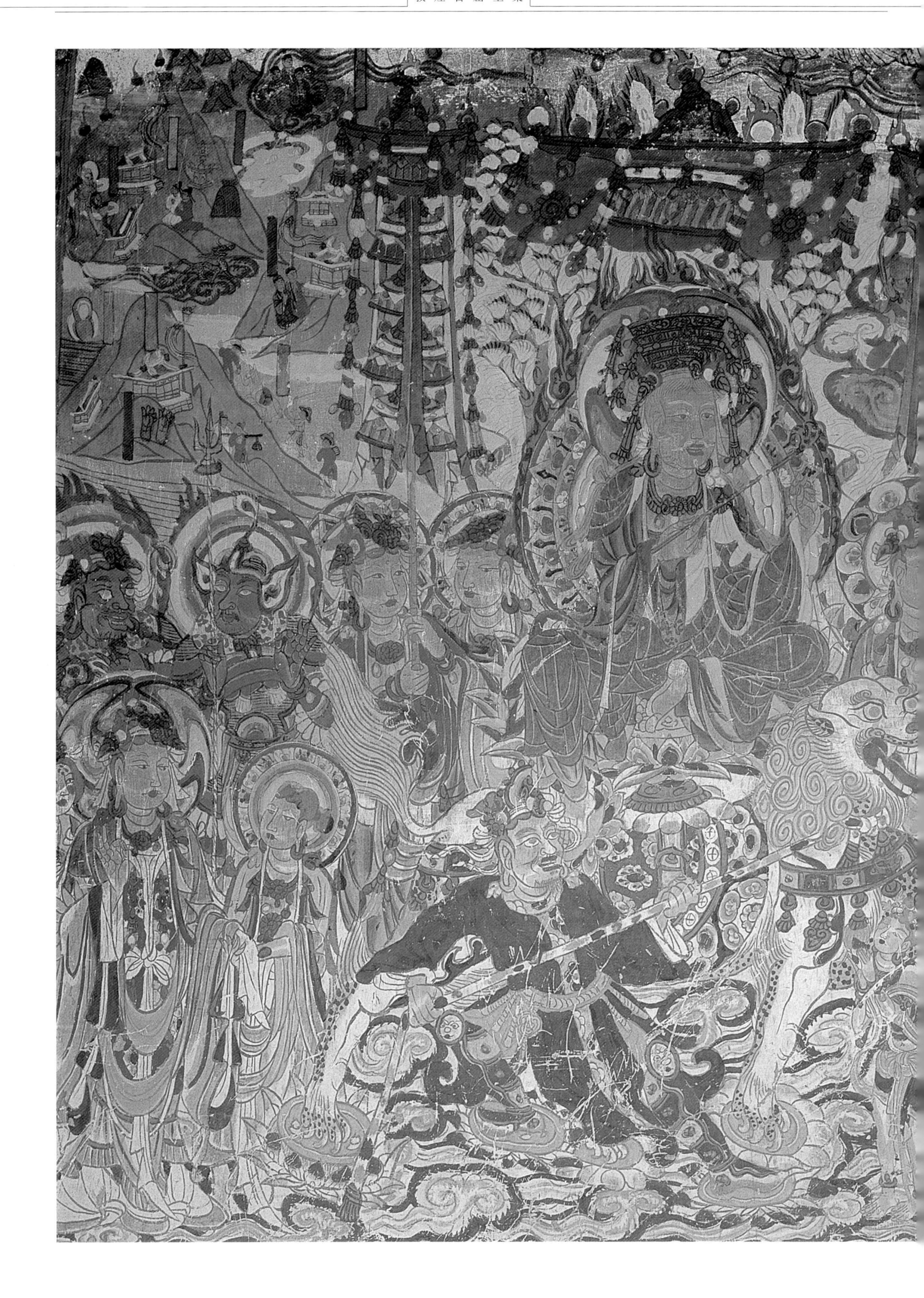

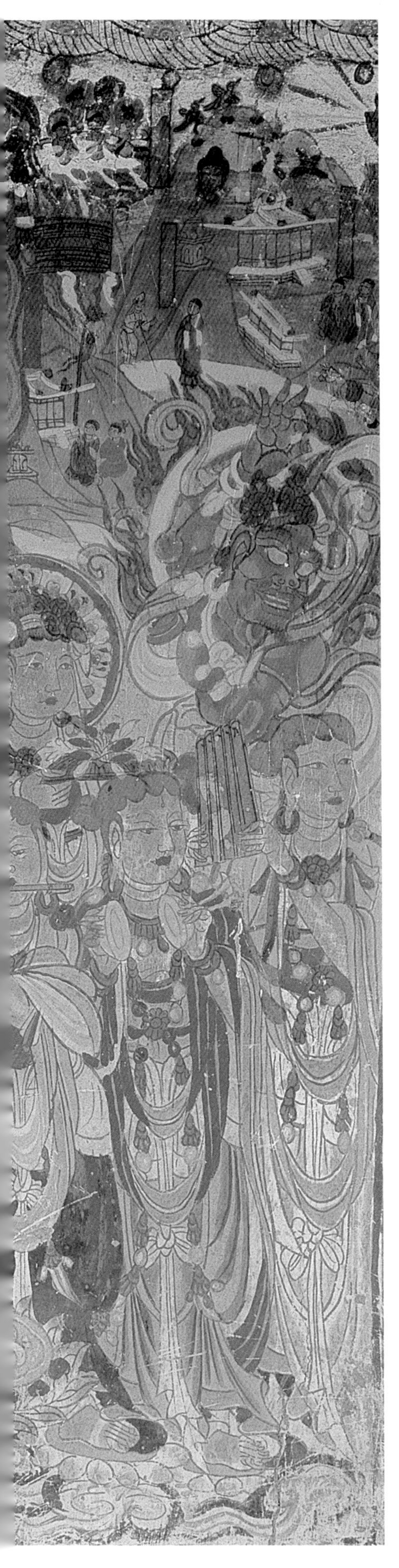

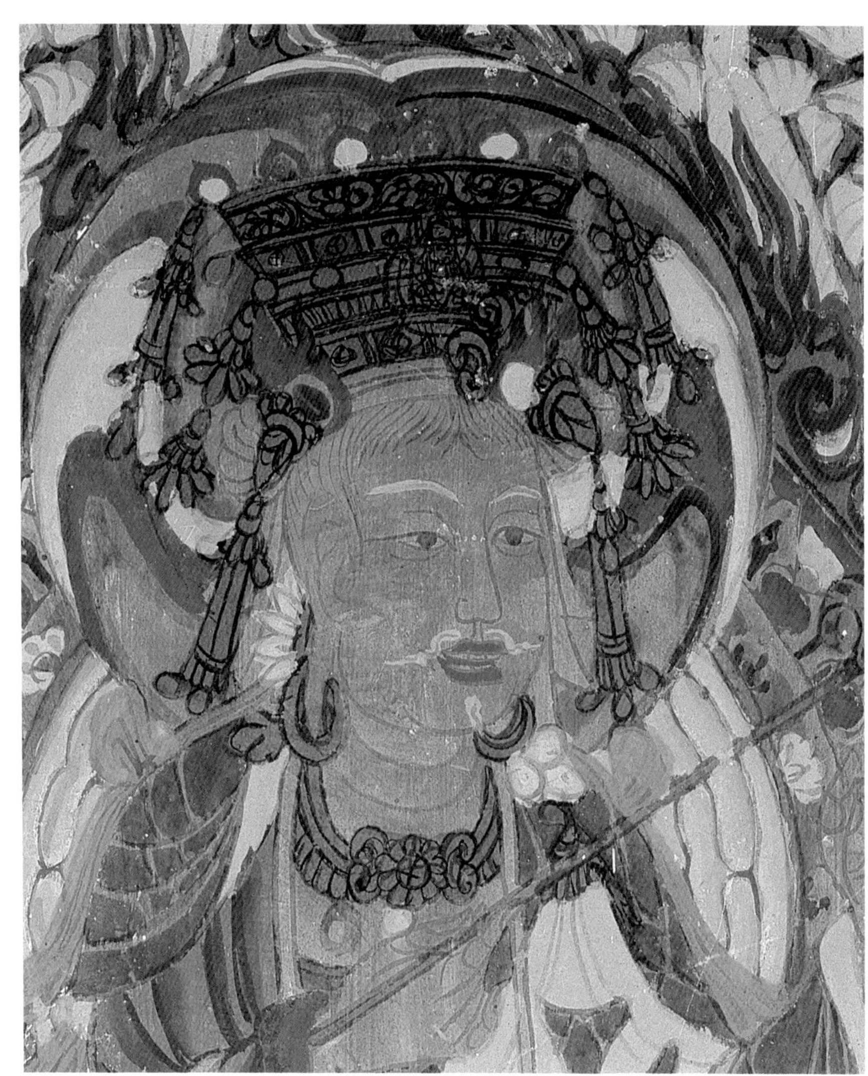

166　**文殊菩薩**

五代　榆19　西壁

165　**新樣文殊及五台山圖**

文殊作男身，有鬚，騎在青獅上。青獅的左側是馭獅的于闐王，右側是善財童子。其後為菩薩和天王，圖的左右兩上角是五台山圖。

五代　榆19　西壁

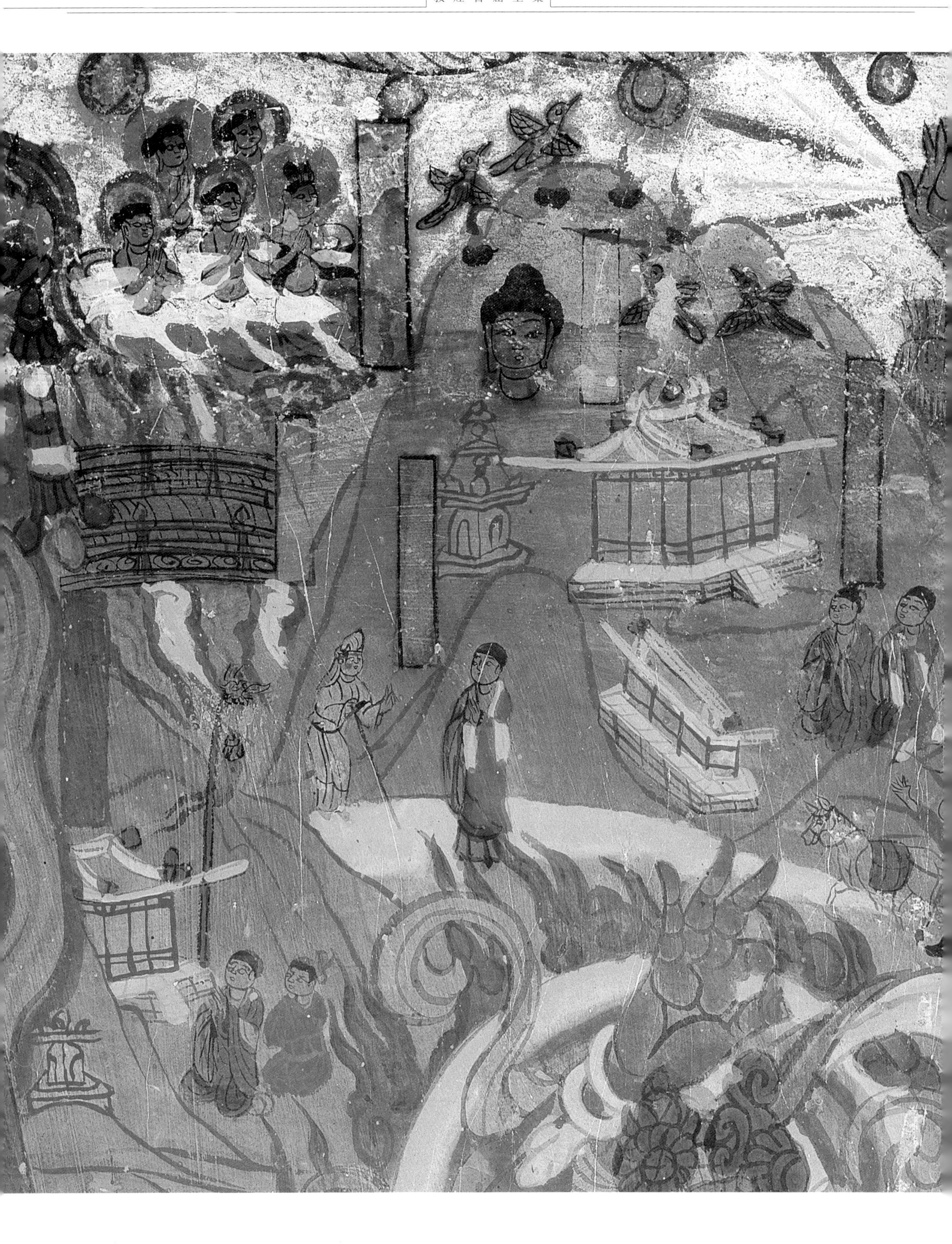

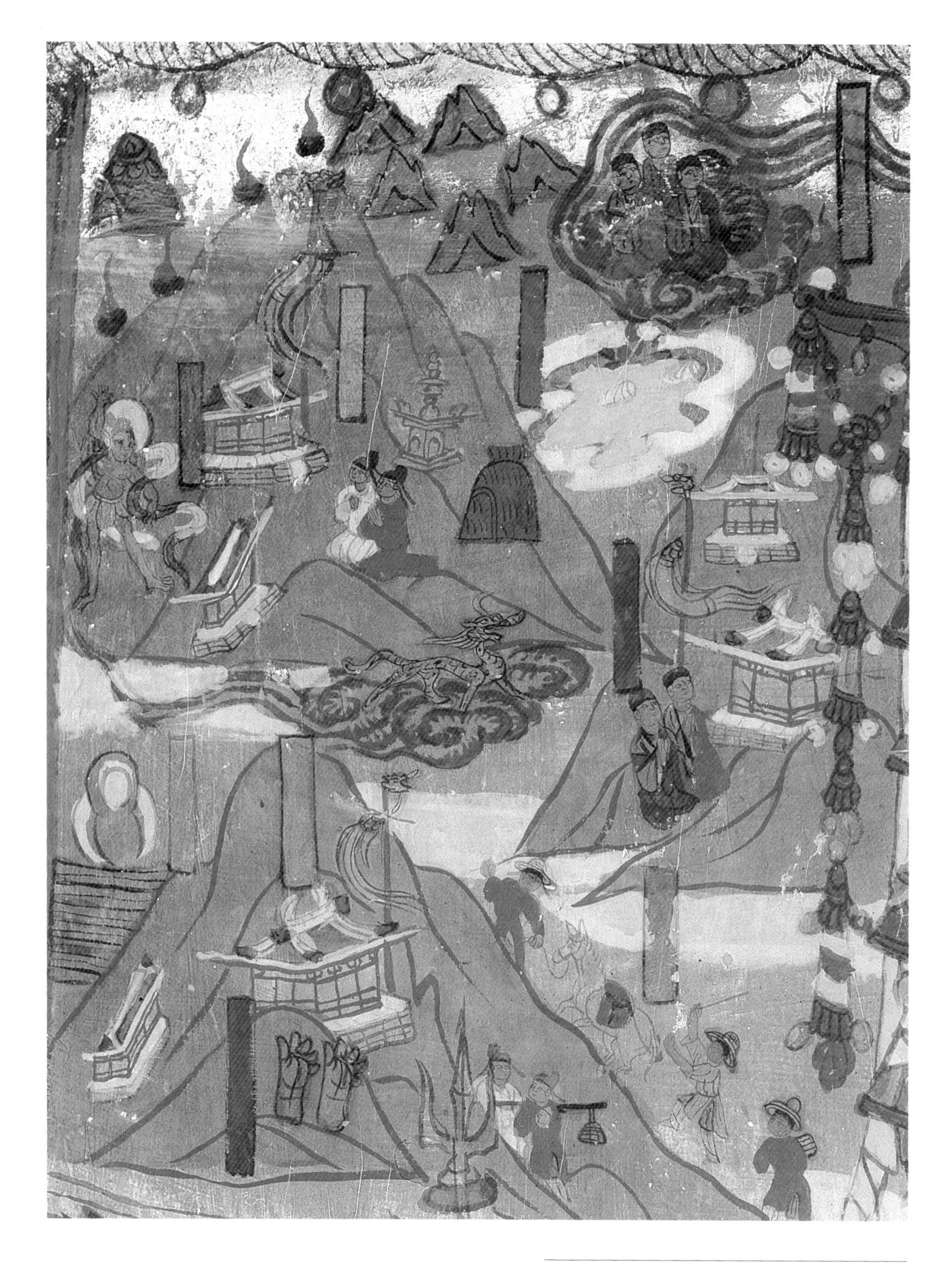

**168 五台山圖局部**

圖中有五台山圖的重要元素，例如毒龍和台頂的水池，亦有僧人苦修的草庵。

五代 榆19 西壁

**167 五台山圖局部**

此圖中有五台山圖最重要的元素，即文殊化現為老人；還有其他的五台山聖迹故事，如佛頭現。

五代 榆19 西壁

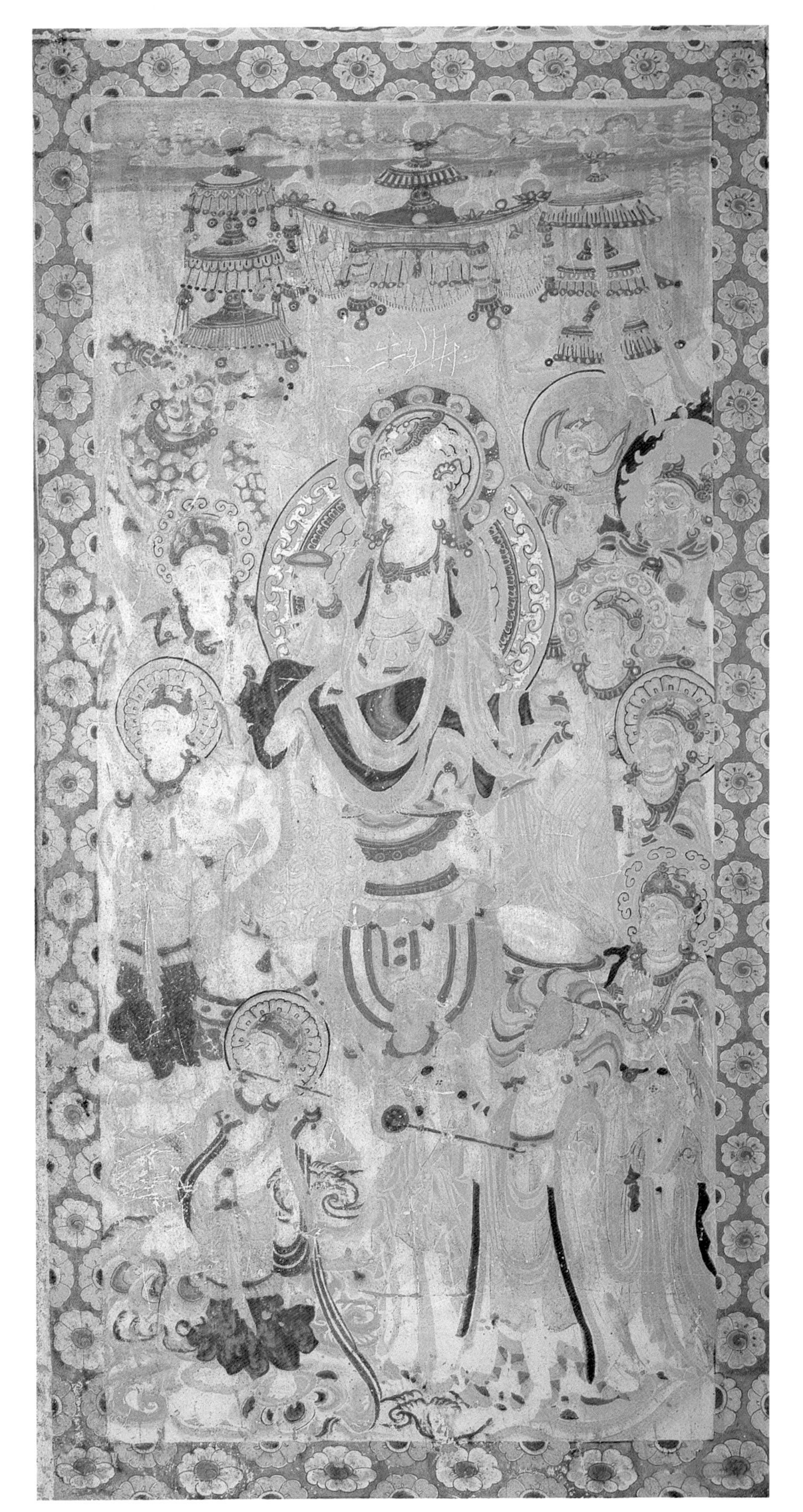

### 169 晚唐的新樣文殊

新樣文殊最早出現於晚唐，表示文殊在中國漢地大乘佛教的佛和菩薩譜系中，地位已經提高。

晚唐 莫147 帳門北側

### 170 晚唐的新樣文殊

這是晚唐新樣文殊的特寫。新樣文殊出現後，舊樣文殊並不是立即消失，新和舊是並存的。

晚唐 莫144 帳門北側

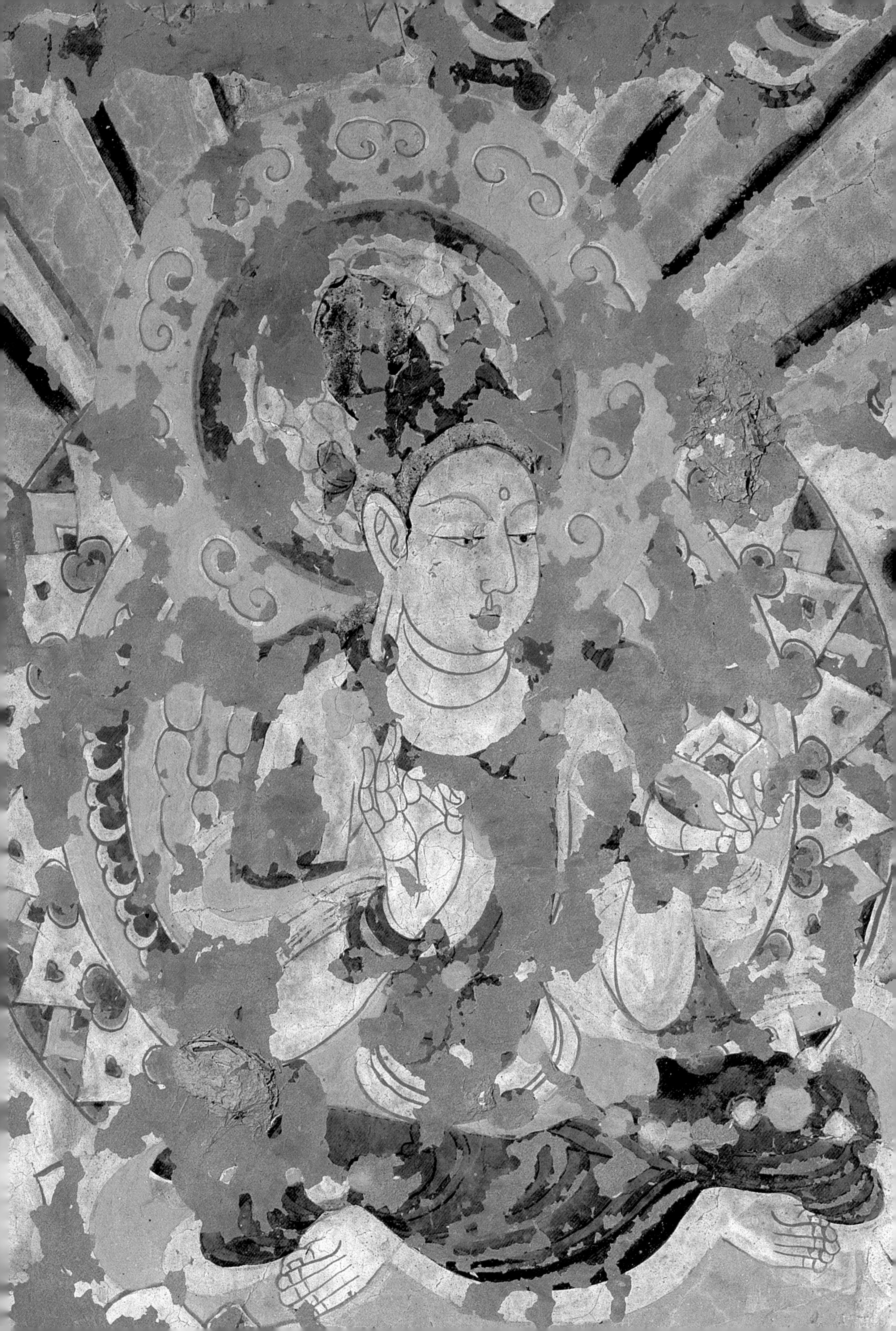

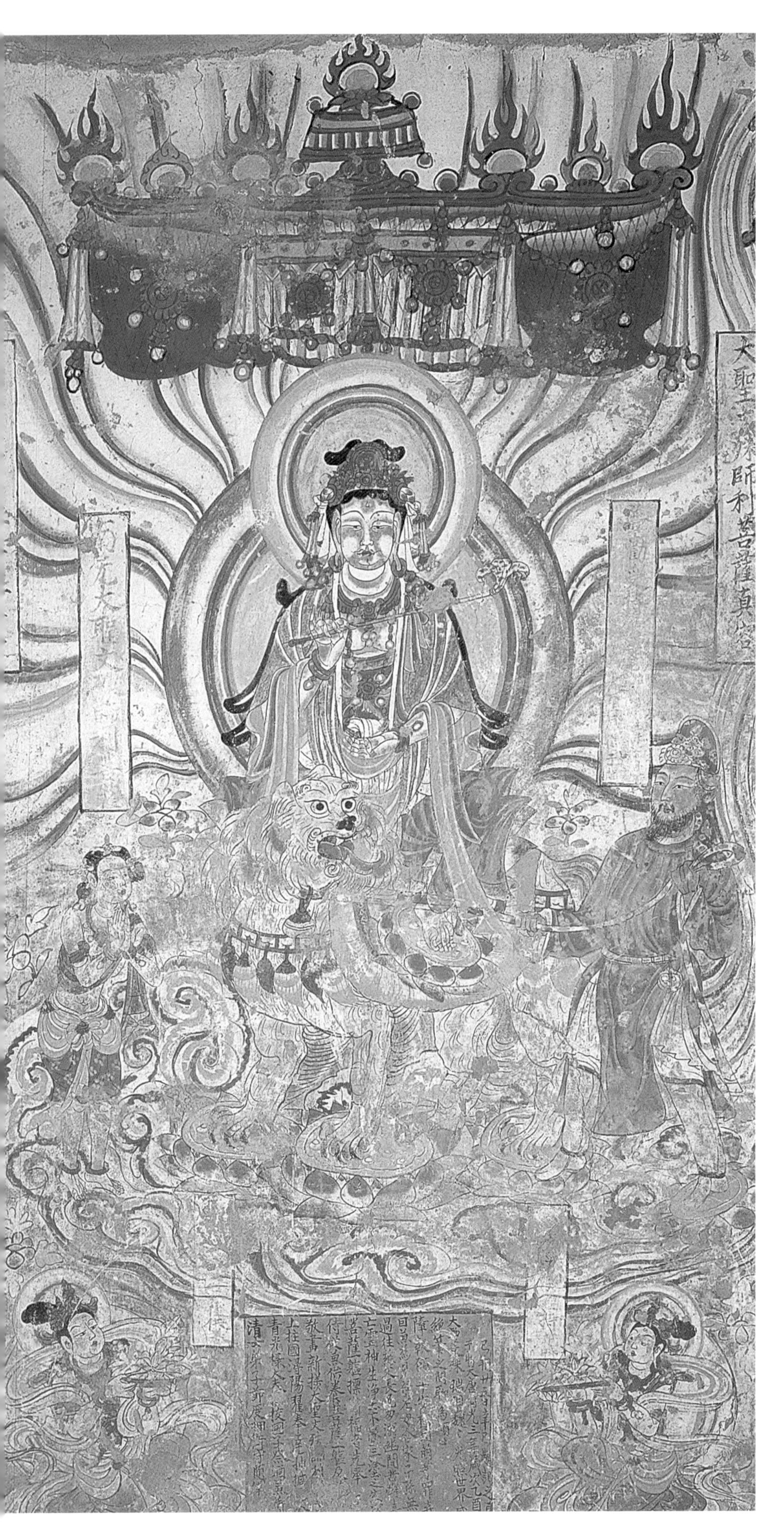

## 171　新樣文殊圖

此圖上部由三幅畫面組成，中央是文殊三尊像，即文殊、站在獅子頭前的善財童子和站在獅子尾的于闐王，下方左右角各有供養菩薩。紅色底的發願文，寫明繪畫此像的緣起。壁畫的底部是七身供養人的畫像，各有榜題寫明姓名和官銜。

文殊端坐於青獅寶座，牽獅人戴紅錦風帽，着紅袍氈靴，由榜題可知是于闐國王。這鋪文殊變沒有按傳統方式把文殊與普賢相對畫出， 而是以文殊作主尊，而且把牽獅的昆倫奴改成于闐王，故稱新樣文殊。新樣文殊正體現文殊崇拜的興起。

五代　莫220　甬道北壁

## 172 新樣文殊發願文

此發願文寫於後唐，記載出資繪畫新樣文殊的緣起。文中大意說：清士弟子歸義軍隨軍參謀潯陽人士翟奉達，敬畫新樣大聖文殊一軀和侍從，兼供養菩薩一身，保佑建造石窟的主人和家屬不墮入三途（即女人，餓鬼，畜牲）；為先父、先兄祈求不入地獄，為健在老母、合家子孫祈求平安。大唐同光三年（公元925年）題記。

五代 莫220 甬道北壁

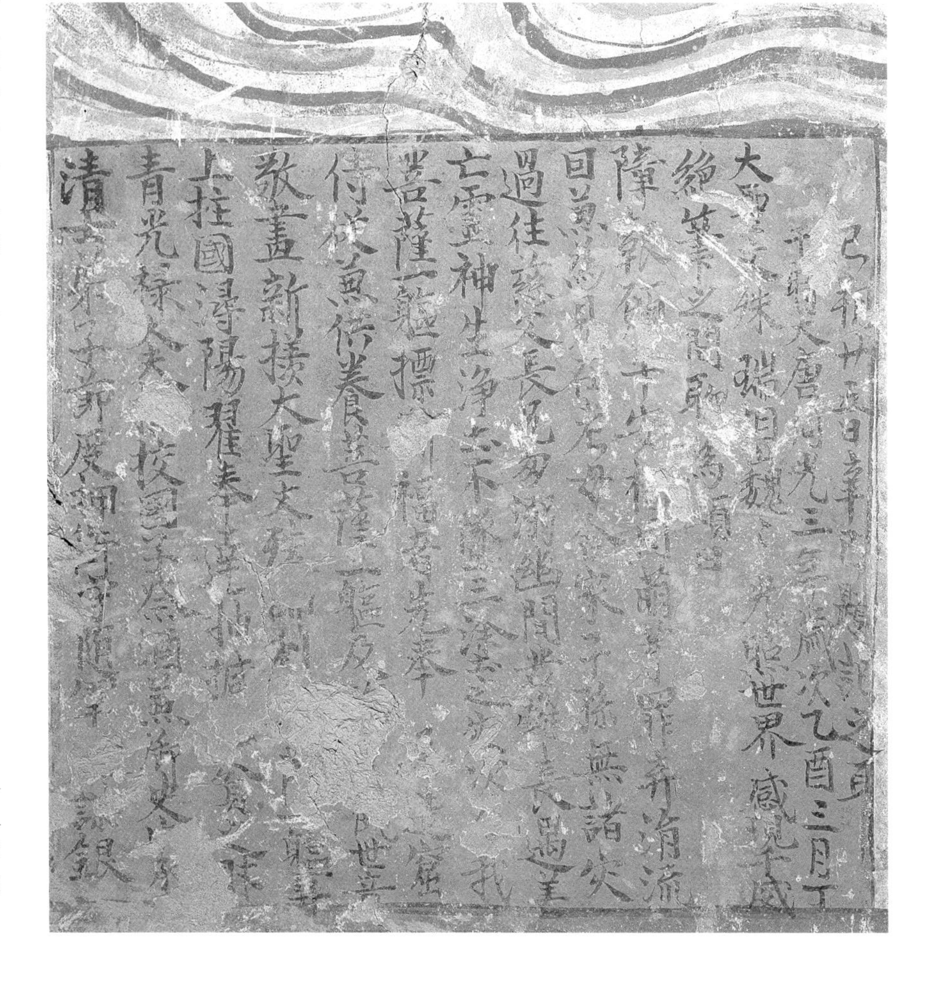

## 173 經變式五台山圖

圖的主尊是文殊，因被彩塑所擋，無法拍得下身。文殊上方是代表五台山的佛寺和僧人苦行的草庵。

宋 莫25 西壁上部

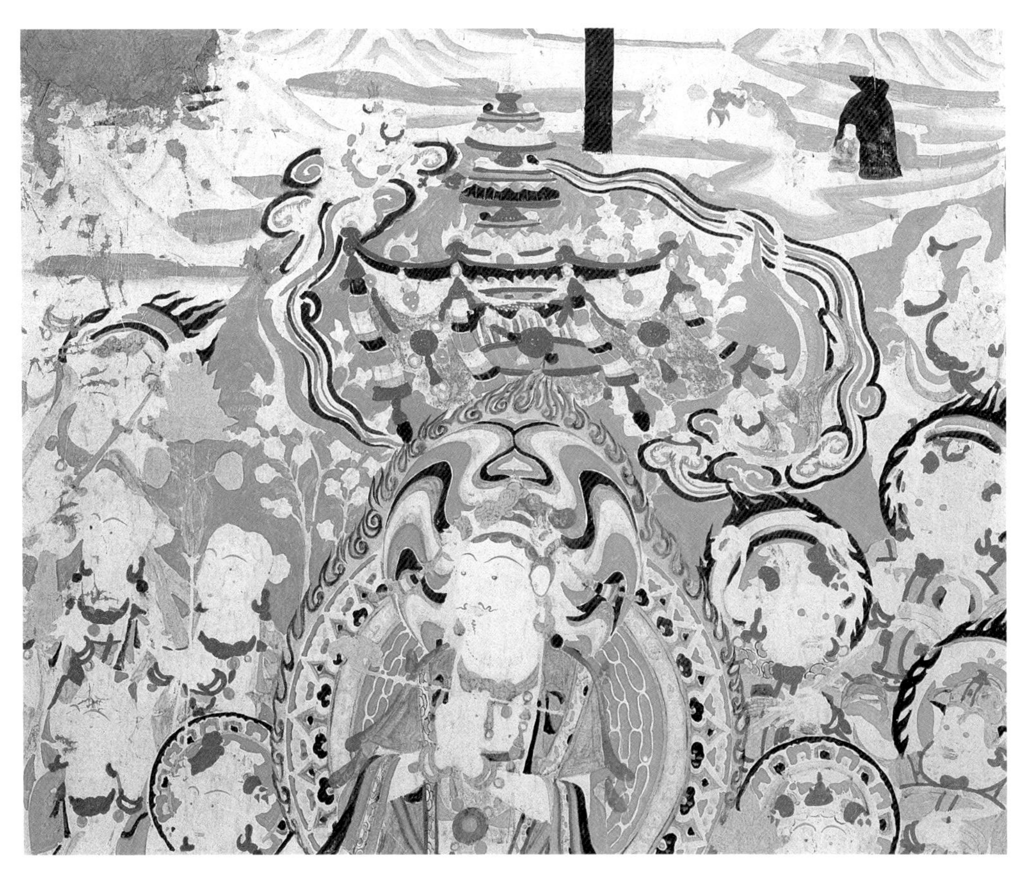

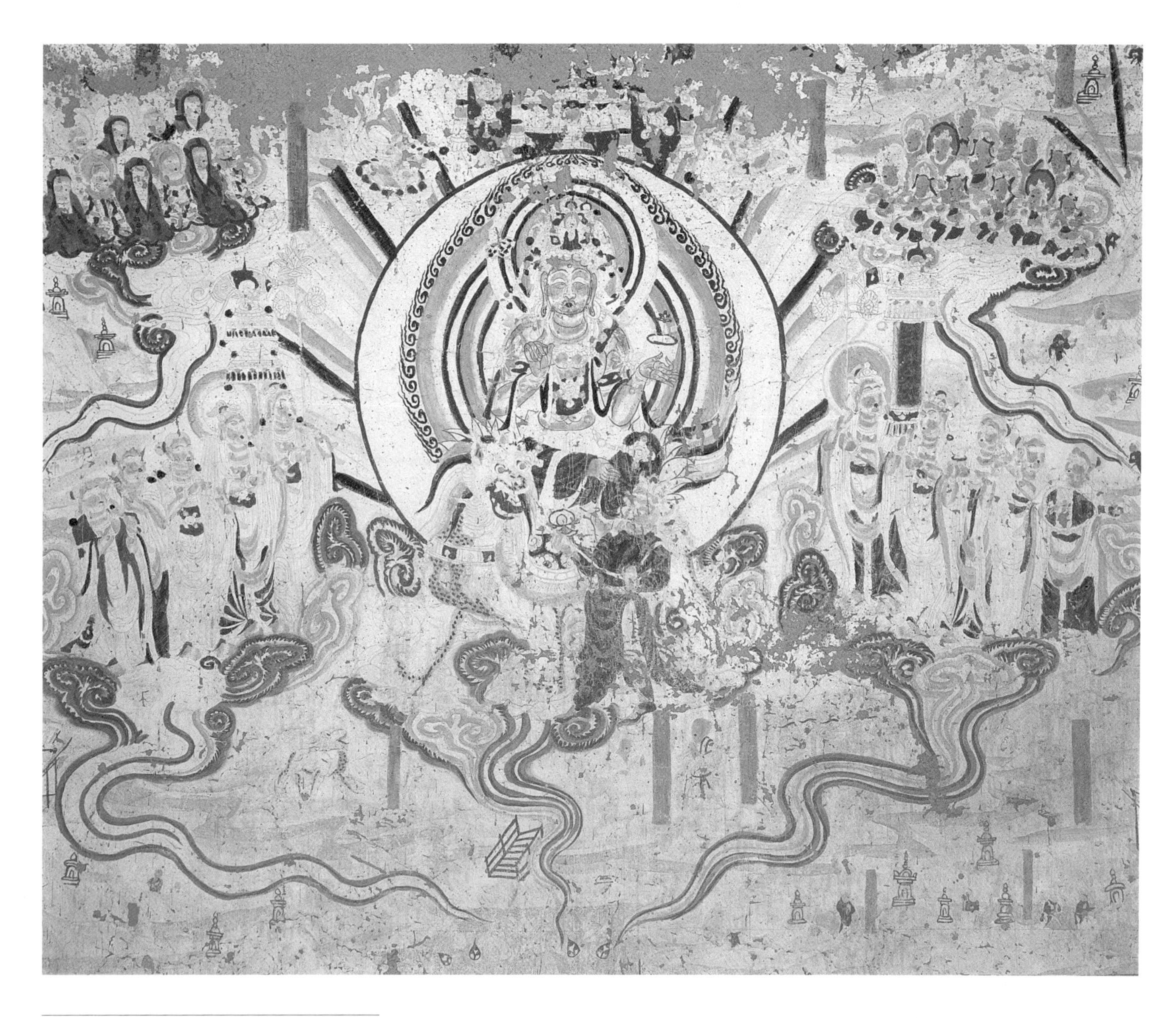

174 **聖迹式五台山圖**

五代 莫32 東壁

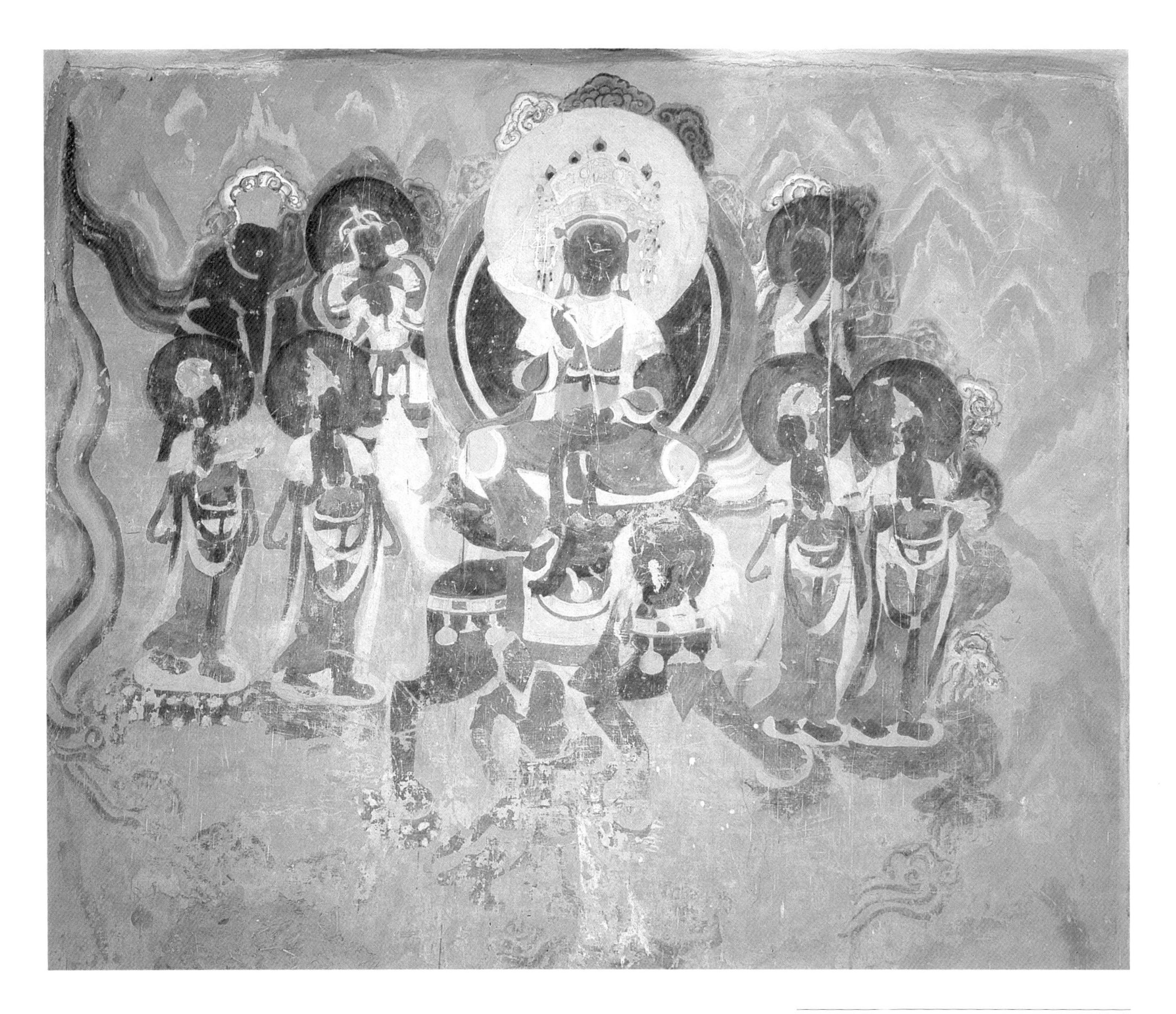

175 **文殊五尊像**

圖的中央是文殊，兩旁是他的脅侍，有于闐王為他馭獅。用中國山水畫的山巒表示五台山，成為文殊的背景。

元 莫149 南壁

## 第二節　五台山的化現傳說和登台活動

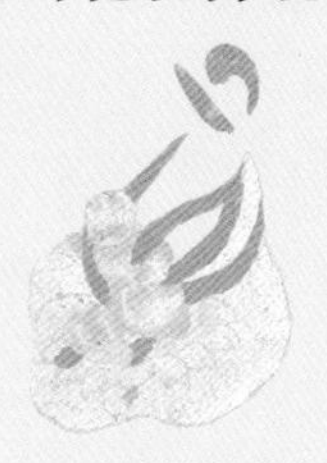

莫高窟第61窟俗稱為“文殊堂”，其主壁——西壁以山水畫形式繪畫“五台山化現圖”，面積頗大，內容包括五台及各峰的景色和各種靈異、聖迹、佛寺，以及登山朝聖的香客和道人、使節等等，全面展示五台山的一切，包括五台山周圍一帶的地理環境。這是一幅非常形象的地圖，它是莫高窟三大史迹壁畫之一，蘊藏大量的歷史資料。該圖的繪畫時代，據畫面上建築物及湖南送供使等，應在五代後期，即公元947 至955年間。

### 現存最大的五台山化現圖結構

這幅面積達45.9平方米的大圖，可分為上中下三個部分，視點的安排非常巧妙。圖最上部，畫各種菩薩化現景象，右邊以觀音、文殊，左邊以毗沙門天王、普賢為首，蒞臨五台山的天空赴會，後各有菩薩、羅漢及天龍化現；中部描繪五台山五個主要山峰及山中各大寺院情況，同時又有各種靈異畫面穿插於五峰，像佛頭、佛足、金五台化現等；下部表現通往五台山的道路，包括從山西太原到河北鎮州沿途的地理情況，充滿日常生活氣息。全畫內容繁富，而天上諸神與山中諸祥瑞及山下道路的真實，共存於一畫面中。諸神在全畫而言是平視的，看五台及登五台的道路則仿如從天上鳥瞰，神異之象在畫面愈低之處愈少，漸至全無。由於畫面高大，對站在下面仰觀全畫的讀者，則起到登五台聖地，漸行漸近神異的感覺。

五台山的五個山峰不是按實際位置安排，而是以中台為中心，兩面分畫北台、東台和南台、西台。中台下面畫文殊真身殿、萬菩薩樓，兩邊各有五座大寺院分佈其間，兩側的寺院大門都朝向中央。畫面最下面，在兩側亦各畫太原城和河東道山門，鎮州城和河北道山門。畫面基本對稱，雖然細節極多，其佈局實以中台和文殊真身殿、萬菩薩樓為中軸綫。

### 文殊在五台山圖

文殊是五台山的崇拜核心。五台山圖雖然像是五台山地圖，但作者的本意決非如此，化現是五台山圖的創作原意。在文殊信仰流行的時代，人們對佛經中宣揚的文殊的種種神異事迹深信不疑。隋唐以來，許多高僧都說在五台山見文殊化現；許多著名大寺修建之前，均傳說見到文殊顯化。五台山圖以大量畫面描繪化現景象，如雷電雲中現、聖燈化現、靈鳥現、化金橋現處、金龍雲中現等等。一百九十五條榜題中，各種瑞現內容就佔了四十六條。

五台山既是文殊道場，許多化現與文殊有關。在天上，文殊騎金獅子駕祥雲出現，被他降服的五台山五百毒龍，亦翶翔於五台山上空。在山中，圖的最中央處有一佛二菩薩，文殊與普賢以脅侍形式侍佛；山中兩度出現文殊化作老人見弗陀波利；有貧女庵，庵前沒有文殊，但文殊化貧女故事在五台山無人不曉；還有道義蘭若中有文殊與維摩對談。畫中這種種渲染，正符合當時人的文殊信仰心理。《入唐求法巡禮記》說，入五台山聖地時，舉目所見，都產生文殊所化之想，“見極賤之人，亦不敢作輕蔑之心；若驢畜亦起疑心，恐是文殊化現。”

### 登五台山的道路和香客

五台山成為佛教聖地後，登台巡禮，朝謁文殊菩薩的僧俗和中外遊人絡繹不絕，開通了登五台山的道路。第61窟五台山圖畫登台道路有東路、南路和北路。

東路由海路經滄州、鎮州（今河北省保定市）西行到五台山，這是中國東部沿海各地、韓國和日本登五台山朝聖的道路。南路由太原起始，是南面登台最便捷的路。由太原北行到忻州定襄縣（今山西省忻縣定襄），經過河東道山門西南，過關至五台縣。北路由山西大同開始，南行經繁峙縣以達五台山。北路開通應是北魏定都大同後，五台山定為皇家御花園，皇帝經常至此打獵。第61窟五台山圖中畫有“魏文帝箭孔山”，所指應是北魏文帝遊五台山所留遺迹。

登五台山的人，有送供的使節、道人，各種階層的朝聖香客，還有為他們牽駝趕驢的，打柴負薪供給山中各種人日用的，充滿畫面。山間還有許多修行的僧人，在山上野外，蓋草庵苦修。

圖中繪送供使節四處，三處繪於東路，除湖南送供使之外，有來自朝鮮半島的“新羅送供使”和“高麗送供使”。此緣東路是五台山以東諸地登五台山的基本路綫。佛教信仰經中國東傳朝鮮半島和日本，文殊及五台山信仰亦傳到當地。古代高麗和新羅來華僧人眾多，至於使節朝貢，史載五代時，新羅王金朴英遣使朝貢（公元923-924年，同光元年至二年），但未悉是否順道到五台山。文獻雖然沒有確證高麗和新羅送供使到五台山，但以五台山信仰之盛，此圖有新羅和高麗送供使的榜題，圖中又有新羅王塔，推之亦有可能。況敦煌遺書中的佐證材料亦不少，既有謂在五台山看到新羅王子塔的聖迹，亦有記載新羅王子在五台山的活動。五台山圖的送供使和新羅王子塔的圖像資料，為研究唐、五代時期中國和朝鮮半島的關係，增添了新的內容，有極重要的史料價值。

五台山圖繪畫的目的雖然主要是化現，但圖中保存大量佛教歷史資料，有的還補充了史書所未載的內容，實際上是一幅形象的佛教史畫。

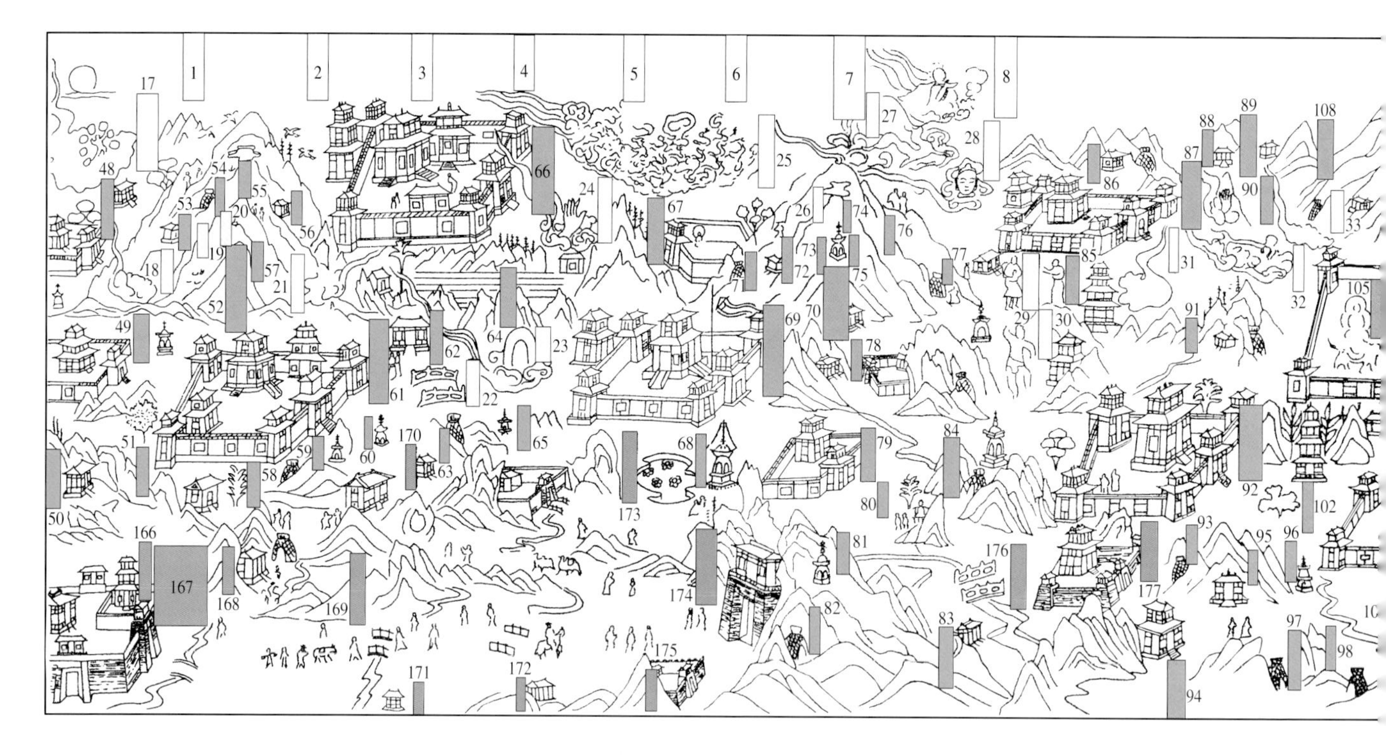


**莫高窟第61窟"五台山化現圖"示意圖**

五台山化現圖共有195個榜題。

黃色榜題是各種神話傳說和聖迹故事。

1 羅漢一百五十現
2 雲現羅漢百五十俱
3 菩薩千二百五十俱
4 菩薩一千二百五十雲現
5 菩薩一千二百五十雲俱
6 雲化菩薩千二百五十會
7 普賢菩薩像駕神……雲中……會……五台之……赴……堂
8 大聖毗沙門天赴普賢會
9 觀音菩薩赴會
10 大聖文師利菩薩乘金色獅子駕現祥雲……空虛談數玄音響同龍吼
11 化雲菩薩一千二百五十
12 雲……菩薩千二百五十
13 現……二百……
14 菩薩千二百五十現
15 阿羅漢一百五十人俱
16 阿羅漢一百二十五人會
17 雷雹雲中現
18 獅子雲中現
19 靈鳥現
20 聖燈現
21 獅子雲中現
22 化金橋現處
23 通身光現
24 佛手雲中現
25 大毒龍二百五十雲
26 青獅子現
27 婆竭羅龍王現
28 金佛頭雲中現
29 弗陀波利從罽賓國來尋台峰遂見文殊化老人身路問其由
30 大力金剛現
31 聖佛足現
32 騏驎雲中現
33 金龍雲中現
34 金龍雲中現
35 娑竭羅龍王現
36 金塔現
37 金五台之化現
38 毒龍二百五十降
39 雷電現
40 五色光現
41 佛陀波利見文殊化老人身問西國之梵
42 阿育王瑞現塔
43 金色世界現
44 功德天女現
45 白鶴現
46 (白鶴現)
47 金鐘現

棕色榜題是五台山及附近的寺院、窟、塔及山上遊人等等。

48 文殊寺化身塔
49 靈應之寺
50 小賢蘭若
51 封禪道者庵
52 南台之頂
53 菌草蘭若
54 吉祥之庵
55 龍王池
56 巖濟院
57 遊台道人
58 菩提之庵
59 …(降)生之塔
60 光嚴之……(塔)
61 大清涼之寺
62 石佛蘭若
63 兜率之庵
64 青琉璃世界
65 普賢之塔
66 大金閣之寺
67 道義蘭若
68 蓮花池塔
69 大王子之寺
70 西台之頂
71 兜率之庵
72 廣化之院
73 孟度蘭若
74 釋迦之塔
75 住塔道人
76 弘化之院
77 清風庵
78 彌勒之院
79 鐵勒之寺
80 降龍……(蘭若)
81 無著和尚塔
82 資福和尚庵
83 明月池蘭若
84 伏牛和尚庵
85 萬聖之樓
86 南塔律院
87 大賢之寺
88 華原觀
89 龍宮蘭若
90 應聖之院
91 廣化之院
92 大建安之寺
93 取性道者庵
94 千……窟寺
95 般若蘭若
96 新羅王塔

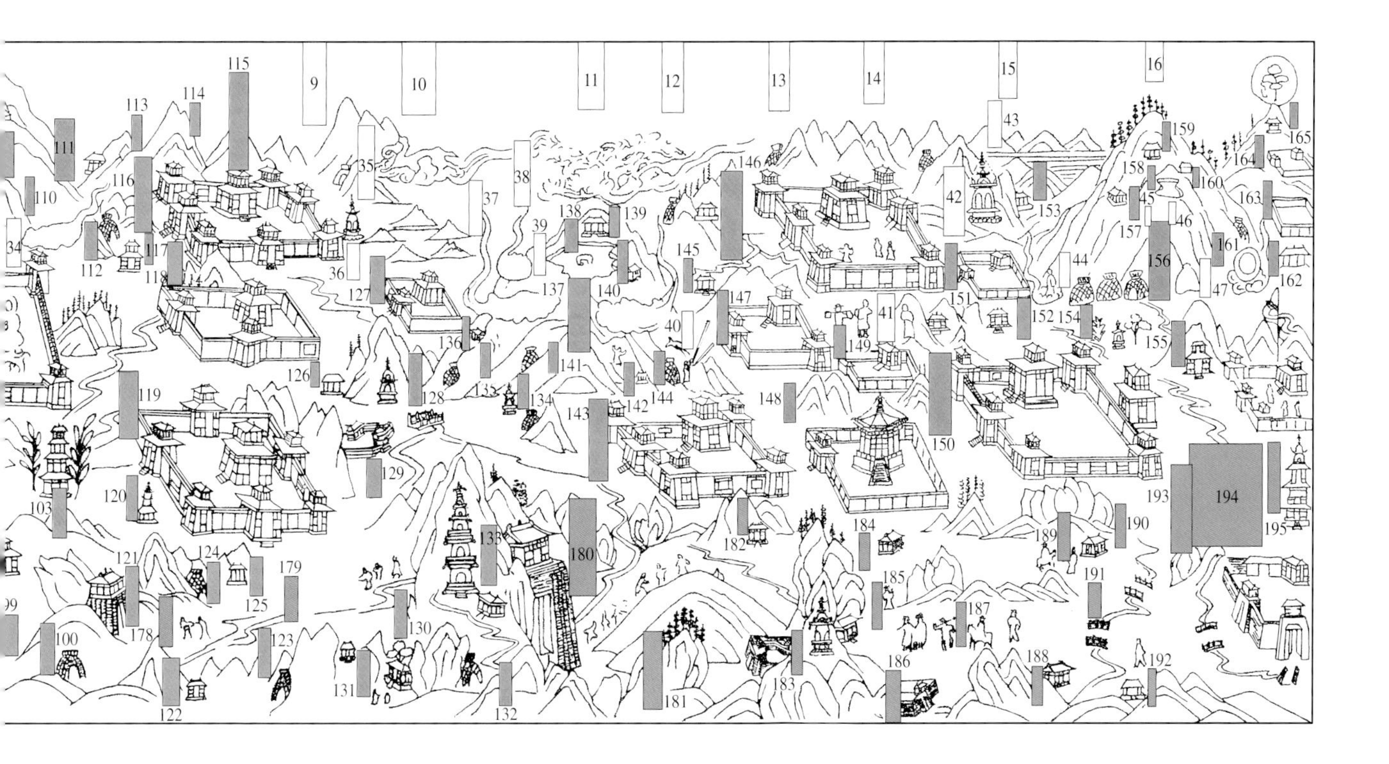


97 趙四師庵
98 法華之庵
99 崇清之院
100 梵……山庵
101 萬菩薩樓
102 無量壽塔
103 應化度塔
104 大聖文殊真身殿
105 大聖文殊真身
106 大聖普賢真身
107 中台之頂
108 遊台之嶺
109 林青之庵
110 吉祥庵
111 雪峰之寺
112 楞伽之庵
113 ?
114 ……守蘭若
115 三世法界之寺
116 大竹林之寺
117 降生蘭若
118 東塔常住之院
119 大福聖之寺
120 鷲峰之寺
121 會應福寺
122 ……(香容之院)
123 解脱和尚庵
124 貧女庵
125 降……(白法和尚院)
126 廣明之聖寺
127 應理之寺
128 降龍……(和)上之塔
129 ……(仙山)……
130 那羅延窟
131 詠白雲法師院
132 漢……(嶺)……(庵)
133 釋迦真身塔
134 鄧……(隱安)和尚……(塔)
135 童子之庵
136 白龍蘭若
137 北台之頂現
138 毒龍堂
139 ……(遊台)道人
140 三泉蘭若
141 法照和尚庵
142 ……(花)嚴蘭若
143 大佛光之寺
144 大夏嶺
145 寶樹蘭若
146 大華嚴寺
147 天壽之寺
148 清涼……(人)瑞經論藏
149 弘化之寺
150 大法華之寺
151 玉花之寺
152 白……(鹿)泉蘭若
153 ……(順聖之殿)
154 興教之塔
155 中天之閣
156 東台之頂
157 徘徊蘭若
158 阿……(耨達)池
159 寶殿之寺
160 夫妻捨身殿
161 鑠子骨和尚庵
162 泥……(集)僧……(殿)
163 金剛窟
164 金界之寺
165 通……(光)蘭寺

藍色榜題是通往五台山的交通及行人，包括外地來的朝山使節。

166 河……(南)道太原
167 ?
168 太原白梘店
169 送供天使
170 石嶺關鎮
171 太原新店
172 ……(太原三橋)店
173 魏文帝箭孔山
174 河東道山門西南
175 忻州定襄縣
176 五台縣西南大橋
177 五台縣
178 送供道人
179 遊台送供道人
180 河北道山門東南路
181 青……(陽)之嶺
182 ……(被)磨儼院
183 石觜關鎮
184 靈口之店
185 石觜關門
186 永昌之縣
187 高麗王使
188 龍泉店
189 新……(羅送)供使
190 新榮之店
191 湖南送供使
192 柳泉店
193 河北道鎮州
194 ?
195 鎮州城西大悲閣

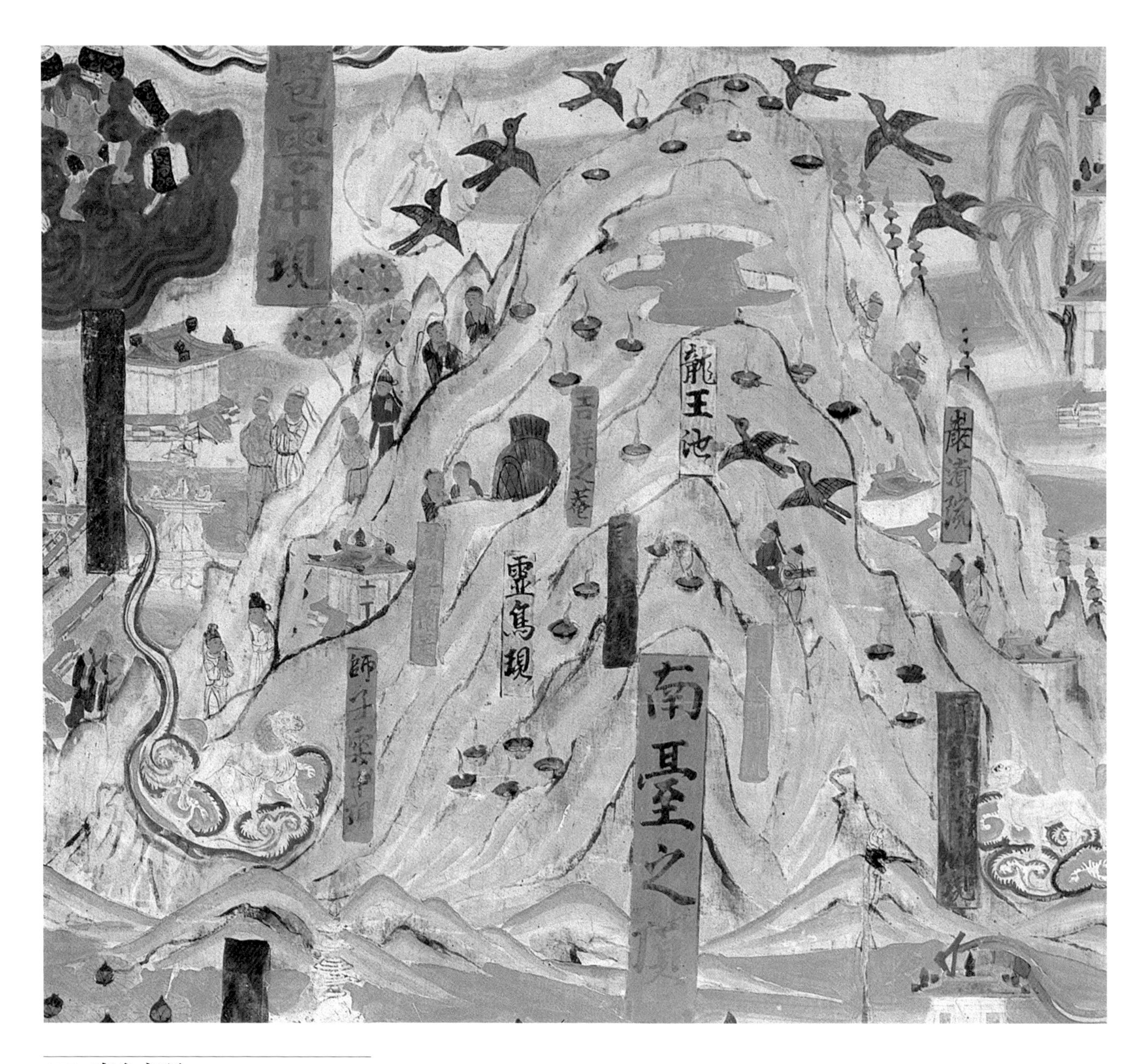


177 **南台之頂**

五代 莫61 西壁

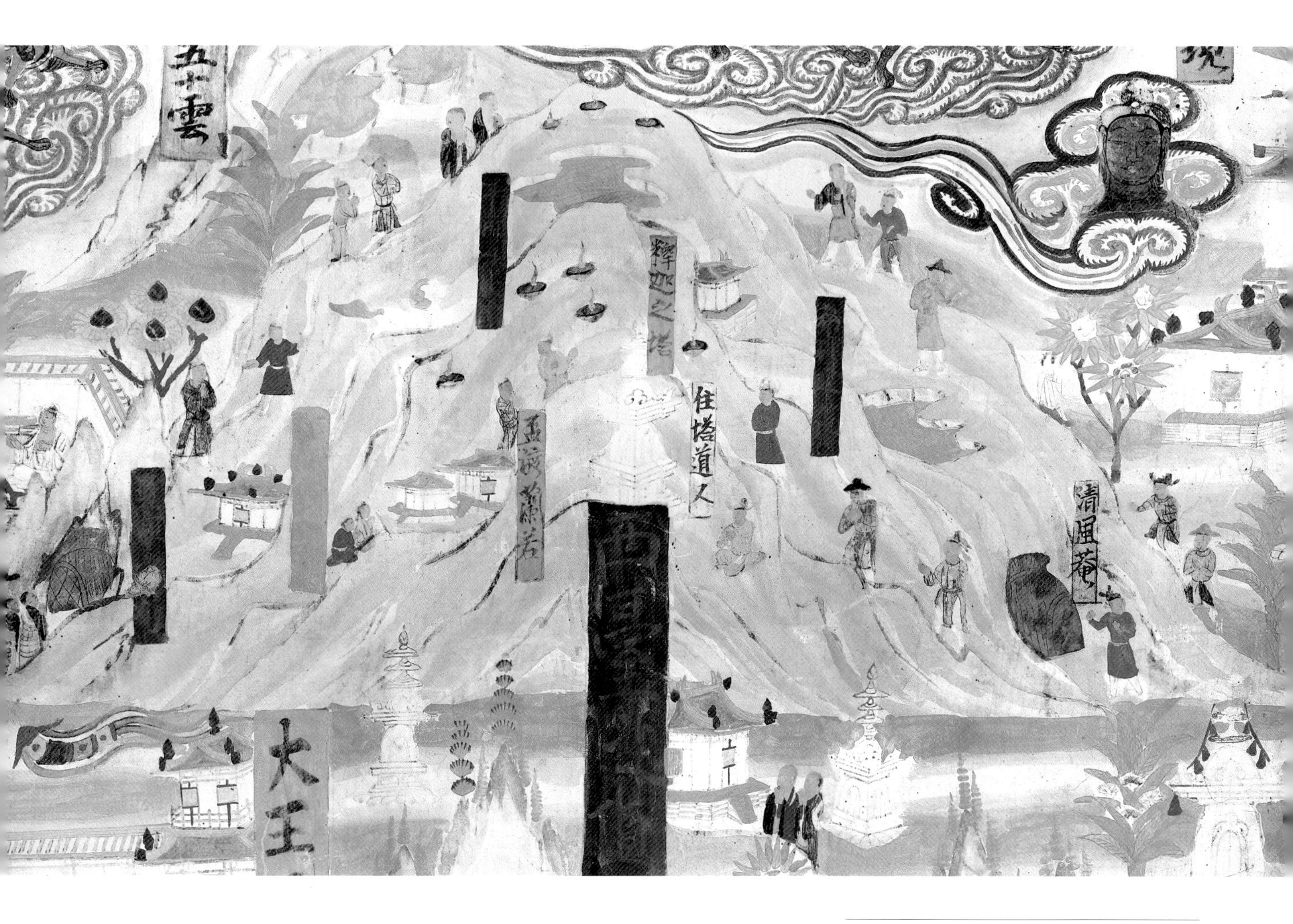


178 **西台之頂**

五代 莫61 西壁

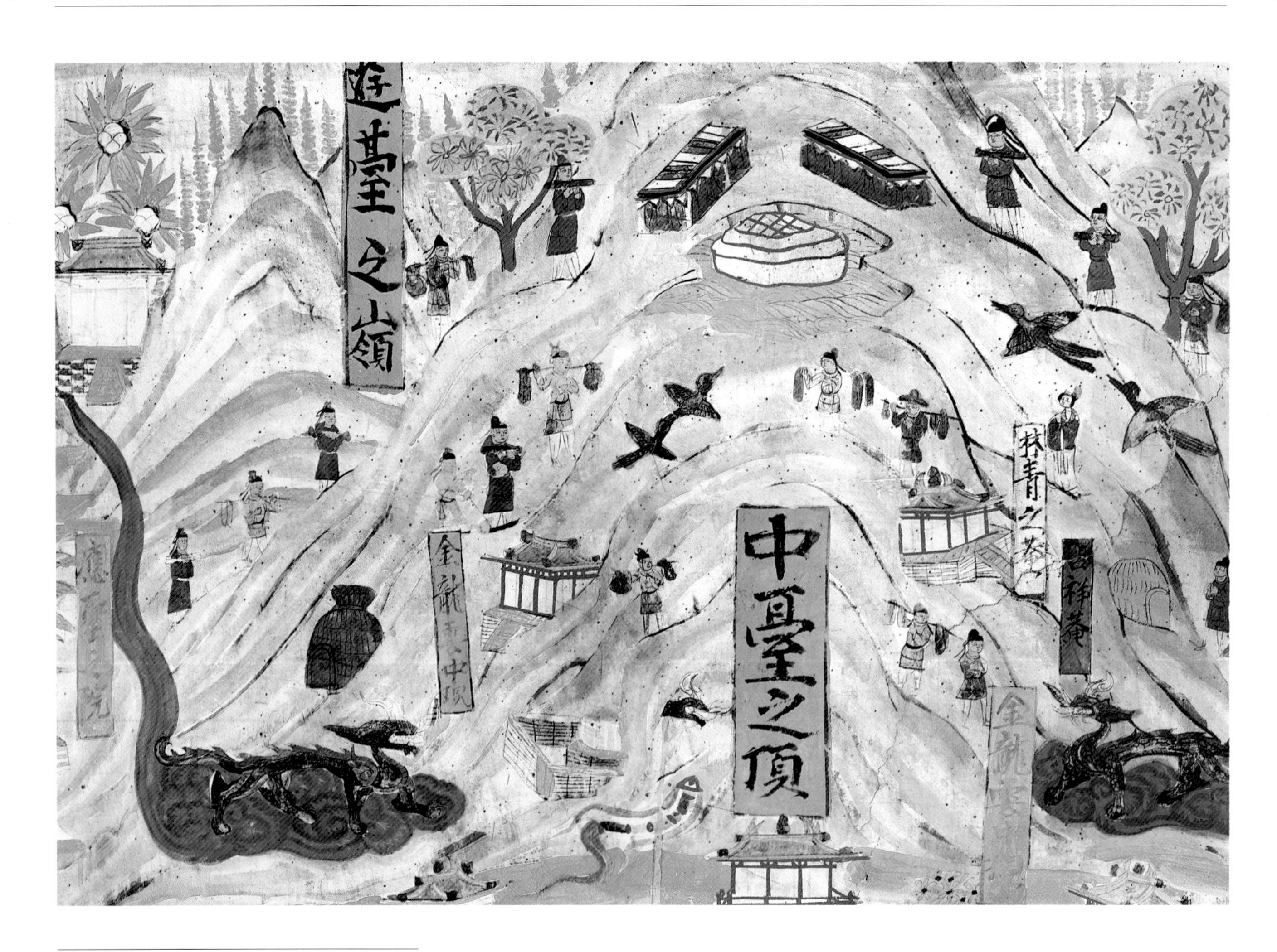


179 **中台之頂**

五代 莫61 西壁

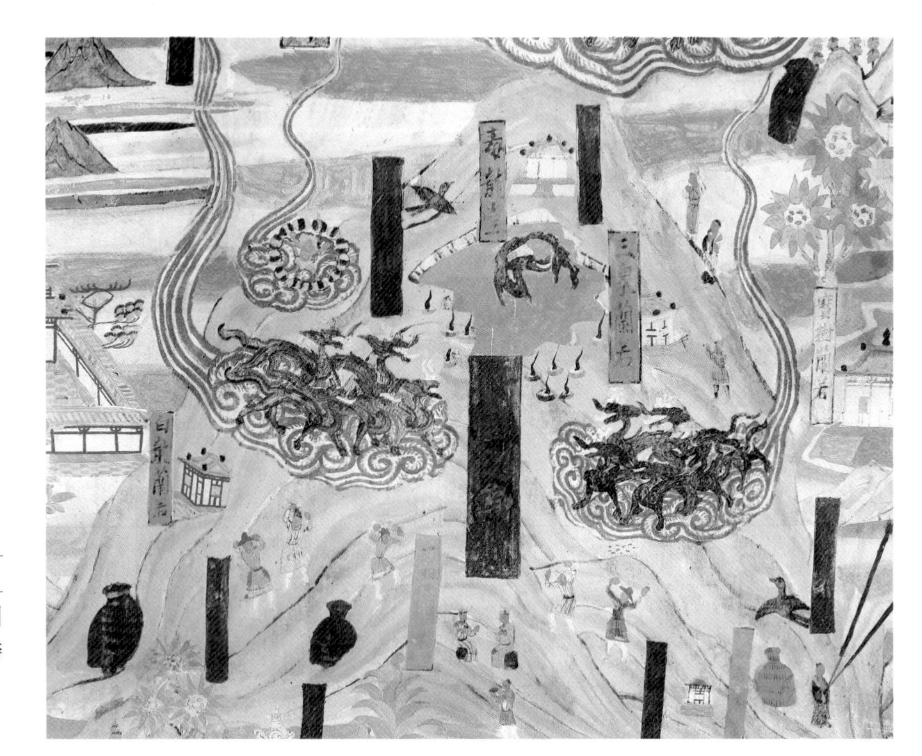

180 **北台之頂**

北台海拔3058米，是五台山最高峰，圖中北台的水池，水池上有“毒龍堂”榜題。今天北台頂有龍王廟。

五代 莫61 西壁

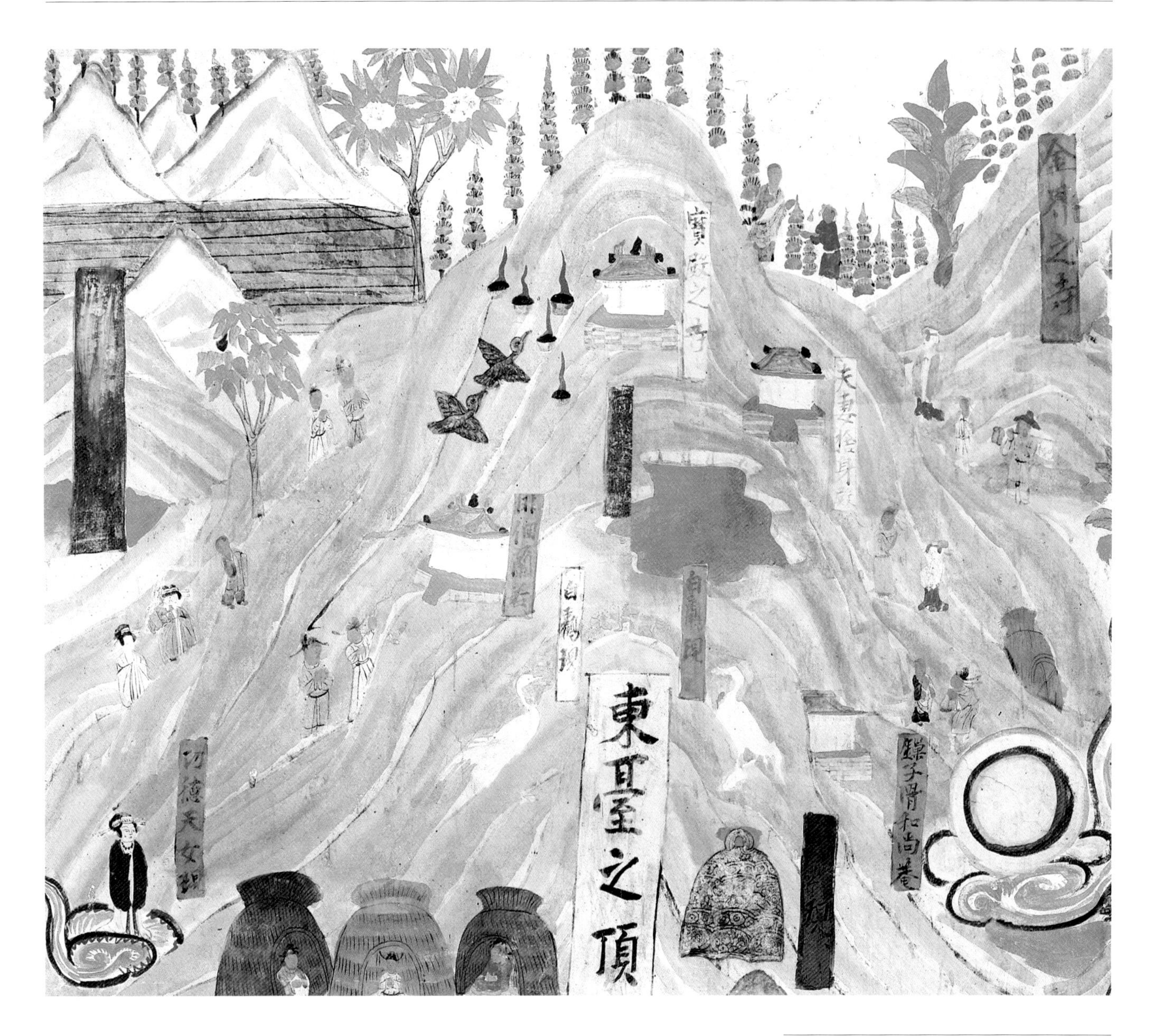


181 **東台之頂**

五代 莫61 西壁

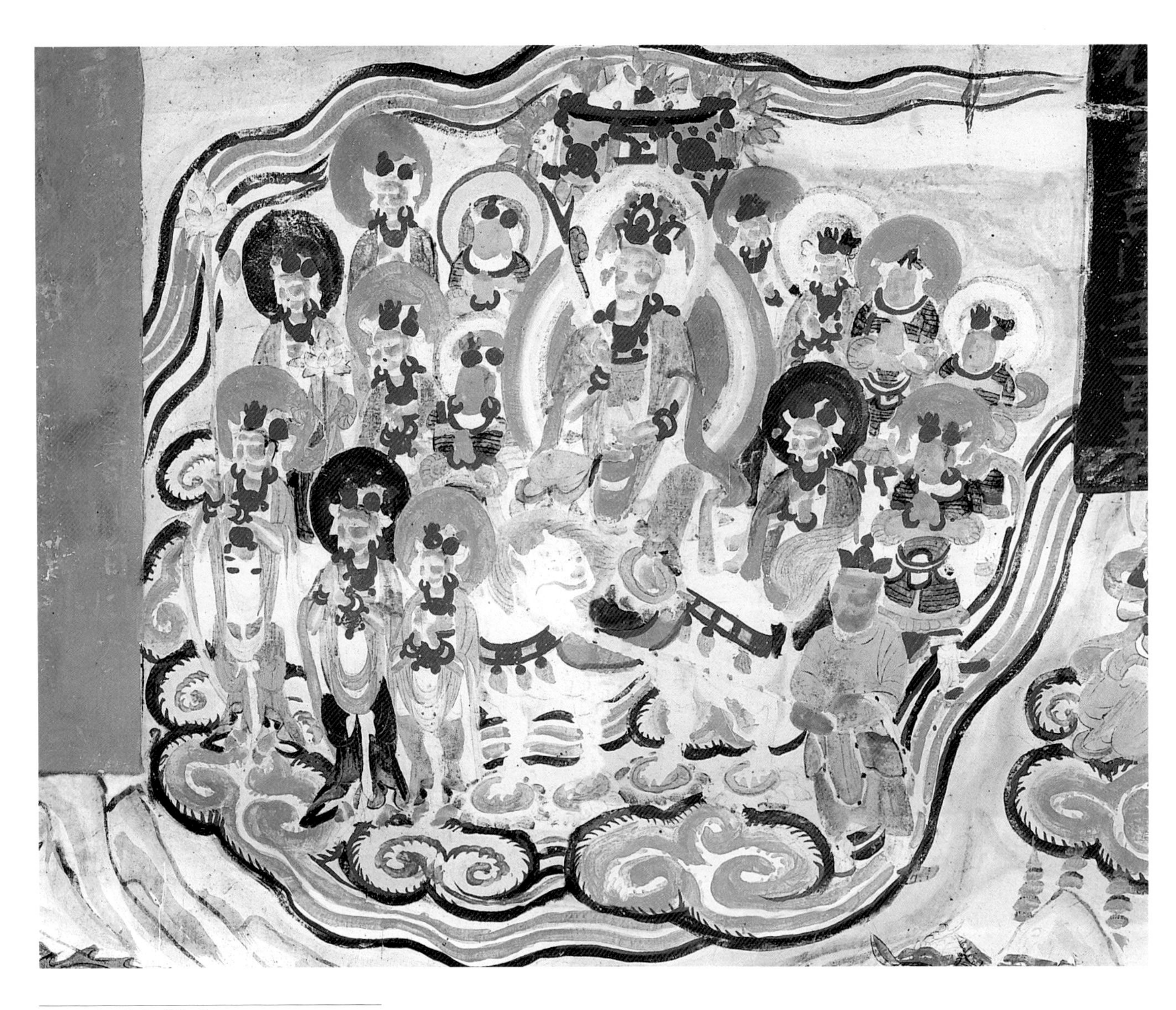

182 **文殊駕祥雲**

五代 莫61 西壁

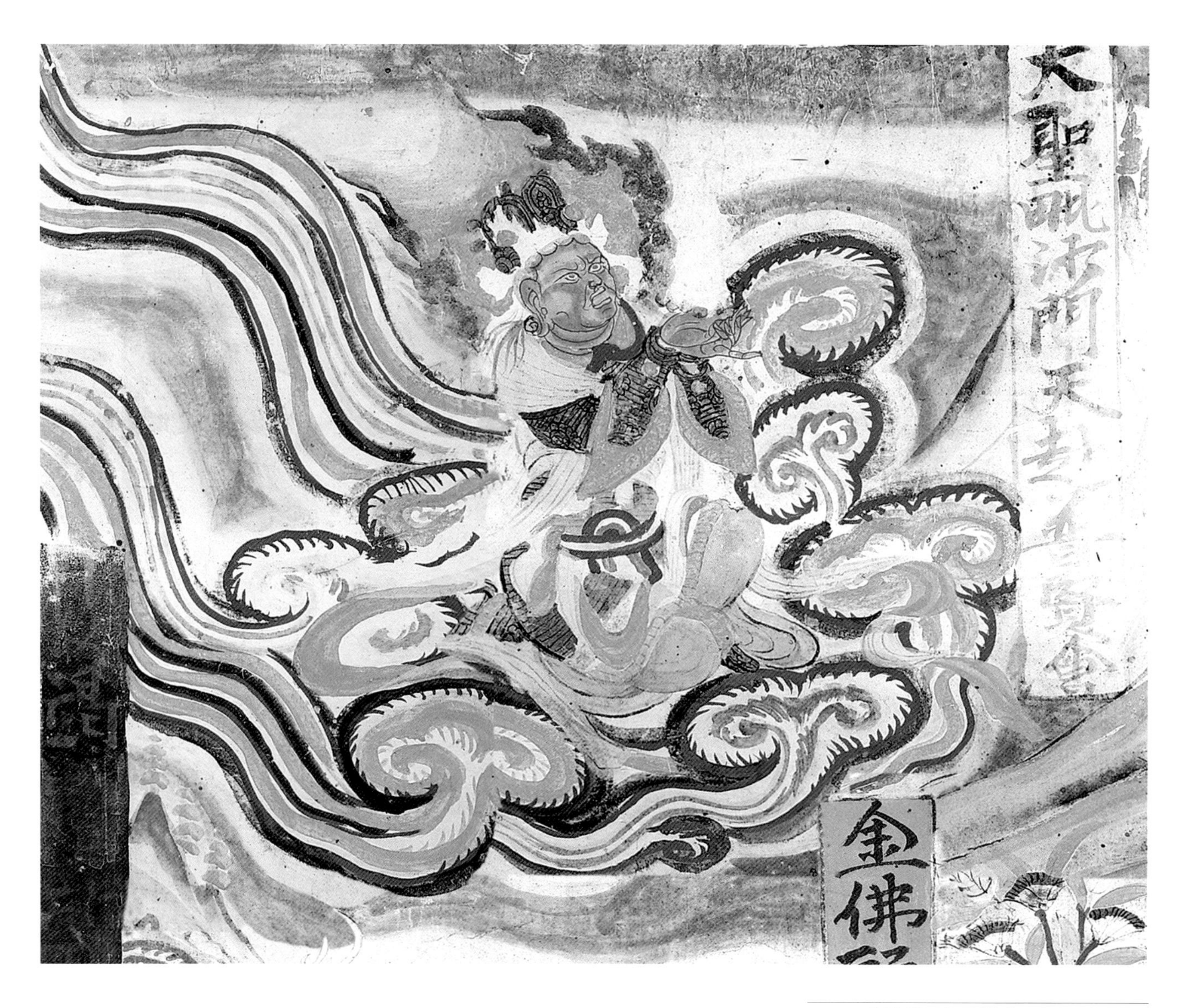


183 **毗沙門天王赴會**

五代 莫61 西壁

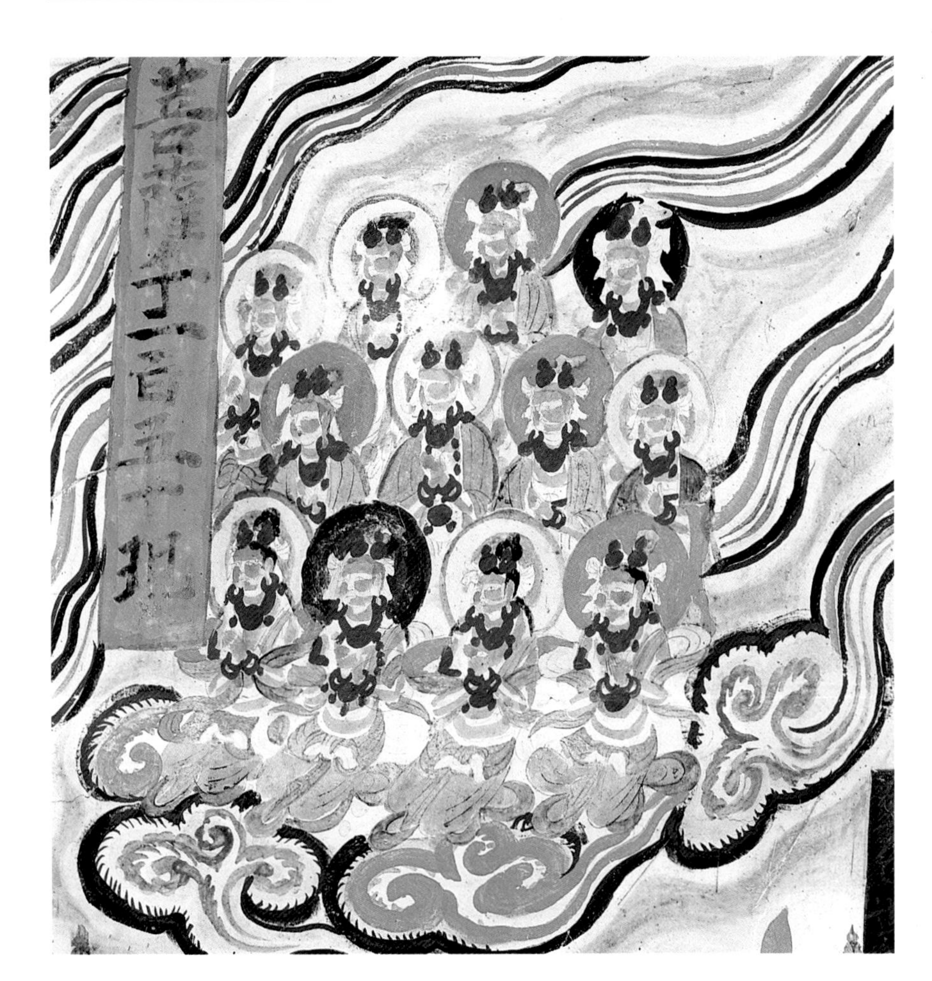

184 **菩薩千二百五十現**

五代 莫61 西壁

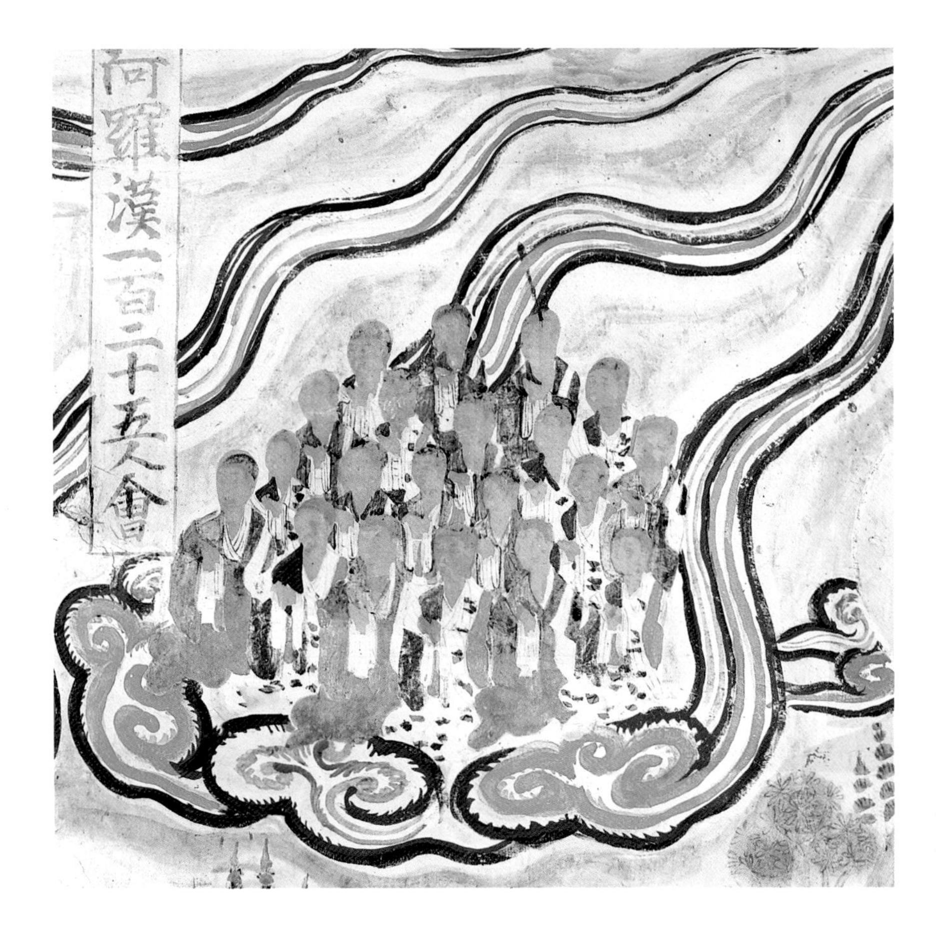


185 **阿羅漢一百二十五人會**

五代 莫61 西壁

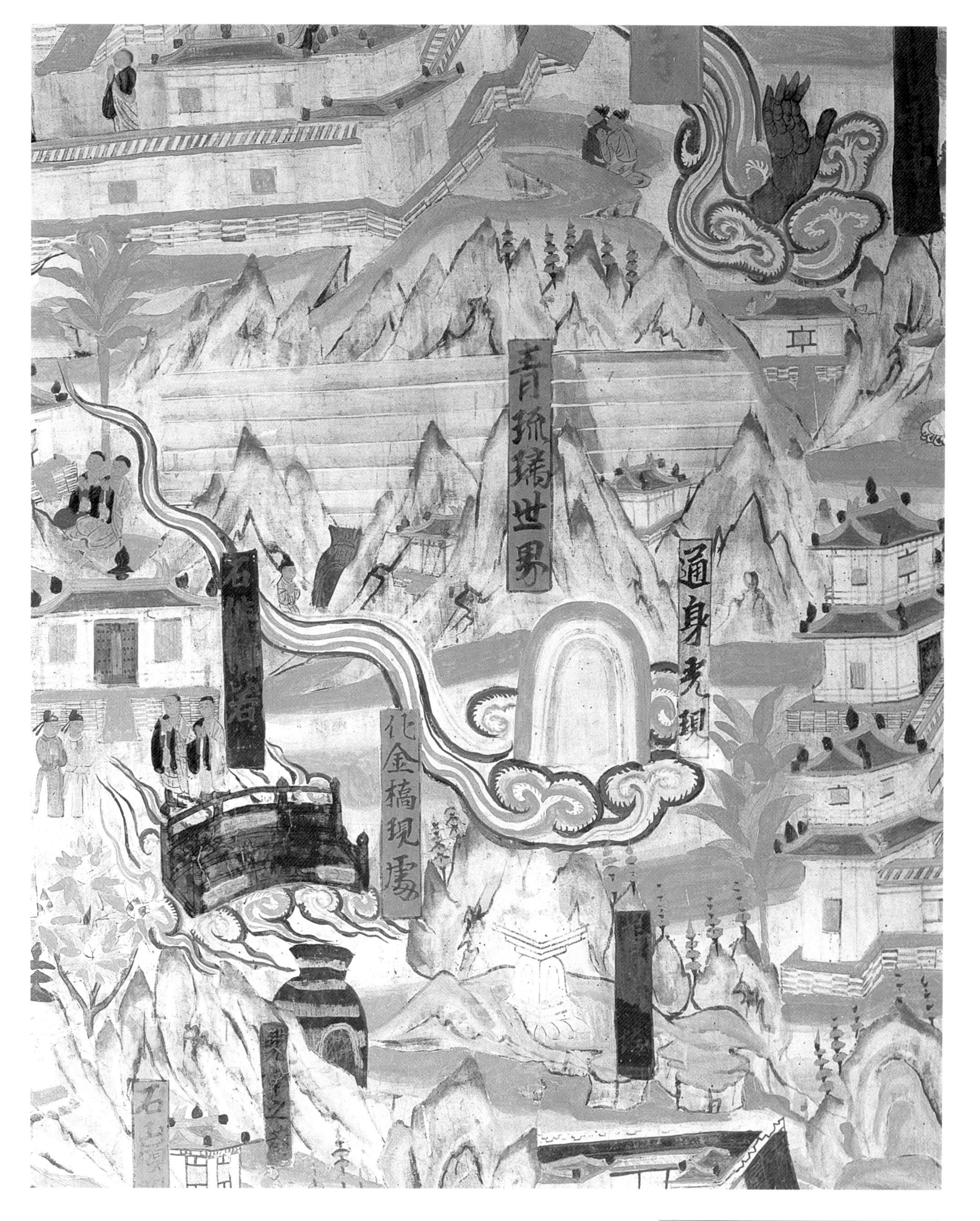


186 **佛手雲中現、青琉璃世界、金橋現、通身光現**

五代 莫61 西壁

187 **佛頭現**

五代 莫61 西壁

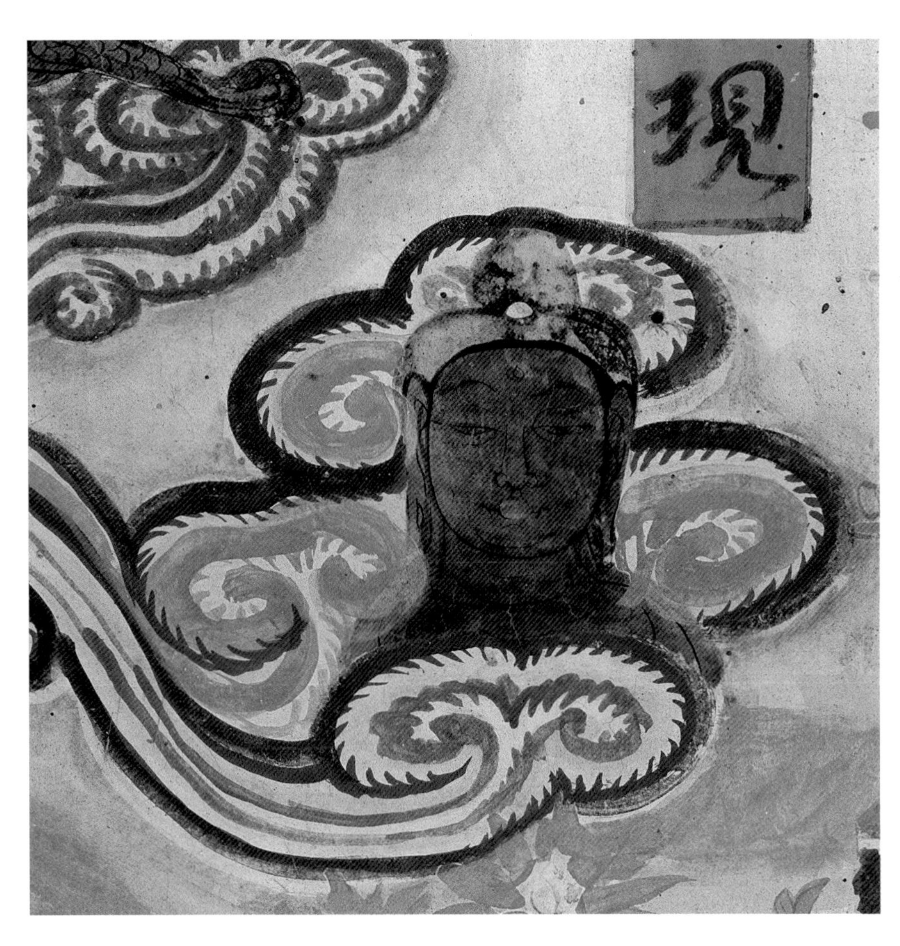


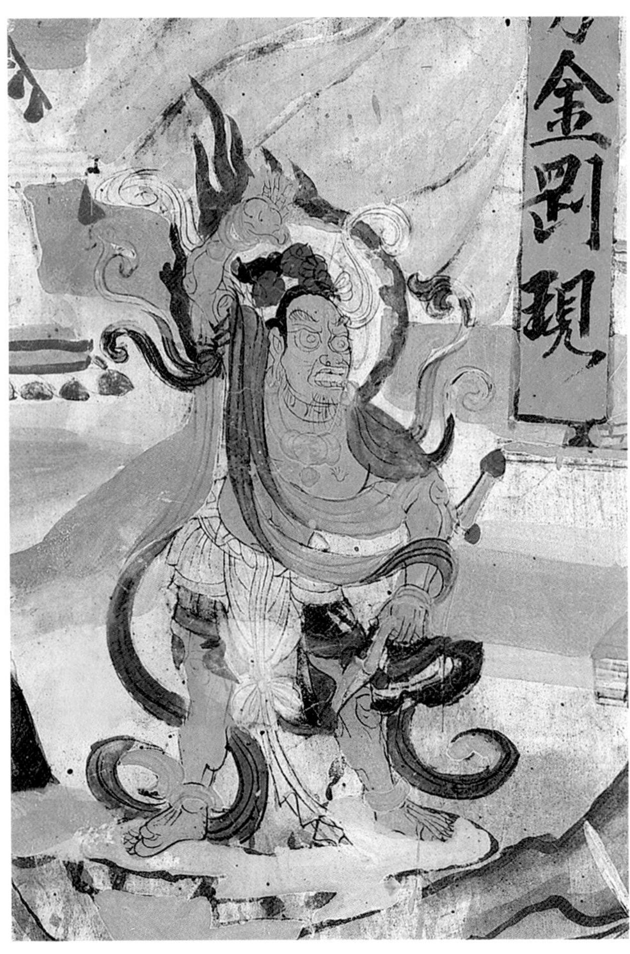


188 **大力金剛現**

五代 莫61 西壁

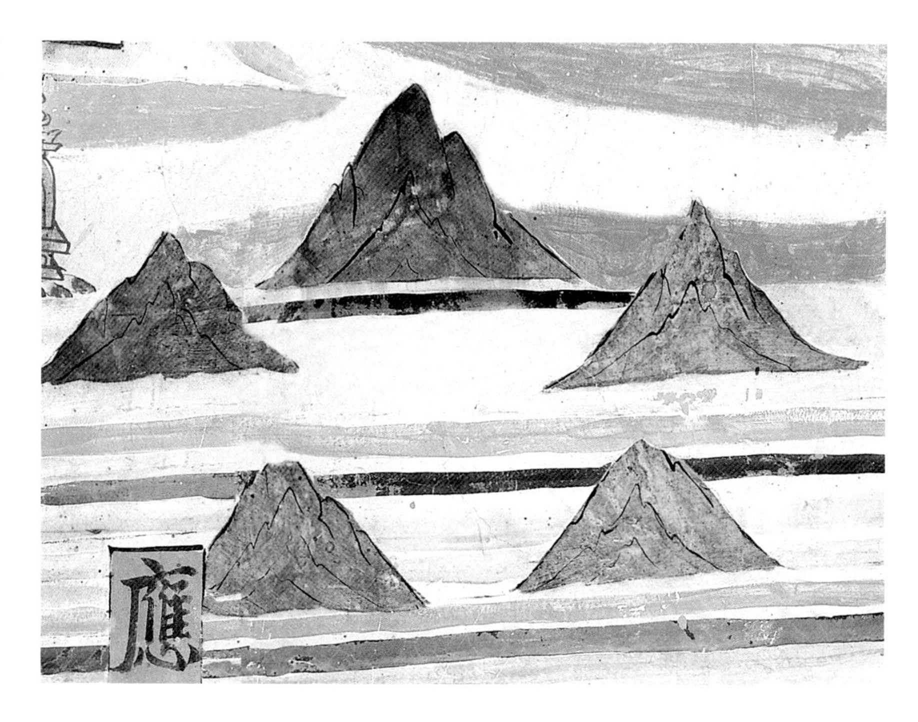


189 **金五台現**

五代 莫61 西壁

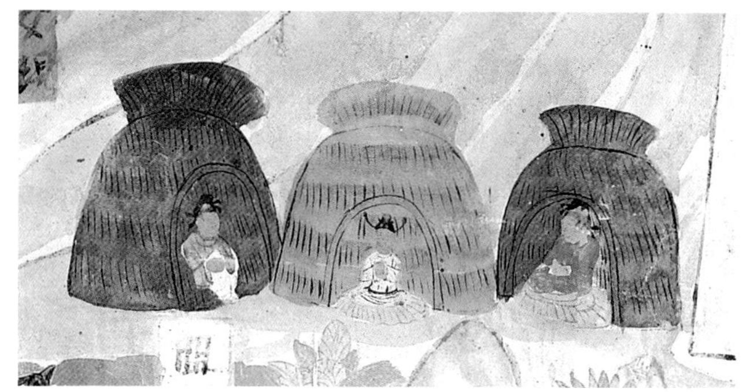

190 **僧人苦修的草庵**

在野外結草庵修持的方式，是從中亞傳入中國的，此圖反映佛教東傳對中國的影響。

五代 莫61 西壁

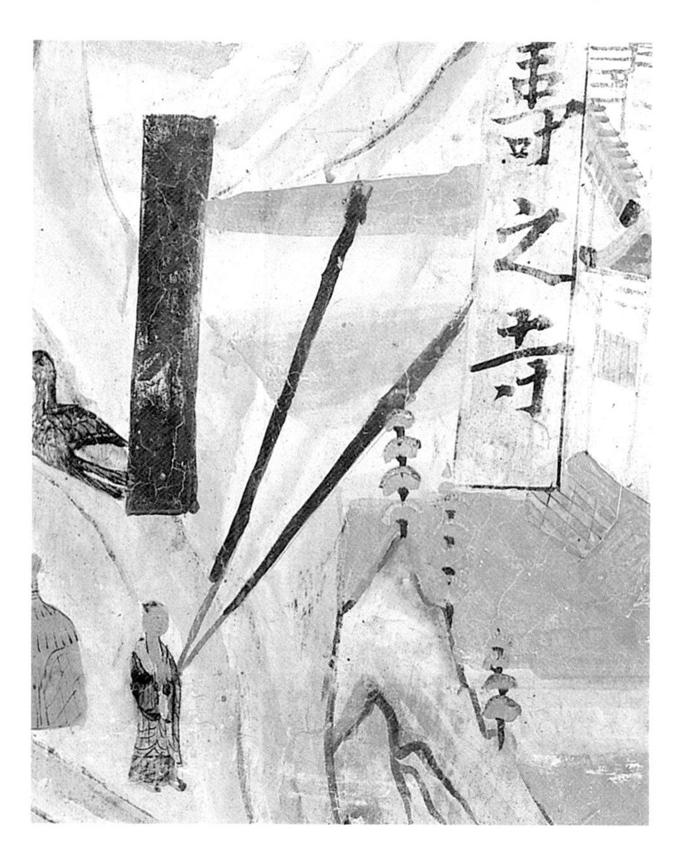

191 **五色光現**

五代 莫61 西壁

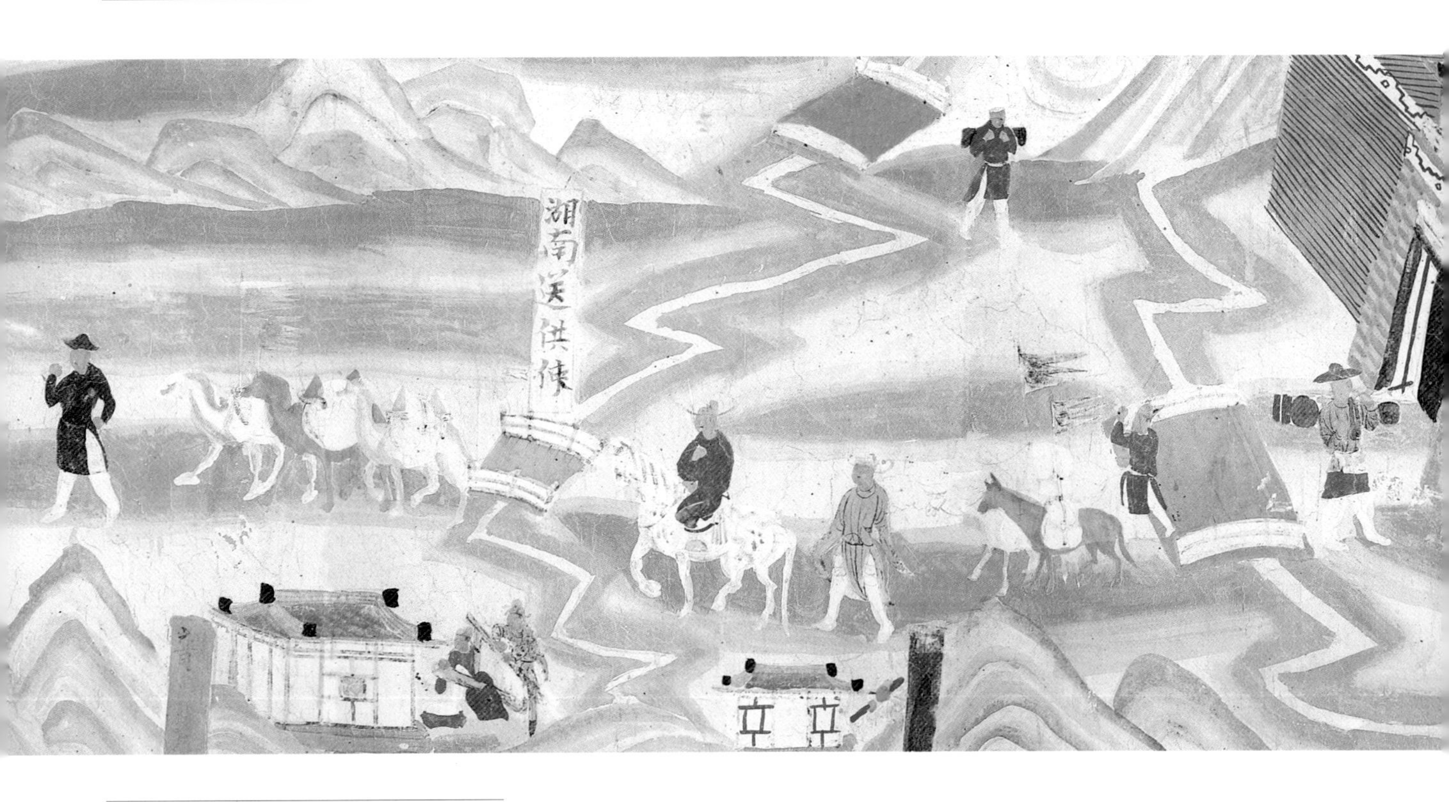


192 **湖南送供使**

湖南送供使行列，前有使者騎白馬，駱駝隊上插有牙旗，據宋代《廣清涼傳》，這是公元947年，五代十國中的楚國派人到五台山送供的情形。

五代 莫61 西壁

193 **新羅送供使**

登五台山的香客有些是來自朝鮮半島的，這是五台山圖中新羅派遣的朝聖隊伍。

五代 莫61 西壁

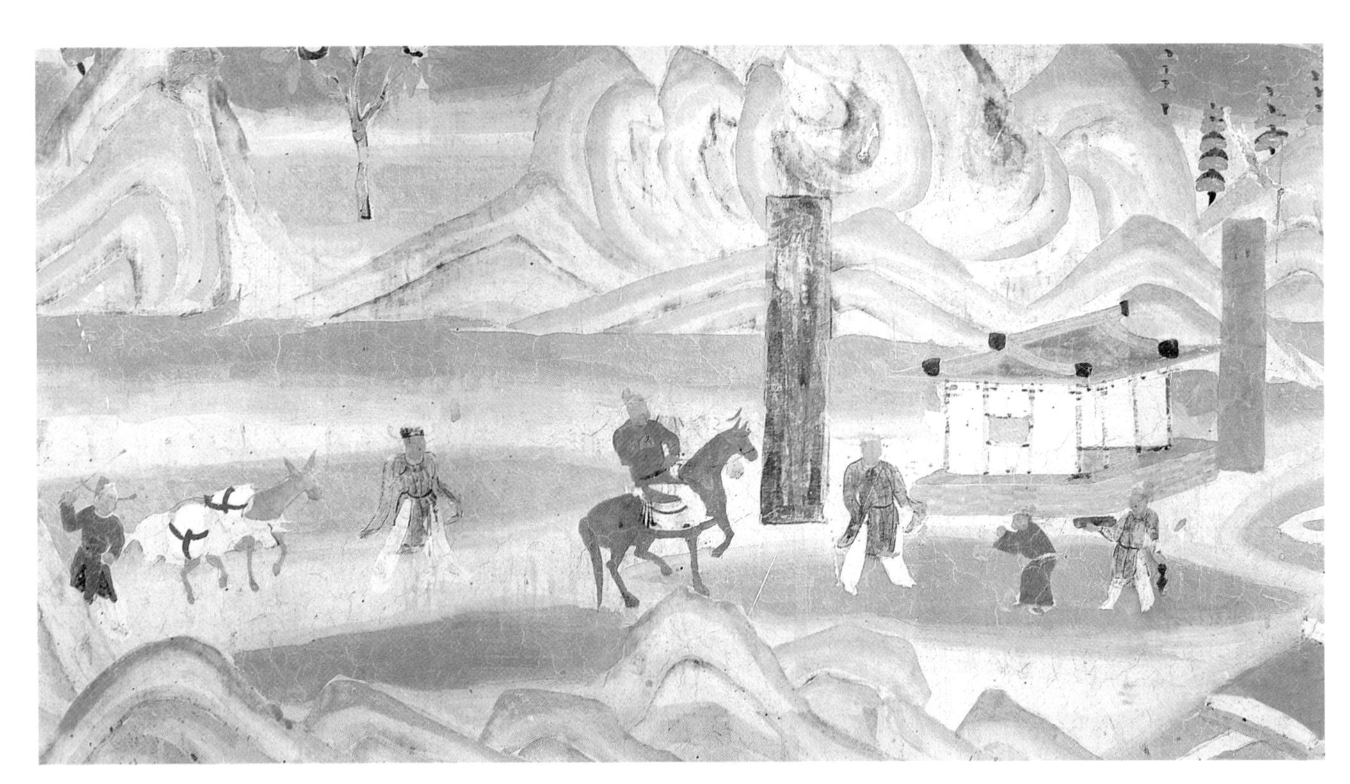

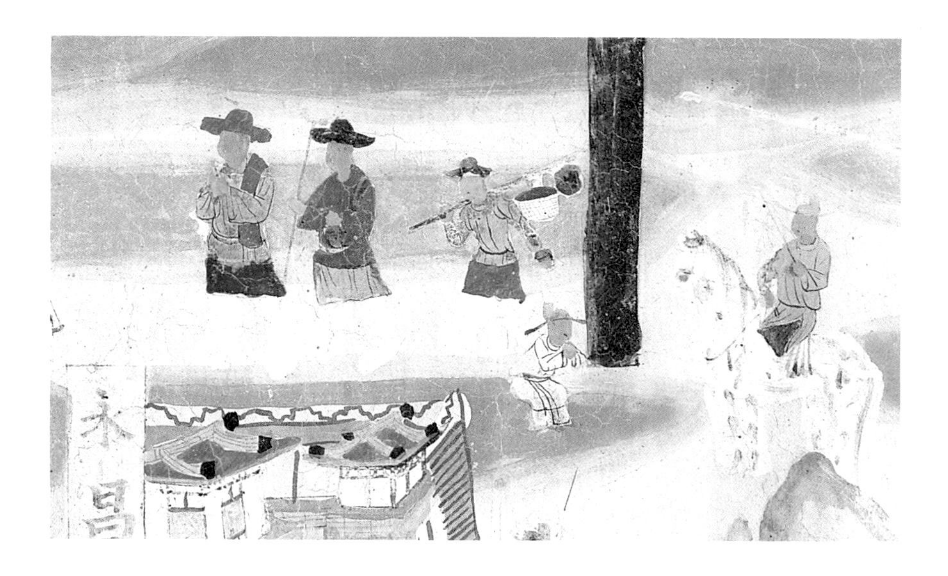

**194 高麗送供使**

五代 莫61 西壁

**195 中國皇帝送供天使**

這是五台山化現圖中規模最大的送供隊伍，正從南路前行。送供使身穿赭色長袍，在兩個隨從開道下，騎着白馬要過橋。前面是隊伍的儀仗，其中一人背着胡床。駱駝隊插着象徵官府的牙旗，其威赫之勢，勝於其他送供使。從使人和隨從所戴的展角、朝天幞頭等來看，極有可能是五代的送供行列。這裏的“天使”，是至尊皇帝所遣。在中國歷史上皇帝遣使至五台山送供者頗多，宋代《廣清涼傳》記有公元923年（南唐同光元年）遣使持紫衣賜師名、敕書等入山，便是明證。

五代 莫61 西壁

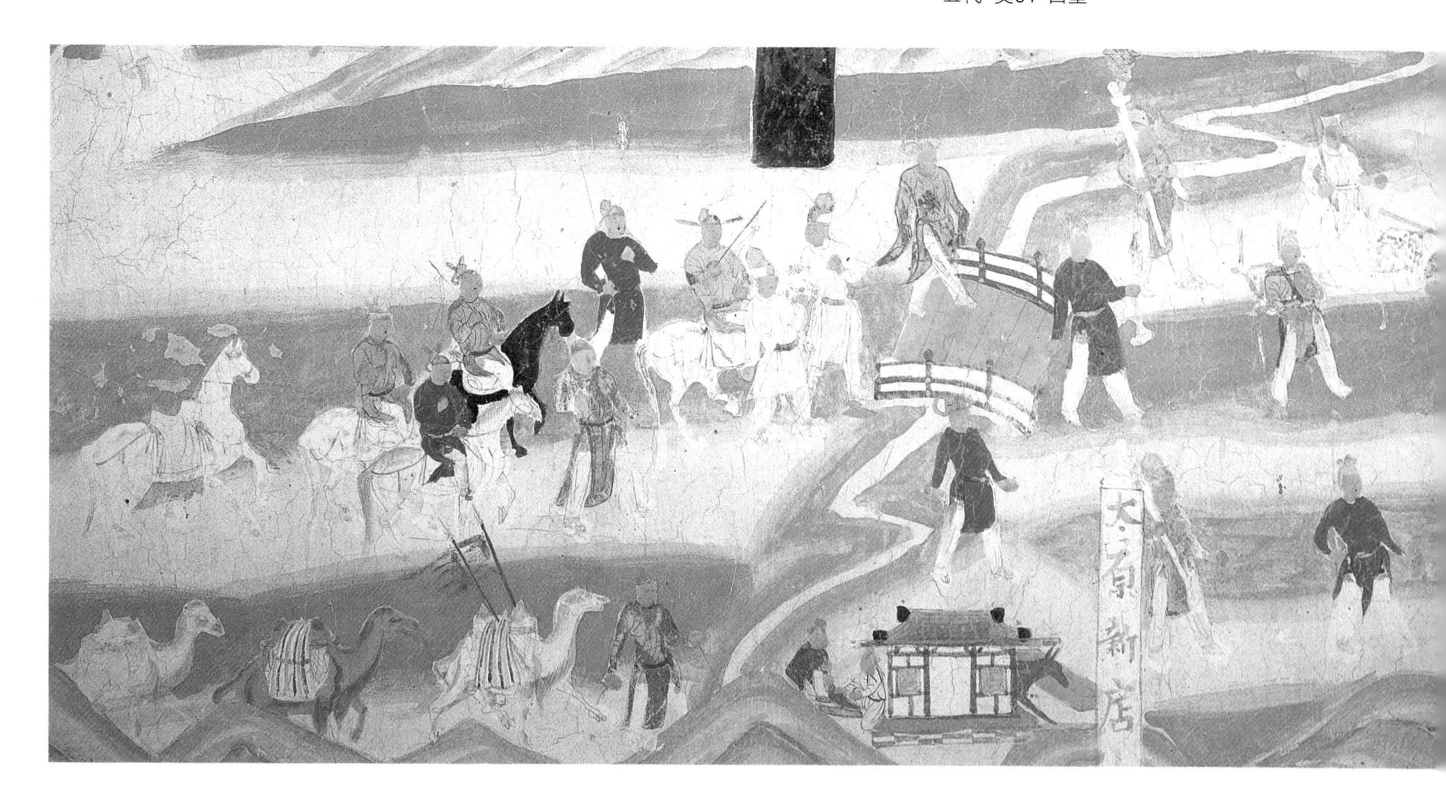

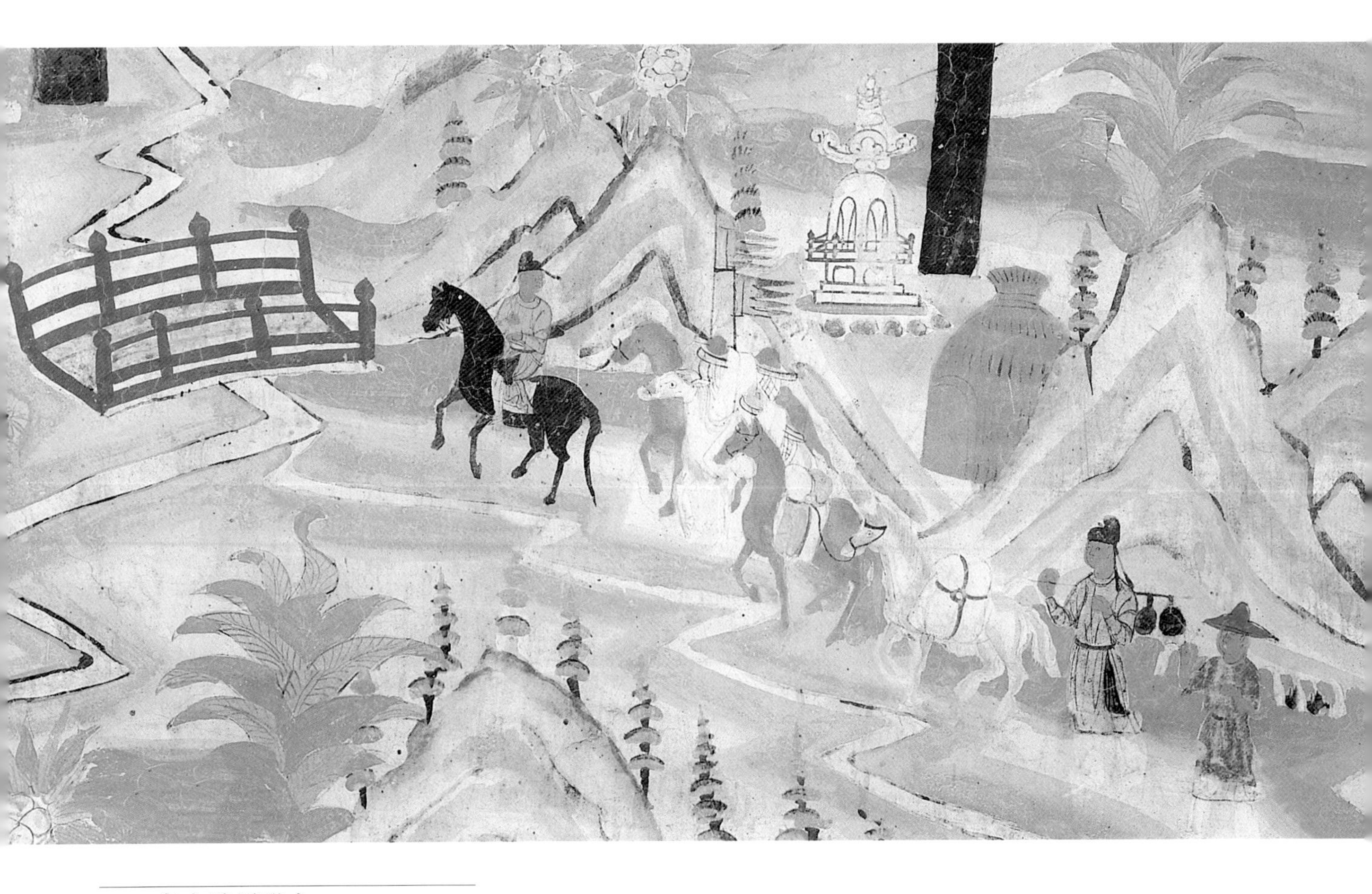

196 **官人騎馬登山**

五代 莫61 西壁

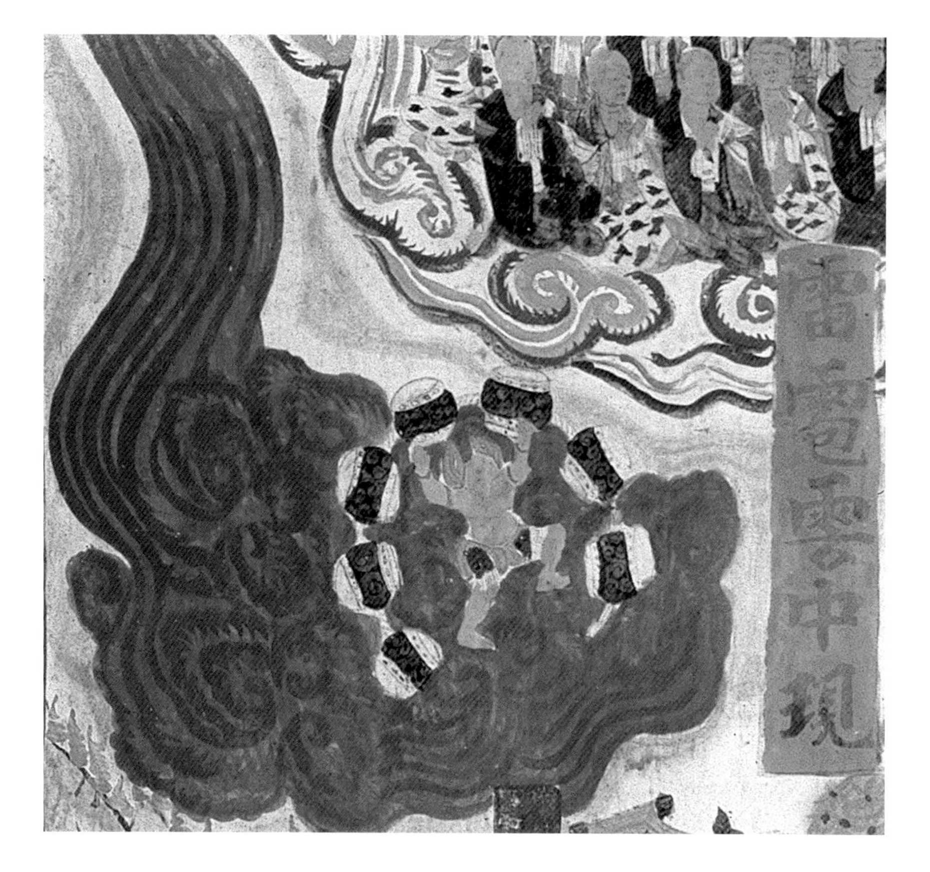


197 **雷雹雲中現**

五代 莫61 西壁

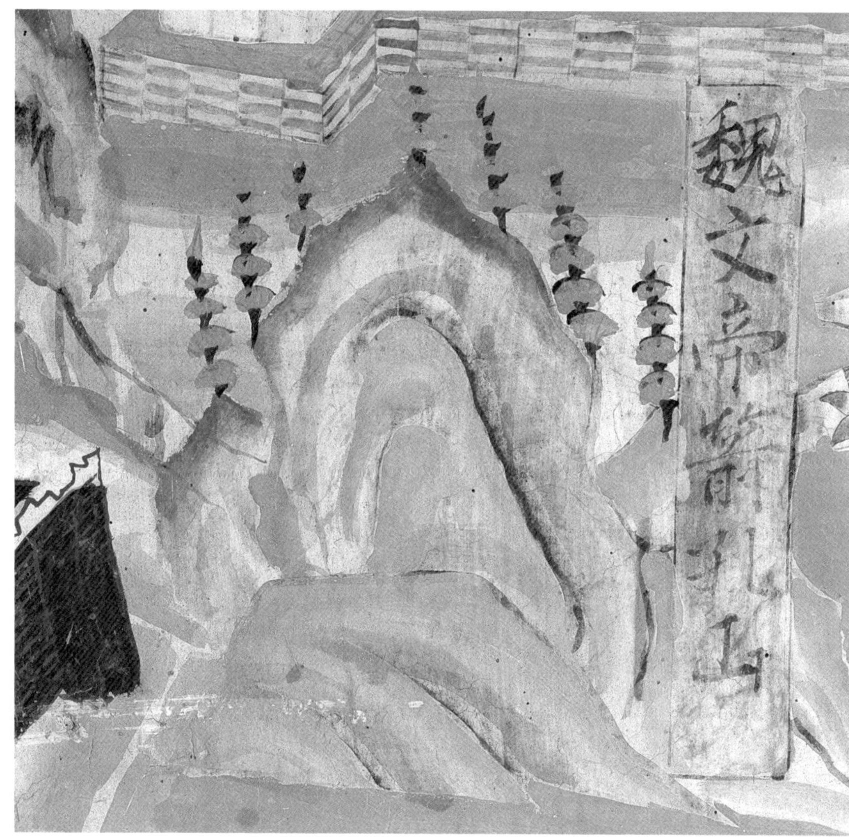

198 **北路的箭孔山**

北魏定都大同後，五台山是皇家的獵場和御花園，箭孔山是北魏文帝登五台山的遺迹。

五代 莫61 西壁

## 第三節 五台山名刹古寺

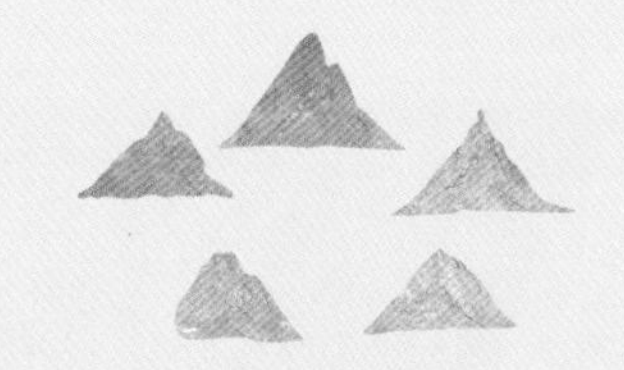

五台山既為中國著名佛教聖地，名刹大寺比比皆是，莫高窟第61窟的“五台山化現圖”所見的寺院有五十多處，今選出榜題有“大”字的寺院十所，修建年代約由東漢至唐代，反映五台山佛寺不斷發展的情形。其中三座傳說文殊菩薩顯靈之處，有的與皇親國戚休戚相關，有的記載在文獻上，有的唐代大殿仍存，是研究佛教歷史的極重要的材料。此十所寺院中只有兩座在文獻上暫時沒有發現相關故事的記載。

### 東　漢

佛教傳入中國不久，已開始建造佛寺。東漢時，除洛陽有寺院外，五台山亦有佛寺。

#### 大華嚴寺

這是五台山最早的佛寺，傳說此寺是東漢明帝時，由西域高僧攝摩騰和竺法蘭創建的，原名為“大孚靈鷲寺”，大孚是弘信的意思。北魏孝文帝時（公元471-499年）增建。唐代武則天依據《華嚴經》有清涼山之名，改名為大華嚴寺；到了明代，明太宗敕改為大顯通寺。五台山該寺現存的殿堂四百餘間，為明清兩代建築。本寺曾經是知名高僧講學的地方，如志遠、法賢、玄亮等在此講論天台宗和華嚴宗的經典。傳說文殊曾化為貧女到此寺求齋。

### 北　朝

北朝佛教大盛，龍門石窟和雲崗石窟是當時驚世之作。北齊時（公元550-577年）五台山已有佛寺兩百餘所，在第61窟五台山圖中，繪畫了建於北朝的佛寺就有三座。

#### 一　大王子之寺

位於第61窟五台山圖的西台旁邊，寺院作方型，院中有兩座木構樓閣，四柱三間，寺之周側有迴廊和僧房，是典型的五台山佛寺。這個佛寺的修建與北齊王子有關。王子身患重病，不能行動，到五台山禮懺，始終沒有見到文殊菩薩。一天晚上王子夢見一位老人對他說：您的軀體，本非您所有。您這次患病，必死無疑，而且求見菩薩，不夠誠懇。王子為示至誠，自焚供養文殊，自焚時誓願說：死後轉世為沙門。死後其父北齊帝高洋在其自焚的地方，修建一座佛寺。跟隨王子入山的宦官劉謙之，大受感動，留山不歸，寫成《華嚴論》六十卷。

#### 二　大佛光之寺

唐代的《古清涼傳》記載北魏孝文帝在此地看到佛光，因此建一佛寺，名為佛光寺。北魏曇鸞法師在此寺出家，初唐高僧解脱禪師在此修行四十餘年，敦煌遺書《往五台山行記》稱他為文殊的化現。中國著名建築學家梁思成1937年根據第61

窟五台山化現圖，在五台山真正的佛光寺發現了現存大殿的題記，證明此寺於公元857年（唐大中十一年）重建。表明唐武宗滅佛，大佛光寺也曾遭一劫。

三　大清涼寺

此寺繪於第61窟的五台山圖的南台之下，有木構前門而無後門，院內有兩層樓閣各一座，寺院佈局和其他的大同小異。本寺始建於北魏孝文帝時，周武滅佛時遭破壞。隋初大興佛教，重修本寺。公元594年（開皇十三年）隋文帝派遣使者到清涼寺，上書敬白文殊菩薩，自稱為“大隋皇帝佛弟子（楊）堅”。唐朝建立之初，唐高祖、唐太宗和武則天屢修清涼寺。公元758年（天寶七年）楊貴妃兄楊顗寫一切經五千四百八十卷、般若四教和天台疏論二千卷送入寺中。

## 唐　代

隋唐佛教續有發展，當時中國產生了數個佛教大宗派，唐代有些五台山佛寺就以宗派命名，如大華嚴寺、大法華寺。第61窟五台山圖的唐代大寺院有：

一　大法華之寺

此寺由神英和尚集資修建，修建緣起記載於宋代《廣清涼傳》、明代《清涼山志》和日本圓仁和尚的《入唐求法巡禮記》。神英和尚是唐代河北人，有一年到南岳參會神會和尚，神會說：“你將來在五台山有大因緣，立即北行，瞻禮文殊和參訪遺迹。”公元716年（唐開元七年）神英到了五台山，在華嚴寺住下來。有一天獨遊西林，忽然見一座額題“法華之院”的精舍，於是入內巡禮，見文殊及普賢玉像。禮畢出門，遇上眾僧，姿狀神異，行三十餘步聞聲回首，寺院和眾僧已經消失，神英明白這是文殊的化形顯現。於是在精舍之地，集資修建法華寺，神英任住持。

二　大金閣寺

這是第61窟五台山圖中最富麗堂皇的寺院，繪於南台頂的旁邊，有山門、迴廊、角樓、佛殿。此寺修建緣起和吐蕃攻陷長安有關，公元763年（唐廣德元年）吐蕃佔領長安，唐代宗東走至華陰，文殊菩薩顯靈面授代宗機宜。郭子儀克服長安，代宗東歸，下詔修建五台山文殊殿。鑄銅為瓦，文殊像鍍金，全寺金銅耀目，所以稱為金閣寺。

三　大建安寺

是五台山的著名尼寺，繪於第61窟五台山圖中部的五台縣城上方。寺院方形，四周迴廊，四角有角樓，院內建歇山頂樓閣一座。

四　大竹林寺

此寺繪於第61窟五台山圖的中台附近。院中設歇山樓，四周有迴廊。畫面所見比較簡單，但圓仁的《入唐求法巡禮記》記此寺共有六院，規模很大。修建大竹林寺的緣起與文殊顯靈有關：公元767年（唐大曆二年）法照和尚在自己的粥鉢看到大竹林寺和文殊及一萬菩薩眷屬。當時有二僧説鉢中景象與五台山相同。兩年後衡州湖東寺舉行念佛法會，上空出現祥雲和樓閣。衡州百姓更見彌勒佛與文殊和普賢等一萬菩薩俱在其中，法照大驚入道場重發誓願。一年後法照到了五台山佛光寺。一天晚上祥光一道照入中堂，法照依光前行，在山中得善財童子和難陀引路，到達“大聖竹林寺”，法照在寺中拜見文殊和普賢，文殊囑法照福慧雙修並念佛名，更為法照摩頂授記。法照離開此寺後，此寺消失無形。因此法照在原地依所見修建大竹林寺。

五　大聖福寺和大賢之寺

第61窟五台山圖另有兩座宏偉的佛寺，但在文獻資料上沒有發現相關的記錄。大聖福寺規模比其他寺院要大，四壁圍牆各開一門，門有門樓，四角有角樓，院中僧俗比其他寺院多，説明了它的特殊地位。大賢之寺在第61窟所見，規模小於其他寺院，只有一門，院中有四柱三間樓閣一座，是五台山十大佛寺中比較小的一座。這兩個寺院雖然名不見經傳，但應是唐至五代規模極大的佛寺。

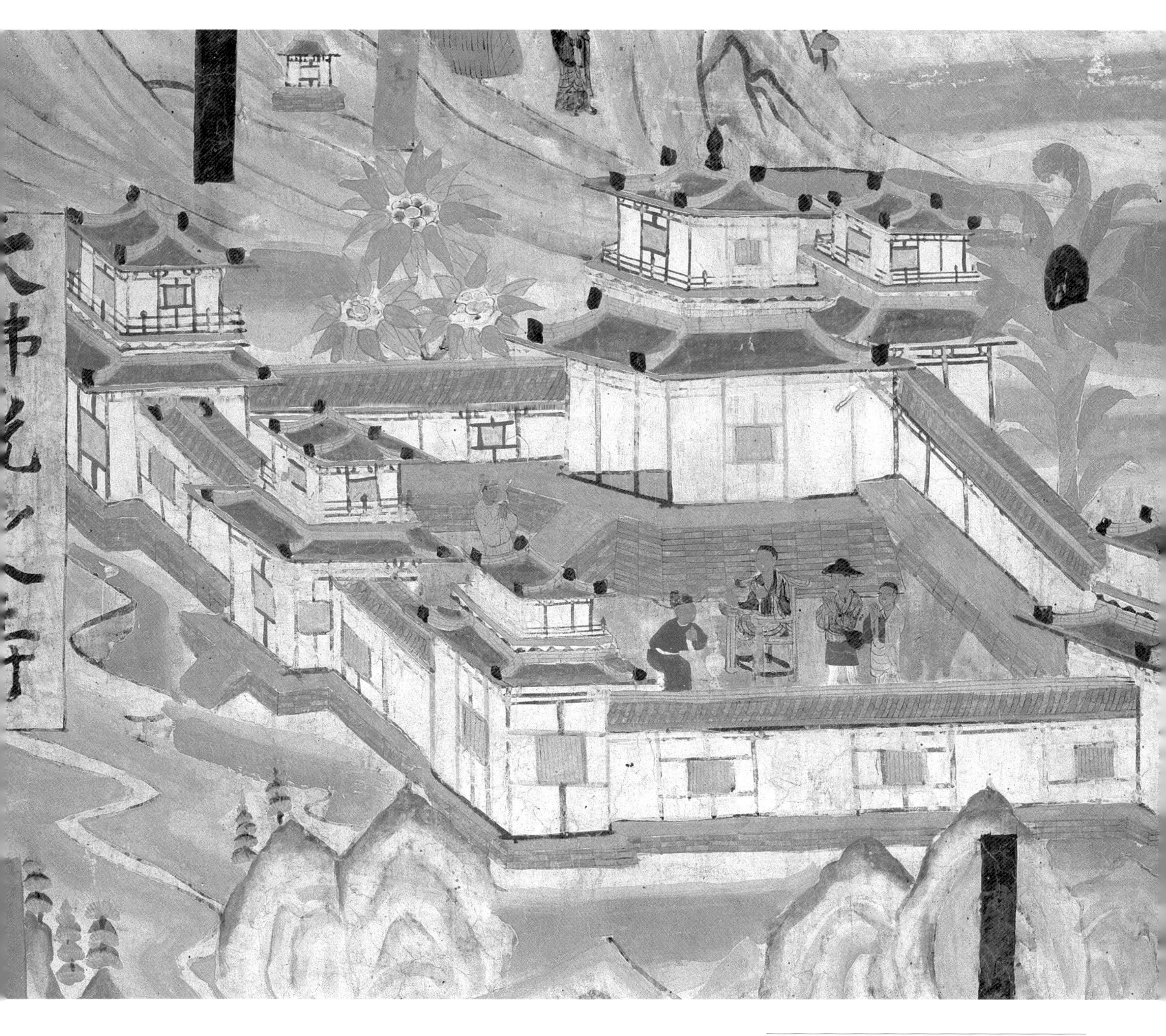

**199　大佛光寺**

大佛光寺始建於五世紀末，唐武宗滅佛前，曾有三層七間高九丈五尺的彌勒大閣，滅佛時拆毀。公元857年修建現存至今的東大殿。此圖的大佛光寺的佈局方方正正，與真實的傍出而築的佈局差別極大。寺中繪一高僧，合十結跏坐於繩床之上，在他的前面和旁邊繪有僧俗若干人。這是“四遠欽風”，各人跟從解脫和尚學道的景狀。

五代　莫61　西壁

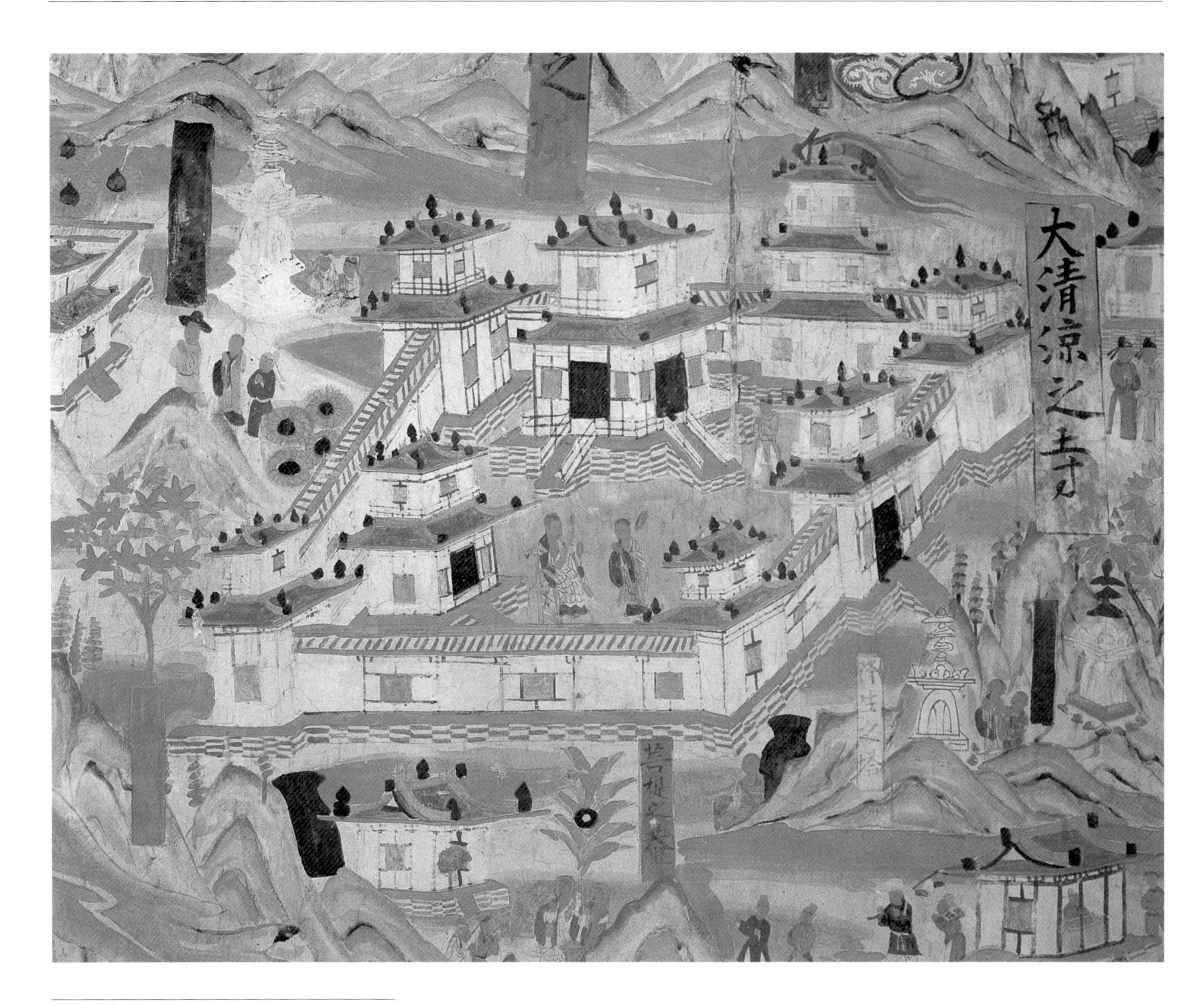


200 **大清涼寺**

佈局和大佛光無異，只是院內多了兩座建築，足見五台山化現圖的寺應是表意之作。

五代 莫61 西壁

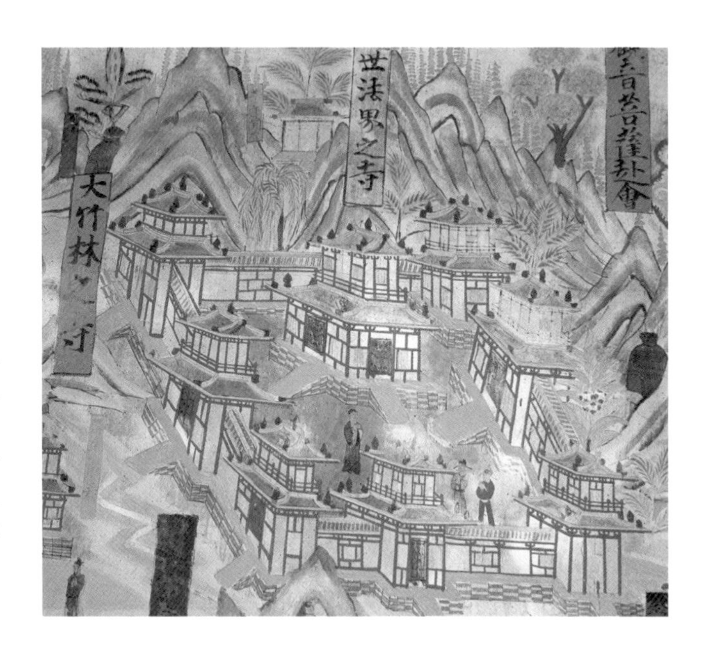


201 **大竹林寺**

修建此寺院，與文殊顯靈有關；法照和尚有一夜，跟着祥光前行，得善財童子和難陀引路，拜見文殊和普賢，法照後來在文殊接見他的地方，修建大竹林寺。

五代 莫61 西壁

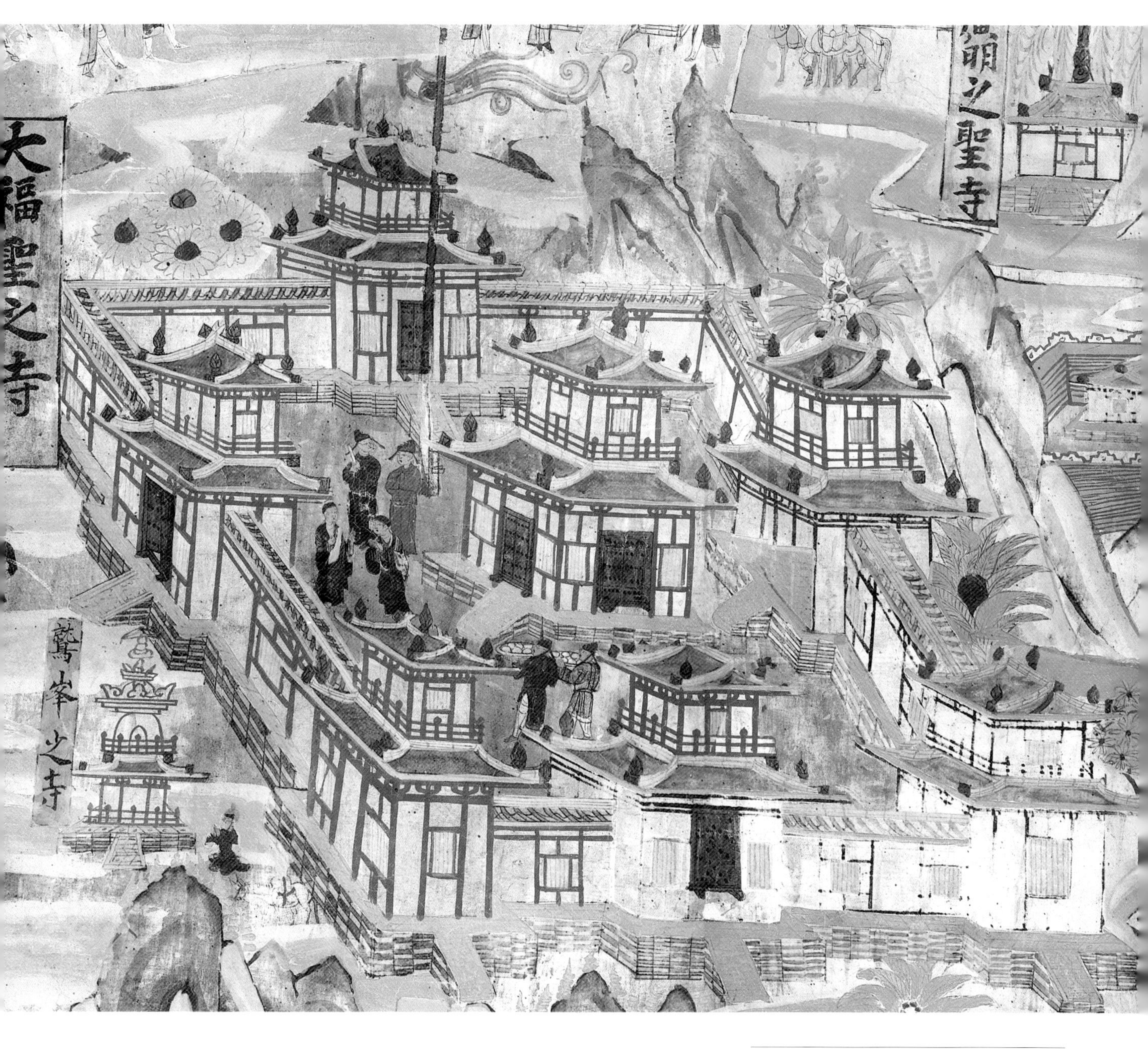


**202　大福聖之寺**

在第61窟的五台山圖裏，此寺的佈局結構是比較嚴密的，而且位於圖的中部，雖然在文獻中未發現有關的記載，估計是晚唐和五代時規模較大的寺院。

五代　莫61　西壁

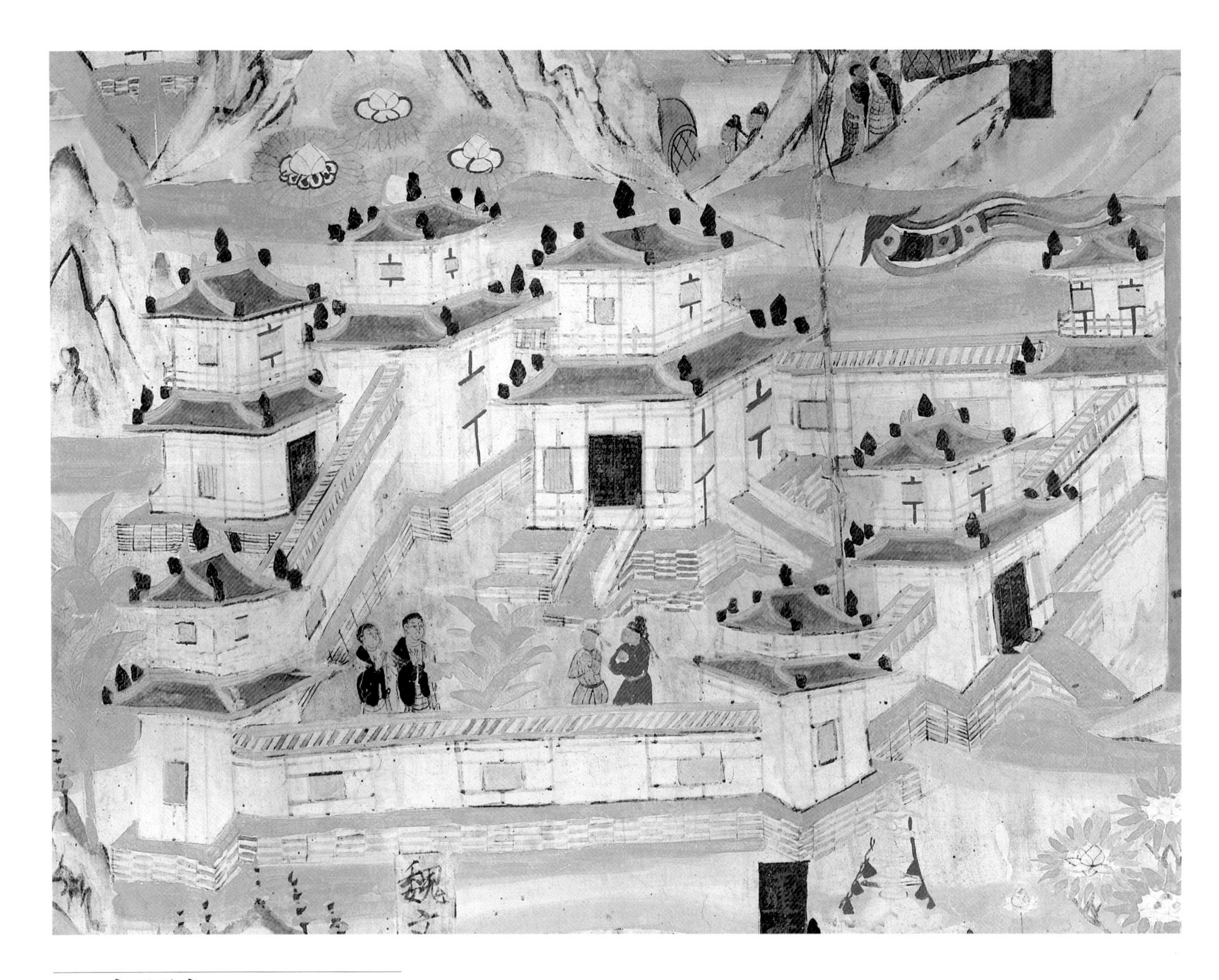

203 **大王子寺**

五代 莫61 西壁

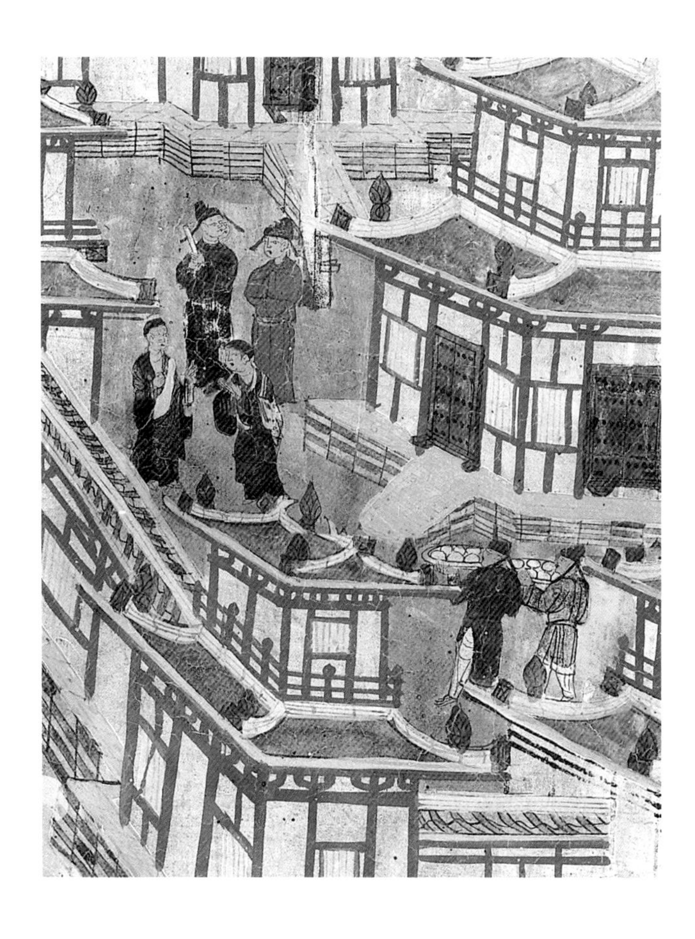

204 **大福聖寺內的僧俗**

五代 莫61 西壁

205 **大金閣寺寺僧**

五代 莫61 西壁

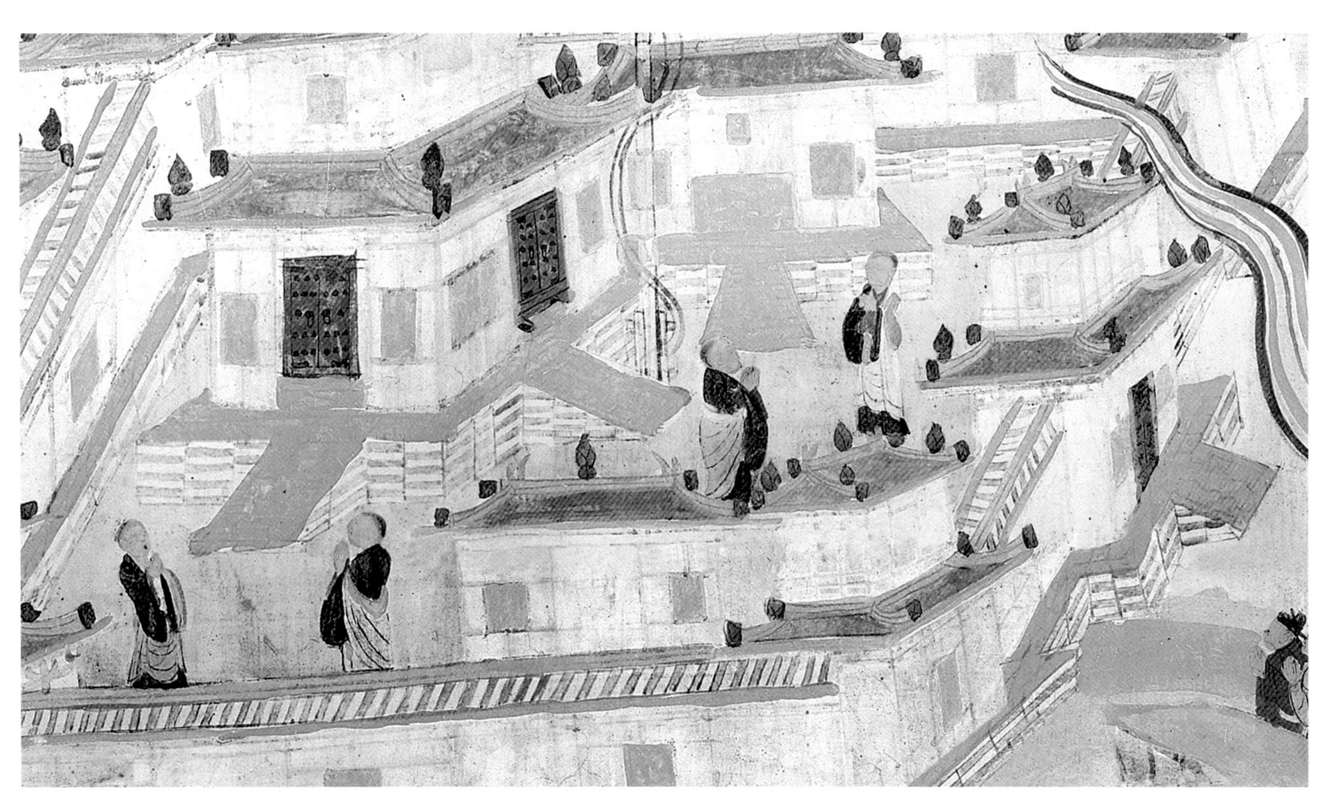

## 第四節　五台山聖迹故事

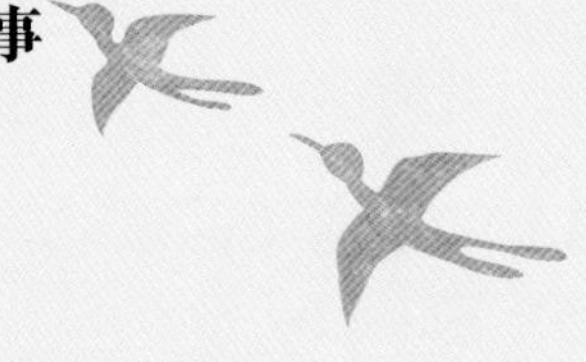

從北朝開始，相信五台山是文殊菩薩道場的人日多，山上的聖迹故事頗多，有的與文殊顯靈有關，亦有的是金剛力士和高僧聖迹傳説，其中有些聖迹是寺院修建的緣起。部分故事繪畫在莫高窟、榆林窟和敦煌遺畫裏，是研究五台山聖迹故事和文殊信仰的絕佳材料。本節仍以第61窟五台山化現圖介紹該山等故事。

### 文殊顯靈故事

一　貧女庵——文殊化為貧女故事

第61窟五台山圖中，在大聖福寺的下方，有一草庵，榜題為“貧女庵”，是取材自文殊菩薩顯靈為貧女故事。事見宋代《廣清涼傳》：貧女抱兩個兒子，帶一條狗趕五台山大孚靈鷲寺齋會，剪下秀髮換糊口之食，仍不足裹腹，遂向主管齋會的大和尚乞食，和尚給食予她母子三人，但貧女要求也分給狗和腹中子，大和尚怒斥貧女。貧女即時離地，現身為文殊，狗化為獅子，一子化為善財童子，一子化為馭獅的于闐王。五色雲氣，靄然遍空。文殊即時道出一偈：

“苦瓠連根苦，甜瓜徹蒂甜，是我起三界，卻被可師嫌。”

大和尚恨不識真聖，此後貴賤等觀，貧富無二。更在貧女施髮的地方，建施髮塔供養文殊，此塔經宋明兩代重修，現仍存在，在顯通寺附近。在第61窟的五台山圖中，沒有施髮塔。文殊三尊像就是源於文殊化現為貧女的故事。從此以後，五台山文殊顯靈故事，更盛於《華嚴經》的毗盧遮那佛、文殊和普賢的“華嚴三聖”的構圖。

二　文殊化老人和金剛窟的傳説

文殊化老人故事記載於《廣清涼傳》和《佛頂尊聖陀羅尼經》：佛陀波利是罽賓國（今喀什米爾）人，公元676年（唐儀鳳四年）到五台山，希望拜見文殊。在山上遇上説婆羅門語的老人，問他有沒有帶《佛頂尊聖陀羅尼經》，如果沒帶來此經，見了文殊也不認識，要求他從印度帶這本佛經來，才指示文殊所在之處。六年後佛陀波利帶來了《佛頂尊聖陀羅尼經》，唐高宗命人譯成漢文之後，佛陀波利再請人譯為漢文，帶着此經的梵本和譯本再上五台山，求見文殊。

這個故事在第61窟五台山圖出現兩次，分別在西台和北台的右面，代表佛陀波利兩次登五台山。兩個畫面旁邊均有榜題：“佛陀波利從罽賓國來尋台峰，遂見文殊化老人身，路問其由”及“佛陀波利見文殊化老人身，問西國之梵。”前者是佛陀波利第一次上五台山，文殊問他有否帶來梵本佛經的故事，後者是他第二次上五台山見文殊的情節。

相傳佛陀波利第二次見到文殊後，入金剛窟不出。傳說金剛窟在樓觀谷左崖畔，是二世諸佛（即過去佛迦葉、現在佛釋迦和未來佛彌勒）的秘宅，入谷二里有一個白水池，常飲此水，令人長生。這是五台山最神秘的去處。第61窟五台山圖的北台附近的金剛之寺不遠處，代表金剛窟所在地。

這個聖迹故事是文殊三尊發展為五尊的過程，文殊三尊就是文殊加獅子、善財童子和于闐王，文殊五尊是三尊之外再加老人和佛陀波利。一幅現存法國的晚唐紙本白描的敦煌遺畫中，三尊像旁另繪文殊化現的老人和風塵僕僕的佛陀波利，證明晚唐是文殊三尊像演變為五尊像的時期。第61窟五台山圖單獨繪畫兩個文殊化現老人故事，闡明五代末年，文殊化現老人和佛陀波利還沒有和文殊三尊像產生固定的聯繫。至宋金時期，文殊五尊像大行其道，在各地流行起來。三尊和五尊的神異故事發生在五台山上，成為五台山文殊信仰的焦點，再傳到中國各地和鄰近國家去。

化現貧女和化現老人是五台山當地的神異傳說，與從印度傳來的《華嚴經》沒有關係。這是以中國佛教藝術表現中國本土佛教故事，是佛教中國化的重要標誌。

## 金剛顯靈故事

那羅延窟

那羅延是金剛力士的名字，也是大梵天王的別名，又是印度教的大神毗瑟紐。日本僧人圓仁的《入唐求法巡禮記》說那羅延窟在東台頂東面半里，是那羅延修行的地方；《華嚴經》則說那羅延窟是菩薩居住的地方。又《廣清涼傳》記此窟在五台山的東台東側，窟門東向，窟深二丈餘。第61窟五台山化現圖將此窟繪在河北道山門的附近，畫一持花巡禮香客和代表洞窟的屋舍。

## 高僧聖迹故事

一　降龍大師

故事同樣見於《廣清涼傳》，降龍大師俗姓李，五代人。其父因沒有兒子，上五台山拜文殊求子，結果生下一個穎智不羣的孩子，二十歲在五台山真容院（即大聖文殊寺）出家。出家後在東台東南的龍宮池結廬潛修，在此池降龍於收一瓶中，池因名龍泉，後來以此為名的有龍泉店和龍泉寺。降龍大師於公元925年圓寂後，寺內修建了降龍大和尚塔。第61窟的五台山化現圖繪有龍泉店、降龍和尚塔及降龍蘭若。蘭若為梵語，即寺院。降龍蘭若繪於鐵勒寺前下方，畫中一高僧，結跏坐於椅上，應是降龍大師。龍泉寺建於宋代，五台山圖只有龍泉店而無龍泉寺，可見此圖繪製不晚於宋代。

二 龍與澄觀《華嚴經疏》顯異故事

華嚴宗四祖澄觀的故事發生在公元776年（唐大曆十一年）。他到五台山華嚴寺講《華嚴經》，後來想起文殊代表真智，普賢代表真理，兩者合一就是毗盧遮那佛的自體。毗盧遮那佛是華嚴三聖的主尊，意譯為遍照，意指他有如世間之太陽，光照一切。因此澄觀請華嚴寺寺主替他建造一閣，閣成後澄觀夢見一個金人，示意他撰寫《華嚴經》的注疏。澄觀用四年寫成《華嚴經疏》六十卷，稿成設千僧齋會以作慶祝。其後澄觀再夢見自己化為大龍，首枕北台，尾枕南台，騰躍而起，化成千條小龍，分散四方。他知道這是他的注疏，如法雨普降於忍土，救拔眾生於無明的徵兆。

第61窟五台山圖繪畫了兩條巨龍，後有兩大羣毒龍，中台之上有兩條金龍雲中現，北台山腰又有兩羣小龍。五台山圖多繪龍，因為五台山曾是五百毒龍居住的地方。不過這羣大大小小的龍，或亦符合澄觀夢化為大龍再化為小龍的故事。巨龍飛向中台，後面又有小龍，北台又有兩羣小龍。與首枕北台，尾枕南台，化成千條小龍的澄觀故事似有相關。巨龍是職司降雨的娑竭羅龍王，或正是普澤眾生的隱喻。

## 寺院的感應故事

一 真容院——大文殊寺

真容院在五台山靈鷲峰，今名菩薩頂。院內供奉的文殊像傳說是依其真正相貌而造，故名真容。《廣清涼傳》記載：五台山大孚靈鷲寺北側有平頂的小峰，不生林木，祥雲屢興，聖容頻現，又稱“化文殊台”。公元710-711年（唐景雲年間）法雲和尚招工造文殊像。處士安生應召而至，焚香懇啟，文殊顯靈七十二次供安生摹塑成像，像成供於真容院。北宋初年，太宗、真宗屢次增修真容院，真宗更兩次賜額。

真容院繪於全圖中部。院中繪毗盧遮那佛和文殊、普賢，這是“華嚴三聖”像的佈局，排位按照顯教的規定，毗盧遮那佛居中，文殊在其右，普賢在其左。若為密教，則文殊在左，普賢在右。

二 三泉蘭若、白鹿泉蘭若和玉華寺

文殊在五台山曾經顯靈為老人，山上修建的三泉蘭若和白鹿泉蘭若亦與老人有關。另外玉華寺有毛驢從無間斷，天天運糧上山，是典型的感應故事。

三泉蘭若的主角是中唐時的比丘尼法空，她和親妹為見文殊，上五台山，在三泉院遇見老人，說她適宜在此修行，於是她在三泉院結草庵，逐漸發展為蘭若。白鹿泉蘭若的主角釋睿諫在真容院出家，到白鹿泉結廬誦經。有一晚他夢見老人叫他不必獨善其身，五台山將有大因緣。他受感而應，到各地化緣。一位施主曾夢見同一相貌的和尚來化緣，因此大施金幣予釋睿諫，釋睿諫於是在泉邊修建白鹿泉蘭若。宋太宗北征滅南漢，釋睿諫到行宮拜見，太宗改白鹿泉蘭若為“太平興國之寺”。

玉華寺在五台山之中台，宋代《廣清涼傳》說有五百印度僧人在此修行，每天有三十頭驢運送糧食給他們，從無間斷。但在北朝的《洛陽伽藍記》、唐代《酉陽雜俎續集》和《法苑珠林》，同一故事的地點卻不在五台山，在印度烏仗那國的檀特山。畫面雖只是一簡單寺院，但這是中國漢地佛教借用印度佛教故事的一例，是研究中印文化交流和比較文學的生動又形象的資料。

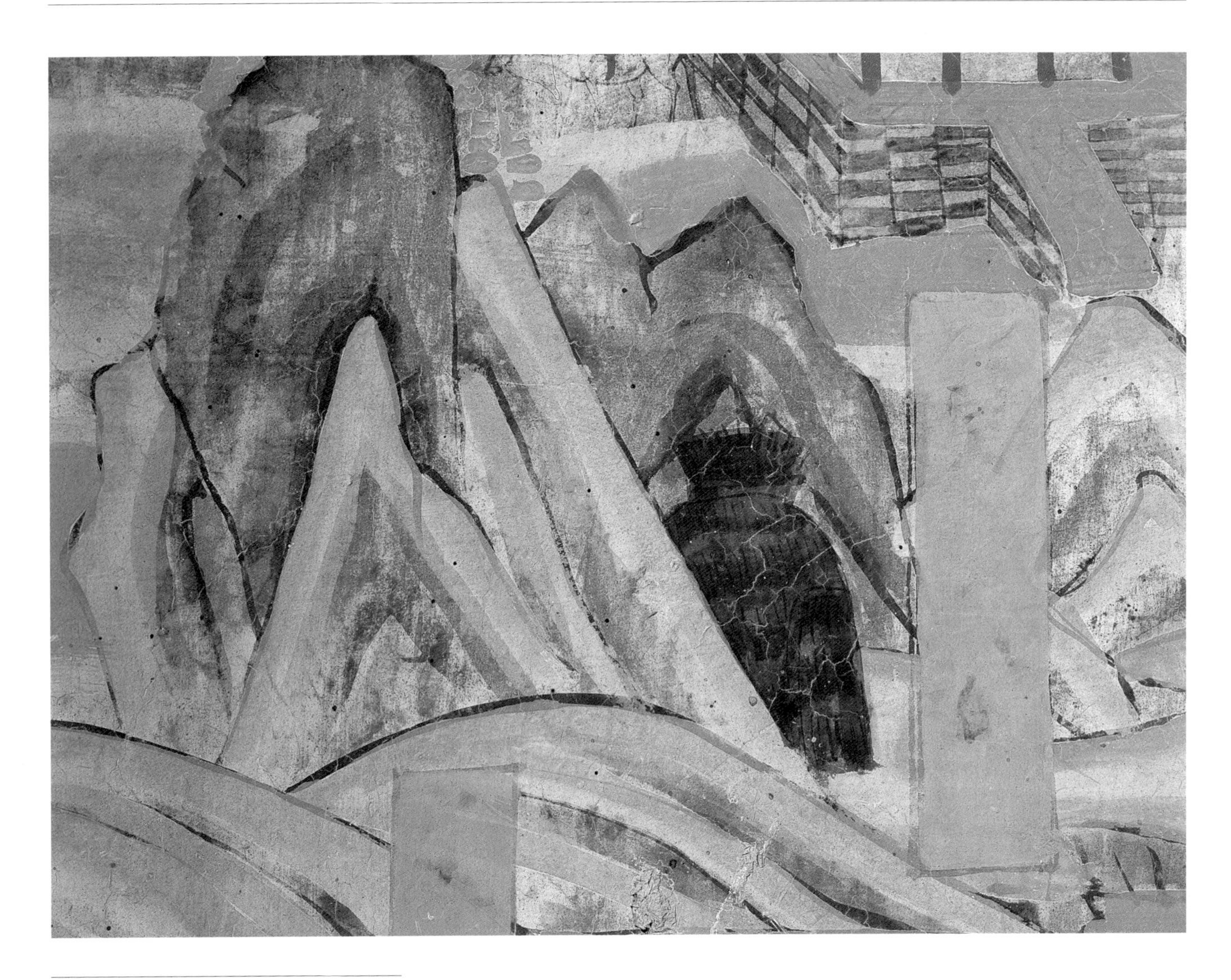

**206 貧女庵**

文殊化貧女是五台山最動人的顯靈故事，但圖中沒有畫出場面，只畫了貧女在山上居住的草庵。

五代 莫61 西壁

**207 文殊化現為老人**

這是另一則著名的文殊顯靈的故事。佛陀波利到五台山求見文殊，文殊化作老人，說如要見文殊，先回去帶來佛經。圖中的佛陀波利作行腳僧打扮，背着經架，正聽老人說話。

圖右的小樓，榜題萬聖之樓，與文殊化老人無關。唐代盛行參拜五台山。武則天曾將五台山的一萬株花移植到皇宮，作為供養佛和菩薩的鮮花，因而在五台山修建萬聖樓紀念。

五代 莫61 西壁

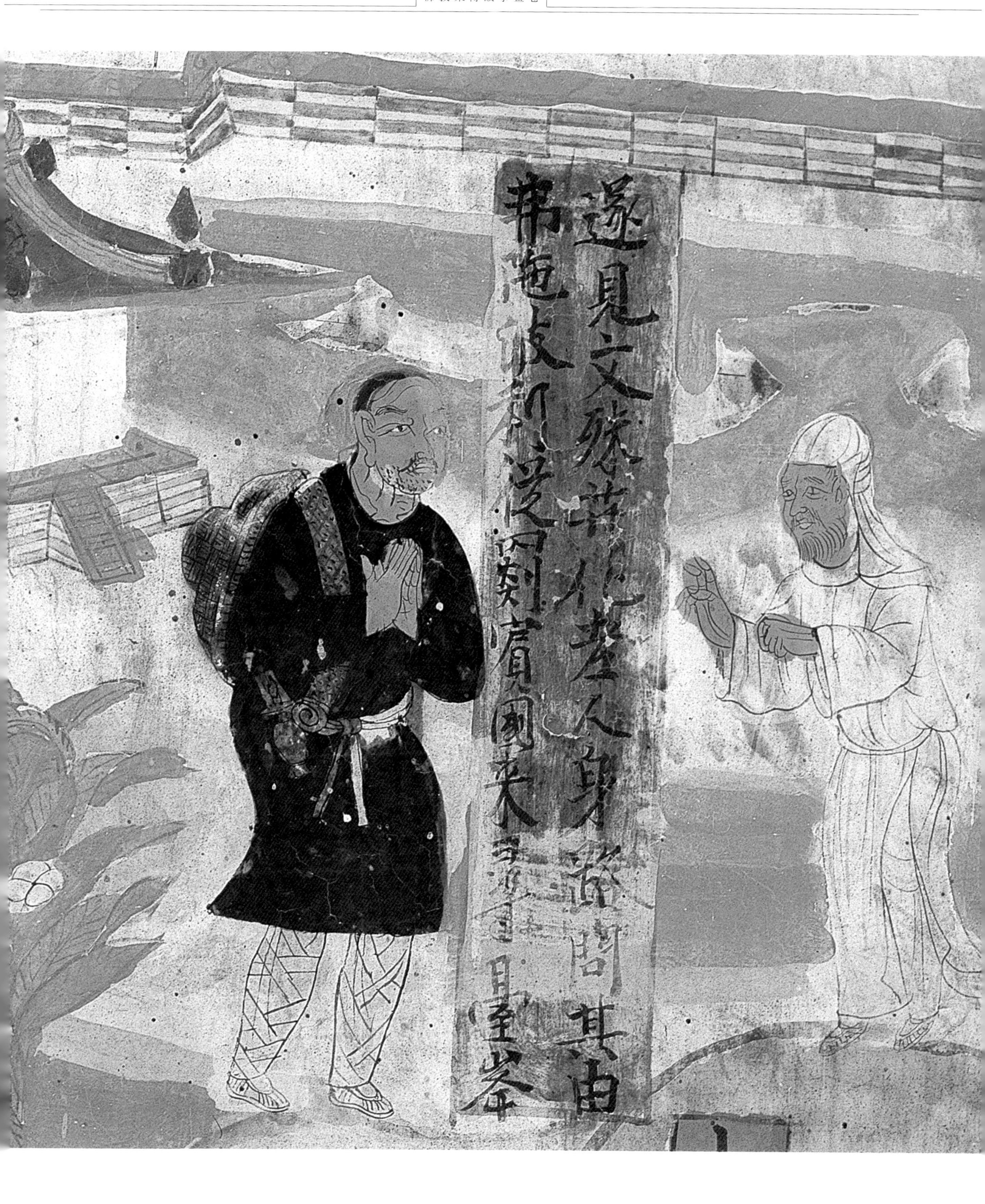
遂見文殊菩薩化老人身
其由

## 208 佛陀波利二次見文殊

佛陀波利從印度帶來佛經後，在山上再次遇上文殊化現的老人。與前一圖相比，佛陀波利後面多了個腳伕，肩負一擔經書，可能是他帶佛經第二次上五台山，再遇見老人的情形。

五代 莫61 西壁

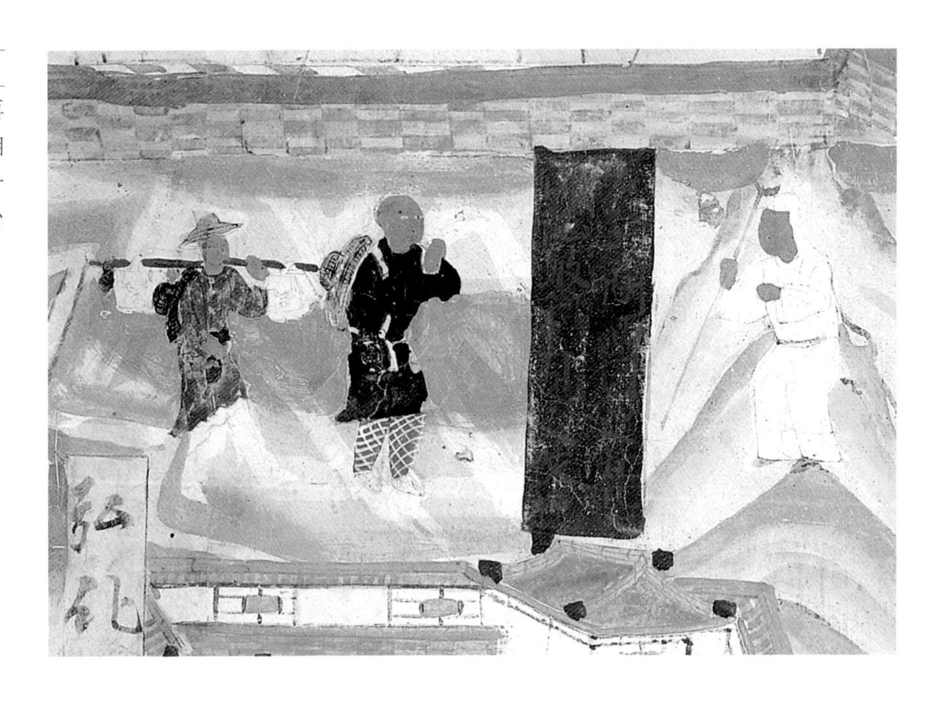

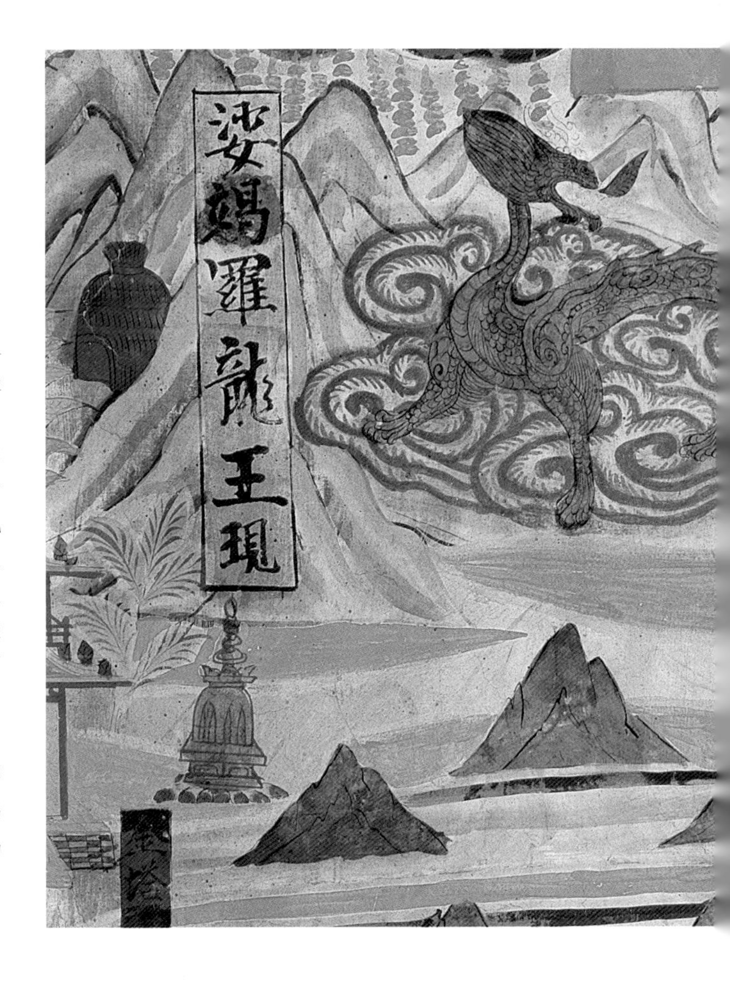


## 209 娑竭羅龍王和二百五十毒龍現

圖的中間天空上，對稱出現兩條巨龍和兩羣毒龍。其中一條巨龍榜題為婆竭羅龍王，應與職司降雨的娑竭羅龍王為一龍二名。傳説五台山曾有五百毒龍興風作浪，後來被文殊菩薩降服。第61窟五台山化現圖是左右對稱的構圖，所以五百毒龍分為兩半，左右各見大羣青龍乘紅色彩雲自天而降。榜題寫“毒龍二百五十降”“大毒龍二百五十雲中現”。此是其中一側。

毒龍前面還有婆竭龍王和娑竭龍王，婆竭龍王是八大龍王之一，專司降雨，佛典只有婆竭龍王，沒有娑竭龍王，婆竭龍王和娑竭龍王本是一龍之異名。

五代 莫61 西壁

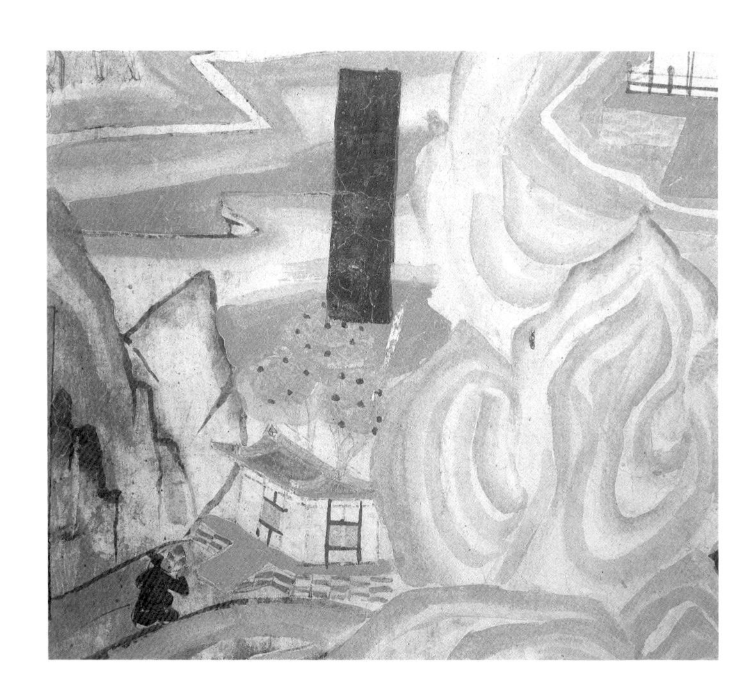

210 **那羅延窟**

山岩之間的小房子是那羅延窟，是金剛力士那羅延修行的地方，門外有一人持花禮拜。

五代 莫61 西壁

211 **文殊真身殿** 見下頁 ▶

文殊真身殿又稱真容院，是五台山化現圖的核心。真身殿畫成一座有圍牆的佛寺，白壁紅柱，是當時建築流行的顏色。佛寺大殿並列“華嚴三聖”，中為毗盧遮那佛，左右為文殊和普賢。寺中的文殊像是處士安生根據文殊七十二現而塑成功的。

五代 莫61 西壁

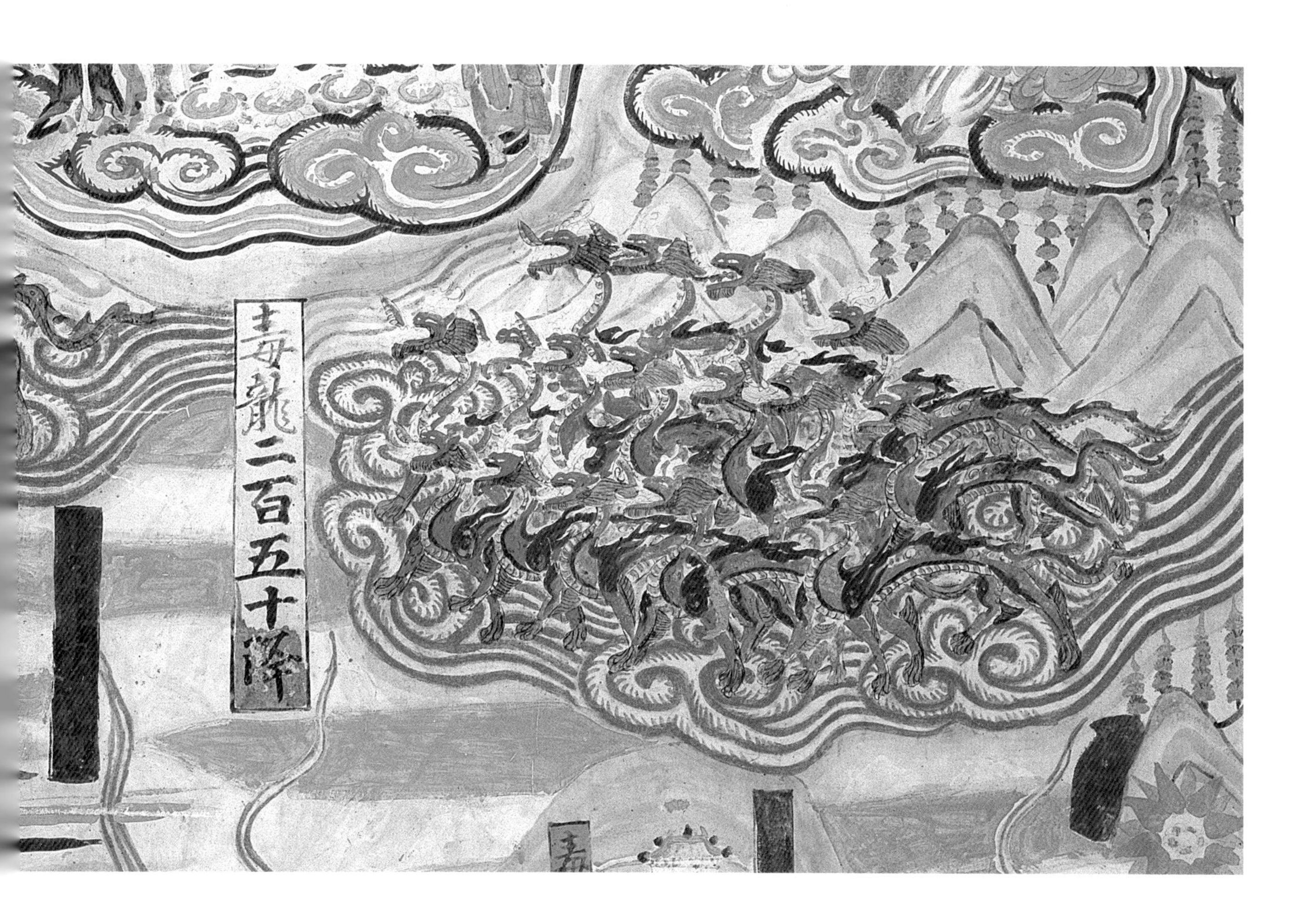

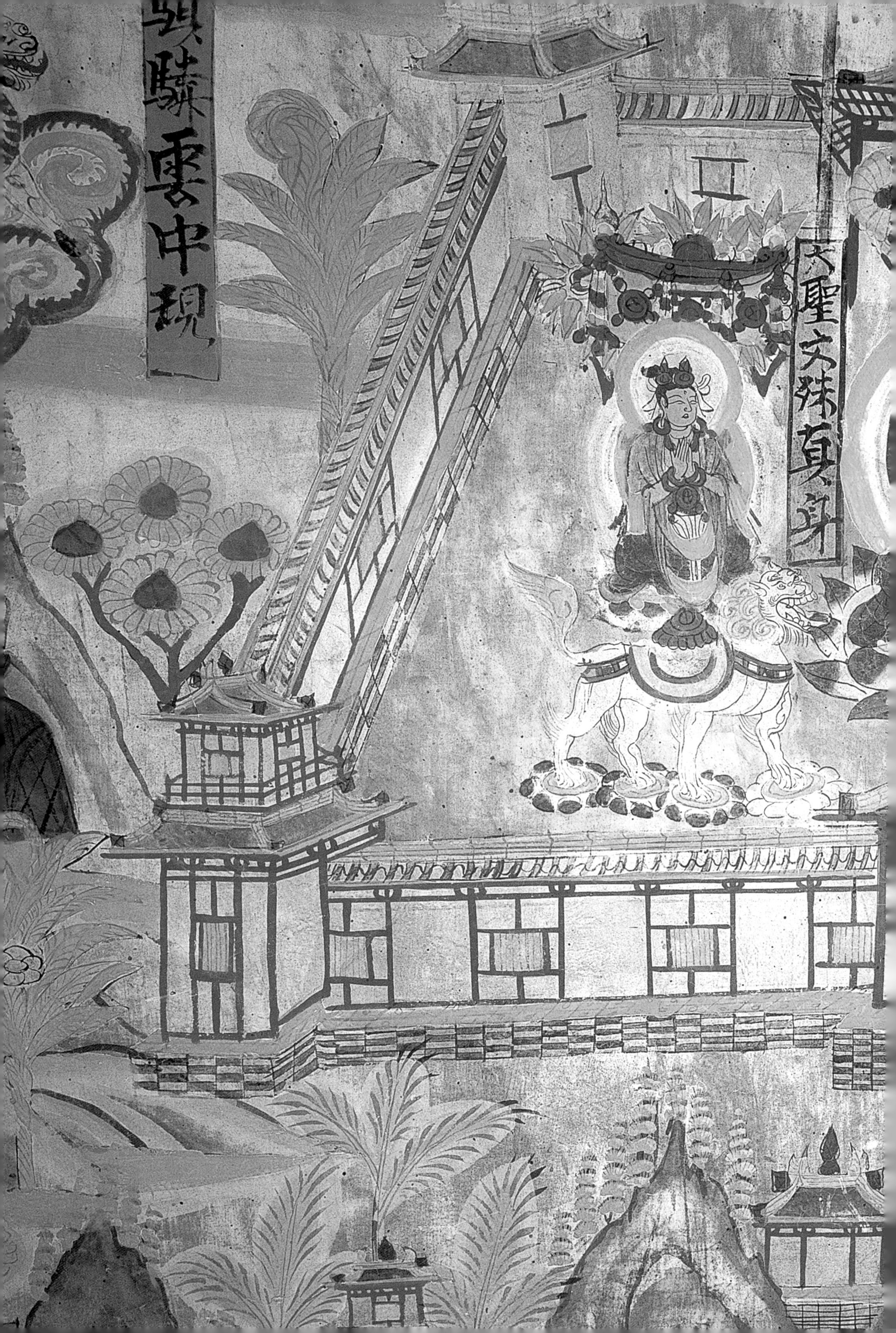
騎雲中現
大聖文殊真身

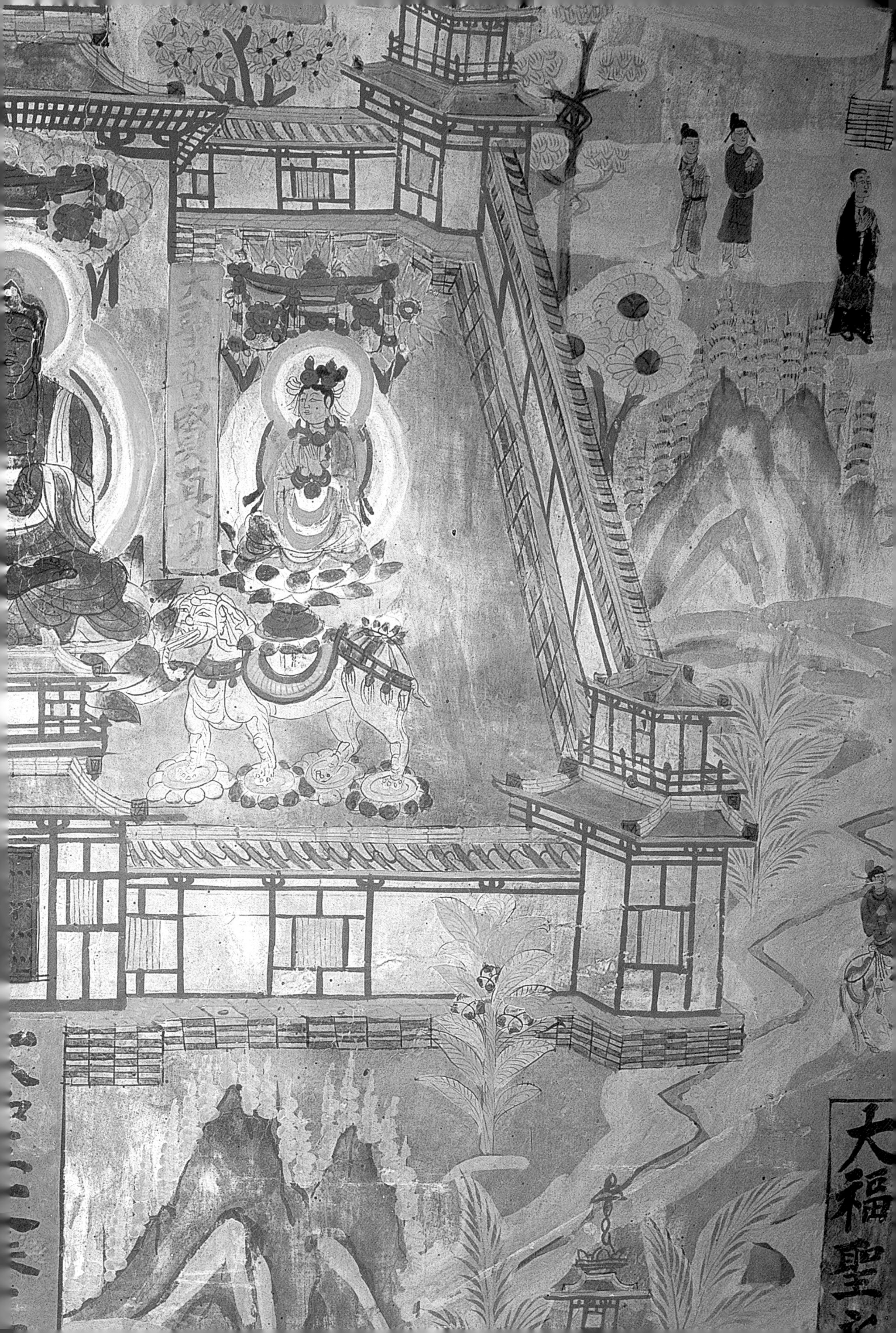
大福聖

## 附錄一：敦煌瑞像與敦煌遺書對照表

### 一 印度瑞像

| 瑞　像 | 敦煌遺書《諸佛瑞像圖記》記錄 |
| --- | --- |
| **一、釋迦佛** | |
| 1. 波羅奈國鹿野苑瑞像 | 伯3352："鹿野院中瑞像" |
| 2. 憍焰彌國旃檀木瑞像 | 伯3352："中天竺國憍焰寶檀（刻瑞像）"<br>斯2113A："佛在天，又王思欲見，乃令（大）目犍連攜三十二匠往天圖佛，令匠各取一相。" |
| 3. 摩揭陀國放光瑞像 | —— |
| 4. 毗耶離城巡行瑞像 | 斯2113A："其像在海內行"、伯3033、伯3352 |
| 5. 摩訶菩提寺瑞像 | —— |
| 6. 僧伽羅國施寶瑞像 | 斯2113A ："中印度境有寺高二丈，（佛）額上有寶珠。時有貧士既見寶珠，乃生盜心，袢見請君者，盡量長短，夜乃構梯，逮乎欲登，其梯猶短，日日如是漸高，便興念曰：'求者不違，今此素像，抽（悋）此明珠如性命，並為虛言。'語訖，像便曲躬，授珠與賊。"、斯5659、伯3352 |
| 7. 犍陀羅雙頭瑞像 | 斯2113A："分身瑞像者，中印度境，犍陀羅國東大窣闍波所，有畫像，餘丈，胸上分現，胸下合體。有一貧士，將金錢（一）文，謂人曰：'我今圖如來妙相'，匠自取錢，指前施主像示，其像隨為變形。" |
| 8. 那揭羅曷國佛陀留影瑞像 | —— |
| **二、彌勒佛** | |
| 1. 隨釋迦現 | —— |
| 2. 白銀彌勒 | 伯3352 |
| 3. 摩揭陀國須彌座白銀彌勒 | 伯3352："摩竭陀國須彌座釋（迦並銀菩薩瑞像）" |
| 4. 白石彌勒 | —— |
| **三、觀世音菩薩** | |
| 1. 授記觀世音成道 | —— |
| 2. 蒲特山觀音成道 | 伯3352、斯5659 |
| 3. 觀音成道放光 | —— |
| 4. 如意輪觀音 | 伯3352："如意輪觀音手托日月"、斯5659 |
| 5. 摩伽陀國救苦觀音 | —— |
| **四、其他** | |
| 1. 老王莊佛 | 伯3352："老王莊（？）北，佛在地中，馬……"、斯2113A |
| 2. 南無寶境如來 | —— |
| 3. 高浮放光瑞像 | 斯2113："高浮寺放光佛，其光聲如爆。" |
| 4. 指日月瑞像 | —— |

## 二 于闐瑞像

| 瑞　　像 | 敦煌遺書《諸佛瑞像圖記》記錄 |
| --- | --- |
| **一、釋迦佛** | |
| 1. 坎城瑞像 | 斯2113A：“釋迦牟尼真容，白檀香身，從漢國騰空而來在于闐坎城住。下，其像手把袈裟。” |
| 2. 海眼寺瑞像 | 伯3352、斯5659、斯2113A，三卷全文同：“釋迦牟尼真容，白檀身，從(摩揭陀國)王舍城騰空而來，在于闐海眼寺住。其像手把袈裟。” |
| 3. 西玉河浴佛瑞像 | 斯2113A：“于闐玉河浴佛瑞像，身丈餘，仗錫持缽，盡形而立。其像赤體立。” |
| **二、七世佛** | |
| 1. 微波斯佛 | 斯2113A：“微波施佛從舍衛國騰空而同來，在于闐國住，有人欽仰，不可思議。”<br>伯3352：“毗婆尸佛從舍衛國騰空而同來，在于闐國住，城人欽仰，不可思議。” |
| 2. 結伽宋佛于固城住 | 斯2113A：“結伽宋佛亦從舍衛國來在固城住。其像手捻袈裟。” |
| **三、彌勒佛** | |
| 1 . 漢城彌勒 | —— |
| 2 . 彌勒隨釋迦來漢城 | 斯2113：“彌勒菩薩隨釋迦牟尼來住漢城” |
| **四、其他** | |
| 1. 薩伽耶仙寺虛空藏菩薩 | 斯5659：“虛空藏菩薩”<br>斯2113：“虛空藏菩薩于西玉河薩迦耶仙寺住。” |
| 2. 南無聖容瑞像 | —— |

## 三 漢地瑞像

| 瑞　　像 | 敦煌遺書《諸佛瑞像圖記》記錄 |
| --- | --- |
| **釋迦佛** | |
| 1. 酒泉郡釋迦瑞像 | 斯2113B：“酒泉郡呼蠶河瑞像，奇異不可思議，有人求願，獲無量福，其像菩薩形。” |
| 2. 張掖郡佛影月氏王時現瑞像 | —— |
| 3. 涼州瑞像(御容山石佛瑞像) | —— |
| 4. 濮州鐵彌勒瑞像 | 斯2113A、伯3352、斯5659(此三卷之漢州實為濮州) |

註：1. 本表所錄瑞像僅見於本卷正文，敦煌地區石窟瑞像當不在此數。
2. 敦煌遺書編號：伯即伯希和，斯即斯坦恩。

## 附錄二：敦煌石窟佛教歷史故事畫分佈表

| 佛教歷史故事畫 | 洞窟 |
|---|---|
| 印度佛教故事 | 9，323，454 |
| 釋迦降龍入鉢 | 305，380 |
| 八塔變 | 76 |
| 優填王造釋迦佛像 | 454 |
| 釋迦救商主 | 454 |
| 釋迦指示築地出水 | 126 |
| 純陀故井 | 9，98，146，454 |
| 阿育王石柱 | 98 |
| 阿育王高廣大塔 | 45 |
| 賓頭盧和尚 | 95 |
| 于闐牛頭山圖<br>(印度、于闐和中土佛教故事) | 9，340，454 |
| 舍利弗與毗沙門天王決海 | 9，231，237，454 |
| 于闐護國神王 | 9，98，152，154 |
| 于闐佛教故事 | 108，126，154，345 |
| 印度、于闐和漢地瑞像 | 9，25，72，76，85，98，100，108，126，144，146，220，231，236，237，313，340，397，449，454，東5 |
| 劉薩訶變相 | 72 |
| 涼州瑞像 | 55，76，98，296，297，203，東4，榆39 |
| 中國佛教故事<br>(張騫、安世高、康僧會、佛圖澄、曇延) | 323 |
| 唐僧禮佛 | 榆2，榆3 |
| 唐僧取經 | 榆2，榆3，榆29，東2 |
| 泥婆羅國水火油池<br>(王玄策出使印度) | 9，98，108，454 |
| 曇無德等傳戒 | 196 |
| 五台山圖、文殊化現 | 9，25，54，61，144，147，159，220，222，237，361，榆19，榆32，榆33，榆39，東6，五1 |
| 峨眉山圖、普賢 | 25，144，159，361 |

注：本表洞窟無注明洞窟地點皆為莫高窟。其他洞窟的簡稱和全名：榆為榆林窟，東為東千佛洞，五代表五個廟。

## 圖版索引

**插圖索引**



## 敦煌石窟分佈圖

本全集所用洞窟簡稱：莫即莫高窟，榆即榆林窟，東即東千佛洞，西即西千佛洞，五即五個廟石窟。

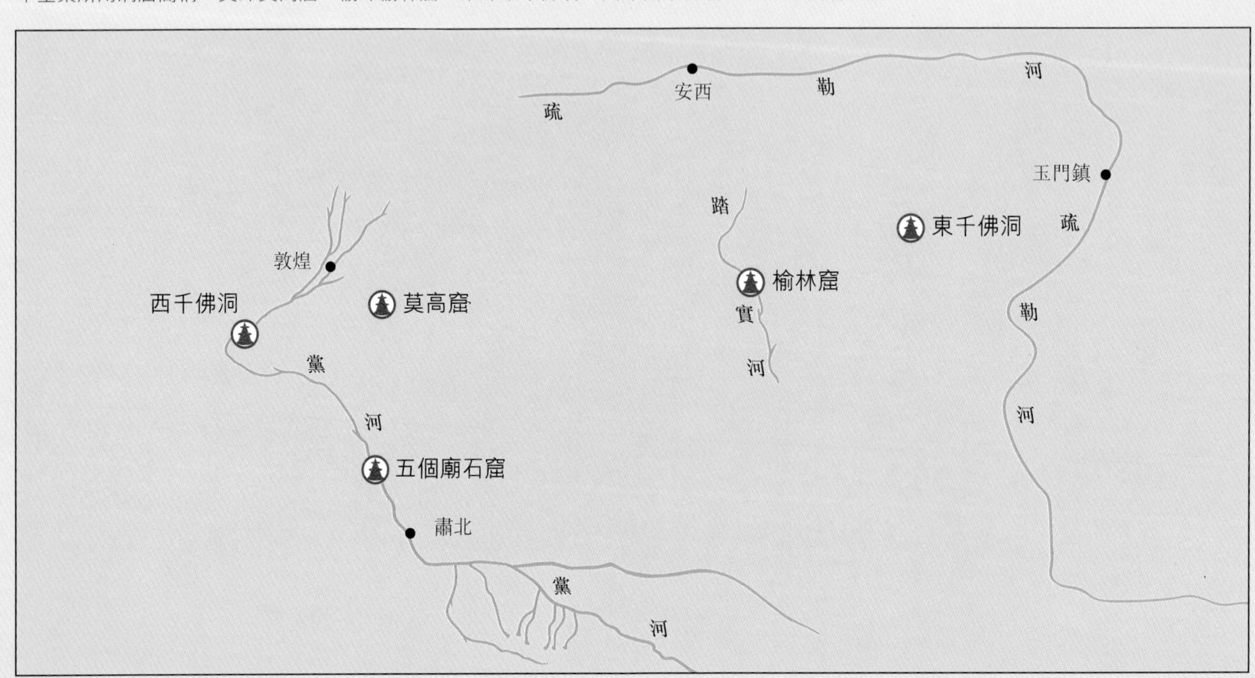

# 敦煌歷史年表

| 歷史時代 | 起止年代 | 統治王朝及年代 | 行政建置 | 備　注 |
|---|---|---|---|---|
| 漢 | 公元前 111 －公元 219 | 西漢 公元前 111 －公元 8<br>新 9 － 23<br>東漢 23 － 219 | 敦煌郡敦煌縣<br>敦德郡敦德亭<br>敦煌郡 | 公元前 111 年敦煌始設郡<br>公元 23 年隗囂反新莽；公元 25 年竇融據河西復敦煌郡名 |
| 三國 | 公元 220 － 265 | 曹魏 220 － 265 | 敦煌郡 | |
| 西晉 | 公元 266 － 316 | 西晉 266 － 316 | 敦煌郡 | |
| 十六國 | 公元 317 － 439 | 前涼 317 － 376<br>前秦 376 － 385<br>後涼 386 － 400<br>西涼 400 － 421<br>北涼 421 － 439 | 沙州、敦煌郡<br>敦煌郡<br>敦煌郡<br>敦煌郡<br>敦煌郡 | 336 年始置沙州；366 年敦煌莫高窟始建窟<br>400 至 405 年為西涼國都 |
| 北朝 | 公元 439 － 581 | 北魏 439 － 535<br>西魏 535 － 557<br>北周 557 － 581 | 沙州、敦煌鎮、義州、瓜州<br>瓜州<br>瓜州鳴沙縣 | 444 年置鎮，516 年罷，為義州；524 年復瓜州<br>563 年改鳴沙縣，至北周末 |
| 隋 | 公元 581 － 618 | 隋 581 － 618 | 瓜州敦煌郡 | |
| 唐 | 公元 619 － 781 | 唐 619 － 781 | 沙州、敦煌郡 | 622年設西沙州,633年改沙州；740年改郡,758年復為沙州 |
| 吐蕃 | 公 781 － 848 | 吐蕃 781 － 848 | 沙州敦煌縣 | |
| 張氏歸義軍 | 公元 848 － 910 | 唐 848 － 907 | 沙州敦煌縣 | 907 年唐亡後，張氏歸義軍仍奉唐正朔 |
| 西漢金山國 | 公元 910 － 914 | | 國都 | |
| 曹氏歸義軍 | 公元 914 － 1036 | 後梁 914 － 923<br>後唐 923 － 936<br>後晉 936 － 946<br>後漢 947 － 950<br>後周 951 － 960<br>宋 960 － 1036 | 沙州敦煌縣<br>沙州敦煌縣<br>沙州敦煌縣<br>沙州敦煌縣<br>沙州敦煌縣<br>沙州敦煌縣 | |
| 西夏 | 公元 1036 － 1227 | 西夏 1036 － 1227<br>蒙古 1227 － 1271 | 沙州<br>沙州路 | |
| 蒙元 | 公元 1227 － 1402 | 元 1271 － 1368<br>北元 1368 － 1402 | 沙州路<br>沙州路 | |
| 明 | 公元 1402 － 1644 | 明 1404 － 1524 | 沙州衛、罕東衛 | 1516 年吐魯番占；1524 年關閉嘉峪關後，敦煌凋零 |
| 清 | 公元 1644 － 1911 | 清 1715 － 1911 | 敦煌縣 | 1715 年清兵出嘉峪關收復，1724 年築城置縣 |